湖北文化发展论坛

（2013）

Hubei Culture Development Forum (2013)

湖北大学高等人文研究院◎编

主　编◎吴成国

副主编◎张　敏

社会科学文献出版社

SOCIAL SCIENCES ACADEMIC PRESS (CHINA)

发刊词

王生铁[*]

如今在人们的日常生活中，"文化"一词的使用非常频繁。有时，"文化"仅仅是衡量某人受教育的程度、是否文盲的尺度；有时，"文化"是指与政治、经济、军事并列的人类社会活动的某一门类。党的十八大之后，"文化是民族的血脉，是人民的精神家园"已深入人心，十八大报告对"文化"的精辟认识与科学定义，必将对中国当代文化研究带来重大而深远的影响。因此，从一定程度上说，文化已是当今国家与国家、地区与地区决胜负、定成败的重要因素。

文化史研究专家认为，作为人类物质文明和精神文明创造总和的文化，因时间向度的演进而具有时代性，又因空间向度的展开而具有地域性。而在中华文化的大家庭中，荆楚文化（湖北文化）地位重要、不可或缺。

湖北古称"楚"，又名"荆楚"，宋代始称"湖北"。唐代，诗圣杜甫有诗咏道："地利西通蜀，天文北照秦；风烟含越鸟，舟楫控吴人。"这首诗标示了湖北自然地理与人文地理的坐标。可以说，自古以来，湖北或者说荆楚居"天下"之中，山川灵秀，风光无限，物华天宝，人杰地灵，历史悠久，文化灿烂。

---

* 王生铁（1942~），男，湖北仙桃人，曾任中共湖北省委副书记、九届湖北省政协主席、全国政协提案委员会副主任，现任湖北省荆楚文化研究会名誉会长。长期关注并研究荆楚文化，主编有《荆楚文化与二十一世纪湖北》《荆楚文化普及丛书》《楚文化概要》等多种图书，在《人民日报》《光明日报》《人民政协报》等发表研究论文数十篇。

今天，深入开展湖北文化研究，首先要把荆楚文化八千年的历史、内涵、特质弄清楚。荆楚文化这一概念，主要是指具有湖北地方特色的文化，而先秦时期楚国、楚族的文化即楚文化，则是荆楚文化的重要源头和主要组成部分。楚文化的因子已深深地融化在荆楚儿女的心灵里和血液中。对于楚文化的特质，我在多个场合用"六大支柱，五种精神"予以概括。这六大支柱是：炉火纯青的青铜冶炼，绚丽精美的丝织刺绣，巧夺天工的木竹漆器，义理精深的老庄哲学，精彩绝艳的曲骚文学，恢诡谲怪的美术乐舞。五种精神是：筚路蓝缕的艰苦创业精神，追新逐奇的开拓进取精神，兼收并蓄的开放融会精神，崇武卫疆的强军爱国精神，重诺贵和的诚信和谐精神。我们已进入一个考古大发现的时代，越来越多的考古资料为我们揭开了一个又一个上古历史文化之谜，从而改变了许多传统偏见。据统计，全国所发掘的东周墓葬中，楚墓约占70%。面对汗牛充栋的文献和考古资料，我们只有慨叹对博大精深的荆楚文化的研究还远远不够。

深入开展湖北文化研究，还要重视对湖北文化发展的研究。历史机遇又一次聚焦湖北，2013年7月23日，中共中央总书记、国家主席、中央军委主席习近平在湖北考察时，指示湖北要"建成支点，走在前列"。当前，湖北省委、省政府着眼"打基础，管长远"，实施"两圈一带"总体战略，着重做好农业、工业、科教、生态文化、区位五篇优势文章，经济社会发展和"五个湖北"建设步入快车道。未来十年也将是湖北发展的"黄金十年"，是未来湖北发展的最大机遇，而"文明湖北"的建设更离不开文化发展，因为文化发展是经济社会发展的重要内容，是提升软实力的重要途径。湖北文化资源丰富，特色突出，发展潜力巨大，应当引起我们的重视。

惟楚有才，斯时方盛。千年楚韵，传承不息。为了当好省委、省政府的"思想库"和"智囊团"，为加快推进"建成支点，走在前列"提供坚实的理论支撑和智力支持，省部共建的湖北大学，适时成立了湖北大学高等人文研究院，由著名学者、教育部"长江学者"江畅教授担任院长。高等人文研究院以"崇尚智慧，弘扬精神"为理念，倡导践行智慧思维，发扬光大人文精神，建立了"世界文化发展研究中心""中国文化发展研究中心"和"湖北文化发展研究中心"三个研究平台。其中，湖北文化发展研究中心立足湖北，致力于对荆楚文化的历史、内涵和特质的研究，同时对当代湖北文化发展的现实问题展开多角度、多层次的研究。中心以"湖北文化发展论坛"（会议与集刊）为学术交流平台，聚集湖北省内文化研究的专家、学者开展合作研究，努力使该中心成为国内荆楚文化与湖北文化发展研究的重要基地。值此《湖北文化发展论坛》（2013）出版之时，我唯有祝贺与期待：

九万里风鹏正举，

三千年楚凤腾飞！

目录
CONTENTS

荆楚文化与文明湖北的构建

论荆楚文化与文明湖北

王生铁[*]

（湖北省荆楚文化研究会）

文化是民族之魂，文化繁荣发展是一个国家和民族文明富强的基石。党的十八大报告指出："全面建成小康社会，实现中华民族伟大复兴，必须推动社会主义文化大发展大繁荣。"党的十八届三中全会的决定指出，"建设社会主义文化强国，增强国家文化软实力，必须坚持社会主义先进文化前进方向，坚持中国特色社会主义文化发展道路"，强调以激发"全民族文化创造活力为中心环节"，"切实维护国家文化安全"。这是对文化宣传工作者提出的新要求，也是我们荆楚文化研究会应该遵循的工作准则。我们一定要高度自觉地和中央保持一致，与省委保持统一。

一 纵观世界古今，建设文明社会离不开先进文化的引导

文化与文明密不可分，文化是文明成长的基石。文化产生于文明之

---

[*] 王生铁（1942~），男，湖北仙桃人，曾任中共湖北省委副书记、九届湖北省政协主席、全国政协提案委员会副主任，现任湖北省荆楚文化研究会名誉会长。长期关注并研究荆楚文化，主编有《荆楚文化与二十一世纪湖北》《荆楚文化普及丛书》《楚文化概要》等多种书籍，在《人民日报》《光明日报》《人民政协报》等发表研究论文数十篇。

前，文明是文化发展到一定阶段的产物。一个国家、一个民族通常都是先有自己独特的文化，然后才有自己独特的文明，如希腊人创造了雅典卫城和马拉松，埃及人创造了金字塔，中国人则创造了长城和曾侯乙编钟。总之，不同的民族文化将造就不同式样的文明类型。

曾创造出辉煌灿烂的文明的古代埃及、印度、巴比伦都因外敌入侵而文明数度中断。四大文明古国，只有中国不但文化传承长盛不衰，而且在多次遭受外敌的入侵后依然能保持文明的连续性。维系中华文明长久生命力的，就是传之久远的民族精神和文化凝聚力。

文化具有很强的影响力和渗透力，在当今时代，这种文化软实力主要是通过意识形态的渗透和文化产品的影响来实现的。西方敌对势力为了推销他们的文化价值观，不惜用政治的、军事的、经济的、文化的各种手段，把世界搞乱，以便从中渔利。文化产品已成为西方发达国家输出"软实力"的主要载体。不少发达国家的文化产业产值占 GDP 的比重已达到 15% 以上，美国达到 25% 以上。早在 2001 年，美国的电影、媒体、出版、广告、设计等为主的文化产业出口达 889.7 亿美元，是美国最大的出口产业。① 如今，在美国企业 500 强中文化企业高达 50 个。世界的动漫片中 65% 为日本产片。经过多年的经营，美国大片、日本动漫对世界文化影响至深，日本和美国也正通过这些影响世界的文化产品，推行着自己的核心价值观。

西方发达国家的文化渗透无孔不入，迫使我们考虑民族文化的安全问题。要保障我国的文化安全，增强文化影响力，最好的办法是弘扬和发展我们自己民族的、科学的、大众的社会主义先进文化。

党的十八大报告指出"文化是民族的血脉，是人民的精神家园"，强调"建设社会主义文化强国，关键是增强全民族文化创造活力"。对于如何增强文化创造活力，党的十八大报告在以下四个方面做了论述：第一，在"加强社会主义核心价值体系建设"方面，要求"大力弘扬民族精神

---

① 许昊：《论文化创意产业背景下的动漫教育》，《沈阳师范大学学报》（社会科学版）2009 年第 4 期。

和时代精神";第二,在"全面提高公民道德素质"方面,要求"弘扬中华民族传统美德,弘扬时代新风";第三,在"丰富人民精神文化生活"方面,要求"建设优秀传统文化传承体系,弘扬中华优秀传统文化";第四,在"增强文化整体实力和竞争力"方面,要求"营造有利于高素质文化人才大量涌现、健康成长的良好环境,造就一批名家大师和民族文化代表人物"。总之,在建设中国特色社会主义文化强国的过程中,在中华民族伟大复兴的征程中,中华民族文化的传承和创新具有极端重要的地位,这既要求有高度的文化自觉,又要求有高度的文化自信,这才是建设先进文化的关键所在。

二　回顾中华历史,荆楚文化在湖北文明的发展中起着重要推动作用

众所周知,在远古时期,建始直立人、郧县猿人头盖骨化石、长阳人化石的发现表明,荆楚大地是古人类最早活动区域之一;宜都九道沟遗址、江陵鸡公山遗址和房县樟脑洞遗址等旧石器遗址的发现,以及数百处之多的新石器遗址的发掘表明,荆楚大地是史前时期先民们的主要聚集地之一。距今近8000年的城背溪文化不仅有成熟的陶器制作,还有人工水稻的种植。之后的大溪文化、屈家岭文化、石家河文化、雕龙碑文化等,逐步将荆楚大地推向了文明的门槛。神话传说是历史文化的根须,在荆楚大地,春秋战国时期就流传着盘古、伏羲、女娲、炎帝神农、九黎、祝融、三苗等各种各样的神话和传说。考古和民俗资料证明,孕育出荆楚文化的长江流域与黄河流域一样,也是中华文明的摇篮。

在被称为中华文明"轴心时代"的春秋战国时期,楚文化已成为能与古希腊文化媲美的东方文化代表。虽然,自黄帝、尧舜禹到夏商周三代,北方民族对江汉地区民族进行了不断的兼并和征伐,以炎帝神农、九黎、三苗等为代表的江汉民族逐渐衰落沉寂,但进入东周时期,荆楚文化进入一飞冲天的快速发展通道。由青铜冶铸、丝织刺绣、木竹漆器、美术乐舞、老庄哲学、庄骚文学构成的"六大支柱"代表了高度发达的楚文

化的成就，可与同时代的古希腊文化并列为当时世界文明的代表。[①] 楚文化和古希腊文化从不同的道路登上了世界文明史的光辉殿堂，共同对世界文明作出了卓越贡献。

自 1911 年后的 100 多年来，民主主义革命战争在荆楚大地风雷激荡。1911 年 10 月，以辛亥革命为标志的旧民主主义革命在武昌爆发，打响了推翻封建王朝的第一枪，进而结束了中国 2000 多年的封建帝制。在以"五四"运动为滥觞的新民主主义革命中，湖北做到了 30 年红旗不倒；从党的"一大"到新中国成立的 28 年里，党的组织活动从未间断，湖北有 70 万英雄儿女流血牺牲，有 30 多位省委书记英勇献身，开国将帅榜上镌刻着 236 位湖北人的英名。[②] 仅红安县就诞生了 2 位国家主席、5 位国务院副总理、61 位开国将军，是中国第一将军县；荆楚大地诞生了红四方面军、红六方面军、红二十五军、红二十八军等；中国工农红军每 3 个人中就有 1 位红安人，每 4 名烈士中就有 1 人是红安籍。洪湖赤卫队、千里跃进大别山成为文学、文艺创作不朽经典的源泉。湖北因此成为中国工人运动、农民运动和大革命运动的中心区域，成为中国革命武装夺取政权的重要策源地，为波澜壮阔的中国红色革命写下了光辉的一页。

湖北位居华中腹地，这里九省通衢，八方交汇，物产丰盛，人文荟萃，是中华民族灿烂文化的重要发祥地之一。特殊的地理和悠久的历史造就了湖北独特的人文情怀和文化特色：从炎帝神农在荆楚大地首创农耕济世安民，到中国军民在长江抗洪救灾保家护国；从荆楚先辈南来荆山筚路蓝缕开疆拓土，到张之洞主政湖北发展工业锐意创新；从楚庄王一鸣惊人饮马黄河问鼎中原，到辛亥革命推翻帝制敢为人先；从诗人屈原的忧国忧民以身殉国，到黄麻起义爱党爱国的烈士血洒神州；从西汉昭君出塞开创民族和谐，到革命先驱董必武在联合国签署宪章；从东汉黄香为父温席清廉执政，到今日湖北孝子背母求学、携母打工；从明代李时珍集前世大成编撰《本草纲目》，到近人李四光发现油田开创中国地质新学说。纵横数

---

① 王生铁主编《楚文化概要》，湖北人民出版社，2013，第 19 页。
② 邱久钦、张绪根主编《荆楚百位著名将领》，湖北教育出版社，2010，第 103 页。

千年，人文精英们在荆楚大地上演绎的精彩历史篇章，构筑了文明湖北的丰厚文化内核。

无数历史事实证实，从古至今，热爱和平、追求卓越的荆楚文化，孕育出了荆楚人民源远流长的"五种精神"，即筚路蓝缕的艰苦创业精神、追新逐奇的开拓创新精神、兼收并蓄的开放融汇精神、崇武卫疆的强军爱国精神、重诺贵和的诚信和谐精神。这"五种精神"是荆楚大地先进文化代表的重要内容，是荆楚文明核心价值的重要内容，它一直与湖北历史的发展同步律动，它一直融化并流淌在湖北儿女乃至中华民族的血脉之中。

湖北省委书记李鸿忠同志在省第十次党代会报告中强调："思想是行动的先导，文化的力量在于凝聚人、引导人、鼓舞人、塑造人。"光耀古今的荆楚文化，是中华民族先进文化的区域代表之一，它体现出来的人文精神，必将催人奋进。它将凝聚、引导所有的荆楚儿女，为加快建成促进中部地区崛的起重要战略支点，为富强、创新、法治、文明、幸福湖北建设，贡献自己的力量。

三 展望未来，荆楚文化在"文明湖北"建设中必将发挥重要作用

"文明湖北"建设任重道远，内涵十分丰富。党的十八大对于全面贯彻落实科学发展观提出了五个方面的要求，这也是"文明湖北"建设应该涵盖的主要方面，即经济建设、政治建设、文化建设、社会建设、生态文明建设。在这五个方面的建设中，荆楚文化都必将发挥重要的作用。

（一）为湖北经济建设提供不竭的精神动力

近年来，省委省政府认真贯彻中央决策，联系湖北实际，精心运作，推动全省经济社会又好又快发展，成绩显著。2013 年 7 月，习近平总书记在湖北考察时提出了"建成支点、走在前列"的要求，使湖北的改革发展进入了新的征程。

荆楚人民自古在经济建设方面就有开拓创新、开放融汇的精神。早在春秋战国时期，楚先辈们就筚路蓝缕，披荆斩棘，垦荒种地，发展经济，开疆拓土。楚人还广泛吸收南北冶炼技术、农业水利建设的精华，在青铜铸造、筑坝蓄水、开渠灌溉等方面多有开创之举，如在青铜铸造方面发明复合剑技术、双音钟技术和熔模法，楚地出土的越王勾践剑、编钟、青铜尊盘就是其中的杰出代表。在农业水利方面，孙叔敖修筑的期思陂分别比魏国西门渠、秦国都江堰、郑国渠早 200 多年、300 年和 360 年，此外孙叔敖还修建了芍陂、云梦通渠和今南漳至宜城间的"百里长渠"工程等，有些至今还发挥着经济效益；楚人开发了从云南经印度到西亚的南丝绸之路，楚墓出土的琉璃蜻蜓眼，有别于中国传统的铅钡玻璃，属于钠钙玻璃，应是通过南丝绸之路从西亚传入中国的。战国楚地墓葬出土药物中，还发现了天竺（印度）的特产——安息香，是南丝绸之路的另一佐证。一系列历史事实说明，开拓创新、开放融汇的精神，为楚国的繁荣昌盛提供巨大的驱动力。我们有理由相信，对它的进一步弘扬，将在现代经济发展和物质文明建设中发挥更大的作用。

（二）为湖北政治建设提供丰富的历史经验

党的十八届三中全会强调文化工作必须"坚持以人民为中心的工作导向"，必须把"执政为民"的理念牢记心上。在任何时候都不能忘记我们是"人民公仆"，人民是我们的衣食父母。我们要善于学习，吸收荆楚文化中的有益营养，自觉践行党的群众路线，弘扬为民、务实、清廉的作风。

湖北历史上廉政文化源远流长，基础雄厚，经验丰富。远古时期，炎帝神农在生产生活条件落后的情况下，"怀其仁诚之心"，忧劳百姓，身自耕，妻亲织，以天下为先；[1] 楚国令尹子文"自毁其家"，挽救国家于动荡之中，留下"夫从政者以庇民也"的名言；[2] 令尹孙叔敖一生节俭，

---

① 何宁：《淮南子集释》卷9《主术训》，中华书局，1998，第609页。
② （清）徐元诰：《国语集解·楚语下》，中华书局，2002，第522页。

"栈车牝马，粝饼菜羹，枯鱼之膳，冬羔裘，夏葛衣，面有饥色"，死后，儿子穷困"负薪而食"，孙叔敖生前留有"吾爵益高，吾志益下；吾官益大，吾心益小；吾禄益厚，吾施益博"的名言；[①] 明代重臣张居正要求皇帝与老百姓一起过苦日子，他说："节赏赉以省浮费，却珍玩以端好尚，亲万几以明庶政，勤讲学以资治理。"[②] 老一辈无产阶级革命家发扬了荆楚先民的优良传统。毛泽东主席 48 次来武汉，居东湖，在我国三年自然灾害的困难时期，数月不食肉腥，三次修鞋不成而自补，衣服补丁数十处。生活简朴为民，为建设富强的国家而昼夜操劳，艰苦奋斗。董必武副主席严于律己，生活简朴，"勤则不匮，俭以养廉"是其座右铭。荆楚悠久历史形成的廉政事迹和廉政典范中所体现的爱国、敬业的价值观理念，对新时期湖北政治文明建设将产生重要的影响。

（三）为湖北文化建设提供深厚的传统力量

党的十八大对社会主义核心价值观做出了精辟概括，即倡导富强、民主、文明、和谐，倡导自由、平等、公正、法治，倡导爱国、敬业、诚信、友善。积极培育社会主义核心价值观，是文化建设的根本任务，是文明湖北建设的核心要素，必须从优秀的荆楚文化中汲取营养。

湖北作为荆楚文化的发祥地和中心区域，历史悠久，文化底蕴厚实，资源丰富，光辉灿烂的荆楚文化，成为中华民族文化的一朵奇葩，可与古希腊文化媲美。我国戏剧的鼻祖优孟，是湖北江陵人。我省从沮水巫音到江汉平原艺花盛开，从汉剧进京到广大乡村五里三台戏的文化大省、戏曲强省，遍地繁荣。近些年来，我省文化大发展大繁荣取得了可喜成绩，社会主义核心价值体系建设逐渐深入人心，道德建设扎实推进，"湖北群星现象"享誉全国；文化事业和文化产业蓬勃发展，城乡居民精神文化生活更加丰富多彩；文明创建深入推进，全国文明城市创建实现零的突破，城乡面貌发生重大变化。同时，随着经济体制深刻变革、社会结构深刻改

---

① 杨伯峻：《列子集释》卷 8《说符篇》，中华书局，1979，第 259 页。
② （清）张廷玉：《明史》卷 213《张居正传》，中华书局，1974，第 5649 页。

变、利益结构深刻调整、思想观念深刻变化，湖北文明建设也面临严峻的挑战。因此，"文明湖北"建设在弘扬社会主义核心价值观的同时，必须继承弘扬荆楚优秀传统文化，开发利用其文化资源，满足广大人民群众日益增强的精神文化需求。把戏曲大省建成戏曲强省，文化大省建成文化强省。

要大力弘扬以"五种精神"为代表的荆楚人文精神，着力打造精神高地，为培育社会主义核心价值观提供同频共振的价值源泉。传承荆楚人文精神，大力弘扬荆楚先民"筚路蓝缕、以启山林"的开拓创业精神、近现代仁人志士"勇立潮头、敢为人先"的革故鼎新精神、九八抗洪"万众一心、众志成城"的团结拼搏精神，彰显湖北人文魅力。要充分挖掘利用荆楚传统文化资源，深入开展荆楚历史文化宣传教育，加强荆楚文化研究、宣传和推介。要大力打造具有荆楚特色的历史文化品牌，实现文化的大发展大繁荣。

（四）为湖北社会建设提供强大的理论支撑

加强社会建设，必须以保障和改善民生为重点。"文明湖北"的根本目的之一，是确保湖北人民过上幸福美满的生活，为实现这一目标，必须从维护广大人民根本利益的高度，谋民生之利，解民生之忧。坚持民生优先，实施惠民工程，让学有所教，劳有所得，病有所医，老有所养，住有所居，保障人民群众共享改革发展成果，实现安居乐业，营造以人为本、诚信和谐的文化氛围。

自楚族立国以来，荆楚文化中不乏以人为本、诚信和谐的思想。春秋时，楚庄王常常感叹"民生之不易"，并告诫自己的臣民要勤政爱民；多代楚王"扶民"多有善政，如"分贫振穷，长孤幼，养老疾，收介特，救灾患，宥孤寡……"[①] 可以说，社会保障制度已初步成形。楚庄王时的法律，上至王子、大夫，下至大臣亲戚和老百姓，在法律面前一律平等。

---

① 杨伯峻：《春秋左传注·昭公十四年》，中华书局，1981，第1365页。

孔子曾赞楚庄王"轻千乘之国而重一言"。①"一诺千金"成语来自楚人季布，李白诗云"诺为楚人重"，是对楚人重诺守信品质的最好评价。与重视民生和法治相应，楚史 800 多年，多代的社会较为稳定，楚庄王时的国力达到了鼎盛。荆楚历史时期的民本、诚信与和谐的思想文化，将为湖北社会建设提供丰富的理论支撑。

（五）为生态文明建设提供有力的思想指导

建设生态文明，是关系人民福祉、关乎民族未来的长远大计。过去十年，我省生态文明理念得到广泛普及，城乡人居环境得到显著改善，生态环境安全得到有效保障，生态环境保护机制不断创新。同时，我省面对资源约束趋紧、环境污染严重、生态系统退化的严峻形势，尊重自然、顺应自然、保护自然的生态文明理念仍需加强。大力推进"两型社会"建设，把生态文明建设放在突出地位，使之融入经济建设、政治建设、文化建设、社会建设各方面和全过程，是"文明湖北"建设亟待解决的一项新课题。

极目楚天舒，灵秀湖北美。楚族立国初期，楚地产生有中国古代最为丰富生态环境理念。《老子》主张道法自然，天地万物是一个有机的整体；《庄子》有齐物论，主张"天人合一"。在楚地出土文物中，随处可见各种各样的动物形象，如石家河遗址出土的大量陶器动植物器皿和鸳鸯豆、虎座鸟架鼓、镇墓兽、木雕动物座屏、彩绘鸳鸯等，充分显示了楚人与环境和谐共处的思想理念。深入开展荆楚传统生态文化理念的宣传和普及活动，加强社会生态文明意识的宣传和引导，促进荆楚儿女树立强烈的生态保护意识，加强两型社会的建设力度，创新形成生态文明建设的长效机制，让山川湖泊休养生息，让"千湖之省"蓝天长驻，青山长在，碧水长流，让人民群众不但能够享受空气清新、形式多样的城市生活，也能品味山川秀美、舒适安逸的田园风光。

为了让丰厚而优秀的荆楚文化在文明湖北建设中发挥更大作用，我们

---

① （西汉）司马迁：《史记》卷 36《陈杞世家》，中华书局，1959，第 1580 页。

要继续深入发掘、认真研究、积极保护和大力弘扬荆楚文化。2013年9月，李鸿忠书记在全省宣传工作会议上强调，要传承和发扬灿烂辉煌的荆楚文化。他指出：荆楚文化源远流长、博大精深，在中华文化璀璨星空中地位显要，是全省人民共有的精神家园。传统文化就是我们的根，也是我们打造文化软实力最深厚的母体和源泉，绝不能丢。丢了，就是对不起先贤祖宗，就是历史的罪人！……要更多运用改革的办法、市场的办法、创新的办法，做到楚材楚用、楚材先用、楚材大用，努力把我们的文化资源优势转化为文化产品、文化精品，使其既贴近群众又贴近市场。这段精辟的讲话对荆楚文化的作用做了高度评价，是对"荆楚文化与文明湖北"最好的诠释，对此，我们要深刻领会并要十分重视，深入发掘荆楚文化为文明湖北建设服务。自20世纪80年代张正明先生等专家学者开辟"荆楚文化"这门地域学科以来，他们以弘扬湖北文化为己任，日以继夜的辛勤劳作，形成一系列研究荆楚、传承荆楚、弘扬荆楚、利用荆楚进而影响荆楚乃至全国的传世之作，如以湖北省博物馆、荆州博物馆为代表的造福一方的公共文化杰作；以张正明先生主编的《楚学文库》18卷为代表的影响全国的基础研究成果；以东湖磨山楚文化城、湖北旅游主题口号"灵秀湖北"等为代表的深受人民喜爱的文化旅游精品；以在央视9套首播的10集电视纪录片《凤舞神州》为代表的、权威专家评论为"破冰之作，恰逢其时"的颇具开创之功的影视作品；以《荆楚文化普及丛书》为代表的弘扬人文精神的普及作品……。这些精品力作，向世人宣传了绵延两千多年的璀璨的荆楚文化；锻炼培养了一批荆楚文化专家骨干，发展壮大了研究荆楚文化的队伍，积累了研究弘扬荆楚文化的经验，为深入发掘荆楚文化打下了坚实的基础。总之，我们要发扬这种吃苦耐劳、善于钻研、积极创新的精神，将荆楚文化的研究和利用引向深入。著名国学大师季羡林先生在1993年到荆州博物馆和湖北省博物馆参观时，受到很大震撼。他撰写了题为《中国古史应当重写》的文章，指出长江流域古文化至少与同期的黄河文化并驾齐驱。1997年，季先生再撰《中国历史必须重写》，重申应将这一观点贯穿于中国通史的研究。荆楚文化博大精深，源远流长，在未来5年，我们还将编纂七卷本的《荆楚文化八千年》一书，其目的是要对中华民族的文化充实内容，填补空白，纠正误差，还原真实。《荆楚文化八千年》一书的撰写要求做到"无据不入书"。从早于黄河、长江7亿年的汉水两岸生物和195万年前的建始直立人、100万年前的郧县人头盖骨化石落笔，从旧石器向新石器时代演化和从母系社会向父系社会转变入题，从史前文化写到楚国历史文化，史笔穿过历史的长空，一直写至现今。总之，要大力弘扬荆楚优秀传统文化，为文明湖北建设服务。

关注湖北人文精神的亮点

——关于文明湖北建设的一点建议

武清海*

（湖北省荆楚文化研究会）

党的十八大报告指出："文化是民族的血脉，是人民的精神家园。"在湖北，"荆楚文化"就是我们的血脉与精神家园。我们知道，文化与文明存在着密不可分的关系，文化是文明的外在形式，文明是文化的内在价值。文化的这种内在价值就是人们常说的"人文精神"。不同地方人文精神的提出，是当地文明教养和道德理想的综合反映，是当地意志品格与文化特色的主流共识，是当地群众普遍认同的价值取向和共同追求，也是当地人文形象的展示与引领未来发展的理想愿景。那么，荆楚文化的内在价值和文明湖北的精神高地应当怎么理解？荆楚儿女的文明教养和道德理想如何？湖北人民的价值追求、形象展示和未来的理想愿景是什么？这是我们人文工作者必须面对和回答的问题。

从荆楚文化的内在价值来透视湖北的人文精神建设，有三个亮点是需要我们特别关注的。

一 敢为天下先——荆楚人文精神之魂

魂者，精神也。古书《易·系辞》说："精气为变。"《辞海》中解

---

* 武清海（1946~），山东菏泽人，湖北省政协原副主席，现任湖北省荆楚文化研究会会长、湖北省党建研究会会长。

释："特指崇高的精神。如民族魂。"据此，我们可以理解为"荆楚文化之魂"即指湖北的人文精神，或者叫"湖北人文精神之魂"。

湖北省荆楚文化研究会早在 2008 年就召开过一次题为《荆楚文化与湖北人文精神》的学术年会。王生铁名誉会长在会上发表了《论弘扬湖北人文精神》的讲话，其中有许多精彩的论断。他说："人文精神，简而言之就是人类文明核心价值的体现，就是以人为本的精神。""从学理上讲，人文精神是人类的自我关怀，表现为对人的尊严、价值、命运的维护、追求和关切，对人类遗留下来的各种精神文化现象的高度珍视，对全面发展的理想人格的肯定和塑造。""人文精神指导着人类文明的走向，不仅是精神文明的主要内容，而且影响到物质文明建设。"按照这样的理解，荆楚的"人文精神之魂"应该怎样来归纳呢？我相信"仁者见仁"，"智者见智"，可以有多种表述。我个人认为，荆楚人文精神之魂的核心价值主要体现为"敢为天下先"。

"敢为天下先"有着很丰富的内涵，其中包括学者们归纳的荆楚文化所体现的"五种精神"。这就是：

第一，筚路蓝缕的艰苦创业精神。西周早期，楚人还是一个小国。周成王盟会诸侯，熊绎前去与会受到歧视。回后他立志发奋，敢于抢前争先，终于通过几代人的努力，从汉水中游荆山一带，发展为"饮马黄河、问鼎中原"的泱泱大国，创造了先秦发展史上的奇迹。

第二，追新逐奇的开拓进取精神。楚人敢于创新，从熊通不顾周礼自行称王，到灭权国后首创县制；从吴起变法的首次革新运动到多门科学技术引领时代之先；从可与古希腊文化媲美的楚国文化到张之洞治鄂推行的近代化新贡献；从辛亥革命的首义枪声到中国共产党成立的"一大"上占代表人数十三分之五的湖北籍人士等，无不说明了荆楚儿女"敢为天下先"的人文精神。

第三，兼收并蓄的开放融会精神。由于早期楚地处于汉水中下游，东西南北的文化在此交流沟通，所以楚人胸襟开阔、少有民族偏见，敢于对外开放。楚地经由南亚到地中海沿岸的"玻璃之路"比"丝绸之路"要早 4 个世纪左右。鸦片战争以后，湖北也是我国最早有通商口岸的地区之一，是我国近代工业、商业、文化的摇篮。

第四，崇武卫疆的强军爱国精神。楚人爱国善战，荆州博物馆的双矢并射连发弩，"一次可射出两支矢，射程一般可达 20～25 米。20 支矢装满矢匣，可以连续发射 10 次"，是机关枪的先祖。① 楚武王、文王、庄王、共王都是在开疆卫土的战场上身先士卒而亡的。发出"鸟飞返故乡兮，狐死必首丘"感慨的伟大爱国诗人屈原，不愿当亡国奴而抱石投江。王昭君为国和番出塞，林则徐反帝首先在武汉下令"禁烟"。

第五，重诺贵和的诚信和谐精神。司马迁的《史记》中记有两则楚人重然诺的故事。一是讲楚庄王讨伐陈国，原因是陈国大夫夏征舒射杀了国君陈灵公。楚庄王宣布：只杀有弑君之罪的夏征舒，别无他求。但当灭陈后，楚庄王却宣布"陈国已灭，改为陈县"，楚大夫申叔时谏庄王此举不当。庄王听后立即采纳，还派人请回了已逃到晋国的陈公子午继承王位。《史记》写道："孔子读史，记至楚复陈，曰：'贤者楚庄王，轻千乘之国而重一言。'"② 第二则记的是项羽名将季布，说当时楚国有一句谚语说："得黄金百斤，不如得季布一诺。"③ 成语"一诺千金"便源出于此。在元代编录的《二十四孝》一书中，出自荆楚的孝子就有四位。他们是"戏彩娱亲"的老莱子、"卖身葬父"的董永、"扇枕温衾"的黄香和"哭竹生笋"的孟宗。他们是社会和谐的代表性人物。当代"感动中国"人物之一的"信义兄弟"，在家破人亡时还一文不少地兑现农民工工资的感人事迹，无不说明有了诚信、有了孝行、有了道德才会有和谐的社会。荆楚儿女敢于突破世俗偏见，坚持自己真善美的高品位人格，真是了不起。

2010 年 10 月，在湖北武汉召开的"中国湖北·国家自主创新示范区建设论坛"上，中国工程院院士李京文有一段赞扬湖北的话，他说："在这块土地上，诞生了中国第一根光纤、第一套具有自主知识产权的超长距离光传输系统。这里主导制定了 5 项国际标准、80 项国家标准、110 项行

---

① 李德华、李德定主编《荆楚百件馆藏瑰宝》，湖北教育出版社，2010，第 113 页。
② （西汉）司马迁：《史记》卷 36《陈杞世家》，中华书局，1959，第 1580 页。
③ （西汉）司马迁：《史记》卷 100《季布列传》，中华书局，1959，第 2731 页。

业标准，拥有 6300 多项专利。如今，这里已成为湖北乃至整个中部地区高新技术产生的制高点，辐射和带动了全省自主创新和新兴产业的发展。"李京文院士的话告诉我们一个事实：当代的荆楚儿女依然传承和弘扬着"敢为天下先"的人文精神。

历史传承和时代精神的有机结合，冶铸了"敢为天下先"这一荆楚人文精神之魂。

"敢为天下先"，千万别理解为只是一个"敢"字，如果仅仅是"敢为"而不能"善为"，是不可能达到"天下先"的。所以"敢为天下先"的内涵中有着深沉的"善为"的意涵。

楚庄王是楚国历史上最具开拓精神、最有胆识、最富韬略的"敢为天下先"的国王。他不满 20 岁即位，国内政局不稳，朝廷大臣互相倾轧。楚庄王为了分辨忠奸，上演了一出宫廷"选秀大剧"，并在三年内不理朝政，给人"沉溺于声色犬马"的印象。在他辨明了忠奸之后，便展示了其"三年不蜚，蜚将冲天；三年不鸣，鸣将惊人"的雄壮活剧。[1] 二十年后楚庄王终于成了称雄中原的"霸主"。他不仅使楚国强大，威名远播，也为华夏统一，民族精神的形成发挥了巨大的作用。

三国时期的智慧之星诸葛亮，饱读诗书，勤于躬耕。刘备"三顾茅庐"识才，诸葛"隆中对"谋划天下，"火烧赤壁"显雄才大略，辅佐阿斗施治国良策。无论是"革新连弩"还是造"木牛流马"，都体现他"长于巧思"、一生谨慎的超常才智。

楚庄王和诸葛亮都是集"敢"与"善"于一身的代表，"天下先"是他们的必然习作，正如"治大国如烹小鲜"。

二 "凤"—— 荆楚人文精神的形象标志

"敢为天下先"既然是集威武勇猛和智慧机灵于一身，其文化形象必然是健壮而美丽的。"凤"则是承载荆楚儿女诸多精神寄托和文化情思的

---

① （西汉）司马迁：《史记》卷 40《楚世家》，中华书局，1959，第 1700 页。

绝妙形象。其理由如下：

一、荆楚儿女的先民崇凤。据《尹文子·大道》记载，一个楚人误将一只野鸡当成凤凰，用二十金买下来去献给楚王，在途中过了一夜，那只野鸡死了。此人心中十分不安，这并非惜钱，而是未能将活凤献给楚王。楚王听说此事非常感动，将此人召进王宫，以超过十倍的钱厚赐给他。宋代宰相王安石将此故事与"叶公好龙"的典故进行了对比，发出了"伪凤易悦楚，真龙反惊叶"的感慨。楚人崇凤的习俗还表现在军械和祭祀器物上都绘有凤纹；凤被认为是"太阳之精"的"太阳鸟"，所以楚人尚赤，楚王的冠及战袍、战旗全是火红色的；楚人认为鸡雉是凤的化身，因此楚国的法典就冠名为《鸡雉之典》，亦即《凤雉之典》；屈原的《楚辞》中就有 24 次提到凤；在青铜器皿中有颇多凤形图案。"凤凰翼其承兮，高翱翔之翼翼。"屈原唱出了楚人心中永远放飞的凤图腾。

二、凤是荆楚儿女理想人格的化身。宋公文、张君在《楚国风俗志》一书中写道："在楚人的心目中，他们与凤实际上是合而为一的。他们着意标榜凤，把凤打扮得异乎寻常的美丽和壮观，就是在标树自身的风貌与形象。凤是至真至善至美的体现。为此，楚人尊凤爱凤以凤为图腾，视凤为先祖的象征，民族和国家的象征。这就是楚人尊凤爱凤的思想基础。"① 确实，自古以来凤就有"五德其文"的美誉。《山海经·南山经》说，凤凰身上五彩羽毛各显示其美德："首文曰德，翼文曰义，背文曰礼，膺文曰仁，腹文曰信。是鸟也，饮食自然，自歌自舞，见则天下安宁。"② 这种理想化的人格特征很符合楚人的审美心理。

楚人有博大的胸怀，有敢于创造奇迹的企盼。而凤具有"一飞冲天""一鸣惊人"的能力。宋玉《对楚王问》中说："凤凰上击九千里，绝云霓，负苍天，翱翔乎杳冥之上，夫藩篱之鷃，岂能与之料天地高哉？"③ 宋玉关于凤凰上击九千里的描述，有如《庄子·逍遥游》中鹏"怒而飞……水击三千里，抟扶摇而上者九万里"的神话。所以凤也是敢为天

---

① 宋公文、张君：《楚国风俗志》，湖北教育出版社，1995，第509页。
② 袁珂：《山海经全译》，贵州人民出版社，1990，第14页。
③ 吴广平：《宋玉集》，岳麓书社，2001，第89页。

下先的神鸟。

楚人是祝融的后代，尚赤向阳，追求光明，并不断在自我完善中求变求新。屈原在《天问》中写道："天式纵横，阳离爰死？大鸟何鸣？夫焉厥体？"阳离在古文献上亦称"明离""火离""炎离"，是太阳中的离鸟。《易·说卦》指出："离为火，为日。"《春秋元命苞》说："火离为凤凰。"离鸟在熊熊的烈火中获得新生，获得永恒的生命，成为火凤凰。这与后来从南亚传入中国的"凤凰涅槃""浴火重生"的思想观念完全吻合。所以近代著名诗人郭沫若在《凤凰涅槃》一诗中大呼："火便是凤，凤便是火""我们更生了""翱翔，翱翔；欢唱，欢唱""我们光明，我们新鲜；我们华美，我们芬芳"，从而唱出了我们民族传统与时代精神结合的最强音。

三 "灵秀湖北" —— 荆楚人文精神的主题品牌

2010 年 12 月 6 日《湖北日报》报道"'灵秀湖北'成我省旅游形象主题口号"这一消息以后，经过三年多的社会检验，反应非常好。我认为"灵秀湖北"已不仅仅是我省的一句"旅游形象主题口号"，而已成为我们的一个人文品牌。

第一，"灵秀湖北"凝聚了湖北人民的共识。据《湖北日报》当时的报道："2009 年初，省旅游局按照省委省政府要求，面向全社会公开征集旅游形象主题口号……共征集到了 52000 条……2010 年初，根据省委省政府主要领导意见，省荆楚文化研究会三次召开专家座谈会讨论……2010 年 8 月，省荆楚文化研究会提出建议以'灵秀湖北'……作为我省旅游宣传主题口号，并提出了理由，省长李鸿忠为此作了专门批示。2010 年 10 月，省委书记罗清泉、省长李鸿忠、副省长田承忠等省领导商定，确定将'灵秀湖北'作为我省旅游形象宣传主题口号。"整个过程体现了民意基础、专家建议、领导意见的有机结合。实践证明效果是好的。

第二，"灵秀湖北"具有品牌的学理特征。我们知道，品牌最早的含义是"标识"或"烙印"，源于西班牙的游牧民族，他们在交换牛马等牲畜时为了不致搞错，各自在牛马屁股上用烙铁打上标记。这是"品牌"的本源。现代意义上的品牌是在工业革命以后出现的，但其比较正式的定义在1960年才在营销学词典上出现：用以识别另一个或另一群产品的名称、术语、记号或设计组合，以和其他竞争的产品和劳务相区别。

在改革开放以前计划经济时代，在我国几乎没有品牌和创造品牌的概念。社会主义市场经济的产生和发展，促进了品牌意识的建立。现在谁都知道，在旅游业中也有旅游产品和旅游品牌。

"灵秀湖北"作为一个旅游品牌，包含了省旅游局公布的名称、标志和商标。"灵秀湖北"是湖北的旅游形象，是湖北旅游业走向省内外、国内外旅游市场的通行证。"灵秀湖北"也是我省的人文品牌。

"灵秀湖北"之所以是一个好的人文品牌，我们还可以从"个性""文化""价值"等方面来做进一步的分析：

就个性而言，任何一个品牌都有其特定的属性。以轿车为例，"沃尔沃"告诉人们的是"安全"，"奔驰""宝马"告诉人们的是"豪华"，日本各类车告诉人们的是"节油"。"灵秀湖北"告诉人们的是长江、汉水交汇处的荆楚大地有"人杰地灵、山水秀美"的个性。

就文化而言，任何品牌都有独特的内涵。旅游产品中，文化是其核心和灵魂。文化在当今世界竞争中显得尤为重要。湖北省委书记李鸿忠有句名言："当今时代已进入以文化定成败的阶段。""灵秀湖北"这一品牌所承载的是源远流长、博大精深的荆楚文化之魂。在《辞海》的词条中，"灵"与"秀"二字都引自楚先贤屈原的《楚辞》。屈原说："灵之来兮如云"，"容则秀雅"。楚人伴水而居，崇尚凤凰，烂漫而美丽，灵动而艳秀是楚文化最明显的特色。

就价值而言，任何品牌都体现着不同的价值。作为旅游品牌，其价值主要体现在旅客对山水和文化的情感认同上。作为人文品牌，其价值主要体现在人民大众对湖北人文精神的认知和体验上。自古以来名人贤士对荆楚大地的山水人文就有"惟楚有才""极目楚天舒"的评价。出现在中央电视台的"大江大湖大武汉""神奇神秘神农架""炎帝故里，编钟之乡""问道武当山，养生太极湖"等广告用语，也都浓缩着人们对"灵秀湖北"的认同。有了文化的认同和身心愉悦的情感体验,品牌的价值作用便会放射性地发挥效应。

第三,"灵秀湖北"能反映荆楚文化的本质特征。灵秀既可体现凤凰的灵动秀丽之美,又可体现荆楚文化的本质特征。概括起来就是"人杰地灵,山川秀美",既"灵"又"秀",有"凤"之柔美,又有"敢为天下先"的刚毅,这才是"灵秀"的全面内涵。

综上所述,"敢为天下先""凤""灵秀湖北"这三大亮点在"文明湖北"建设中应当引起我们的关注和重视。

楚人精神与湖北企业文化建设

刘玉堂　谢　芳[*]

（湖北省社会科学院）

楚地得中独厚，钟灵毓秀，自古就是文化昌盛之地。楚人之所以能创造出精彩绝伦、震古烁今的文化，其根本在于他们具有卓尔不群、薪火相传的精神，其中最为突出的是"筚路蓝缕"的进取精神、"抚夷属夏"的开放精神、"鸣将惊人"的创新精神和"一诺千金"的诚信精神。企业文化是企业长期生产、经营、建设、发展过程中所形成的管理思想、管理方式、管理理论、群体意识以及与之相适应的思维方式和行为规范的总和。随着现代企业管理理论的不断完善和管理实践的不断深入，企业文化逐渐成为企业凝聚力和创造力的重要源泉，成为提升企业核心竞争力、推动企业科学持久发展的内在动力。马克思主义认为："人们自己创造自己的历史，但他们并不是随心所欲地创造，并不是在他们自己选定的条件下创造，而是在直接碰到的、既定的、从过去承继下来的条件下创造。"[①] 企业文化亦是如此。企业文化的建设，应该是在传统文化的基础上进行增值开发，接地气，汲养分，博采众长，推陈出新，打造极具地

---

　　* 刘玉堂（1956~），湖北省社会科学院副院长、教授、博士生导师；谢芳，女，湖北省社会科学院助理研究员。
　　① 马克思：《路易·波拿巴的雾月十八日》，《马克思恩格斯选集》第 1 卷，人民出版社，1972，第 603 页。

域文化特质的企业文化品牌。当今湖北人是楚人的后裔，脉管中流动着楚人的血液，继承和弘扬楚人的优秀精神传统，对于加强湖北企业文化建设、促进湖北企业长足发展、助推湖北构建中部崛起战略支点，具有十分重要的意义。

一 楚人"筚路蓝缕"的进取精神与湖北企业文化建设

楚民族是一个充满进取精神的民族。自夏、商以来，楚人屡遭强邻打击，辗转流徙，直至西周成王时期，才得以在首领熊绎的率领下，以子男身份于方圆不足百里的荆山僻远之处定居立国。立国初期，楚人地僻民贫，势弱位卑，生存空间狭小，生存环境恶劣，所居丹阳一带交通不便，草莽丛生，荆棘密布，凶险贫瘠，被中原华夏各族蔑视为荆蛮，生计十分艰难，文化无足称道，政治地位低下，位列诸侯国之末等，甚至没有正式资格参加周朝盟会，只能做些为周王室看守祭燎的苦差。

面对苦厄困顿的局面，历经磨难的楚人没有怨天尤人，更没有被击倒，而是君民一心，艰苦奋斗，励精图治，锐意进取，凭着"筚路蓝缕"的精神，创榛辟莽，以启山林，冲出逆境，初露峥嵘。西周中期与晚期，楚君熊渠实行远交近攻，挺进江汉平原，一度封三子为王。春秋早期，楚人北渡汉水，东出方成，拓土及于淮河上游。春秋中期，楚地已超过方圆一千里，楚人逐鹿中原，饮马黄河，问鼎周室，成为诸侯霸主。当时的楚国和晋国是旗鼓相当的两个强国，楚国的富庶远在晋国之上，楚国的文化不比晋国逊色。到了战国中期，楚人灭国六十余，疆域空前扩大，楚地已达方圆五千里，成为带甲百万、车千乘、马万匹、粟支十年的声势煊赫的东周第一大国，楚文化也得以走向辉煌和极致，与中原文化比肩而立。

公元前 323 年，西方和东方各发生了一件石破天惊的大事：在西方是亚历山大大帝去世，他用武力拼凑起来的庞大帝国迅速瓦解；在东方是楚军在襄陵之战中大败魏军，楚国声威大震。在此后的一段时间，楚国不仅是东方第一大国，而且是世界第一大国了。楚国惊人的发展速度与扩张规模，不能不说是奇迹！事在人为，在楚国强势崛起、后来居上的道路上，楚人"筚路蓝缕"的进取精神无疑是最强的动力。这样的民族是不会一蹶不振的，这不仅显示在变弱为强上，而且显示在转败为胜上。公元前223年，秦国攻灭了楚国，"以为天下'莫予毒也'"①。然而，曾几何时，楚人陈胜、吴广起义，楚人刘邦、项羽起兵，势如风起云涌，所向披靡，不久就推翻了秦王朝。汉朝是楚人建立的，汉族的主源是楚人。可以说，"筚路蓝缕"作为一种精神象征，激励着一代又一代的楚人奋发图强，开拓进取。

从历史上看，湖北曾经是中国的国内市场枢纽、近代化的重要发祥地、社会主义工业化建设的重点，在长期发展过程中，积聚了农业、工业、科教、生态文化、交通区位等五大比较优势。改革开放以来，湖北曾经一度相对沉寂。经历21世纪头十年的恢复性赶超，经济社会发展取得了较大成绩。但是，与先进省份相比，湖北的差距仍较大；与中部省份相比，湖北的优势也不明显。各方面数据显示：湖北是农业大省，不是农业强省；是工业大省，不是工业强省；是科教大省，不是科教强省；是文化大省，不是文化强省。从2013年上半年经济发展情况看，湖北也是稳中有忧，主要经济指标增幅均有不同程度的回落：生产总值增幅比上年同期低2个百分点，回落幅度高于全国和中部平均水平；工业和消费增幅分别回落4.8和2.8个百分点。显然，大而不强是现今湖北最大的阶段性特征，也是阻碍湖北进入全国第一方阵的最大牵掣。

在市场经济条件下，企业是经济活动的主体和经济发展的基础。企业的壮大与否，直接决定区域经济的发展高度与水平。因此，湖北发展的跌宕起伏与湖北企业发展的峰谷交替息息相关。21世纪80年代初期，湖北企业勇立潮头，在体制改革中创造了多项第一。随着东南亚金融危机、美国次贷危机引起的全球经济危机以及接踵而至的欧洲主权债务危机的巨大冲击，湖北企业发展逐步落后，呈现"广"而不"优"、"多"而不"强"的疲软状态，跃居行业龙头者寥寥。以与人们衣、食、住、行、玩、用密切相关的产业为例：过去30年，是中国经济增长最快的时期，也是明星企业爆发式成长的黄金期，服装业出现了雅戈尔，食品业出现了

---

① 毛泽东：《反对投降活动》，《毛泽东选集》第2卷，人民出版社，1991，第573页。

娃哈哈,居住业出现了万科,汽车业出现了上海大众,旅游业出现了九寨沟,电器业出现了海尔,这些品牌已深入人心。但是,湖北企业留给全国人民的记忆却相当模糊,即使东风雪铁龙这类的品牌,也只局限在家门口。当前,湖北企业综合竞争力偏弱,利润水平偏低,在中部六省的发展态势中处于前有标兵、后有追兵的竞争格局。2012年,全省新登记内资企业1.21万户,下降5.6%;2013年1~9月,全省工业生产者出厂价格指数为99.3%,比上年同期低1.1个百分点。一些企业生产经营困难,企业尤其是中小企业融资难、融资贵问题突出,市场需求低迷,产品销售率下降,停产企业增多。

实践证明,保持一种进取的激情是促进企业长足发展的关键。湖北现在已经处在一个新的历史起点上,即将进入振兴崛起、跨越发展、复兴历史地位的新阶段,需要一大批主业突出、核心竞争力强、市场竞争优势明显的骨干领军企业。在资源能源趋紧、环境容量降低等硬约束下,湖北要实现由"大省"到"强省"的转变,实现从造就成千上万的小企业、小企业家到造就成百上千的大企业、大企业家的转变,就必须弘扬楚人"筚路蓝缕"的进取精神,营造鄂企文化的强大气场,建立内涵隽永、特色鲜明的湖北企业文化体系,塑造开拓进取的湖北企业形象,构筑精神高地,支撑湖北企业勇担重任、敢为人先、协同奋进,以敢创业、创大业的气魄竞进提质、大胆跨越,由数量增长型向质量提升型转变,由外延扩张型向内涵优化型转变,真正使湖北企业成为中部乃至全国的业内翘楚,发挥湖北在中部的引领示范和辐射带动作用。

弘扬楚人"筚路蓝缕"的进取精神,建设湖北企业文化,首先是要剔除小富即安、小进即满的自足心理与中游意识。改革开放以来,湖北创业者与沿海创业者的重要差距之一,是小富即安的心理过重,再创业精神不够。在湖北,白天当老板、晚上睡铺板的现象极为少见,腰缠万贯、富而思进的企业家也不太多。汉正街首批富翁今日只剩1/3。综观全国,东南沿海领先势头不减,中部兄弟省份正在奋力发展,西部发展速度不断加快,环渤海地区发展方兴未艾。在当前形势下,居长江中游的鄂企,必须摈弃比上不足、比下有余的中游意识,根除小富即安、小进即满的惰性思想，自我加压、自找差距。

弘扬楚人"筚路蓝缕"的进取精神，建设湖北企业文化，其次是要浇筑不甘一隅、跳起摘桃的惊魂气魄与过人胆识。当前，世界经济陷入低迷，国内正处于经济结构转型的重大战略机遇期，鄂企从中觅得发展机会、锐意进取、抢先发展，才是破解当前发展难题的明智之举。大好局面不会从天上掉下来，只能靠鄂企去拼、去抢、去干。精神状态往往决定一个企业的位次和水平。鄂企想做大做强，就不能安于现状、甘于平淡，更不能等待观望，而应以跳起来摘桃子的精神，在国家新一轮开放开发战略中、在湖北构建中部崛起重要支点战略中抢得先机，营造鄂企激情奋进、敢为人先的大气场。

弘扬楚人"筚路蓝缕"的进取精神，建设湖北企业文化，再次是要锤炼积极向上、永不气馁的乐观心态与坚定信心。信心是企业克难奋进的动力源泉。当前，国内外宏观经济环境依然错综复杂，市场有效需求不足的局面短期内难以改善，鄂企的经营空间亟待进一步扩展。面对这种生存状态，湖北企业人不能消极懈怠、退缩气馁，而应从更宽广的视野和更长的经济周期中，准确把握我省的发展阶段和历史方位，利用"四期并存""五局汇聚"的战略机遇期和工业化、城镇化加速推进的潜能红利释放期，借助平稳增长的产业支撑、投资支撑、要素支撑条件，坚定信心，务实进取，以昂扬气势抢抓实干，加快发展。

弘扬楚人"筚路蓝缕"的进取精神，建设湖北企业文化，最后是要锻造自强不息、百折不回的竞进意识与拼搏精神。任何一项事业的成功都不是一蹴而就的。湖北企业谋求由小变大、由大变强的征途，必将面对重重困难和无数挫折。在前有快马、后有追兵的竞技格局中，湖北企业人应该具备"千磨万击还坚劲，任尔东西南北风"的坚毅和韧劲，自强不息，百折不回，大力营造一种鄂企向上攀登、向前发展的进击态势。梁启超先生曾经讲过："进取冒险精神，人有之则生，无之则死，国有之则存，无之则亡。"① 对于湖北企业而言，也是有之，则兴旺；无之，则衰落。当

---

① 梁启超：《新民说·论进取冒险》，辽宁人民出版社，1994，第35页。

前湖北承担多个全局使命，肩负着建成支点、走在前列的重大任务，湖北企业应强化责任感，发扬楚人坚韧不屈、百折不回的精神传统，奋起直追，争取更多中国百强、世界 500 强企业落户荆楚大地。

二 楚人"抚夷属夏"的开放精神与湖北企业文化建设

楚民族是一个颇具开放精神的民族。早期的楚国，位于毗邻豫西南的鄂西北，东有桐柏山、大别山，西有秦岭，都限制着南北的交通，唯有南阳盆地和南襄夹道是一条绝佳的走廊。所以，楚国处在四战之地，不进则退，不兴则亡。在希望和危机并存的环境中，楚国君臣主动选择开放方针，奉行"抚有蛮夷""以属诸夏"的路线，民族偏见相当淡薄，民族政策较为开明。生息在中原的楚人先民，也从来不是封闭的，而是善于接受新事物，不排斥他族和他文化，与当时的夏族、商族、周族都有密切往来。因此，尽管楚国在从一个"土不过同"的方隅小国发展到可以与秦平分天下的强国过程中，先后灭掉了 60 多个中小诸侯国家，但在它辽阔的疆域内部很少有民族性或地方性的叛乱发生，各族人民和平共处、相互交融。

现代考古发现，长沙近郊许多同期的楚墓和越墓彼比相邻或相错，墓主是成年男子的大抵有兵器随葬，可见当地楚人和越人的关系是相当和睦的。楚国有不少名人出身于当时所谓的少数民族，或者是同少数民族沾亲带故。先说政治名人，楚国四位名相中第一位斗谷於菟有大半少数民族血统，第二位孙叔敖算是正宗的楚人，第三位沈诸梁是越裔的楚人，第四位黄歇的祖先是夷裔的黄人。再说文化名人，也是族类纷繁：老聃是陈裔人，庄周和宋玉都是宋裔人，唐眛是周裔人，荀卿是赵裔人，算来只有屈原是正宗的楚人。对于其他民族的文化，楚人乐于择善而从。楚人的文字，其实就是由商族创造、经周族发展的文字，与诸夏所有文字属于同一系统。北方的典籍，楚国几乎应有尽有。巴人和越人的民歌，都很受楚人的喜爱。扬越的冶炼技术，曾人铸造青铜器的技术，以及吴越铸造兵器的技术，都被楚人吸收。鲁国的巧匠公输班即民间所谓"鲁班"，曾经被楚国请去改进军事器械。就连从南亚输入的"蜻蜓眼"玻璃珠，也被楚人仿制了不少，在曾侯乙墓就出土了100多颗"蜻蜓眼"玻璃珠。可以说，正是楚人"抚夷属夏"的开放精神，最终造就了辉煌灿烂、耀若星宿的楚文化。

历史证明，任何一个地域的发展都不是孤立的，任何一种文明的源远流长都离不开其他文明的浸染、渗透与泽被。现代社会，随着不同主体相互交融的频率加快、程度加深，世界已经紧密相连、共宿一体，这就要求我们以世界性的眼光看待主体发展，在与其他主体多方面、全领域的交流合作中实现自身的科学发展、持续发展。面对这一大趋势，十八届三中全会通过的《中共中央关于全面深化改革若干重大问题的决定》（以下简称《决定》）强调："适应经济全球化新形势，必须推动对内对外开放相互促进、引进来和走出去更好结合，促进国际国内要素有序自由流动、资源高效配置、市场深度融合，加快培育参与和引领国际经济合作竞争新优势，以开放促改革。"① 这为今后一个时期继续扩大对外开放、全面提升开放型经济水平指明了方向。

湖北地处我国经济地理、人口地理中心，是扩大内需的前沿、国内市场的枢纽。独特的地理区位和特殊的商业功能，养成湖北善于接纳新事物的开放性格，形成"一本多元"的地域文化特征。开放，对于企业而言，是拓展企业发展平台和战略空间的基本途径。20世纪80年代以来，湖北企业的开放取得了一定成果，利用外资、外国技术、外智的程度不断提高，开拓国际市场的本领不断增强。但是，相对于沿海地区而言，地处内陆的湖北受市场经济和国际化的冲击较弱，对外开放的吸纳能力略显不足，集成和应用国内外科技资源仍显不够。改革开放以来，湖北企业在国际市场上的份额提升不快，在国内市场居榜首者寥寥，尤其是有竞争力和技术含量的自主知识品牌的产品过少，钢铁、汽车、水电、光电信息、纺织、机械、医药、建材、粮食生产等支柱产业在生产技术水平、产品品种结构、单位产品物资消耗以及劳动生产率和规模效益方面，与国际先进水

---

① 《中共中央关于全面深化改革若干重大问题的决定》，《求是》2013年第22期。

平仍有较大差距，与国内先进水平也有一定距离。湖北企业要缩小乃至消除这种差距，实现国内领先、国际一流，就必须认识到开放的重要性和长期性，继承和弘扬楚人"抚夷属夏"的开放精神，建设湖北开放型企业文化，引领企业加大对外开放的力度，扩大对外开放的领域，提高对外开放的层次，充分发挥对外开放的作用，全面提升湖北开放型经济水平。

弘扬楚人"抚夷属夏"的开放精神，建设湖北企业文化，首先要清空故步自封、闭门造车的内陆意识。所谓内陆意识，是指湖北人囿于地理区位限制而形成的半封闭、开放不力的文化心态和长期计划经济体制下形成的那种对商品和市场天然敏感性的消失。改革开放后湖北对外开放的"两快两慢"，即20世纪80年代初期之"快"与80年代后期之"慢"，90年代初期沿江战略时期之"快"与90年代后期之"慢"，颇能说明内陆意识对湖北企业发展的制约。当前，国际产业转移已经进入产业链条转移时代，我国企业的开放也已经进入新的阶段，湖北企业要加速发展就不能闭门造车。市场从来都是刀光剑影硝烟弥漫，任何能够在这样的环境中脱颖而出的企业都有着不可小觑的核心优势。作为直接参与市场竞争的主体，湖北企业应彻底清空内陆意识，把解放思想切入文化层面，不断培育有利于改革开放的文化土壤，在传统比较优势面临阶段性变化的情况下，努力适应经济全球化新趋势，实行更加积极主动的开放战略，冲破思想观念的束缚，突破利益固化的藩篱，攻克体制机制的痼疾，释放深化改革的红利，真正做到眼观天下，面向四海，顺势借势而为，加快培育参与和引领国际经济合作竞争的新优势。

弘扬楚人"抚夷属夏"的开放精神，建设湖北企业文化，其次要强化兼容并蓄、开襟博纳的"天下湖北观"。湖北企业要实现大发展，就需要大智慧、大气魄，需要以兼收并蓄的包容精神吸收发展所需的人才、资本、能源等优势资源，把世界真正拿到湖北来。"巧妇难为无米之炊"，资源是发展的基础，湖北企业只有树立"天下湖北"的观念，以更大、更远、更广的视野，把更多的省内资源、国内资源甚至国外资源拿来为我所用，才能在市场竞争中永占一席之地。"拿进来"，一是要拿人才。古人云，"惟楚有才"，此语源于《左传·襄公二十六年》："晋卿不如楚，其大夫则贤，皆卿材也。"① 湖北有悠久的人文历史和深厚的人文底蕴，高等院校数量和质量在全国名列前茅，科教资源丰富，实力雄厚。但是，近年来，湖北人力资源使用中出现两种值得关注的现象：一种是湖北大中型企业科技人员逐步减少；另一种是科研、企业、教育等关键领域人才大量流失，企业家和高素质企业经营管理人才尤其缺乏。因此，湖北企业应以各种形式、各种途径，开襟博纳各类高素质人才：吸引院校科研机构科技人才到企业兼职；吸引世界500强企业的技术人员和管理人才转战湖北；吸引优秀留学人员和海外高层次人才来企业工作或为企业服务。"拿进来"，二是要拿产业和资金。视野的宽度决定开放的广度，开放的广度决定承接产业转移的力度。湖北企业应以开放的视野，依托本地优势，主动承接和吸纳国际、国内产业转移，积极引进内资和外资，把一切可为我用的资金汇聚湖北，发挥外资利用的技术溢出和综合带动效应，实现企业利用外资从注重规模向提高质量与综合效益转变，助推我省特色外向型产业发展。"拿进来"，三是要拿技术和经验。湖北企业要虚心向周边省份、沿海省份、海内外企业学习，以兼容并包、吸纳融合的开放精神积极引进新模式、新技术、新理念，力促湖北开放型经济跨上新台阶。

弘扬楚人"抚夷属夏"的开放精神，建设湖北企业文化，最后要树立"走出去"的信心和决心。对于企业而言，加快走出去步伐，增强域外价值链整合与国际化经营能力，是拓展外部市场和外延空间的主要途径。党的十八届三中全会通过的《决定》强调，要"扩大企业及个人对外投资，确立企业及个人对外投资主体地位"②。这一决定将进一步壮大我国经济领域走出去的微观主体，释放对外投资与合作的潜力。随着国际国内市场深度融合，内外环境复杂多变，企业走出去战略势在必行，也将面临诸多风险和挑战。湖北企业应以豁达的胸怀、从容的姿态，勇敢、自信地逐步走出去。"走出去"，一是将产品销往域外。湖北企业要立足中部、放眼全国、面向世界，以开放的姿态全面拓展市场空间，建立海外营

---

① 杨伯峻：《春秋左传注·襄公二十六年》，中华书局，1981，第1119、1120页。
② 《中共中央关于全面深化改革若干重大问题的决定》，《求是》2013年第22期。

销网络，按照国际通行规则开展国际化经营，培育国际知名品牌，提高"湖北制造"产品的市场占有率。"走出去"，二是将资金投向域外。湖北企业要在提升开放水平中竞进提质，积极、有序、安全开展对外投资，采用合营、参股、控股、并购等多种方式整合延伸产业链，提升县域、省域经济外向度，提高鄂企在全国乃至全球范围内配置要素资源的能力，推进从吸收外资向输出资本的转变。"走出去"，三是将合作拓展到域外。竞合时代，开放合作是唯一出路。湖北企业应进一步加强域内外合作，以开放的胸怀、包容的心态，消除壁垒、整合资源，通过共同研发产品、承担项目等途径，拓展合作的深度与广度，在一体化发展中提速提质。

三 楚人"鸣将惊人"的创新精神与湖北企业文化建设

楚民族是一个极富创新精神的民族。楚人自称"我蛮夷也"，从不忌惮于模仿中原列国，却又从不满足于且羞于跟在其他诸侯后面亦步亦趋。对于其他民族的文化成果，楚人总是始则仿造，继而改作，终于别创。在根据自己的喜好和实际需求对他族文化成果加以创新提升时，楚人往往有惊人之举，正如《史记》载楚庄王所言："三年不蜚，蜚将冲天；三年不鸣，鸣将惊人。"[①]

楚人的创新精神体现于政治、经济、军事、科技、人文与艺术等诸多领域。楚人在政治领域最明显的创新与开拓成就莫过于王权的确立和县制的创设。经济领域的改革与创新集中在赋税制度与水利工程方面。军事领域的创新在于发明连弩。科技领域的创新则体现于天文历法、铜铁冶炼以及医学等方面的不俗之举。以青铜器为例。春秋早期以前，楚国的青铜器几乎全是周式器的仿制品，个别兵器如楚公家戈，则是蜀式器的仿制品。春秋中期以后，楚国的铜器就愈出愈奇，器形和纹饰都特色鲜明，因而自成一系了。铸造工艺又异常精妙，使所有其他国家的铜器都相形见绌。楚人在人文与艺术领域如哲学、文学、艺术等方面，也多有开拓创新之举。

---

① （西汉）司马迁：《史记》卷40《楚世家》，中华书局，1959，第1700页。

诗歌，春秋时代只有北方各国的能登大雅之堂，楚人在外交场合中"赋诗断章"① 只是学舌；战国时代却是楚国的诗苑奇葩怒放，北方各国的诗苑已是落叶飘零了。北方的《诗经》以四字句占压倒优势，未免单调；南方《楚辞》则句式参差繁富，韵律摇曳多姿。漆器的发展历程与铜器相似，但转轨较迟。春秋中期以前，楚国的漆器还是比较稚拙的，器胎厚，纹饰粗。春秋晚期以后，由于工艺的革新、需求的增长和审美意向的变化，楚国的漆器生产突飞猛进，器胎薄了，纹饰细了，这还尚在其次，器胎的多样化和纹饰的多变性令人眼花缭乱，这才是楚式漆器得以专美约三百年之久的根本缘由。另外，从楚人改造玻璃珠也可看出楚人在工艺上的追新逐奇，力求与原物不同的创新习性，楚墓出土的众多玻璃珠是从西亚经南亚传入的，它本只有圆球形一种，楚人别出心裁，加工成多棘形。楚人刻意求新，由此可见一斑。可以说，正是楚人"鸣将惊人"的创新精神，才使楚文化在融汇传播过程中，辐射四方。

　　在知识经济时代，创新已成为时代的显著标志，成为推动社会进步的决定性力量。与传统经济相比，知识经济实现了从有形资产向无形资产的转变，从以物的要素为主向以人的要素为主的转变，从重视引进、模仿向强调创新、创造的转变。可以说，知识经济形态的重点就是创新、再创新。长期以来，我国经济增长呈现典型的"四高四低"特征，即"高投入、高消耗、高污染、高速度"与"低产出、低效率、低效益、低科技含量"②。发展积累的矛盾较多，运行风险加大。解决这些问题的总钥匙是创新，在深化改革中创新，在推动创新中转型。令人遗憾的是，当前我国创新动力弱，路径依赖严重，科技对外依存度50%以上，远高于日本和美国（5%以下）；投资率已接近50%，有的省份甚至达到80%；工业品的产量居全球第一，但基本是"低科技含量、低附加值"的低端产品。这种靠投资支撑的经济增长已难以为继。因此，我们提出"创新中国"，力图以创新谋发展。

---

① 杨伯峻：《春秋左传注·襄公二十八年》，中华书局，1981，第 1145 页。
② 王保安：《中国经济升级版应如何打造》，《求是》2014 年第 1 期。

湖北是科教大省，与中部其他省份相比，更具有实现创新的优势和条件支撑。湖北现有高等院校 85 所，各类科研机构 1158 家，大学生、科教人员、两院院士人数和历年发表国内外论文数、获奖科技成果、承担的国家级科技计划项目数均居全国前列。2012 年，全省共取得省部级以上科技成果 1567 项，争取国家高技术产业发展项目 49 个，获国家科技奖励数量、各类科技计划项目分别列全国第 4 位、第 5 位。近年来，随着省委省政府逐步实施创新驱动战略，湖北在探索科技成果转化机制上形成了新的特色和优势。2012 年，全省高新技术产业实现增加值达 2960.4 亿元，同比增长 18.6%；共签订技术合同 12908 项，成交金额 234.6 亿元，增长 93.2%，居中部第 1 位。但总体而言，湖北仍然存在科教优势发挥不充分、科技与产业结合不紧密、自主知识产权及具有核心竞争力的企业和产品严重缺乏、重大成套装备和高新技术装备进口依赖度较高等问题：高新技术产业增加值在中部排第二位，低于湖南；高新技术企业的总量位居第三位，少于安徽、湖南；国家级高新区 22 家，在中西部地区只排第四位。这些数据表明，湖北的科技优势仍属于要素优势、潜在优势。究其原因，是湖北的创新意识不强、创新能力不足、创新服务体系不完备。因此，我们提出"创新湖北"，力图以创新促跨越。

创新是经济升级的动力，而创新必须依赖市场主体。企业作为经济活动的主体和经济发展的基础，理应成为创新的主体。然而，数据显示，我国企业创新动力缺乏，创新能力不足。据统计，我国企业研发人员过少，研发投入占销售收入不足 1%，远低于发达国家 2.5%~4% 的水平，大中型企业建立研发中心的仅有 27.6%，其中不少还是部门"指定"而挂牌的。在技术创新方面，湖北企业的主体意识也不强，科技资源配置的结构性问题突出，科技创新的产业化导向弱。目前，湖北的科技创新活动特别是高水平创新活动主要集中于高等院校和科研机构，大中型工业企业研发投入比重偏低。2012 年，湖北规模以上工业企业研发投入经费 263.3 亿元，投入强度 1.65%，低于全国 1.76% 的平均水平，与经济合作与发展组织 4% 的标准更是相差甚远。由此，产业结构不合理、产品竞争力不强、能源资源利用效率低、企业经营成本居高不下等一系列制约湖北经济增长的深层次矛盾仍然无法解决。2013 年 1～8 月，湖北工业企业主营业务成本同比增长 17.1%，其中销售费用增长 22.5%，管理费用增长 17.3%，主营业务成本占主营业务收入的比重达 85.2%，企业资金周转紧张。打破这种局面的关键，是加快建立以企业为主体、市场为导向、产学研相结合的创新体系，大力发展企业主导的技术创新战略联盟，推动创新要素向企业集聚，使企业真正成为技术创新的需求主体、投入主体、研发主体和应用主体。

创新是企业的灵魂，是推动企业发展的不竭源泉。松下电器、IBM、英特尔等百年企业之所以生存至今，原因就在于其创新精神长盛不衰。企业创新，需要提升精神区位，培育前瞻意识和战略思维，需要以创新为精髓建设企业文化，充分发挥文化在企业创新驱动战略中的导向功能、凝聚功能、激励功能。湖北企业要走上发展的快车道，就应当继承和弘扬楚人"鸣将惊人"的创新精神，培养企业创新文化理念，以创新文化为引领，充分发掘和利用我省创新资源优势，充分发挥科技的支撑引领作用，实现科技优势向经济优势、竞争优势转变，实现企业从单纯生产型向生产研发型转变，突破资源、环境瓶颈的制约，提高企业核心竞争力，使企业发展转入要素驱动与创新驱动并举的轨道，走科技创新、管理创新的科学发展之路，真正实现由"湖北制造"向"湖北创造"的重大转变。

弘扬楚人"鸣将惊人"的创新精神，建设湖北企业文化，首先要强化创新意识，把创新基因置入员工思维。创新意识是一种发现问题、积极探求的心理趋向。企业要持续发展，创新是根本保证，提高创新意识是首要任务。企业要破除员工头脑中因循守旧、人云亦云、小富则安、裹足不前等妨碍创新的思想禁锢，革除影响发展、束缚创新的体制弊端，开启员工解放思想的闸门，引导员工以勇开风气之先、敢担风险之责的大无畏精神为企业发展开天辟地，营造企业风劲潮涌万象新的生动局面。

弘扬楚人"鸣将惊人"的创新精神，建设湖北企业文化，其次要尊重员工首创精神，营造尊重创新、激励创新、保护创新、勇于创新的文化氛围。一方面，企业要大胆开辟员工自主创新的主战场，将班组科室搭建为员工实践创新的基础平台，积极开展技术革新、技术协作、发明创造、合理化建议活动，引导员工在平时工作中比技能、比创新。另一方面，企业要建立和完善激励自主创新的人才评价和奖励制度，激励员工争做金牌工人、技术能手、创新高手，努力形成创新活动在企业普遍开展、创新活力在企业竞相迸发、创新潮流涌动荆楚大地、创新成果助推跨越发展的良好局面。

弘扬楚人"鸣将惊人"的创新精神，建设湖北企业文化，最后要紧抓创新人才培养，不断提高企业自主创新水平。企业创新，关键在人。湖北企业应在积极引进创新人才的同时，大力培养现有人才的创新能力。一方面，企业要引导员工从创新的视角看待事物、以创新的思维考虑问题、以创新的举措和方法寻求突破，提升企业思发展、谋发展、抓发展的整体水平，以思维的创新，带动企业产品技术和管理制度的创新，助推企业走上创新驱动、内生发展的康庄大道。另一方面，企业要为员工钻业务、学技术、提技能创造条件，利用工会的教育阵地和组织网络做好各项培训工作，加快员工队伍知识化进程，提升员工整体技能素质，为建设创新企业、创新湖北、创新中国提供源源不断的人才大军。

四 楚人"一诺千金"的诚信精神与湖北企业文化建设

楚民族是一个崇尚诚信精神的民族。自先秦时起，楚人便以精诚守信精神闻名于世。《老子·第八章》第一句即说："居善地，心善渊，与善仁，言善信，政善治，事善能，动善时。"① 这里的"与善仁，言善信"，意思就是指交友善于真诚相爱，说话善于遵守信用。纵观楚文化的演进历程，楚人重诺的精神一以贯之，成为楚文化的一大亮点。除了耳熟能详的季布"一诺千金"外，在有关先秦历史文化的著作中，还记载了几则故事，向世人展示了楚文化中守信重诺的精神品质。一是"复陈"。公元前598年，楚庄王为履行诺言，在攻进陈都后，收回改陈国为陈县的命令，

---

① （曹魏）王弼注《老子道德经注校释》，楼宇烈校释，中华书局，2008，第20页。

派人将已逃到晋国的陈国公子午迎回陈国继承王位。孔子读史时对庄王践诺复陈的行为给予高度评价，认为："贤哉楚王！轻千乘之国而重一言之信。"① 二是"存郑"。公元前 597 年，楚庄王因郑伯"信用其民"而未灭郑，反以"信"对待郑国的国君和国民。三是"和宋"。公元前 596 年，楚庄王久攻宋都不下，因不能"弃言"而采纳"筑室、反耕"的策略，为宋保全不订立"城下之盟"的面子而协议结盟。"复陈""存郑""和宋"的决策，在历史上广受称赞，影响深远，充分体现了楚人言信行果的思想。楚人屡屡释放忠信之君、忠信之人，尊重那些能够"言必信，行必果"的守信之人，恰恰从一个侧面表现出对忠信重诺的认同和推崇，故李白《送储邕之武昌》云："诺为楚人重，诗传谢朓清。"

事实上，楚人"一诺千金""重然诺"的诚信精神已成为楚文化标志性特征之一，在楚人生活中以多维度、多层面形式呈现。在国家层面，楚人的诚信精神体现于"忠诺于国"。楚人有一切以国家和民族利益为重的可贵传统，念祖忠君爱国的情感强烈而深沉。不管情况如何艰难，楚人对国家的忠信总是精诚践行的。在人际交往层面，楚人的诚信精神体现于"诚信待人"。楚人非常重感情，朋友之间交往，总是以心相许，以诚相待。项羽名将季布"一诺千金"的故事流传千古。在职业道德层面，楚人的诚信精神体现于"敬诺于职"。楚人都非常忠于职守，在处理问题时大多能做到铁面无私、秉公执法。《吕氏春秋·直谏》就记载了楚（荆）文王与师傅葆申敬诺受罚的故事。在自身修为层面，楚人的诚信精神体现于"精诚自守"。楚人对目标的追求多表现为自信而执着。卞和献玉就是一个突出的例子。可以说，正是因为楚人"一诺千金"的诚信精神，楚国才积聚"横则秦帝，纵则楚王"② 的强大力量，傲视群雄。

在现代社会，诚信是市场经济的基石。没有诚信，市场经济就没有发展。市场的主体是企业，市场经济的良好秩序需要企业以诚信来维护。近

---

① 杨朝明、宋立林主编《孔子家语通解》卷 2《好生篇》，齐鲁书社，2009，第 109 页。
② （西汉）刘向：《战国策·刘向书录》，上海古籍出版社，1985，第 1197 页。

年来，湖北积极推进市场诚信信用体系建设，取得了一定成效，企业诚信经营的意识增强了，但与发达地区相比，还有一定差距。经济学家张维迎曾委托中国企业家调查系统对全国 31 个省市进行问卷调查，结果显示：湖北企业的被信任度排在第 19 位，处于全国中等偏下水平，与上海、北京、广东等地有较大差距。截至 2013 年，湖北仅有 45 家企业入选"中国质量诚信企业"名单。人无信不立，企无信难存，业无信不兴。湖北企业要做大做强，就必须继承和弘扬楚人"一诺千金"的诚信精神，发展以诚信为重要理念的企业文化，积极倡导诚信为立身之本、兴业之基，引导企业和职工把诚实守信作为一种品行、一种责任、一种道义、一种准则，让诚信这一中华民族的传统美德在湖北市场落地生花，真正成为助推湖北企业发展壮大的一种工具、一种资源、一种生产力。

弘扬楚人"一诺千金"的诚信精神，建设湖北企业文化，关键要强化企业的责任意识，把责任意识贯穿企业文化建设的始终。企业是市场经济的主体，同时又是社会责任的承载者。企业的责任与企业共消同存。企业成立之初就肩负对员工的责任、对消费者的责任、对社会的责任。以积极的态度履行职责是现代企业诚信践诺的重要方式，也是现代企业建立合理义利观的重要体现。强化企业责任意识，一要呼吁企业在追求"利"的过程中对员工保持"义"的责任观，以诚实、守信、平等、公正的方式对待员工，尊重员工的劳动权、择业权、知情权、投诉权、培训权以及对企业经营管理的参与权和监督权，切实保护员工的利益，保障员工的生存和发展。二要呼吁企业在追求"利"的过程中对消费者保持"义"的责任观，确保产品安全和服务质量，自觉延长产品寿命，合理定价，诚信规范促销，尊重消费者的选择权与公平交易权。三要呼吁企业在追求"利"的过程中对社会保持"义"的责任观，合法经营，诚信纳税，维护环境，投资公益，回报社会。四要呼吁员工在追求"利"的过程中对企业保持"义"的责任观，顾大体、识大局，爱岗敬业，勇于担当，自觉维护企业形象，为企业发展建功立业。湖北企业提高责任意识、培育诚信精神，应借助标语、报刊、网站等载体进行宣传，倡导员工以诚实守信为荣、以见利忘义为耻；应以多样化的方式和内容加强员工诚信培训，通过价值观整合、思维方式作用、行为规范约束，把企业的经营宗旨、追求和理念转化为员工协调一致的价值行动；应制定诚信管理制度和诚信服务目标责任制，推动员工实施诚信自律管理，自觉提高诚信服务素质和能力，激励员工以企业利益为重、以消费者利益为重、以社会利益为重，努力把企业建设成为利益共同体、事业共同体、命运共同体，共创诚信企业，共筑诚信湖北，共建诚信中国。

楚国民本思想与文明湖北建设

徐文武[*]

（长江大学文学院）

湖北省第十次党代会明确要求"坚持先进文化引领，努力建设文明湖北"，着力抓好精神文明和生态文明建设，为富强湖北、创新湖北、法治湖北、幸福湖北提供精神动力、文化支持和生态保障。湖北具有深厚的文明积淀，特别是 2000 多年前在湖北大地滋生壮大的楚文化，是推进"文明湖北"建设的重要历史文化基础。对楚国思想文化的总结，对于我们今天建设"文明湖北"有着积极的意义。

湖北省第十次党代会报告将精神文明、生态文明纳入"文明湖北"的范畴，赋予了"文明湖北"丰富的内涵。而在精神文明这一层面，以人为本的民本思想无疑是构筑精神文明的重要支柱。本文重点探讨楚国的民本政治思想，以期对"文明湖北"的建设起到一定的借鉴作用。

中国古代文献对"民本"思想有着精辟的阐释。《尚书·夏书·五子之歌》云："民惟邦本，本固邦宁。"[①] 这 8 个字已将民本思想的核心内容及意义深刻地揭示出来。"以民为本"是中国传统政治思想的特色之一，

---

[*] 徐文武（1964~），长江大学文学院教授，长江大学荆楚文化研究中心主任。

[①] 李学勤主编《十三经注疏·尚书正义·五子之歌》，北京大学出版社，1999，第 177 页。

"战国以降，几乎所有的思想家和政治家都承认民为国本，民本成了一个超越学派的命题"。[①] 春秋战国时期，楚国执政者和士人阶层继承商周以来的民本思想，总结出了信民、爱民、因民、富民等治国理念，在中国古代民本政治思想史上写下了光辉的一页。

一　信民思想

先秦时期，各国政治家与思想家都讲"信民"。所谓"信民"，就是要求统治者取信于民。子贡向孔子"问政"，孔子回答说做到"足食、足兵、民信"就可以了。子贡接着问，如果三者去其一，先去哪一项？孔子回答说先"去兵"，其次"去食"。"去食"不就要挨饿吗？孔子解释说："自古皆有死，民无信不立。"由此可见，孔子认为对执政者来说，最重要的是取信于民。齐国政治家晏子也讲"信民"。《晏子春秋·内问上》云："故及义而谋，信民而动，未闻不存者也。"强调取信于民是攸关国家存亡的大事。

楚国政治家和思想家对"信民"不仅赋予了新的内涵，而且提出了更高的要求。《鹖子》说："民不求而得所欲，谓之信。"儒家经典《礼记》的《经解》篇引此语作："民不求其所欲而得之，谓之信。"意思是说，在老百姓没有向执政者提出欲求的情况下，执政者就主动满足了老百姓的需求，这样就能够取信于民了。让执政者主动作为，让老百姓不求而得，这是《鹖子》对执政者提出的最高要求。应该说，《鹖子》的"信民"主张，只是一种理想的民本政治思想，在封建时代，执政者是很难达到这一要求的。

春秋初期，楚武王夫人邓曼也明确提出"君抚小民以信"的主张[②]，要求君王以诚信来安抚百姓。邓曼所说的"抚小民以信"和《尚书·无逸》篇载周公说祖甲"知小人之依"，虽然强调的重点不同，但蕴含相同

---

① 卢向国：《温情政治的乌托邦——中国古代民本思想的机理研究》，天津人民出版社，2008，第 1 页。
② 杨伯峻：《春秋左传注·桓公十三年》，中华书局，1981，第 137 页。

的民本思想。《尚书·无逸》篇载："爰知小人之依，能保惠于庶民，不敢侮鳏寡。"强调为人君要能够体察民生隐痛，爱护百姓，惠及穷苦无依的人。《尚书·康诰》中明确提出"保民"的政治主张，后来成为周人德治思想的精髓，对后世历代德治思想起到了积极的作用。邓曼所说的"抚小民以信"比"知小民之依"提出了更高的要求。

战国时期的黄老道家从自然规律的角度论证"信"的合理性。自然规律中周而复始、循环往复的现象，都是始终如一的。黄老道家认为，这种周期现象正是大自然"信"的表现。《经法·论》云："日信出信入，……信者，天之期也。"正是从天道的角度为"信"找到存在的依据。在此基础上，《黄帝帛书》进一步强调"言必行，行必果"，以实际行动取信于民的重要性。《经法·明理》云："诺者，言之符也；已者，言之绝也。已诺不信，则知大惑矣；已诺必信，则处于度之内也。"执政者对老百姓应允的事，要积极兑现承诺，否则就会使思想陷入混乱；只有毫无保留地兑现承诺，才能使事态的发展处于掌控之内。

二 爱民思想

中国古代民本思想的核心内容之一是"亲民""爱民"。儒家重"仁"，"仁者爱人"。[1]"爱人"即"爱民"。儒家学者荀子把"爱民"视为君王治国的首要条件，他说："君人者，欲安则莫若平政爱民矣；欲荣则莫若隆礼敬士矣；欲立功名，则莫若尚贤使能矣，是君人者之大节也。"[2] 荀子提出君王治国的三项基本原则，其一是"平政爱民"，其二是"隆礼敬士"，其三是"尚贤使能"，可见，在儒家政治思想中，"爱民"的重要性是排在首位的。

楚国具有"爱民"的思想传统，历代君臣都认识到执政者应以"爱民"作为治国的重要原则。《鬻子》一书汇集了早期楚人的政治思想精

---

① （清）焦循：《孟子正义·离娄下》，中华书局，1987，第595页。
② 蒋南华等：《荀子全译·王制》，贵州人民出版社，1995，第143页。

华，其中提出了建立良性政治生态系统的理论。《鹖子》把社会结构分为三个阶层，即"为人下者"的"民"、"为人上者"的"吏"、"为人君者"的"君"。这三者的关系是，民是"为人下者"，所以要"上忠于主"，这个"主"包括位居其上的"吏"与"君"。相对于民而言，吏与君都是"为人上者"，所以要"下爱其民"，此外，君作为"为人君者"还要"中敬其士"。《鹖子》认为，在一个社会体系中，如果做到了民忠主（包括吏与君）、吏爱民、君敬士爱民，就会形成一个良性的政治生态循环系统。"爱民"作为君王治国的重要原则，成为构成良性政治生态的重要组成部分。

　　楚国政治家认识到，"爱民"首先要关注民生的疾苦，因此，春秋以降，楚国君臣多能关注民生、体恤民生。《左传·宣公十二年》记，春秋中期，晋国大夫栾武子说："楚自克庸以来，其君无日不讨国人而训之于'民生之不易，祸至之无日，戒惧之不可以怠'。"此语出自晋人之口，从一个侧面说明楚国君王重视民生，具有强烈的忧患意识。楚庄王说"无德以及远方，莫如惠恤其民而善用之"，① 要求为政者施惠于民，体恤百姓的苦难。楚庄王"惠恤其民"的思想在他的执政实践中得到了充分的体现。据《艺文类聚》五引《尸子》记："天雨雪，楚庄王披裘当户曰：'我犹寒，彼百姓宾客甚矣！'乃遣使巡国中，求百姓宾客之无居宿、绝粮者赈之，国人大悦。"楚庄王在风雪天能心忧百姓，出粮赈饥，表现了一位封建君王爱民风范，同时也体现了楚庄王以民为本的治国思想。

　　战国时期，楚国政治家和诗人屈原把"民生各有所乐"作为其美政思想的重要内容。由于统治者的昏庸无能，使得国破家亡，百姓背井离乡，"皇天之不纯命兮，何百姓之震愆？民离散而相失兮，方仲春而东迁"。② 民生的艰难，让屈原深深为之劳心忧苦，他在《离骚》中发出了"长太息以掩涕兮，哀民生之多艰"的慨叹。屈原在他的诗文中，反复劝谏楚王为政要"览民德""察民心""览民尤"，如《离骚》云"皇天无

　　① 杨伯峻：《春秋左传注·成公二年》，中华书局，1981，第807页。
　　② 蒋天枢：《楚辞校释·九章·哀郢》，上海书籍出版社，1989，第321页。

私阿兮，览民德焉错辅""怨灵修之浩荡兮，终不察夫民心"，《九章·抽思》云"原摇起而横奔兮，览民尤以自镇"，这些诗句说明爱民思想对屈原来说，不只是一句理论上的口号，而且融入了他的生命之中。

在楚国的士人阶层，道家学者具有强烈的亲民、爱民情结。道家创始人老子提出了"爱民治国"的政治主张①，明确将"爱民"提高到治理国家的高度来认识。道家的黄老学派在继承老子"爱民治国"思想的同时，吸收儒家的"仁义"思想和墨家的"兼爱"思想，并以此发展和充实黄老道家的民本思想。儒家倡导以血缘为基础的"仁爱"，墨家倡导无等级差别的"兼爱"，这些内容都在《黄帝帛书》中有所表现。如《十大经·顺道》论"仁""慈"云："体正信以仁，慈惠以爱人，端正勇，弗敢以先人。"《经法·君正》论"兼爱"云："兼爱无私，则民亲上。"黄老道家在天、地、人为一体的思想体系中，兼采儒、墨民本思想精华，提出了"畏天""爱地""亲民"的思想。《黄帝帛书·十大经·立命》云："吾畏天、爱地、亲［民］，□无命，执虚信。吾畏天、爱［地］、亲民，立有命，执虚信。吾爱民而民不亡，吾爱地而地不兄（旷）。吾受民□□□□□□□死，吾位□。吾句（苟）能亲亲而兴贤，吾不遗亦至矣。"这段话中数言"亲民""爱民"，使其成为黄老道家政治思想中的一个闪耀光辉的亮点。

《黄帝帛书》所提出的爱民思想，其出发点和思维方式都与儒家"仁政"思想有着不同的特点。孟子说："亲亲而仁民，仁民而爱物。"②孟子的"仁民"思想是从"亲亲"出发的，也即从血缘情感出发的。他是把"亲亲"的原则、血缘的感情运用到政治上来，从而使统治与服从的政治关系上蒙上一层温情脉脉的面纱。黄老道家的亲民思想，与孟子的仁民思想的归宿虽然是一样的，但其出发点正好相反。《黄帝帛书》倡导"畏天""爱地""亲民"，是基于"天、地、人一体观"的认识，由天、地的至尊，推及"民"的至亲，又由"亲民""爱民"推及"亲亲""兴

① 楼宇烈：《老子道德经注校释·第十章》，中华书局，2008，第23页。
② （清）焦循：《孟子正义·尽心上》，中华书局，1987，第949页。

贤"。可列表比照如下：

《孟子》：亲──→民──→物

《黄帝帛书》：物（天地）──→民──→亲

孟子的思想体系始于对人的自然亲情的确认，然后提升到"仁民"政治伦理，最后实现"爱物"，超越具体的社会历史情景，复归于大自然的怀抱。这一思想体系在《中庸》中也有表述："君子之道，造端乎夫妇；及其至也，察乎天地。"而《黄帝帛书》的思想体系始于对天地的认同，然后由天地推及人事，具体到"亲民"的政治理想，最后才落实到自然亲情。

三　因民思想

因民思想是要求执政者在施政过程中充分体察民情、顺应民心、有所作为的政治主张。因民思想是中国古代民本政治思想的重要内容，受到古代政治家和士人阶层的高度重视，楚国执政者和道家学者，对因民的政治主张也多有论述。

《鹖冠子》一书提出了在选拔官吏时尊重民意、顺从民心的政治主张。《鹖冠子》说，"王者取吏，必使民唱，然后和"，要求君王在选拔人才时民"唱"于前，王"和"于后，即在决策时将民意放在首要考虑的位置。对此，《鹖冠子》还有更进一步的论述："明主选吏焉，必使民兴焉。士民兴之，明上举之；士民苦之，明上去之。"[1] 这里强调君王选吏要充分考虑民意，以士民的好恶为取吏的标准，而非以君王的好恶取吏。由此我们隐约可以看到，《鹖冠子》中已具有"还政于民"的思想以及"民选"意识。

春秋战国时期，"国之大事，在祀与戎"[2]，战争与祭祀是国家的头等大事，各诸侯国为此耗费了大量的人力与物力，使百姓不堪其苦。在这种情况下，楚庄王、伍举、观射父等人都从"因任民力"的角度出发，提

---

① （唐）魏徵等：《群书治要译注·鹖冠子·撰吏五帝三王传政乙第三》，中国书店，2012，第70、71页。

② 杨伯峻：《春秋左传注·成公十三年》，中华书局，1981，第861页。

出"因民"的政治主张。《国语·楚语上》记楚大夫伍举说:"先君庄王为匏居之台,高不过望国氛,大不过容宴豆,木不妨守备,用不烦官府,民不为时务,官不易朝常。"[1] 楚庄王反对大兴土木,主要是基于民力的考虑,这是"因民"思想的一种表现。春秋时期,楚国大夫观射父针对祭祀规模不断升级加码的现象,提出了祭祀只"求备物,不求丰大"的主张,他基于"民力"的考虑,提出"敬不可久"的观点,强调祭祀的时间不可太久,否则会消耗民力,使百姓不堪承受。

道家学者从道的基本原理出发,对因民思想也多有论及。道家倡导因顺民心、民情的因民思想,主要是从其"道法自然"、无为而治的思想衍生而来的。《老子》说:"圣人常无心,以百姓心为心。"[2] 意思是说,圣人永远没有自己的主观意志,而只以百姓的意志作为自己的意志,要求统治者像圣人那样做到"无心",一切听任百姓意愿,将民心、民意作为执政之本,使执政理念实现从"官本位"向"民本位"的转变。

楚系黄老道家从"因天"推及"因民",要求执政者不仅要尊重自然规律,还要顺应民心民意。黄老道家强调"因自然""因天",要求执政者尊重自然的客观规律,按客观规律办事。如《文子·道原》说:"故天下之事不可为也,因其自然而推之。"意即要因顺客观自然的规律来做事,而不可以人力强行为之。此外,在《黄帝帛书·十大经·称》中也有"因天之则"的说法,这里的"因天"与"因自然"表达的是同样的意思。

黄老道家从"推天地以明人事"的思维方式出发,以天地自然推及人事,提出了"因民"的政治主张。《文子·自然》说:"因民之欲,乘民之力,为之去残除害。"《文子·上义》也说:"故圣人因民之所喜以劝善,因民之所憎以禁奸。"要求执政者依顺民众愿望,以"民之所喜""民之所憎"作为是非标准,依赖民众力量"劝善""禁奸",为他们消除祸患。《黄帝帛书·称》还提出了"因民以为师"的主张,要求执政者把

---

① 徐元诰:《国语集解·楚语上》,中华书局,2002,第494页。
② 楼宇烈:《老子道德经注校释·第四十九章》,中华书局,2008,第129页。

百姓当作自己的老师，以开放的心态虚心听取百姓的意见。《鹖冠子·天则》认为，执政者对百姓的教化也要"因民"而教："田不因地形，不能成谷；为化不因民，不能成俗。"以种田要因地制宜才有所收获比喻教化百姓也要因顺民心才能形成良好的民风民俗。总之，黄老道家所提倡的"因民之欲""因民之所喜""因民以为师"等政治主张，要求执政者充分重视民众的意愿、喜好以及民众的意见，对提高百姓在政治中的作用和地位有一定的积极作用。不过，我们也应清醒地认识到，黄老道家提倡"因民"，其根本目的是使执政者更好地"牧民"。《文子·自然》说："圣人之牧民也，使各便其性，安其居，处其宜，为其所能，周其所适，施其所能，如此即万物一齐，无由相过。"从这里我们不难看出，黄老道家提倡"因民"，其根本目的是"因其能而条畅之"，通过"因民"达到"治民"的目的。

四　富民思想

富民思想在我国有极早的渊源。从《周书·洛诰》所说的"彼裕我民"，《大克鼎》所说的"惠于万民"，反映出"裕民""惠民"思想已成为西周政治家的治国理念。我国古代的富民思想较为集中的出现在春秋战国时期，这一时期诸子百家从不同角度阐发其富民思想，如儒家认为"富与贵，是人之所欲也"，[①] 承认追求富贵是人的本性，具有其合理性，因此在儒家的政治理念中，以"养生丧死无憾"为"王道之始"[②]，并提出了"因民之所利而利之"的主张。[③] 墨子主张"兼爱"，要求执政者"摩顶放踵利天下"，[④] 实现"国家富，财用足，百姓皆得暖衣饱食，便宁无忧"的政治理想。[⑤] 墨家还以节俭为富民之道，提倡通过"节用""节

---

① 杨伯峻：《论语译注》，中华书局，1980，第36页。
② （清）焦循：《孟子正义·梁惠王上》，中华书局，1987，第55页。
③ 杨伯峻：《论语译注》，中华书局，1980。
④ （清）焦循：《孟子正义·尽心上》，中华书局，1987，第915页。
⑤ 吴毓江：《墨子校注·天志中》，中华书局，1993，第304页。

葬""节丧"达到富民的目的。法家的富民思想在不同时期有所变化，早期法家以富国与富民兼重，提出"凡治国之道，必先富民"的主张①，而到后期法家又主张"国富民贫"。这些不同的富民思想，反映了不同学术派别的政治主张与经济思想。

春秋时期，以斗子文、楚庄王、伍举等为代表的楚国政治家们高度重视民生，他们要求执政者勤政为民，大力发展社会生产力，改善百姓的物质生活条件，使其衣食富足。

春秋前期楚国令尹斗子文清廉勤政，律己恤民，他提出"从政者以庇民"的政治主张，强调执政者要以荫庇百姓为神圣职责，使其生活富足，衣食无忧。子文身为令尹，却不愿领受令尹等秩的爵禄，有人对子文说："人生求富，而子逃之，何也？"他说："夫从政者，以庇民也。民多旷者，而我取富焉，是勤民以自封，死无日矣。"② 子文不取爵禄以致富，是因为百姓不富有，他认为，民不富而执政者取富，其根本原因是执政者没有做到勤政为民，这样的执政是不能长久的。

春秋中期的楚庄王重视民生，提出了"民生在勤，勤则不匮"的思想，③ 鼓励百姓勤劳致富，同时也强调发展生产，振兴经济对于国家的重要性。楚庄王还说："无德以及远方，莫如惠恤其民，而善用之。"④ 意思是对于边远地区的百姓，执政者要施以恩惠，善待他们。楚庄王在位时，他的民生思想得到了很好的贯彻，楚国社会经济保持安定和繁荣，即使在战争频仍的情况下，仍能"使商、农、工、贾不败其业"。⑤

楚庄王认识到，轻徭薄赋的惠民政策可以减少百姓的怨愤，从而使国家政治安宁。《说苑·权谋》载，楚庄王在攻伐陈国前，派人前往陈国打探情况。打探情况的人回来报告说，不能攻打陈国，理由是"其（陈国）城郭高，沟壑深，蓄积多，其国宁也"。楚庄王却说："陈可伐也。夫陈，

---

① 黎翔凤：《管子校注·治国》，中华书局，2004，第924页。
② 徐元诰：《国语集解·楚语下》，中华书局，2002，第522页。
③ 杨伯峻：《春秋左传注·宣公十二年》，中华书局，1981，第731页。
④ 杨伯峻：《春秋左传注·成公二年》，中华书局，1981，第807页。
⑤ 杨伯峻：《春秋左传注·宣公十二年》，中华书局，1981，第722页。

小国也，而蓄积多；蓄积多则赋敛重，赋敛重则民怨上矣。城郭高，沟壑深，则民力罢矣。"楚庄王认为，蓄积、赋敛和民怨是联系在一起的。蓄积多，是重赋敛的结果，而重赋敛必然会导致民心怨上。楚庄王虽然说的是陈国的情况，但也从一个侧面反映了他的"薄赋敛"主张。楚庄王薄赋敛的经济思想对后世楚国政治家产生了积极的影响。楚灵王时，楚大夫伍举批评楚灵王的执政措施，他指出：如果统治者为了自己的私欲搜刮百姓，就会造成百姓贫困，国家穷竭，从而危害到执政者的统治地位。伍举对楚灵王说："夫君国者，将民之与处，民实瘠矣，君安得肥？"①他对楚灵王说了一个极为简单的道理：君王与百姓同处一国，百姓如果不富有，君王的财富又从哪里来呢？由此可以看出，伍举认识到"民富"与"国富"的关系是先"民富"后"国富"，"民富"是"国富"的基础。同样意思的话也出自孔子："百姓不足，君孰与足？"②

在楚国的士人阶层中，道家的富民思想与儒家、墨家、法家都有所不同。一方面，道家并不反对百姓致富，主张执政者因顺自然，无为而治，让百姓自由地取得财富，从而达到"我无事而民自富"的目的。③另一方面，道家认为"多藏必厚亡"，④主张人们"见素抱朴，少私寡欲"⑤，要求百姓做到"无知无欲"⑥。道家所说的"民富"与"寡欲""无欲"并不是矛盾的，道家反对的是对财富过度攫取，认为财富的多少应以主观上自我满足为度，这就是所谓的"知足者富也"⑦。应该说，道家的这种财富观对于经济尚不发达、生活水准较为低下的时代而言，对于解决社会财富的合理分配问题，是有一定的现实意义的。

楚系黄老道家受早期法家的影响，主张富国与富民兼重，如帛书《经法·六分》就提出了"国富而民昌"的主张。《经法·君正》篇对于

① 徐元诰：《国语集解·楚语上》，中华书局，2002，第495页。
② 杨伯峻：《论语译注·颜渊》，中华书局，1980，第127页。
③ 楼宇烈：《老子道德经注校释·第五十七章》，中华书局，2008，第150页。
④ 楼宇烈：《老子道德经注校释·第四十四章》，中华书局，2008，第122页。
⑤ 楼宇烈：《老子道德经注校释·第十九章》，中华书局，2008，第45页。
⑥ 楼宇烈：《老子道德经注校释·第三章》，中华书局，2008，第8页。
⑦ 楼宇烈：《老子道德经注校释·第三十三章》，中华书局，2008，第84页。

如何"富民"提出了一系列行之有效的措施。《经法·君正》云："人之本在地，地之本在宜，宜之生在时，时之用在民，民之用在力，力之用在节。知地宜，须时而树，节民力以使，则财生，赋敛有度则民富，民富则有佄（耻），有佄（耻）则号令成俗而刑伐不犯；号令成俗而刑伐不犯，则守固战胜之道也。"这里提出的"富民"措施中，主要有强本、节用、"赋敛有度"等主张。首先是"强本"，即重视农业生产。从"人之本在地"一句可见黄老道家接受了法家以农业为立国之本思想。法家以农业为本，以工商业为末，《韩非子·诡使》即云："仓廪之所以实者，耕农之本务也。"其次是节用，要求统治者节用民力，毋夺民时。最后是"赋敛有度"，即执行合理的赋税政策，减轻百姓的赋税负担。

由于历史的局限性，楚国的政治家和思想家们所提出的民本思想和主张，不可避免地打上了那个时代的烙印。古代民本思想中的"民"，是相对于"君"、相对于统治者而言的，其本质是为了维护封建统治者的统治地位。但是，应该承认楚国思想家们提出的"亲民""爱民""信民""因民""富民"等民本思想，体现了朴素的重民价值取向，这些思想在一定程度上起到了缓和阶级矛盾、减轻人民负担的作用。随着时代的发展，民本思想也不断在发展。我们今天强调的以人为本、以民为本，虽然是对中国古代传统民本思想的继承，但与古代民本思想也有着实质上的区别。我们今天更多的是强调把人民的利益放在首位，体现人民当家作主的历史地位，体现执政为民的政治理念。

"文明湖北"建设的主体是人，而人的主体是民。在深入推进"文明湖北"建设的过程中，我们要继承和发扬楚国思想家们提出的"亲民""爱民""信民""因民""富民"等民本思想，根据当下的时代要求，科学确定建设"文明湖北"的目标，推动文明湖北建设的深入开展。

荆楚文化与湖北精神的凝练与践行

熊　霞[*]

（湖北省社会科学院文史所）

区域的建设和发展，不仅要有物质、经济、科技方面的"硬实力"，更要有精神上、观念上的软实力。软实力的提升重心，在于价值观念、精神品质层面的建构和提高。湖北精神，是湖北人价值观念和精神品质的理论提炼和现代概括，是展现湖北文化软实力鲜明而直接的载体。李鸿忠书记曾指出，地域人文精神是区域"最大的'软实力'"，区域竞争最终"以精神定成败"[①]。在文化地位和作用日益凸显的当下，如何利用富有湖北地方特色的荆楚文化，科学凝练与践行湖北精神这一"最大软实力"，对于实现我省由文化大省到文化强省的跨越，具有重要意义。

一　深挖荆楚历史文化资源

科学凝练湖北精神，应以深厚的历史文化底蕴为基础，深入挖掘湖北特色的历史文化资源，传承荆楚历史文化。

荆楚历史文化积淀深厚，内涵丰富，综合来看，大致可分为楚文化、

---

[*]　熊霞（1975～），女，湖北省社会科学院文史研究所所长助理。

[①]　李鸿忠：《加强城市人文精神建设，大力发展社会主义和谐文化》，转引自《2007 年深圳文化蓝皮书》，中国社会科学出版社，2007。

巴土文化、三国文化、首义文化、现代革命文化（红色文化）、民间民俗文化、名人文化、孝文化、廉政文化、武汉汉派文化、科教文化、宗教文化、山水文化等多种系列，每一系列文化资源具有丰富的概念内涵，所蕴含的价值理念和精神特质是凝练湖北精神的重要来源和养分。如楚文化具有筚路蓝缕的进取精神、抚夷属夏的开放精神、鸣将惊人的创新精神等特质，首义文化包含的敢为天下先的首发精神、追求变革的创新精神、不懈奋斗的英雄气概，武汉汉派文化表现出来的开拓开创、兼容并包、更新变革、综合创新等观念，为凝练湖北精神提供了思路：可从开放开拓、进取创新等角度提炼区域人文精神；湖北名人云集、科教发达、山水众多，其名人文化、科教文化、山水文化折射的崇仁尚智、追求卓越、坚韧不拔等信念，均对凝练湖北精神有所启发：可从尚智尚新、追求卓越等层面归纳湖北地域精神；湖北孝文化体现出来的孝老爱亲、忠孝诚信、与人为善等品质，以及廉政文化具有的勤廉仁俭、以人为本、修德养性、孝亲爱民等思想，启示我们可从孝勤仁俭等方面凝练湖北精神。另外，巴土文化的自由达观、古朴浪漫特质，地方宗教文化提倡的和平向善、中道和谐、济世利人信念都已融入湖北区域的灵魂和血脉，成为凝练湖北精神的坐标和指南。各类型文化资源的概念内涵、价值观念和精神品质详见表1：

表1　湖北特色文化资源及其精神特质

资源类型	分布区域	概念内涵	价值观念和精神品质
楚文化	荆州、武汉、宜昌、随州、黄石、秭归等	哲学、散文、辞赋、音乐、舞蹈、美术；青铜冶铸、丝织刺绣、木竹漆器、美术音乐、老庄哲学、屈骚文学	筚路蓝缕的进取精神、抚夷属夏的开放精神、鸣将惊人的创新精神、深固难涉的爱国精神、止戈为武的和合精神
巴土文化	恩施、长阳、五峰	哭嫁、跳丧、女儿会、白虎崇拜、祖灵崇拜等信仰习俗；五句子、竹枝词、穿号子等民间歌谣；摆手舞、傩舞、西兰卡普等多彩的民间艺术等	自由达观而富于浪漫色彩，古朴清新而富于生命活力
三国文化	古隆中、江陵、赤壁、乌林、长坂坡、水镜庄、徐庶庙、襄阳城、古樊城、夷陵、当阳关陵	以赤壁之战和夷陵之战为代表的军事文化；以诸葛亮、庞统、周瑜、陆逊等军事家和谋略家为代表的智谋文化；以刘表开创的荆州学派为代表的学术文化	追求天下统一的大一统国家观、以仁德为怀施惠于民的仁政观、以民为本的民本观、选贤任能的人才观、克己修身注重道德的人格观

续表

资源类型	分布区域	概念内涵	价值观念和精神品质
首义文化	武昌	彭刘杨三烈士、武昌首义第一枪、湖北军政府、鄂州临时约法、阳夏保卫战等;建立资产阶级民主共和国	敢为天下先的首发精神、追求变革的创新精神、不懈奋斗的英雄气概
现代革命文化（红色文化）	以大悟、红安、麻城为主体的鄂北老区、武汉等	马克思主义在湖北的早期传播;武汉共产主义小组的成立;二七大罢工;武昌中央农民运动讲习所;中共八七会议;鄂豫皖、湘鄂西和湘鄂赣革命根据地的创建、武汉保卫战、中原突围等重大事件	具有伟大理想、坚定信念的革命精神,理论联系实际的创新精神,全心全意为人民服务的奉献精神,无惧无畏的革命英雄主义精神,思想统一的大局精神,艰苦创业的奋斗精神等
名人文化	湖北各地	历史名人文化:炎帝神农、廪君等传说人物;楚庄王、朱厚熜、诸葛亮等帝王将相、王昭君、黄香等先贤名流;毕昇、李时珍等科技骄子;屈原、宋玉、米芾等文艺巨擘;杨守敬、熊十力、李四光等文化巨匠;督鄂名臣张之洞等;董必武、李先念等红色革命历史人物等	崇仁尚智、追求卓越等信念
		当代名人文化:湖北"道德群星"、"文学鄂军"、知名专家学者等	
孝文化	孝感、孝昌	董永卖身葬父、黄香扇枕温衾、孟宗哭竹生笋	孝老爱亲、忠孝诚信、与人为善等品质
武汉汉派文化	武汉三镇	盘龙文化、黄鹤楼文化、码头文化、首义文化、知音文化、木兰文化、建筑文化、戏剧艺术、杂技艺术、汉系服装饮食文化、汉味文学、武汉方言、江城市民文化	开拓开创、兼容并包、更新变革、综合创新等精神
廉政文化	湖北各地	神农勤廉仁俭文化;楚国楚庄王、孙叔敖廉政恤民文化;武当道教名山道廉修身文化;孝感等地孝廉本根文化;辛亥首义革新反腐文化;首创我党监察机构监察防腐文化	勤廉仁俭、以人为本、修德养性、孝亲爱民
科教文化	武汉	科教大省,高等教育和科研机构数量众多,学科门类齐全,科教实力雄厚;以三峡水电文化和武汉光谷文化为代表的科技文化	崇尚智慧 追求卓越

资源类型	分布区域	概念内涵	价值观念和精神品质
宗教文化	丹江口、武汉三镇、黄梅等	武当山、归元寺、黄梅五祖寺、宝通寺、玉泉寺、长春观等佛教、道教文化	和平向善、中道和谐、济世利人
山水文化	湖北各地	长江三峡、武当山、神农架、清江、洪湖为亮点的山水资源	尚仁尚智、坚韧顽强

多元的地方文化资源系列，构成了湖北丰富多维且独树一帜的价值观念和精神品质体系。这一价值体系虽包罗万象、表述多样，但开放开拓、尚智尚新、自强进取、孝亲仁俭等关键词体现的精神品质贯穿于湖北特色文化资源的各个系列之中，成为湖北传统文化价值体系的轴心和主线，也构成湖北人独特的历史文化基因，提炼湖北精神应进一步继承和弘扬这些精髓品质。

二　彰显荆楚文化个性

科学凝练湖北精神，应注重挖掘并彰显荆楚文化个性，展现地域独特魅力。彰显荆楚文化个性，一方面要重塑九头鸟文化，另一方面要提升湖北人的文化品格。

"天上九头鸟，地上湖北佬"，个中的感情色彩，褒贬有之，它既是对湖北人聪明睿智的认可，也暗示着湖北人狡黠、好斗，九头鸟的形象也因此毁誉参半。据专家考证，九头鸟最早源于楚地的九凤神鸟，是楚人崇拜的图腾。因楚人崇凤又崇九，故"赐"凤以九头，作为其图腾的象征和祖先的化身。可见，九头鸟的原始地位是崇高而神圣的，只是后来九头凤不断被妖魔化，吉祥瑞鸟被丑化成不详的九头怪鸟。对"九头鸟"予以"正本清源"和"平反昭雪"，有利于擦亮湖北文化品牌，重铸湖北新形象。关于九头鸟文化蕴含的精神特质，荆楚文化专家刘玉堂先生指出，九头鸟是智慧、勇敢、竞争、开放的象征，具体表现在：首先，因为头代表智慧，那么九头鸟最重要的特征便是睿智机敏。其次，头也是生命和意志的象征。鸟生九头，意味着生命顽强、意志坚韧和行为勇敢，而这正是楚人的特征。再次，鸟有九头，是具有竞争精神、开拓意识的表现。楚人筚路蓝缕的进取精神、辛亥武昌首义"敢为天下先"的豪迈气概、武汉大码头文化所张扬的"勇立潮头，唯我独强"的竞争意识等，都是湖北人竞争与开拓精神的激情演绎。同时，一鸟九头，无异于眼观六路，耳听八方，这正是开放意识的形象显示，与楚人"抚有蛮夷，以属诸夏"的恢弘气度、汉派文化"吐纳百川、博采众长"的兼容理念不谋而合。

九头鸟精神体现了湖北人文精神中的核心价值，凝聚了荆楚文化内涵，是湖北人品格的形象，也是其精神的化身。提炼湖北精神时融入九头鸟文化，要发扬其中智慧、勇敢、竞争、开放等正面精神要素。

彰显区域文化个性，还体现在凝练湖北精神应以培育德行、提升境界、提高湖北人的文化品格为方向和目标。湖北人特有的性格、气质，即为文化品格。外界在肯定湖北人睿智机敏、勇于求索、百折不挠、不服输个性时，也对湖北人的某些文化品格颇有微词，如急躁易怒、冲动好斗、语言欠文明等。不少学者从文化的角度阐释湖北人个性缺陷的成因：就九头鸟形象而言，其瑕疵带来的湖北人的性格气质缺陷是强悍、狂躁、冲动而缺乏耐心、不善协作、重情感而轻理智、凭血性之气好走极端等个性特征。[①] 由传统码头文化派生出来的湖北人的文化劣根性近年来也备受诟病，这些文化陋习主要集中体现在封闭单向的思维方式、因循守旧的思想观念、逞强斗狠的竞争方式、急功近利的价值观、聚散无常的财富观、打码头的江湖习气、肤泛浮躁的文化心态等方面[②]。码头的集散与流通功能给湖北人带来的负面影响是难以沉淀，难以坚守，难以守恒，做事不能脚踏实地、易虎头蛇尾。也有学者从水文化的视野来认识湖北人的文化品格之不足，认为水文化中因水性流淌而漂浮，缺乏安稳的踏实。湖北人喜欢耍小聪明，办事让人不放心；湖北的商品"水货"多，真假参半，亦与

[①] 刘玉堂：《九头鸟的来龙去脉及其与湖北人的瓜葛》，《今日中国论坛》2009年第2、3期。
[②] 袁北星：《试论武汉码头文化的现代转型》，《湖北大学学报》（哲学社会科学版）2009年第4期。

水性相关。①

这些负面形象直接影响着湖北的美誉度和湖北人的文明形象，制约着湖北文化软实力的提升。针对湖北人文化品格的不足与缺陷，新的湖北精神应倡导平和的心态、宽容精神、团结意识、诚信意识、踏实品质等，并以此为契机，倡导德行，提升境界。省第十次党代会在对湖北人精神特质凝练的基础上，更在文化品格的提升上指出了明确方向，明确提出做好"四个湖北人"，即做一个爱国守法、崇德守信的湖北人；做一个和善开明、务实敬业的湖北人；做一个敢为人先、追求卓越的湖北人；做一个语言文明、举止优雅的湖北人。② 宽容、踏实、和善、文明、优雅应成为塑造湖北精神、表达湖北人品格追求的关键词。

三 赋予传统文化新的时代精神

科学凝练湖北精神，要结合时代要求，在传承的基础上赋予湖北精神新的内涵，注重与新形势、新任务相适应，推动传统文化的现代转型，赋予传统文化新的时代精神，用竞争意识、忧患意识、文明意识等丰富湖北精神。

关于湖北精神的表述，1996 年，中共湖北省委曾提出"团结拼搏、求是创新、抢前争先、实干快上"十六个字，对当时湖北的改革发展产生了积极影响。随着时代的发展，原有的湖北精神亟待更新和重塑。当前湖北确定了构建促进中部地区崛起重要战略支点的大战略，提出了建设"武汉城市中心圈""鄂西生态文化旅游圈""长江中下游城市集群"等蓝图。新的时代需要新的号角，在此形势下，湖北精神的重塑和推出，能凝聚人心、鼓舞斗志，具有重要的现实意义。

同时，新形势下新任务的提出、现代市场经济的发展，也为传统文化向现代转型提供了契机，为重塑湖北精神提供了新的思路。以汉口码头文

---

① 王玉德：《试论如何认识武汉文化的个性——生态学的视野》，《学习与实践》2003 年第 5 期。

② 《李鸿忠在湖北第十次党代会上的报告》，2012 年 6 月 15 日。

化为例。武汉码头文化有着历史的传承性，有独特的优良品质和传统，如敢于担当、勇挑重担的精神品格，艰苦奋斗、求真务实、脚踏实地的精神特质，吃苦耐劳的优良作风，精明睿智、重情尚义的文化品性等。传统的码头文化，既蕴含着这些可贵的文化精髓，又沿袭了农耕时代的文化积弊，如前文已述的守旧的思想观念、斗狠的竞争方式、"打码头"的江湖习气等。现代市场经济的发展要求构建与之相适应的武汉大码头文化体系，传统码头文化面临向现代转型的时代契机。武汉码头文化的现代转型应以"反思与重构"为关键词，辩证地将建设性和批判性结合起来进行反思和扬弃：继承和弘扬武汉码头文化的优良品质与传统，剔除其劣根性，重新建构适应以专业化分工、集群化发展、集约化增长为主要特征的现代市场经济发展的武汉大码头文化。这个"大"字，是文化内涵和城市品格的提升，大码头文化主要表现为四种意识，即海纳百川，与外部世界全方位接轨的开放意识；勇立潮头，敢为天下先的创新意识；抢抓机遇，思忧奋进的竞争意识；敢于冒险，永不满足现状的忧患意识。[①] 开放、创新、竞争、忧患等湖北精神的核心元素，既是实现湖北的支点大战略、"两圈一带"大手笔的强大精神动力，也是实现大武汉的复兴之梦和增强区域软实力的思想保证。

湖北精神，可围绕以上三个方面提供的关于价值观念和精神品质的候选词汇，即开放开拓、尚智尚新、自强进取、孝亲仁俭、智慧、勇敢、竞争、和善、优雅等关键词等进行科学凝练。还需注意的是，提炼城市精神，应避免用语重复和雷同，做到个性鲜明、独特，简明扼要并具有艺术性和感染力，易记忆、利传播。

四　积极践行湖北精神

凝练湖北精神，应与积极践行相结合，避免陷入空谈的误区。湖北精

---

① 袁北星：《试论武汉码头文化的现代转型》，《湖北大学学报》（哲学社会科学版）2009 年第 4 期。

神只有通过实践，内化于心，外化于行，成为湖北民众的价值认同和自觉追求，才能转化为发展和繁荣湖北、提升湖北形象的文化软实力。落实和践行湖北精神，可从以下几方面入手：

其一，提炼湖北各地的城市精神，对外树立形象，对内凝聚力量，打造地方文化名片。

湖北精神由湖北各地城市精神交融而成，是湖北各地城市精神的整合与升华。凝练和塑造富于个性特色的城市精神，使之融于市民的思想观念、道德标准和行为准则，可有效培育和践行湖北精神。湖北各市州县可根据各自的地域文化特色，建设自己的文化精神品牌。如武汉市发掘古代荆楚文化积淀，吸取近代辛亥首义文化精神内涵，与时代精神结合，提出"敢为人先，追求卓越"的城市精神，既是对城市历史文化的升华、广大市民精神气质的提炼，也反映了武汉未来的向往和追求。宜昌市在历史考量、现实考量、激励考量的基础上，提炼出"开放包容，务实创新"的城市精神，成为城市发展的灵魂支柱和动力源泉，富蕴人文精神。黄石市则以矿冶文化为核心和内涵，秉承铜斧熔炉的传统精神和工业文明的时代特征，总结出"开拓进取、求真务实、创新争先、追求卓越"的十六字城市人文精神。湖北一些市州县尚未能提炼出明确的区域文化精神，应加快打造文化名片，加速落实湖北精神的步伐，从而提升地域文化软实力。

其二，全民参与提炼总结湖北精神，使湖北精神深入人心。新时代提炼湖北精神应该群众参与和专家学者研究相结合。在组织专家课题组进行研究，广泛征求民众意见的过程中，可使社会大众的思想认识得到统一、整合和提升，并最终凝聚为精神力量。全民参与提炼总结湖北精神的过程，就是湖北精神深入民心的过程。如武汉市"敢为人先，追求卓越"八字城市精神便是全民参与的智慧结晶。为提炼武汉城市精神，武汉市委有关部门先后举办了社科、文史等各类座谈会 30 余场，拜访冯天瑜、章开沅等武汉地区知名专家，多方专题调研讨论，并利用长江日报报业集团旗下的"三报两网"刊登选票，开通网络平台，开展论坛微博互动等，广泛发动市民为"武汉城市精神"候选表述语投票。历时近四个月，武汉城市精神方得以确定、认可。在提炼大武汉城市精神的过程中，通过征集城市精神表述语凝聚了多方面的认识，有利于湖北精神的弘扬和实践。

其三，以争创全国文明城市为契机，培育、践行湖北精神。"全国文明城市"称号是我国城市的最高荣誉，是含金量极高的城市品牌。宜昌市是我省唯一的全国文明城市，这是十分重要的资源和资产。充分利用这一资源，大力推广宜昌经验，营造良好的政务环境、人文环境、生态环境，鼓励涌现更多的全国文明城市，是我省贯彻落实湖北精神的重要路径之一。学习宜昌经验，不仅是复制诸如网格化管理、信息化支撑、全程化服务等制度层面的文化，更要移植宜昌质朴、平和、厚道、踏实、宽容、乐观等精神层面的市民品质，要领悟其"开放包容、务实创新"的城市精神内涵。各地应在学习宜昌经验的基础上，结合本地实际，在争创全国文明城市过程中培育、践行和弘扬湖北精神。

凝练湖北精神，打造精神高地，是人们素养提升、湖北经济社会发展的迫切需求。科学凝练湖北精神，应在贯彻社会主义核心价值观的基础上，将湖北历史文化、地域特色与时代精神三者有机结合，在反思和扬弃的过程中推动传统文化的现代转型，同时通过提炼各地的城市精神、全面参与提炼与总结湖北精神、争创全国文明城市等路径，使湖北精神得以培育和践行。湖北精神的凝练与践行，有利于我省深入推进社会主义核心价值体系，传承、弘扬荆楚文化，凝聚实现中部战略崛起的精神力量，从而推动"软实力"与"硬实力"的双重建设与发展。

大众文化语境下的荆楚
文化传承问题初探

高 娴[*]

（湖北省社会科学院文史所）

文化是人类自我意识的投射，是人类精神世界和物质世界同构的产物。人类社会从原始走向现代，随着生产力的进步、社会组织形式的变革，文化的功用由最初服务于信仰、服务于政治，到今天已经成为了大众日常生活中的必需品和消费品。在文化产业伴随全球一体化的趋势冲击传统作坊式的文化产品制造模式时，机器取代了工匠，电影院取代了老戏台，连锁咖啡店取代了老茶馆，不同历史时期文化的具体形式在生产力不断发展和文明不断进步的过程中发生着代谢。这种推陈出新式的文化形态转化，也影响到了人的生活方式、工作方式以及人与人之间的相处方式。在当代，文化与消费的联姻也让无时无刻生活在文化空气中的人的价值观和人生观悄然蜕变。文化的力量不可小觑，它将从感性的层面影响人的价值判断和身份认同。如果区域文化建设一味追求现代、国际化的旨趣，而没有对传统文化进行有效的传承，那么地区的发展可能会千城一面、毫无特色。由此，区域传统文化的传承在当代地区文化建设中绝不能缺席。荆楚文化作为湖北地区传统文化的核心，其内涵丰

* 高娴（1983～），湖北省社会科学院文史所助理研究员，文学博士。

富、历史久远，体现了在特定历史和地理环境下薪火相传的抗争精神和奋斗精神。传承荆楚文化的意义在于促进湖北整体发展，凝聚精神，鼓舞奋进。传统文化应该作为当代大众的精神火炬，在地方精神文明建设中成为一面鲜明的旗帜。

一　传统文化与大众文化的碰撞与融合

全球一体化背景下城市文化的主要形态是大众文化，这种文化不谈信仰，不谈价值，标榜娱乐，不膜拜神灵、领袖，却崇拜演艺明星；提供免费的肥皂剧，却要插播尽可能多的广告。大众文化的主要特征就是在消费行为中彰显趣味，在日常生活中进行审美。即使这些文化充满断点、碎片和毫无逻辑的拼接，但这已经成为当代大多数人文化生活的常态。和可口可乐、麦当劳一样，大众文化通过标准化生产和大量复制迅速席卷世界并为市民阶层广泛接受，因为它们确实很廉价，还能够符合大多数人的口味。

在一个日益开放并朝向全球一体化模式发展的世界中，文化的区分性和地方文化传统中的精神属性显得愈发重要。传统文化和区域文化将为当代大众寻找身份认同和精神依托提供依据。但面对大众文化在当代日常生活中的全面渗透，传统文化已经被束之高阁。想要在当代文化语境中传承传统文化，这里尝试从两个方面分析传统文化的传承困境和突破路径：一是两种文化背后的价值构成，即意识形态差别；另一个是两种文化的结构形态所指向的审美趣味差异。

1. 传统文化与大众文化的意识形态区隔

伴随着现代化的进程，世界范围内工业文明和物质文明都得以长足发展，但总体上各地区城市文明已经呈现出趋同性。由现代交通网络连接起来的城市慢慢蜕去乡土的印记，被纳入国际化和一体化的发展视野中。发达的城市和欠发达的城市的区别，只在于被纳入现代化建构的先后。这样的总体趋势体现出共同的发展逻辑和生存方式以及价值观，也就是亨廷顿在其文明冲突论中提到的"普世文明"①。"普世文明"不仅仅意味着城市标榜的共同的生活方式,在全球一体化语境下也意味着以西方价值观为尺度的普世价值的传播。即便他预言了在全球一体化消弭地区差异的现代化发展模式下民族文化的复兴将成为一种自觉,但是想要真正抵御西方文化的冲击并有效实现民族文化和区域文化的复兴,却并非易事。

这里的难度首先体现在全球文化的一体化、标准化特征与传统文化的区域性、差异性特征之间的区隔。在过去的二十多年中,我国城镇化率有了大幅度的提升,城镇化改变了人们的生产和生活方式,人的城镇化也让个体的人与土地的关系日渐疏离。适应传统农耕社会的风土习俗以及思维方式和信仰体系也无法继续适应城市文明与现代社会。有生命力的文化应该是社会生活的有机组成部分,与社会的其他发展指标相互配合前进。当某些文化的形式和功能已经不再符合人们日常生活的功利性需求时,它将走向消亡,成为一种具有考证价值和观赏性的博物馆文化。

文化软实力的提出让我们看到文化与权力、文化与认同的紧密关系。自古中国就有"文以教化"的传统。正如"文化"这一表述在古代汉语中应理解为"以文化之"。"文"在甲骨文中指代文身的人,之后又指代各种符号乃至于到文章和艺术的各个方面。"化"则是使动词,表示使(百姓得到)教化(以符合统治阶层的统治需要)。在原始社会中,文用来实现巫术仪式,在周的统治中通过收集诗歌以达到"知得失,自考证"的目的。孔子通过删诗来确立礼教的社会典范;历代王朝也都试图以文化政策来维护统治。文化的发展与传播自古就被有意地观照并被精英阶层(统治阶层)掌控。

在现代,不论是东方还是西方社会,随着技术的发展和市民社会的逐渐完善,文化都成为一个更加包罗万象的词。英国文化研究理论奠基人雷蒙·威廉斯认为:"对于文化这个概念……它与我们的日常生活几乎成为同义的。"② 因为现实的情况是,媒介已经向大众敞开,大众不仅通过媒

---

① 〔美〕亨廷顿:《文明的冲突与世界秩序的重构》,新华出版社,2010,第35页。
② 〔美〕雷蒙·威廉斯:《文化与社会》,转引自罗刚、刘象愚主编《文化研究读本》,社会科学出版社,2000,第7页。

介平台享用文化，也随时通过触手可及的媒介互动平台创造着富有自我属性的文化。此外他们还有权通过手中的遥控器对自己不愿意接受的文化产品表现出无视或否定。所以仅凭某一支力量想要深入文化的丛林、介入文化的发展变得日渐困难。但总的说来，文化有其自身的发展规律，这个过程并非不可人为介入，这将成为我们发展区域性特色文化、促进当代文化发展并寻找传承路径的一个切入点。

2. 精英文化与大众文化的审美趣味差异

随着社会的发展、科技的进步以及媒介的普及，文化的内涵和旨趣已经开始从精英阶层向普通大众的层面扩容和转向。而精英文化与大众文化在文化构成和审美趣味上都呈现出很大不同。一方面，在现代社会建立以前，所谓的文化主要是精英阶层建立并留存下来的文化。这些文化主要依靠文字来记录和流传，并在流传中不断积累。而在古代，具有读写能力的人只是社会中的少数精英阶层，他们所创造的文化总体上构成一个庞大的话语体系，以探讨天、地、人三界的对照与联系为中心，在平静与包容中寻求心灵旨归。不论是《周易》中的"观乎人文，以化成天下"，还是宋代理学家的"文以载道"，文都被作为统治术或者探讨形而上的工具。传统文化的符号系统更加复杂，并且传统文化立意高远，从某种程度上难以被通俗化解读。另一方面，民间的文化主要通过口头形式流传，所以不适合抽象逻辑化和表达复杂的含义。其符号形式简洁明快，从内容上更加生活化和世俗化，从审美趣味上则以滑稽和诙谐最为典型。现在我们所谈到的"传统文化"主要是古代精英阶层使用并留存下来的文化，相比民间文化其内涵晦涩深奥，更具有形而上的意味，且无关于普通人的细碎日常生活。

在当代，学习了解传统文化并且认可传统文化价值观的群体也是社会中的少数精英阶层。政府的文化职能和城市的文化定位应当是要能满足社会大多数的文化需求。即使市民阶层的文化水平和生活需求从总体上都达到了历史的较高水平，但世俗理想和生活的现实都使得传统文化与大众之间的隔膜难以消失。这也意味着，如果大众认为某种文化与生活无关，即使在文明程度更高的社会中，对传统文化的价值认同也难达成共识。倡导大众理解和接受传统文化无疑是给大众标榜了一种"奢侈"的精神需求。

但是精英文化和大众文化之间从来就没有不可逾越的鸿沟。许多的文艺形式最早出自民间，在民间广泛流传后经由精英阶层的发展和完善最后成为形式和内容皆备的民族艺术精品，譬如最初被看作稗官野史的小说在经历了叙事文学漫长的形式探索后，在明清之际经由文人之手，留下了被解读不尽的四大名著，还比如京剧，其形式是在地方戏曲基础上形成，再由文人创作改编推陈出新，成为名副其实的国粹。大众的民间的文化与精英的文化总体上呈现出形式与内容双层面、双向度的借鉴与转化。

有效地传承传统文化应该配合大众文化的接受能力和审美喜好。在西方文化批评研究中认为以电视为典型大众媒介催生的大众文化，是具有趋同性、复制拼接和碎片化特征的文化。当代中国的大众文化形态中，该特征正表现为民间审美趣味与引自西方的现代文化之间的拼接。这里不得不提及在当代中国唱响大江南北的"凤凰传奇"演唱组合，它的成功是对当代中国民众审美趣味的最好诠释。凤凰传奇的歌曲演绎了中国民歌的曲调和西方工业文化打击节奏的时代混搭。在具有现代审美趣味的耳朵里，这些歌曲作品夹杂着浓郁的乡土风味，而这样的曲调和节奏正符合了城镇化进程中新市民的审美趣味。对正在经历城镇化发展的中国而言，在乡土社会成长然后在城市接受教育、工作、定居，是整个社会中大多数人正在经历的人生过程，这部分人的文化诉求更具代表性。

二 故事：文化传承的日常形态

有效的文化传承，除了尽可能完整地发掘和保护好传统文化的原有形式之外，还要力图让传统文化转化为当代社会中具有影响力的文化力量，使得大众的生活与传统文化在某个层面上发生联系。伴随着生产力的发展，想要回到旧时的生活方式和思维方式不可能也不可取。正如传统文化中的仪式、器物等物质的层面大多已经不适用于城镇居民的现代生活，相关礼节、仪式和生活方式背后的深刻社会含义和精神象征意义在历史中受到一些人为因素的影响，也没有在口耳相传的家庭教育中得到有效延续。因此要让传统文化重新与当代大众生活发生联系，比较可行的方式之一是从话语的层面影响大众，而非要在现实层面直接参与和改变大众的生活。换个说法就是，发掘这些富有传统文化意味的故事并借助大众媒介平台对它们进行重新讲述。以讲故事的方式将抽象的传统文化精神形象化，让晦涩的传统文化符号通俗化。这对文化传统的继承和保持应该会起到积极作用。

传统文化的符号属性使得传统文化的当代重述成为可能。文化的构成是多层次的，不同的学者和学术著作对此有较多的讨论，具体划分方法也莫衷一是。但总的说来文化既可以表现在精神层面，又能表现在制度层面，还可能体现在生活的风俗风尚中。不同层面的文化其形成、积累和发展都必须借助具体可感、可为人所把握的符号体系。德国学者卡西尔在他的文化人类学著作《人论》中认为：人是符号的动物，人的活动的本质就是生产文化符号①。文明的建构在某种意义上，正是一个文化符号的创造、累积和创新的循环往复的过程。从符号学的角度来看文化，我们的语音是音符、文字是字符，话语和文章都是由符号串联而成的，进而一幅画、一座雕塑、一部电影本质上都是特定符号系统的产物，都具有能指和所指的二元构成形式，以及具备编码和解码的双向诠释的可能性。表意的符号系统即"文本（text）"。正如语言学家们所认定的那样"文本是语言的织物"，这里的"文本"在文学艺术中对应"作品"这一概念，在叙事学中被称为一个叙事（narration）。而具有情节性的一个叙事就是故事。文本通过形式结构和内容的双方面的能指来融入整个文化语境中，并成功地表达其在现实生活中的"隐喻"。我们可以理解为，每个文本作品背后都有着特定的故事，这些故事存在于这些作品形式特征的象征性中，而这些故事正是一种可以被讲述和转述的具体的文化。

---

① 〔德〕恩斯特·卡西尔：《人论》，上海译文出版社，2004，第66页。

叙事是历史话语的具体构建形式。克罗齐曾做出这样的论断：不存在叙事的地方就没有历史①。这里的"叙事"是指涉一段被完整讲述的故事或故事片段，而区别于"叙述"这一讲述行为。如果没有这些散落于现实生活中的叙事片段，历史将无法被历史学家们讲述。彭刚在《叙事、虚构与历史——海登·怀特与当代西方历史哲学的转型》一文中进一步对此进行了论述，他分析认为叙事一直都被作为历史话语的构成基础，他说："就历史学实践而言……它是以日常有教养的语言（ordinary educated speech）作为传达自身研究成果的基本工具，而叙事一直以来就是历史学话语的主要形态，甚至长期以来被认为是史学话语的根本属性。"② 这些都强调了叙事在历史建构中的重要地位，但这并不意味着叙事本身就是历史。叙事在此作为手段而非目的存在，历史学家对历史的书写实际上是在充分占有和把握了大量的具体叙事（或故事）的基础上进行的。没有具体实在的文本和叙事片段，历史学家的工作不可能进行，也就无从得出历史。此外，叙事行为的背后还包含特定的主观愿望和价值倾向。一方面，叙事者在叙述过程中实现了话语权威的确立。另一方面，叙事者通过叙事表达并确立了一种关于事实的解读方式，从而使受述者认同或理解叙事者的叙述意图或者价值观念。这也就意味着，从历史书写的角度上，故事是作为构建历史话语的材料而存在的。故事不是碎片般的事件，而是意义明确的完整叙事，并且故事正作为精神和价值的载体在日常生活中被反复讲述。

故事是按照特定的思想或主旨组合起来的事件序列，它可以作为文化精神的载体在民间流传中发挥传承文化经验的作用。在面临文化转型和大众文化冲击的当代社会中，故事是否还能使传统文化的精神得以传承？对此，我们从故事的价值属性和传播方式两个方面尝试找到答案。

一方面，故事可以将事件整合到统一的价值体系中。散乱的历史事件

---

① 〔美〕海登·怀特：《形式的内容：叙事话语与历史再现》，董立河译，文津出版社，2005，第8页。

② 彭刚：《叙事、虚构与历史——海登·怀特与当代西方历史哲学的转型》，《历史研究》2006年第6期。

是琐碎的，通过将事件整合为故事才意味着琐碎的事件被整合到一个价值或者意义上。故事的组成单位是情节，诸多事件先后次序之间形成的某种特定关系就是串联情节的逻辑依据。单个的历史事件本身缺乏意义和价值的说明，事件之间也无所谓开头和结尾，而一系列事件串联组成的历史叙事让事件的序列表现出了情节性，整合为一个完整的故事。并且线性排列的情节之间具备一套完整的发展逻辑，并在整个叙事的故事性结尾中被赋予可延伸的理想与价值。俄国民间故事研究者普罗普就曾总结出 32 个民间故事情节类型，并试图通过情节类型来划分故事类别。其后，法国结构主义叙事学者格雷马斯在普罗普的思路上更进一步，他在情节结构基础上建立起人物关系网络（或称为人物矩阵），并由此探讨人物关系的象征含义。不论学者们是如何从结构上来寻找故事的分类原则的，这些研究都从侧面印证了故事的情节构成与主题确立、意义传达之间的对应关系。如果说现实是由无数的偶然所构成的，故事所要表明的是其情节序列中各种事件之间的必然性联系。文化传承正是要传递这种对于社会的确定性认识，也就是延续在特定时空环境中形成的世界观、人生观、价值观以及与之相匹配的行为方式。要在当代大众文化语境中强化民族文化身份和地域性文化认同，就需要在日常文化叙事中明确主旨和叙事意图，确定以民族精神作为当代叙事的内核，以丰富多样的形式，不断重复并强化这一传统精神的文化核心地位。

另一方面，讲故事意味着对历史的形象化描述，符合受述者的认知规律，可以达到叙述的效果。文化精神是以形而上的方式存在的，具体的图像符号以及艺术品背后的故事则是文化精神的分有者，也是文化传承的线索和依据。故事能够以语言文字为媒介唤起阅读者的文化想象，这符合大众的认知方式。正如，不论是文字所引发的想象，或是形式所构造的张力，还是音符所渲染的激情，只有更加直观地诉诸感官，才能被大众认可为存在。存在即被感知，对于无法被感知的存在，其本身就难以通过符号形式进行传播，其结局必然是为大众忽略。已经有学界和出版界认识到了讲故事对精神文化传承的重要作用，由英国坎农格特出版社发起的"重述神话"全球出版项目正在为全球的文化重述与传承起着积极的推动作用。英国文化研究者凯伦·阿姆斯特朗在她的著作《神话简史》①中认为，故事中延续着自神话时期就形成的先民精神，神话故事应当在当代被重新叙述，这将使神话精神通过阅读融入人们的心灵。在神话精神的传承中，故事已然扮演了载体的角色，故事在实际生活中一直都作为文化的一种存在和流传方式而起着作用。讲故事的方式正让文化与个体的生活和童年记忆发生着联系，让传统文化故事成为每个人的阅读经验和文化想象。这样的文化传承才不再是空中楼阁，才能在每个人的心中扎下了根。

据此，在当代弘扬和发展传统文化，让传统文化在大众的生活中和思维中生根，就是要以当代视角和当代思维"重述"传统文化，换一个通俗的说法，就是在弘扬传统文化、发展文化产业的过程中提升"讲故事"的能力。

三 重述：当代文化传承的一种路径

要在当代以讲故事的方式重述荆楚文化，不妨将其作为文化文本来考查其与诸多要素之间的关系。按照艾布拉姆斯提出的文学作品四要素理论②，作品与社会、作品与作家、作品与读者的联系共同构成了作品意义发生的语境。由此，我们可以归纳出文化文本的重述也需要维系好故事（作品）与社会、受众（读者）、叙述者（作家）这几方面之间的关系。这里的故事是用以刻画形象的情节序列，甚至更加复杂的一套文化叙述话语；社会则代表了特定时空及其物质和意识形态；受众是文化建设所服务的广大市民；叙述者是当代文化的设计和建造主体。落实到如何重述传统文化，从叙述技巧上说要根据具体叙述对象的特点，实际操作的办法应该是因地制宜且不拘一格。但总体上需要把握好相关尺度，即要在重述中维系好社会、受众、叙述者和故事之间的关系。

---

① 〔英〕凯伦·阿姆斯特朗：《神话简史》，重庆出版社，2005。
② 〔美〕M. H. 艾布拉姆斯：《镜与灯：浪漫主义文论及批评传统》，北京大学出版社，2004。

1. 在当代重述传统文化首先需要遵循从现实出发、以人为本的原则

荆楚文化有着丰富的内涵。在《荆楚文化与湖北文化产业发展研究》中荆楚文化的内涵被总结为八大系类，分别是：炎帝神农文化、楚国历史文化、秦汉三国文化、清江巴土文化、名山古寺文化、长江三峡文化、江城武汉文化、现代革命文化。[①] 这些类型的文化脱胎于特定的历史时期和地域环境，其存在的主要形态是精神信仰、人文风俗和非实用性的审美文化。要让这些形态的传统文化活起来，首先需要跨越时空的隔阂，而其关键在于克服当代大众日常生活的功利性需求与传统文化所生成的历史环境和生活方式之间的脱节所造成的冲突。要达到经济效应和社会效应的双赢，需要调和好文化的社会效应和受众的心理及反应这两个方面。如果生硬地扶植发展某种形式的文化，而不考虑大众日常生活的功利化需求，或者错误估计了相关需求，会导致文化产业和文化事业投入与预期的不对等，或者项目投入大而收效不明显的后果。例如，在动漫产业蓬勃发展的总体趋势下，不少传统历史题材被制作成动漫影视。从文化传承的角度看，这样的动漫制作确实紧跟时代潮流并在传承文化的方式上有所创新，但是难与院线上各种其他题材电影竞争。正如 2013 年电影市场上大制作的《1942》无法赢过低成本的公路剧《泰囧》一样，大众文化的娱乐化和表面化已经成为事实。以文化创意产业发展作为传统文化的当代传承方式，如果延续宏大叙事和意识形态化的叙事，很可能不被大众埋单。

此外还要防止过度开发和过度宣传给传统文化传承造成的不利影响。如果没有完整的策划和成熟的考量，只求短期效益，放弃长期发展，必定会造成一定程度上的相关资源浪费；突击开发还可能会造成资源的破坏。我省的人文景观资源丰富，适合发展旅游业。但在全国范围内常常出现旅游景点建设千篇一律的问题。文化旅游应该更加注重时空给人的感受，游客通过建筑认识城市的历史，雅典卫城和北京圆明园的破壁残垣是历史，

---

① 刘玉堂、刘纪兴、张硕：《荆楚文化与湖北文化产业发展研究》，《湖北社会科学》2003 年第12 期。

红墙绿瓦却有可能是仿古的复制品。陈旧的砖瓦和石板路是城市的"包浆",能够对游人诉说城市的历史。总的说来,为了更加合理有效地开发利用我省文化资源,应该充分考虑大众对文化建设的参与性和传统文化传承的可持续性,并在此基础上做好文化引导和文化政策的修订,让大众的生活与大众的文化紧密联系在一起。

2. 在当代重述荆楚文化要实现理性精神向感性符号的转化

传统文化的符号转换常常代表了地区的文化底蕴和文化积淀。在各地竞相修建地标建筑的同时,很多耗费巨资但不为大众所认可的建筑形式也在网络文化中成为笑谈。没有人会认为建造一座形似"文化"二字的地标建筑就足以标榜城市的文化。这些标榜文化的城市符号之所以被批判为缺乏审美性,其主要的问题在于形式符号与象征内涵之间的粗浅附会。文化以"符号"的形式被感知,符号的生成则是一个充满审美性的过程,应该反映地方文化的特色。如果打破日常生活的功能性而大规模植入传统文化符号可谓得不偿失。例如,代表武汉文化的吉庆街新、老街区之间兴衰状况对比,就很能反映由于定位错位造成的街景审美性和街区功能性之间无法统一。以大排档闻名的吉庆街满足了人们食为天的需求,而同样让人印象深刻的是街头艺人的多元化演奏,当古典民乐和流行音乐在同一个时空奏响时,多元文化在当代武汉的碰撞无形中被诠释得淋漓尽致。街道、食客、店家、民间艺人,构成了一种有机的文化生态,相互之间形成共生关系。维护好这一文化生态,才能促进街道独具特色的文化发展。所以能够产生效应的文化和具有传播性的文化不是空中楼阁,需要接地气,由可感知的符号来表现,从而具有传播性。

在文化的符号化转化过程中,合理利用大众传媒,可以有效增加文化的传播效果。各省市地区的卫星电视频道已经成为全国人民认识地区文化的窗口,有不少卫视频道把握住了近十年的电视发展趋势,在全国电视文化的影响力和品牌形象建设上拔得头筹。电视媒介面向不同年龄层的全国观众,更加直观,并且传播时效可持续,传播范围更广。不同卫视之间的竞争也日趋白热化。我省卫视节目也在近几年积极改版,以适应激烈的市场竞争。2013年湖北广电制作的电视剧《血誓》在湖北卫视上星播出。

该剧在湖北恩施土家族苗族自治州取景拍摄，不仅讲述了一段传奇故事，而且也展现了鄂西少数民族地区风情和当地奇雄瑰丽的生态环境，总体上取得了不错的社会反响。随着电视剧播放权的出售，该剧的经济效应和社会效应会在更大范围延续。在制作反映荆楚文化的电视节目时，方式应该灵活自然，不应生硬植入历史文化因素，更不能让故事服从于说教。只有首先是好的作品，才能使其中包含的地域人文因素借助电视播出达到润物细无声的效果。

3. 在当代传承传统文化应做到寓教于乐

全球一体化下背景下的大众文化已经成为大众最日常的文化形式，并对地区文化的传承造成冲击。全球一体化背景下的大众文化推行的是全球无差别的文化生活，比如美国的大片在全球同时上映，可口可乐和麦当劳，以及品牌超级市场，它们所提供的是品质一致的服务。全球一体化的大众文化及产业模式通过不断复制以降低成本，达到收益的最大化，同时也让这种产业模式背后的文化在全球蔓延。就如同全球连锁咖啡品牌星巴克对法国原本星罗棋布的风情咖啡馆所造成的冲击一样，全球一体化下的文化因为成本低、传播快并有一定的品质保证，而有可能让地方特色文化在市场竞争中失去相应份额，最终走向消亡。但是产业化的趋势不可遏止，大众文化的全民娱乐倾向也越演越烈，在此背景下应该让传统文化的元素融入到当代文化产业化发展之中，以达到寓教于乐的效果。在发展文化产业的同时传承传统文化已经成为一些文化产业产值比重较高的国家的文化发展国策。韩国电视剧中关于传统的饮食服饰文化必须占到一定比重，有一些电视作品直接表现宗族意识，并对礼仪规范有很细致的说明和表现。还有一些娱乐综艺节目将传统文化与游戏环节相融合，让人们在欢笑声中感受到传统文化的魅力。总体上，韩国文化产业在保持娱乐性特征的同时又带有很强的儒教文化色彩。这类文化产品在对外输出的同时也增强了国家的文化吸引力。

如何让传统文化成为文化产业创意中的有机成分，这似乎是当代文化传承中的一个难题。社会在现代化转型过程中一直重视向西方学习，大众总体上对传统文化重视不够，了解不够深入和细致。人在童年时期的文化环境和所受教育与未来整个社会的文化传承与创新关系重大。在传承荆楚文化中非常重要的一环就是儿童教育。人在儿童时期所受的教育和得到的认识会伴随人的一生，影响到个体的文化无意识与文化潜意识，也成为文化创新和文化想象的基本素材。不少作家的创作都体现了童年时期所听到的关于故乡的传说，构成了关于"我是谁？我从哪里来？"的文化寻根和文化身份想象。美籍华人作家汤婷婷 20 世纪 70 年代创作的小说《女勇士》在欧美大受欢迎，其题材就来自童年听母亲讲述的中国故事《花木兰》。而随着该小说的成功，该故事也被美国迪斯尼公司制作成为动画电影，《花木兰》故事也成了被全世界认可的中国故事典范。

四 小结

传统文化是地区发展文化软实力的重要组成部分。传统文化的传承会影响人们对地方文化的认同以及由此产生的归属感，进而在共同文化的基础上，让人们产生为同一个价值理念或目标而奋斗的凝聚力。由此，传承荆楚文化对湖北地区的精神文明建设有着积极作用，也将成为地区经济建设的强大内驱力。作为一个文化大省，湖北有着悠久的历史文化和丰富的文化资源，但要在当代完成传统文化的重述和历史文化的资源转化是一个复杂的工程，不能一蹴而就。如何将丰富的历史文化转化为可用的文化资源，对此已经有诸多专家和学者做过多方面的探索和勾勒。仅以经济学视角看资源转化，虽然能够科学地指明产业化路径，但往往又忽视了文化本身是一个大的系统，除了可以被作为资源进行开发和生产之外，还将影响到地方的风气与区域的发展前景。从某种意义上讲，文化发展的长远效应远远大于产业经济的短期利益。所以进行文化转化和文化的产业资源开发应该在促进文化发展的基础上寻找合适的产业形式，不能本末倒置。

网络视阈下楚文化传播内容分析

——基于新华网、荆楚文化网和荆州博物馆网站的实证研究

张 宁 柴海燕*

（湖北大学历史文化学院，中国地质大学经济管理学院）

楚文化是滥觞、发展、繁荣于长江中下游地区的区域文化，湖北省是楚文化影响的核心区域，以楚文化作为区域文化的代表。互联网为楚文化打破区域限制，进行全球传播提供了良好的平台。本文以新华网湖北频道的楚文化专栏、荆楚文化网和荆州博物馆网等专门网站（页）为例进行内容分析发现，楚文化的历史知识是当前网络传播的重点，也存在政府在楚文化网络传播中缺位、传播的全球性特征差、娱乐性不强等诸多问题，建议政府文化部门的官网开设楚文化频道，增加楚文化演变和与其他文化关系的介绍，完成楚文化经典数字化，以视频、动漫、影视剧和网络游戏等形式丰富楚文化传播的娱乐性。

一 网络时代背景下传播楚文化的重要性

1. 互联网为楚文化的传承与发展提供了绝佳的平台

楚文化作为产生于长江中游地区，滥觞、发展、繁荣于先秦时代的区

---

* 张宁（1971～），男，湖北大学历史文化学院副教授，史学博士；柴海燕（1975～），女，中国地质大学经济管理学院副教授，管理学博士。

域文化，自秦汉以后，其文化的影响力和显著性逐渐下降。而楚文化再次走入人们的视野是因为近 50 年来一系列春秋、战国时期楚墓的出土，其高超的青铜冶炼技术和独特的文化表现手段使人惊叹其文明发展的高水平，甚至认为"从文化的总体成就来说，楚与希腊难分轩轾。它们从不同的方向出发，都登上了上古文明的峰顶"。[①] 秦汉至今 2000 余年，楚文化作为华夏文化的南支，一直未能进入主流文化的范畴，尽管政治和意识形态对其影响很大，但文化传播和传承的断裂也是弱化其影响力的重要原因。

历史上传统文化的传播主要是通过口耳相传、钟鼎留痕和师徒相授的方法，其传播范围和速度十分有限，限制了非主流文化的传播，使楚文化在近 2000 年的历史中几乎被遗忘。互联网是一种新的传播技术，它打破了各国、各地区传统的地缘政治、地缘经济和地缘文化的限制，形成了跨国界、跨文化、跨语言的全新的虚拟信息空间。不管你处于地球的哪一端，只要接入互联网，就可以借助互联网的多媒体表现手段展现地域文化的特色，同时利用互联网全球性传播的特点，让地球上每一个网民都可以了解、感知多元化的地域文化。互联网的这一传播平台同样为楚文化开放，相关组织可以开设楚文化网页、专栏，展现楚文化的历史概况、出土文物和各种艺术表现手段，增大楚文化的传播力度，提升楚文化的影响力。同时，互联网对来自世界各地的地域文化都是平等的，如果楚文化不利用互联网平台，那么以互联网作为主要信息获取渠道的现代人就很难接触、了解楚文化，楚文化就更会沦为小众文化而湮没于历史古籍之中。正如金吾伦先生所言：保护民族文化，不是像对待一件古代文物那样把它与周围世界隔绝开来。相反，一种文化只有与时代相适应，不断地更新和发展，又不失去自身传统的特色，才是一种有生命力的文化。[②]

2. 展现中华文化魅力，抵制西方文化霸权主义的影响

互联网带来了传播的全球化，也造成了多元文化的冲突与碰撞。而西方国家，特别是美国，借助优先发展互联网的技术优势和时间优势，潜移

---

① 张正明：《楚史》，中国人民大学出版社，2010，第 6 页。
② 杨绍兰：《网络文化传播中的冲突与理性思考》，《情报杂志》2004 年第 1 期。

默化地通过网络传播西方的价值观和意识形态，形成了一种网络环境的文化霸权，正如托夫勒所言"世界已经离开了暴力和金钱控制的时代，而未来世界的魔方将控制在拥有信息强权人的手里，他们会使用手中掌握的网络控制权、信息发布权，达到暴力金钱无法达到的影响力"①。世界各国，特别是非英语国家都在采取多种措施来抵制网络世界的文化霸权对本国或地区文化的蚕食。中华文化虽然历史悠久，但同样面临着伴随互联网而来的西方文化霸权的影响，将中国各地特色的区域文化网络化，让异彩纷呈的中华文化元素吸引国内外网民的注意力，是抵制西方文化霸权影响的重要举措。楚文化作为中华文化的重要组成部分，在青铜冶炼、木竹漆器、老庄哲学、屈骚宋赋等方面拥有很高成就，加大其网络传播力度，不仅能充分展现中华文化的魅力和多样性，也可以借助文化的多样性抵制西方文化霸权带来的不利影响。

3. 最大范围地传递楚人"筚路蓝缕、以启山林"，敢为人先、追求卓越的时代正能量

楚人从偏居鄂西北的荆山、睢山，土不过同的茸尔小国起家，发展到带甲百万、地方五千余里的泱泱大国，靠的是"筚路蓝缕、以启山林"的艰苦创业精神和敢为人先的品质，这些优秀的精神品质依然是当代湖北省追求经济、文化建设事业跨越式发展的精神源头。而屈骚宋赋的浪漫、奇瑰，老庄哲学的玄妙、逍遥，在全球化、网络化的当下依然能启迪人的智慧，安慰人的心灵。利用互联网将楚文化的这些优秀品质与元素进行最大范围的传播，对湖北甚至全国时代精神的形成有重大的意义。

二 楚文化网络传播研究的文献回顾

国内关于楚文化网络传播问题的研究目前还处于起步阶段。钟一鸣以湖南省为参照，探讨了湖北省在楚文化的研究、传播、宣传力度等方面与湖南相比存在的差距，提出如何在大众传播环境下传播、宣传楚文化知

---

① 〔美〕阿尔温·托夫勒：《权利的转移》，中共中央党校出版社，1991，第256页。

识，使楚文化的精神、观念深入人心，成为亟待解决的现实问题。① 汤漪、刘磊从网络在楚文化传播中的作用入手，提出网络不仅拓宽了楚文化传播的渠道、改变了楚文化传播的环境、扩大了楚文化的受众范围，也促进了楚文化的交流互动，因此，必须整合网络媒介资源，提高楚文化的传播质量；建立网络基地，开展楚文化学术交流；增强传播意识，生产楚文化传播精品。② 史创明、龚义建则从技术的视角提出了创建楚文化数字平台的模型。③

尽管国内关于楚文化网络传播的研究十分有限，但中国传统文化的网络传播研究正蓬勃发展，这些研究文献为楚文化网络传播研究提供了可供借鉴的研究视角和研究方法。中华文化具有多元性，区域文化、民族文化、特色文化等的网络传播研究都有学者涉及。在区域文化的网络传播方面，刘馨以新浪河南、大河网、河南省政府门户网站、河南文化网为例，分析了中原文化网络传播的现状和存在的问题;④ 钟志荣以梅州客家文化为例，选择具有代表性的客家文化网站，根据网站主办者的类型将其分为官方网站、商业网站、专业网站三大类，采用内容分析方法剖析了不同类型网站的传播内容和传播特点。⑤ 杨群瑛、陈瑜林也以客家文化为实证研究对象，从客家文化的新闻栏目、图片栏目、视频栏目、客家会馆栏目、客家精英栏目、客家文化 BBS 栏目等媒介内容出发，剖析了客家文化网络传播的内容。⑥ 倪东辉、程淑琴探讨了徽州文化网络传播存在的诸多问题，提出网络环境下徽州文化传播和保护的措施。⑦

另有诸多学者鉴于当前少数民族逐渐被同化的现状，提出利用互联网

① 钟一鸣：《对楚文化传播与继承的思考》，《学习与实践》2008 年第 3 期。
② 汤漪、刘磊：《网络环境下的楚文化》，《湖北广播电视大学学报》2011 年第 9 期。
③ 史创明、龚义建：《楚国历史文化数字化研究平台构建》，《安阳工学院学报》2010 年第 6 期。
④ 刘馨：《河南传统文化网络传播的现状初探》，《长春理工大学学报》（社会科学版）2013 年第 1 期。
⑤ 钟志荣：《地方优秀文化网络传播的发展现状与对策》，《电化教育研究》2012 年第 5 期。
⑥ 杨群瑛、陈瑜林：《客家文化网络传播的媒介内容分析研究概述》，《东南传播》2011 年第 4 期。
⑦ 倪东辉、程淑琴：《基于网络视角的徽州文化传播与保护研究》，《池州学院学报》2013 年第 1 期。

传播平台保护、传承和扩大少数民族文化的影响力，增加文化的多元性。① 特色文化，如节日礼俗、宗教信仰文化、音乐舞蹈等在全球化的当下也存在保护与传承的问题，一些学者从网络视角探讨了某些特殊文化形式在传播过程中出现的问题。②

总之，国内关于传统文化的网络传播研究还处于起步阶段，鉴于中华文化的多元性，相关的研究也多是以某种特色文化为案例的对象性研究，研究十分分散，研究深度还有待提升，楚文化的网络传播研究也不例外。

三　楚文化网络传播主体分析

楚文化的网络传播主体是指在网络上发布楚文化相关信息的发布者，也即楚文化相关网站（页）等的主办方。互联网的开放性打破了传统大众传播媒介对信息发布的垄断权，使每一个受众都成为网络信息的发布者和接受者，形成了"全民织网"的自媒体传播。楚文化的网络传播主体也是丰富多样的，了解楚文化网络传播的主体类型，掌握楚文化网络传播的状况并进行针对性的传播管理，这是十分必要的。

国内外学者从不同视角对网络传播者主体给出了大体一致的分类。如 Burgess 等学者从网络消费者视角提出，网络受众在购买或体验产品时会通过在线环境获取推荐。他们将在线信息来源分为来自卖者（企业）、独立专家（政府）和其他消费者网站（博客等社会网络站点，以及 Facebook 等第三方网站）。③ Dickinger 从网络受众在线信息搜寻的视角，将在线信息来源分为营销导向（服务商网站）、编辑导向（政府网站）和个人导向（消费者产生内容网站）三类。④ Bronner 和 de Hoog 将其分为商业性营销者导向的站点（如公司网站的论坛）、纯消费者创造的站点、混

① 见易巧君、陈赞琴、吴艳、张丽萍、路雅琴等的研究。
② 见胡喜英、王枫、李艳芳、林庆扬、杨杨、施咏等的研究。
③ Burgess, Sellitto, Cox, Buultjens. Trust perceptions of online travel information by different content creators: some social and legal implication. *Inf Syst Front*, 2009: 1 – 15.
④ Dickinger. The trustworthiness of online channels for experience-and goal-directed search tasks. *Journal of Travel Research*, 2011, 50 (4): 378 – 391.

合站点。① 国外学者主要是从消费者或商业视角对受众信息来源进行分类的，但文化传播毕竟不同于消费型商品。国内学者钟志荣以梅州客家文化为例，以主办者的类型将网站分为官方网站、商业网站、专业网站三大类。②

本文利用百度搜索引擎、以楚文化为关键词进行信息检索，截至2013年6月25日，共有3900000个搜索结果。而根据国外学者的研究，网民在获得网络信息时出于方便性和效用性的考虑，一般会选择搜索引擎而不是主题目录进行信息检索。大多数网络用户只查看返回结果的头十条，平均查看结果的数量是2.35页（每页有十个记录）。③ 借鉴国内外相关研究，本文选择样本信息进行重点分析，只选择检索结果前10页（每页10个网页，共100条）进行编码和统计分析。这100条结果网页中去除

表1 楚文化网络传播主体分类

传播主体	网页分类	数量(个)	代表网站
组织传播	编辑导向（政府网站、文化单位网站、传统报纸、杂志的网络版以及政府背景的网络新闻门户网站或频道）	28	荆楚文化网(湖北省人文社科研究基地荆楚文化研究中心)、荆楚文化百科、荆州博物馆、湖北省图书馆、安徽省图书馆、湖北省中医药高等专科学校、中国社会科学网(中国社会科学院)、湖北省博物馆、光明日报、江汉商报、武汉文博、湖北日报、长江日报、新华网湖北频道、人民网、荆楚网、中新网、湖北新闻网、荆门新闻门户网
	第三方导向（含网络新闻门户网站、网络销售服务商等）	17	新浪网、搜狐网、网易、华夏经纬网、拍拍网、当当网、卓越网、京东、北京集古斋国际网上私人博物馆、七星瓢虫少儿美术网等
个人传播	个人导向（由网络受众自己产生内容的网站，如博客、论坛、WIKI、视频等）	47	百度百科、百度文库、百度知道、维基百科、搜搜百科、道客巴巴、酷6视频、CNTV博客、新浪播客、水木社区、百度贴吧、Ssarulu个人博客、网易博客、新浪博客、天涯社区、优酷视频、东湖社区、和讯博客、铁血社区、中国台湾网·海峡两岸炎帝神农文化论坛、中国书法家论坛等

① Bronner, de Hoog. Vacationers and Ewom: Who Posts, and Why, Where, and What, *Journal of Travel Research*, 2010 (1): 1 - 12.

② 钟志荣:《地方优秀文化网络传播的发展现状与对策》,《电化教育研究》2012年第5期。

③ 见 Spink et al. (2001)、Jansen 和 Spink (2006)、Vanghan (1999) 等的研究。

与楚文化主题不相关的网页后剩余92条结果（见表1），将其分为组织传播和个人传播，其中组织传播又分为编辑导向的网站（政府网站、文化单位网站、传统报纸、杂志的网络版以及政府背景的网络新闻门户网站或频道）和第三方网站（网络新闻媒体、门户网站等的楚文化频道或内容）。个人传播是网络自媒体时代最重要的特征，网络受众是信宿也是信源，那些由网络受众产生内容的网站，如论坛、博客、Wiki、空间等都是个人传播的阵地。

由表1可见，楚文化网络传播主要来源是个人导向的网页，即广大的网民是楚文化网络信息主要的发布者。他们通过论坛发帖、发博文、上传视频以及参与网络楚文化信息的 Wiki 编写等形式，贡献了大量的楚文化知识，也在不同的网络空间传播了楚文化。楚文化网络传播第二个主要的来源就是从事楚文化学术研究的文化单位，如湖北博物馆、湖北图书馆、湖北人文社科研究基地荆楚文化研究中心等，以及楚文化势力范围内的有官方背景的网络新闻媒体，特别是湖北省的新闻媒体，如新华网湖北频道、荆楚网等。这些文化单位和网络新闻媒体都设有专门的楚文化专题，或其网站就是一个楚文化网站，与个人只言片语或单篇零星地介绍楚文化不同，这些网站都从不同的侧面将楚文化细分为许多栏目集中进行介绍、宣传，并能及时呈现最新的楚文化研究成果和信息。因此，尽管编辑导向的网站数量要少于个人导向的网页数量，但其信息数量和质量要明显高于个人导向的网页，是楚文化网络传播的核心阵地和宣传平台。而第三方网站提供的内容大多是一些转自其他传统或网络媒体的与楚文化相关的内容，其信息的知识性、可读性较差，传播能力和效果也不太好，只是前两种传播主体的补充。

四　以新华网湖北频道、荆楚文化网、荆州　　博物馆网为例的楚文化传播内容分析

楚文化网络传播内容的分析是剖析不同的传播主体在网络环境下传播、讨论了与楚文化相关的哪些主题和知识，用什么表现方式或传播手段

进行表达的，是否全面展现了楚文化多姿多彩、奇瑰浪漫的文化特色。

从表1可见，编辑导向的楚文化传播相关网站很多，它们大多有专门的楚文化频道或楚文化专题，如新华网湖北频道、荆楚文化网等，也有部分网站仅是出现了楚文化相关的个别文章，如光明网、人民网、中国新闻网等。分析仅出现几篇楚文化相关文章的网站没有太多的实际价值，因此，针对该部分的样本案例，本文选择了那些专设有楚文化频道或楚文化专栏（题）的网站，它们才是楚文化网络传播的核心阵地。在这些网站中，本课题选取新华网湖北频道（设有楚文化专栏）、荆楚文化网（湖北省人文社科基地荆楚文化研究中心的官网）、荆州博物馆作为典型案例进行内容分析，它们分别代表了新闻媒体、学术研究机构和楚文化文物实体展览机构，具有典型性和代表性。

1. 网站特色分析

网站特色分析是对这3个代表性的楚文化传播网站的栏目设置及其内容进行深度剖析，了解网络背景下楚文化传播的内容和主题。这3个网站栏目的具体设置如表2。

表2 3个代表性网站的栏目设置情况

网站名称	栏目
新华网湖北频道（楚文化专栏）	首页、文化动态、考古发现、荆楚溯源、瑰宝传世、楚诗词赋、荆风楚俗、魅力传说、思想言论、楚国文献、屈原祠
荆楚文化网	首页、文章首发、中心动态、学术交流、研究成果、学界视野、考古发现、资源利用、研究资料、中心简介、在线留言
荆州博物馆	首页、博物馆概况、机构设置、历史沿革、馆藏精品、陈列展览、视频专栏、田野考古、服务指南、在线留言

从表2来看，3个网站特色鲜明，荆州博物馆侧重于对馆藏文物的介绍和荆州地区文化遗址（如楚都纪南城遗址等）遗存的介绍。该网站除了表2所列的栏目外，在首页另设了文物资源、学术园地、数字博物馆、考古传真、考古随笔荆博新闻、最新特展、馆藏精品推荐等分类信息，对特色展览、学术研究成果、当地特色文化遗存以及考古发现和进展进行宣

传和报道，充分体现了荆州博物馆保存、展示、研究荆州地区出土文物的职能。荆州作为楚国的故都，不仅拥有楚都纪南城遗址、八岭山古墓群，还有大量出土的楚墓文物（如楚青铜器、漆木器、丝织品、玉器等），楚文化的展示和宣传是荆州博物馆的核心职能。而从该博物馆馆藏精品和陈列展览两个核心栏目的网络信息资料来看，展现楚文化特色的文物（主要是楚青铜器、漆器和丝织品）及专题展示宣传（楚国漆器、楚汉织绣品展、江汉平原楚汉青铜文化展）占近一半的内容，另专设"楚乐宫"展现楚国的音乐成就。因此，荆州博物馆网站从物质层面的青铜冶炼、丝织刺绣、木竹漆器和"楚乐宫"的楚乐、舞介绍直观展现了楚文化的辉煌成就。

荆楚文化网是湖北省人文社科研究基地荆楚文化研究中心的官方网站，从表2该网站的栏目设置情况来看，其学术氛围浓厚，特色鲜明，通过"文章首发""学术交流""研究成果""学界视野"四个栏目集中介绍和展示荆楚文化，特别是楚学研究的前沿成果。同时，该网站利用"研究资料"栏目介绍楚国的历史大事、国君世系和考古大事，为网络受众了解楚国的历史提供了资料帮助。"考古发现"栏目介绍自2009年以来楚墓考古发掘的进展和文物发现。另外，网站将央视和其他地方电视台拍摄的楚文化视频，如惊世楚简、楚国青铜器、央视走遍中国之楚墓探秘等电视节目视频资料共12个集中于"在线视频"栏目中。总之，无论从学术研究文章和成果介绍上，还是从研究资料和视频提供上，荆楚文化网都是围绕楚文化做深度的学术研究宣传。

新华网湖北频道特设了"楚文化专栏"，该专栏与荆楚文化网的学术探讨和荆州博物馆的藏品展示不同，通过侧栏的"楚文化志""楚风楚韵"从青铜文化、漆器文化、宗教信仰、哲学思想、文学艺术、语言文字、商业经济、科学技术、丝织刺绣、法律制度、民风民俗以及专门的艺术（如绘画、雕刻、音乐）等方面图文并茂地全面介绍了楚文化的概貌，是一般网络受众了解楚文化的基本读本。同时，该网站立足湖北，利用"荆楚溯源""荆风楚俗""楚诗词赋""魅力传说""思想言论"等栏目介绍了荆楚文化的特色。因此，新华网湖北频道的"楚文化"专栏是楚文化、荆楚文化一般知识的介绍性网站。

2. 各网站网页设计楚文化特色鲜明

三大网站的楚文化特色不仅体现在上文提及的内容是以楚文化为主，分别从楚文化一般知识、学术研究成果以及实物展示上展现了楚文化的特色，也体现在网页设计上的楚文化特色。根据相关学者的研究，网络受众对网站（页）的注意和选择受网页设计的美学效果影响。如果网页设计精美、特色鲜明，网民会更多地关注这一网站，网站的传播效果也会十分理想。因此，网站首页的设计十分重要，影响网站的流量和排名。目前三大网站的首页设计中楚文化的特色十分鲜明。新华网湖北频道的"楚文化"专栏首页栏目上方是一幅"楚庄王出征图"，左侧是"楚文化"三个大字，并配以凤鸟的图腾标志。右侧书写昭示楚文化发展历程的五句话："筚路蓝缕，以启山林""抚有蛮夷，以属华夏""不鸣则已，一鸣惊人""楚虽三户，亡秦必楚""惟楚有才，深固难徙"，将楚国和楚文化的历史发展进程进行浓缩概括。但首页页面并没用使用动画表现手法，画面没有动感，略显平淡和枯燥。

荆楚文化网首页的栏目上方以出土于湖北荆门包山 2 号墓的战国中晚期的彩绘车马出行图中的一幅图为背景，以动画的形式交替展现了虎座立凤、鸳鸯豆、木辟邪、彩绘车马出行图漆盒等精美的漆器文物，左侧是篆书体的"楚"字。因为荆楚文化研究中心位于湖北省荆州市，首页的画面都是以荆州出土的漆器文物为代表，楚文化意蕴和荆州楚文化特色鲜明，且动感性较好。

荆州博物馆栏目的首页上方的设计以楚红为底色，以荆州楚墓出土的凤鸟丝织品为背景，烘托虎座立凤的标志。栏目下方是动画展示的荆州博物馆建筑外观。

总之，三大网站分别是新闻、学术和展示平台，网页设计上都充分展示了楚文化的元素，楚文化特色鲜明，但网页的表现手段较单一，动感性不足，显得平淡、单调。

3. 三大网站楚文化综合表现力不强

互联网是集文字、声音、图片、动漫、视频等表现手段于一身的综合传播平台，充分利用互联网在表现力方面的综合优势，对于更好地传播楚文化意义重大。但综观三大网站，其楚文化信息表达方式略显单薄，文字表述多，而声音、图片、视频、动漫等其他表达元素的使用较少。新华网湖北频道的"楚文化"专栏每一条新闻或主题基本都是文字描述，并配以少量图片和楚乐作为背景音乐，未见视频、动漫等直观、动感的表达方式。荆楚文化网尽管通过"在线视频"栏目将楚文化的相关视频集中展现，但因是学术网站，其图片与文字的结合性较差，整个网站的文档中很少见到图片信息。荆州博物馆官网作为展现博物馆馆藏品的网络平台，无论是图片还是视频信息都较多，但先进的数字化博物馆网络技术还未采用，基本处于静态的展示阶段，只不过是将现实的实物展览变成了虚拟的网上图片展而已。

4. 三大网站的主题侧重于楚国历史知识的传播

楚文化的发展经历了滥觞期、茁壮期、鼎盛期、滞缓期和转化期五个阶段，形成了青铜冶炼、丝织刺绣、木竹漆器、美术音乐、老庄哲学、屈骚文学等六大支柱。三大网站是楚文化集中进行网络传播的核心阵地，其网站上所列文章基本代表了楚文化网络传播的核心主题。本课题将三大网站上的文章或视频、图片的标签进行分类、编码统计，其分类标准按照时间序列分为楚国前知识、楚国阶段知识、楚国后阶段知识及非楚文化知识四大类。

（1）荆楚文化网传播主题研究

荆楚文化网共有 12 个栏目，但通知公告、中心简介、中心动态、学术交流以及在线留言主要介绍该文化研究中心的简况和举办、参加的活动，对楚文化网络传播意义不大，因此此处不予考虑。剩下 7 个栏目的文章及视频发布情况的分类如下：

荆楚文化网是学术研究机构的官网，其主要的研究中心就是楚文化。从表 3 来看，楚国建国期间的历史学术研究成果是该机构或网站传播的核心主题，占三分之二的比例。因其立足于荆楚文化，楚灭亡之后的文化流变也是其研究的内容之一，同时该机构或网站也涉及与楚文化相关的现代产业发展研究。

表3　荆楚文化网传播主题分类

单位：个

栏　目	文章（视频）总数	楚国立国之前湖北地区文化	楚国八百年历史相关	楚灭亡后楚文化流变	现代楚文化经济与产业发展	其他
文章首发	30		18	10	1	1
研究成果	15		11	2	2	0
学界视野	19	1	13	3	2	
考古发现	42	1	31	10		
资源利用	23		4		19	
研究资料	4		4			
在线视频	12		12			
总　　计	145	2	93	25	24	1

（2）新华网湖北频道传播主题研究

该网站共有12个频道，都是围绕楚文化从不同的侧面介绍楚文化的悠久历史和辉煌成就。如楚文化志栏目分为青铜文化、丝织刺绣、商业经济、法律制度、哲学思想、文学艺术、漆器文化、科学技术、军事文化、宗教信仰、语言文字、民风民俗共12个专题，图文并茂地介绍了楚文化在这12个方面取得的重要成就和特色。"楚风楚韵"从楚文化的艺术概观、绘画艺术、雕刻艺术、音乐艺术和楚乐视听等方面系统介绍了楚文化在艺术领域取得的突出成就。而"荆楚溯源"则立足于荆楚文化，介绍楚国的兴起，特别是湖北与楚文化的关系，如楚国第一都为何锁定丹江口等。"荆风楚俗"栏目主要介绍楚地，特别是湖北省的民间习俗，如春节期间楚地的歌舞。"楚诗辞赋"集中列出了中国古代的著名诗人和文学家路过楚地或游览楚地景物时留下的诗篇。"楚国文献"列出了老子、天问、离骚、九歌等楚国诗人和哲学家的作品。"思想言论"介绍了楚人筚路蓝缕、敢为人先的创业精神和学界对楚文化特别是荆楚文化精神的探讨。"魅力传说"介绍了发生在湖北境内的优美传说。"瑰宝传世"介绍了各地楚墓中出土的、具有代表性的文物，如曾侯乙编钟。"考古发现"栏目介绍了湖北省内楚墓及遗址的发掘和考古工作的进展和取得的成就。"文化动态"栏目介绍近年来湖北省主要的文化活动动态，不局限于楚文化。总体而言，新华网湖北频道的楚文化专栏是立足于湖北，从不同的侧面详细介绍了楚文化的兴衰与发展。具体分类见表4。

表 4　新华网湖北频道传播主题

单位：个

栏　　目	文章（视频）总数	楚国立国之前湖北地区文化	楚国八百年历史相关	楚灭亡后楚文化流变	现代楚文化经济与产业发展	其他
文化动态	32	5	8	8	11	
考古发现	24	1	14	9		
荆楚溯源	7	2	4			1
瑰宝传世	47	2	40	2		3
楚诗辞赋	14		9	5		
荆风楚俗	49	0	7	33	9	
魅力传说	46	1	23	20		2
思想言论	19		13	2	4	
楚国文献	5		5			
屈原祠	6		3		3	
楚文化志	12		12			
楚风楚韵	5		5			
总　　计	266	11	143	79	27	6

从表4来看，新华网湖北频道的楚文化专栏所刊发的文章以楚国八百年期间的历史知识为主，占了一半的比例。因为新华网湖北频道立足于湖北，其楚文化栏目则立足于荆楚文化。荆楚文化的核心则是楚文化，但楚亡后，楚文化在湖北地区的流传、演变及与其他区域文化的交流、融合逐渐形成了具有湖北地方特色的荆楚文化。因此，新华网的楚文化栏目也介绍了楚国八百年历史结束之后，楚文化的演变情况和湖北地区文化发展状况，如"魅力传说"栏目中一些楚地的美丽传说，虽与楚文化关联不大，但因其产生、流传于古楚地，属于现在的湖北地域范畴，所以也是新华网湖北频道楚文化专栏中介绍的内容（甚至包括楚立国之前的文化）。

（3）荆州博物馆网站传播主题

荆州博物馆网站中"博物馆概况""服务指南""在线留言"栏目侧重于介绍荆州博物馆作为一个文物展示和文化传播机构的发展沿革和服务

内容，与楚文化传播的主题无密切关系。"馆藏精品"以图片形式介绍荆州博物馆内珍藏的出土文物。"陈列展览"介绍荆州博物馆举办的展览活动。"田野考古"介绍荆州博物馆作为一个考古发掘单位进行的田野考古工作情况。"文物保护"介绍荆州地区现存的人类文化遗址和遗迹，发现的古代墓葬等。"宣传教育"栏目一方面介绍荆州博物馆对内的宣传教育活动，另一方面介绍重要的接待活动，并在"在线视频"频道将相关的考古发掘等视频集中，展示相关的文物保护和发掘情况。具体传播主题的划分见表5。

表5　荆州博物馆网站传播主题分析

单位：个

栏　　目	文章（视频、图片）总数	楚国立国之前湖北地区文化	楚国八百年历史相关	楚灭亡后楚文化流变	现代楚文化经济与产业发展	其他
馆藏精品	60	26	30	4		
陈列展览	21	5	6	6		4
田野考古	15	2	5	1		7
文物保护	6	3	2	1		
宣传教育	22		10			12
总　　计	124	36	53	12		23

从表5来看，荆州博物馆官网中文章、图片、视频资料以宣传介绍楚国八百年的知识及展示该阶段的出土文物为主，占超过三分之一的比例。因为荆州地区是长江流域旧、新石器文化产生区域，如鸡公山旧石器文化遗址、大溪文化、石家河文化、屈家岭文化等。楚亡之后，荆州地区又是历代湖北省域的重要政治、经济、文化中心，三国文化遗址、保存完好的荆州古城以及明清墓葬群等都是该地区重要的文化遗址。总体而言，荆州博物馆作为地区文化遗存的展示和传播中心，楚文化是其核心的宣传主题，但为发挥其文化展示和传播单位的职能，加入了博物馆概况、服务指南以及宣传教育等其他的内容，也同时兼顾介绍地区其他的文化遗址概况。

总之，从三个网站传播的内容来看，楚国八百年历史知识的介绍和学术研究论文是主要的传播主题，但同时兼顾湖北省域或地区的其他文化特色。

5. 三大网站全球化特征不明显

互联网与其他传统媒体相比最大的优势就在于信息传播的即时性和全球性，即只要将信息发布在网页上，网络信息将克服地域带来的信息传播障碍，即时被世界上每一个能够接入互联网的受众看到。互联网搭建的全球化平台也是楚文化走出区域文化限制，进行全球化传播的重要渠道，因此，楚文化网络传播的全球性考虑是能否实现宣传和传播目的的重要前提。虽然互联网具有与生俱来的全球化特色，但区域语言差异带来的传播障碍依然存在。因此，要实现楚文化传播的全球化，必须在楚文化的主要宣传网页设计中以多语种形式克服语言差异带来的传播障碍，如发布中文繁体字版、英文版等。综观楚文化传播的三大网站及其他相关网站，多语言版几乎没有，其他语言，如英语、法语等网页的设计还存在难度，中文繁体字版在三大网站及相关网页中也很鲜见，这就限制了楚文化的传播，互联网全球性传播的特点并没有在楚文化网络传播中得以体现，互联网的此种传播优势也就消弭于无形。

五 研究结论与策略建议

1. 强化楚文化专题网站在楚文化网络传播中的核心地位

（1）楚文化专题网站是传播楚文化的核心平台

个人是网络内容最主要的贡献者，从对楚文化检索结果网页的统计分析来看也是如此，但个人对楚文化信息的贡献是十分零散的，大部分人只是因为旅行观光等外界刺激在空间、博客上发表一篇或数篇关于楚文化的感受、点评或转引的文章信息，知识信息不成体系，有些甚至还会出现错误。同时，互联网用户数量众多，传播具有匿名性特征，对其传播进行管理几乎没有可能。因此，个人尽管是楚文化网络传播的主体，但只能作为楚文化网络传播的辅助渠道。

由政府部门或重要的新闻媒体创办的楚文化专题网页，如新华网湖北频道的楚文化专栏等，从历史、文物、习俗演变、音乐美术等多个方面系统、全面地介绍了楚文化的内容，信息经过专业编辑整理，不会出现常识性错误，并能及时反映楚文化研究的前沿知识，是网民获取楚文化知识的专业性渠道，也是楚文化进行网络传播的主导阵地。

（2）强化现有或在文化厅官网开设专门的楚文化宣传频道

已有的研究表明，网民在进行网络信息获取时，最信任政府部门的网站。上文的研究也证明，有政府职能部门或重要的大众传媒背景的楚文化专题网页是楚文化传播的核心阵地。但在楚文化网络传播主体的实证分析中，以政府职能部门为背景的网页缺失，如湖北省文化厅官网未能开设楚文化相关频道。湖北是楚文化的核心，武汉精神所强调的"敢为人先、追求卓越"也源自楚文化，为强调楚文化在湖北区域文化中的核心地位和展现湖北楚文化优秀的历史传统，建议在湖北省文化厅官网下专设楚文化频道，或在文化频道中建立与重要的楚文化宣传网页的链接，提升楚文化网络传播的重要性和可信性。

2. 增加楚文化历史知识特别是楚文化演变及与其他区域文化关系的介绍

（1）楚文化历史知识是网络传播的重点

从新华网湖北频道的楚文化专栏、荆楚文化网、荆州博物馆网等专题的内容分析和文本分析中可见，楚文化历史知识，特别是楚国八百年的发展史、楚文化在科学技术、文化艺术等方面的突出成就，是网络传播的重点。因为楚国毕竟存在于距今2000余年的春秋战国时期，楚文化自秦汉以后影响力日渐下降，中国古代典籍中对楚国及楚文化的记载十分有限，现代人对楚文化的了解不多，因此，普及楚文化的历史知识应是当前网络传播的重心。

（2）增加楚文化演变及与其他区域文化关系的介绍，完成经典典籍的数字化

楚文化的发展演变及与其他区域文化之间的关系是网民讨论和提问的重点，而网络传播中过分重视楚国八百年历史和文化成就的介绍，忽略了楚文化与其他文化关系的介绍，以及楚国灭亡以后楚文化的演变。因此，建议类似新华网湖北频道或荆楚文化网等以官方媒体或学术研究机构、政

府部门为依托的网站，在其楚方化专栏或专题部分增加与楚国、楚文化相关的历史演变及与其他文化相互关系的介绍，在某些问题上给出答案或建议。同时，相关学术机构可以将楚文化相关典籍数字化，建立楚文化典籍数据库，为网民提供深化学习楚文化的机会。

3. 增强楚文化网络传播的娱乐性

互联网多媒体的表现手段使人类的学习从原来枯燥的文字阅读转变为读图的娱乐化学习。楚文化的有效传播也要克服枯燥文字传播带来的阅读人数少、传播信息有限等障碍，充分借助互联网的优势，利用图片、动漫、视频等多种方式传播其文化特色。但从网页的专题分析来看，楚文化的网络传播娱乐性不强，文字介绍过多，视频、动漫、影视剧等动感的传播方式欠缺，网页设计的娱乐性和动感也不强，很难吸引大众网民的注意力。建议楚文化专题网站广泛搜集网络上的楚文化视频、影视剧等资源，设专栏与相关内容建立链接，为网民提供多样的学习楚文化的途径。另外，可组织开发与楚文化相关的动漫或网络游戏，借助新型的娱乐方式传播楚文化。

湖北地域文化研究

2049 大武汉前景刍议

冯天瑜[*]

（武汉大学历史学院）

城市的出现与金属工具及文字发明一起，并列为文明时代来临的标志。有着 3500 年建城史的武汉，见证了辉煌的中华文明进程，并将在今后三十余年间以中国中部首席一线城市，崛起为宜居、高品质的世界级大都会。此种前景，由武汉地理形胜、文明积淀所奠基，由时代机遇所激活，正通过武汉千万民众的奋发努力得以实现。

法国年鉴学派代表学者布罗代尔（1902～1985 年）提出区域研究"三时段说"（长时段"地理时段"，可称之"结构"；中时段"社会时段"，可称之"局势"；短时段"个体时段"，可称之"事件"）。[①] 参酌其说，在探讨区域发展问题时，不仅应该注意夺人耳目的事变，还要重视局势指示的趋向，尤需考析结构性要素的基础性作用，通过长时段—中时段—短时段的交并观照，在必然性与偶然性的统一上做辩证考析，这或许有助于我们获得关于武汉发展战略的深解。

一 结构性观照：武汉拥有成为世界级大都会的自然禀赋

武汉地处亚热带北沿，人类文明发生线——北纬 30 度线横贯市南，

* 冯天瑜（1942～），武汉大学历史学院教授、博士生导师、人文社会科学资深教授。
① 孙晶：《布罗代尔的长时段理论及其评价》，《广西大学学报》2002 年第 3 期。

而此纬线通过的几大人类文明发生地（印度河流域、两河流域、尼罗河流域）因副高压控制，多是气候干热的沙漠地带（其文明全凭江河灌溉，故有"埃及是尼罗河赠礼"之说），而武汉所处的长江流域得大自然眷顾，亚洲大陆中部隆起的青藏高原和横断山脉阻挡来自太平洋季风的水汽，使长江流域水热资源充沛，适宜人类生存发展，是中国乃至世界自然禀赋优越、发展潜力巨大的地域，而武汉恰值长江流域条件最好的区段，其优胜处可归结为"水""通""中"三字。

（一）淡水富集区

水（主要指淡水）是生命源泉，是文化生发与周流的必要条件。世界诸文化都赋予水以神圣意义：基督教的洗礼、印度教的恒河崇拜，皆彰显水的生命功能，中国先哲老子"上善若水"，更为至论！

地球表面水占四分之三，故地球又称水球，但淡水仅占总水量的2.5%，其大部分又固着在南极洲、格陵兰及北冰洋冰层中，存于江河、湖泊的不及0.1%。淡水至关重要而又极其珍贵。武汉有幸了！中国第一、世界第三大河长江与其最长支流汉水在此交汇，这里是古云梦泽遗存，湖泊众多，湿地广大，有中国最大的城中湖东湖，是"第一资源"——淡水的富集区。如果说，20世纪称为"石油世纪"，那么，21世纪随着非矿物能源（水能、风能、太阳能等）的广为开发，石油的战略意义逐渐降低，而淡水作为不可替代的第一资源，其战略地位进一步提升。

武汉拥有充沛而优质的淡水，是这座城市最令人羡慕的自然特色和发展的最大优势。在武汉所有的称号中，最确切、最值得永久珍视的便是"江城"（李白诗云"黄鹤楼中吹玉笛，江城五月落梅花"）！江城武汉应当认真保护、合理利用淡水资源，发展与水相关的产业，充分发挥并整合长江水利委员会、中国长江航运集团、武汉大学水电专业的科技—人文力量，做好水文章。此乃武汉发展的一大题旨。

（二）九省通衢

武汉是九省总汇之通衢、水陆交通枢纽。九省通衢的含义因时而变，古时及近代指此处是川、黔、陕、豫、鄂、湘、赣、皖、苏等长江流域省份的物流中心，清民之际汉口港的外贸额"驾乎津门，直追沪上"即为明证。当代情况发生变化，我们不能躺在古代和近代的老观念上讲"九省通衢"，而必须从工业化晚期、后工业文明初兴的新形势下，重整"九省通衢"雄风（水陆空几纵几横交通枢纽、现代信息中心等）。这是武汉发展战略的又一重大题旨。改革开放初期武大李崇淮教授提出武汉"两通起飞"，有其深意。当然，制造业也应特别重视。

（三）经济—人文中心

如果说中国的自然地理中心在甘肃兰州，那么武汉则是人文地理中心、经济地理中心、人口地理中心。以武汉为圆心、1000 公里为半径画圆圈，中国主要大都会及经济繁荣区皆在圆周近旁。居中可南北呼应、东西会通。发挥居中优势，是武汉发展战略的第三个大题旨。

对于武汉的形胜之优、战略地位之重，古今中外有历史眼光的论者多有阐述：

清代历史地理学家顾祖禹（1613～1692 年）在《读史方舆纪要》中论及全国形胜之地时说：

> 以天下言之，则重在襄阳；以东南言之，则重在武昌；以湖广言之，则重在荆州。[①]

近代杰出的政治家宋教仁（1882～1913 年）1911 年 10 月撰《湖北形势地理说》，袭用顾祖禹句式，另有发挥：

> 吾则谓今日之形势，以天下言之，则重在武昌；以东南言之，则重在金陵。[②]

---

① （清）顾祖禹：《读史方舆纪要》，中华书局，2005，第 3484 页。
② 宋教仁：《湖北形势地理说》，《民立报》1911 年 10 月 15 日。

日本驻汉口总领事水野幸吉（1873～1914年）所撰《汉口：中央支那事情》曰：

> 汉口为长江之眼目，清国之中枢。
> 今也位于清国要港之二，将进而摩上海之垒，使观察者艳称为东洋之芝加哥。①

与此说类似，美国《竖琴》杂志1918年刊载魏尔·瓦尔特《中国的芝加哥》一文。自日、美人士倡其说，汉口为"东方芝加哥"之名播扬海内外。（芝加哥在美国的地位，继纽约、洛杉矶后，雄踞第三）

时至当代，武汉的形胜之优赢得更高的美誉度。未来学家麦金利·康韦在《未来学家》杂志1999年6～7月号发表《未来的超级城市》一文，预言武汉将进入"21世纪全球十大超级城市"之列，武汉因"淡水资源丰富、腹地市场广阔、科教实力雄厚"而名列全球"第二超级城市"。（所列"21世纪全球十大超级城市"依次为：印度的班加罗尔、中国的武汉、土耳其的伊斯坦布尔、中国的上海、泰国的曼谷、美国的丹佛、美国的亚特兰大、墨西哥的昆坎—图卢姆、西班牙的马德里、加拿大的温哥华）

总之，古今中外杰士多将武汉视作天下枢纽。1907年，张之洞离开总督十八年的湖北入阁拜相，行前在武昌蛇山临江处题写楹联曰：

> 昔贤整顿乾坤，缔造多从江汉起。
> 今日交通文轨，登临不觉亚欧遥。

张文襄公充分意识到"江汉"交会处（武汉）的全局性战略地位，在这里创建空前伟业。我们今天驻足黄鹤楼，放眼"江汉朝宗"胜景，也由衷发出浩叹：不能辜负这片上苍赐予的天下枢机之地。

---

① 水野幸吉：《汉口：中央支那事情》，东京神田合资会社富山房，1907。

二 局势性观照：武汉已然具备成为
特大都会的历史趋向

湖北是古人类（郧县人、郧西人）栖息地、稻作文明（屈家岭文化等）发祥地之一。

以湖北为中心地段及设都处的楚国，历史与周朝等长（800 年），战国时拥有半壁江山，楚与秦同为最有力量统一全国的诸侯。

楚地是商周首要战略物资青铜的重要产区（大冶铜绿山等），这是楚国强盛、楚文化繁荣的重要物质基础。（武汉的城市起始——3500 年前的盘龙城的兴建与商王朝掌控长江中游的青铜资源有关）

楚文化发达（哲学上的老—庄、文学上的庄—骚等），与中原文化（齐鲁、三晋）二元耦合，并驾齐驱，文、哲、艺、技可与希腊罗马一较短长。

秦汉时期，湖北相对沉寂。

东晋、中晚唐、南宋，文明重心南移，初至江浙，渐向两湖推移，推移线路略如锐角三角形的两边，故宋有"苏湖熟，天下足"之说，明有"湖广熟，天下足"之谚。明清以来，汉口为"四大聚"之一、"四大名镇"之首。英国人 1850 年称，汉口作为商业都会，世界上仅伦敦、江户可比。（此时湖北尚未对外开放）

武汉开放始于第二次鸦片战争之后。因"汉口开埠""张之洞督鄂"两大契机，武汉从深处堂奥的内地城市迅速崛起，成为中国近代工业、近代文教发祥地之一，成为辛亥首义之区。章太炎等定都武昌的倡议，孙中山"一都（武汉）四京（北京、南京'广州'、东京'南京'、西京'重庆'）"说，[①] 皆是从地理条件和文明积淀之综合，对武汉做出的估量。

---

① 《孙中山全集》第一卷，中华书局，1985，第 185 页。

三　就事件层面而论，武汉多次领受战略支点安排

后发型的中国近代化，是自上而下推进的，由官方决策与主导。

近代武汉在全国战略地位的凸显，与清政府、慈禧的布局考量直接相关：扶植重臣张之洞，在武汉这个形胜之地、九省通衢经营第二洋务中心，制衡以天津为中心的李鸿章的淮系及北洋洋务中心。清廷和慈禧既是选中张之洞这个人，也是看中武汉这一战略形胜之地。

在督抚频繁调动的清朝，张之洞在湖广总督任上达 18 年之久，是罕见特例（另例是李鸿章任北洋大臣 22 年）。张之洞没有虚掷历史机遇，成就了耸动中外的"湖北新政"（1889～1911 年）。

兴实业：汉阳铁厂，亚洲第一家钢铁联合企业，清末民初占全国钢铁产量九成以上；汉阳兵工厂，中国最大的军工企业，"汉阳造"成为清末民国陆军主要枪炮来源；布纱丝麻四局，仅次于苏沪的纺织工业中心。对外贸易，汉口"驾乎津门，直追沪上"，为全国第二大外贸口岸。

练新军：使用洋械，实现"冷兵器"向"热兵器"转化，学德国、日本军制，录用知识青年，士兵文化素质高。湖北新军在几次全国性"秋操"（军事演习）中皆名列冠军，与北洋六镇同为清末最精锐陆军。

办文教：书院改制（两湖书院等）；建新学堂（1893 年创立自强学堂，1898 年创立农务学堂，1898 年创立工业学堂）；1904 年建图书局（湖北图书馆前身），为中国第一个公共图书馆；大量派遣留学生，湖北是 20 世纪初留学生最多的省份之一。

张之洞治鄂，湖北由一个中等发展水平的省份，跃升为清末新政的领先区域，辛亥首义在这个拥有近代工商业、近代文教（连同知识分子）、近代军队的区域爆发并取得空前胜利，绝非偶然。孙中山因此称张南皮为"不言革命之大革命家"，此诚画龙点睛之笔。

"湖北新政"的横空出世，当然是短时段事件，与慈禧—张之洞的决策与运作相关，具有偶然性，而其依凭的是长时段的地理形胜、中时段的社会局势，历史人物在事件中发挥能动作用，与物质条件和时代趋势交融

互动，终于成就一番事业。这是"时段理论"的一个很好的注脚，说明在先天的自然条件、历史指示的趋势之下，人的主观能动性至关重要。武汉人要学习张之洞，超过张之洞，建设卓越武汉！

四　武汉正处于复合型战略机遇期

在广土众民的国度，现代文明不可能立即普遍开花，而必须有一个带际战略安排。就改革开放新时期而论，带际发展的大势是从东部沿海起步，渐次向中西部推进。武汉的发展当然不可能自外于此一带际战略。

近代武汉曾是文明领先之区，直至 20 世纪 50 年代至 70 年代初，仍居全国城市群第一方阵。改革开放新时期，武汉虽有进步，但发展落伍于沿海，退居二线城市。这是"潜龙勿用"段落，实为聚集能量的时期，而当下及今后，带际战略已推进到中部崛起阶段，武汉进入"现龙在田"的起飞期。展望前景，长江中游四角（武汉—合肥—南昌—长沙）将承接"珠三角""长三角""京津冀"，成为增长"第四极"，正进入发展黄金期。长江中游优越的地理形势、厚重的文明积淀，成为中国最具潜力的地区，技术进步、人力资本增长、信息化等要素升级也具有比东部更大的潜在空间。

五　武汉升腾之路

进入 21 世纪，武汉恰值一个继张之洞督鄂之后又一个跃升期，可望达到到"龙飞在天"的佳境。对此历史机遇，武汉应有充分的文化自觉。这种自觉不仅指目标自觉，还尤其需要路径自觉。

（一）志存高远，"取法乎上"，实现"弯道超越"

武汉的现实是尚处欠发展阶段。在经济流、文化流传递迅速的时代，后发区有多种选项。发达国家、国内先发地区做产业转移，武汉当然可以有选择地承接，这是后发地区发展的一种契机，但决不能满足于此，尤其不可拾取那些高能耗、高污染、低附加值的产业，此乃"取法乎中，仅得其下"的"下行通道"。瞄准先进，作蛙跳式跃进，才是当取之上策。用力于高端研发、高端产业、高端服务、集约型高端农业，应是武汉的追求。东湖高新区、光谷、设计之都，走的是这条超升之路。

瑞士、挪威、爱尔兰、芬兰，在19世纪都是欧洲最落后的国家，它们没有追迹英法的工业化老路，而以先进文教科技、前沿经济引领，攀援价值链高端，于20世纪中叶跃升为经济最发达、社会建设最先进的国度。武汉应效法其神，走超升之路，切勿如某些陷入中等收入陷阱国家那样在产业链低端徘徊。

武汉大学遥感测绘专业走着超升之路，王之卓、李德仁院士等从20世纪70年代末开始（那时的条件还十分简陋），就紧盯世界最前沿，经三十年持之以恒的努力，成为国际公认的测绘科技翘楚。

社科领域，张培刚教授在20世纪40年代初研究传统农业在工业化中的作用，成为发展经济学创始人，武大、华科大成为国际公认的发展经济学研究重镇。人文领域，吐鲁番文书整理及研究、楚简破译及研究、辛亥革命研究、张之洞研究、中国文化史、思想史研究及国学研究等，均在国内外享有盛誉，其起始条件并不好，因志存高远，从第一手资料占有与诠释入手，理论与方法也取法乎上，经长期扎实努力，锐意进取，稳步进入学术前沿。

走"下行通道"比较轻松便捷，却无法领略高峰奇观；向上攀登，需要智慧、力量乃至牺牲精神，但光辉顶点的万千气象召唤着有志者。

（二）充分发挥高教及其科研学术优势

武汉高校云集（多在武昌），拥有百余万大学生，已然为中国乃至世界第一规模的大学聚集区，但尚需充实提升，在硬件与软件结合上，做出整体规划，把武昌建设成学术内涵丰盛、湖光山色辉映的美轮美奂的大学城。这将是武汉上升为世界级都会的一大契机。通过校地协同创新，将高教优势、科研学术优势转化为生产力优势和社会的人文素质优势。要吸纳世界先进技术和人才，把东湖高新区、光谷打造成中国的硅谷、中国的筑波、中国的班加罗尔，并带动地区的产业升级。

发展集约型高端农业，是武汉可以选择的路径。武汉人均耕地占有量低，但水热条件优厚。武汉不能走地广人稀、耕地资源丰富的加拿大、澳大利亚、俄罗斯、巴西的机械化大农业路子，而应走集约型高端农业之路，发展精耕细作的农业和养殖业，可参考荷兰、日本、以色列农业的模式。荷兰仅 4 万平公里国土，1600 多万人口，人均耕地面积极小，却以集约型高端农业，成为世界第一花卉出口国（占世界花卉出口总量60％）、重要鸡肉、猪肉、牛肉和奶品出口国。以色列国狭、水少，以滴灌等高技术农业，成为西欧菜园、果园和花卉供应地。[①]

以色列的启示——深怀忧患，瞄准尖端，沉毅奋进；戒"浮华之风"，用心于内力修炼。以色列的都市少有高级宾馆、摩天大楼，而多设世界一流的科研院所，大学、中学外观平常，而实验室、图书馆却是世界顶尖的。700 万人口的小国出诺贝尔奖得主 10 人。国际战略家列举中东强国，第一是以色列，以下才是土耳其、埃及、伊朗、沙特。学习以色列，励精图治，务实求精，切勿小富则安、小富则骄、小富则腐。

（三）提升市民文明水平

人是城市文化的主体。一座文明的、高水平的城市，绝非单凭高楼大厦、车水马所炫示，其根基和灵魂皆寓于人的文明程度之中。2049 年的大武汉，当由道德淳美、守纪遵法、气度恢宏的市民决定其城市精神。孙中山制定《建国方略》，以"心理建设"列于首位，次论实业计划和民权初步，此可谓先哲之睿见。我们的 2049 设计，不可见物不见人，而应将新市民的锻造列为首要任务，需将学校教育、家庭教育、社会教育落到实处，促成全体市民德业双修。我们的愿景是，2049 年的大武汉"天更蓝，水更清，路更通，人更雅"，这"人更雅"尤其切中要处，环境美、人文美的大武汉有赖文雅、优雅的市民建设与呵护。

---

① 张似青、顾剑新、郁金观：《经济发达国家农牧业发展概况》，《中国畜牧兽医学会家畜生态学分会第七届全国代表大会暨学术研讨会论文集》，2008。

（四）张扬城市特色，举"长江文明"旗帜

工业文明的一大特点是标准化、模式化，后发工业化的中国未脱此例，城市建设的同质化、"千城一面"即为突出表现。展望 2049 武汉，一定要走出此怪圈，成长为一个富于个性特色的城市。此题甚大，这里只提几个概念：江城、桥城、江湖之城、知音之城（或曰高山流水之城）、楚骚屈赋之城、白云黄鹤之城、中西文化交会之城（汉口租界区、武昌县华林、武大老建筑等历史街区，应予以保护、拓展，开掘其文化底蕴，昭显城市魅力）。"楚河汉街"是今之武汉时尚亮点，惜乎极少注入中国文化（尤其是楚文化）元素，落入移植西洋街市的窠臼，然尚有修订提升空间。

武汉的最大形胜在江汉交汇、两江四岸格局。继张之洞、赵尔巽之后出任湖广总督的陈夔龙（1855～1948 年）在《梦蕉亭杂记》中载曰，1909 年接待乘兵舰访汉的英、美水师提督（即舰队司令），舰队司令们对武汉形胜，"兴观止之叹"：

> 游行几遍地球，水陆形势之佳，未有如兹地者，推为环球第一。[1]

武汉形势之优，得滔滔万里的扬子江之赐，古人识此，今人更当举起"长江文明"旗帜，以之聚集力量，引领潮头。

以"缔造从江汉起"的气派，做"江汉朝宗"文章，建设活力大武汉，正逢其时，而又时不我待！

---

[1] （清）陈夔龙：《梦蕉亭杂记》，上海古籍出版社，1983，第 414 页。

武汉历史文化资源向文化
产业转化之思考

姚伟钧[*]

（华中师范大学历史文化学院）

武汉历史文化资源丰富，数量众多，具有鲜明的地方特色。深入挖掘武汉丰富的历史文化资源，开发高品位的文化旅游产品，将会大大增强对游客的吸引力。武汉历史文化资源的挖掘主要包括两个方面：一是已知的历史文化资源以及地下的历史文化资源及其价值的挖掘；二是失传的、失踪的、流失的历史文化资源及其价值的挖掘。

一 已知历史文化资源的挖掘

对于已知的历史文化资源，我们要充分研究、挖掘某个或某种历史文化资源的价值。例如，首义文化园作为武汉"新名片"，把蛇山、红楼、首义广场、紫阳湖公园、起义门连成一条景观线，同时武汉还通过整合蛇山、红楼、首义广场及周边地区文化、自然资源，建设首义文化园和黄鹤楼主题公园，突出"辛亥文化"和"黄鹤楼文化"这两大主题，把蛇山景区打造成武汉的"新名片"。这就是对已知历史文化资源的一次大规模

---

* 姚伟钧（1953～），男，华中师范大学历史文化学院教授、博士生导师，武汉知音文化研究会会长。

的挖掘工作，但是其中有许多需要注意和思考的问题。在首义文化园开发空间方面，旅游资源开发不可能是一次性的，要实行可持续发展战略，要给以后的资源开发留下足够的再次开发空间，要让旅游者到首义文化园后就能受到氛围的感染，领略"敢为天下先"的精神。因此，无论已知历史文化资源开发到何种程度，是否有利用价值，是否成熟到了顶点，都要实施可持续发展战略，因为其规划和它的社会效益和经济效益是两码事，需要若干年甚至漫长的时间来检验。武汉著名的三国文化旅游产品之一龟山风景区，若干年前建起了总投资额为 4000 多万元的三国赤壁之战全景画馆。该馆是一幢双环形天坛式建筑，坐落于龟山的半山腰，总高度为25.8 米。对于这个水泥垒起的"大家伙"，许多武汉市民称其是武汉城市建筑史上最大的败笔之一。有些专业人士毫不留情地说，龟山上的三国赤壁之战全景画馆是以破坏生态为代价，留着它，障眼；炸掉它，可惜。对于它应该采取保守的办法，选择优良常绿树种进行绿化，和龟山上的却月城、鲁山城的遗迹、铁门关等共同组成一个龟山三国生态旅游休闲区。

历史街区属于历史文化旅游街区，更是已知的历史文化资源，其更能凸显地域文化的典型性，具有打造成城市精品文化旅游街区的可行性，并成为城市灵魂。这类街区或具有民族地域文化特色，或者是建筑文化瑰宝，或能表现内涵精深的文化以及当时流行文化的特色等。旅游者在此可以通过参观游览获取旅游信息、购买旅游纪念品以及休闲娱乐等。近年来，随着武汉旧城改造的加快，许多老城区的历史街区正迅速减少，取而代之的是一片片新的高层建筑，老武汉的城市文脉正面临着绝迹的危险。

目前这一问题还没有引起足够的重视，对武汉历史街区的保护力度不够，或者说只是单纯的拆除，而忽视了对历史街区文化内涵的积极保护和有效的开发利用。这将给作为国家历史文化名城的武汉的文化旅游资源带来极大损失。因此，应该重视武汉历史街区文化旅游资源的保护、开发与利用。例如昙华林，对它的保护就要尊重历史，昙华林地区的建筑很多是依山就势、富于个性的，在保护中不能刻意，不然就不是历史了。要通过建设和保护，使昙华林形成凸显武汉历史地位的独特社区。历史建筑建设难、保护更难，对于历史文化遗址，保护就是建设，对昙华林地区历史建筑应采取分片保护、就地保护的措施。对昙华林的开发利用须遵循三项原则：历史保护原则、旅游开发原则和景观审美原则，使保护、开发、利用能和谐统一。同时对昙华林的开发应召开居民听证会，广泛征询当地居民的意见。

武汉的地下文物资源数量众多，这些地下文物，可以说都是宝贵的历史文化资源。武汉地下历史文化资源的挖掘可以充分展现楚文化之魅力，甚至还可以填补某些空白。楚国的强盛带来了武汉地区的兴盛，楚人在武汉地区的开发，留下了大量的遗存。楚文化滥觞于西周早期，鼎盛于春秋战国时期，虽然立国约八百年的楚国寿终正寝了，但是辉煌灿烂的楚文化却神韵悠长。这一时期武汉地区的考古学文化，无不与楚有关，属于楚文化的一个有机组成部分。此外，武汉在漫长的史前文明时期和军事城堡时期有许多不解之谜，而这些谜团的解决还需要依靠对地下历史文化资源的挖掘。可以说，武汉地下历史文化资源的挖掘任重而道远。

武汉地下历史文化资源经常会出现配合基本建设进行挖掘的情况。盘龙城遗址城垣竟然成为长江防汛的取土场，就是一个需要引以为鉴的典型案例。近年来，进行基建时挖掘出古墓葬的报道更是屡见不鲜。文物考古工作竟然是文物部门人员紧跟轰鸣的挖土机而开始地下历史文化资源的勘察、挖掘。更为离奇的是，武汉的一些汽车掉进坑里，就可以发现古墓。例如，武汉市新州在改建 318 国道过程中，一辆施工车在李集街李正村三上湾附近陷入土坑，被拖离时从坑内带出几根奇特木料。文物专家闻讯后迅速赶到，发现这里竟然是两座战国晚期至西汉早期的土坑墓。① 武汉地下历史文化资源挖掘时，还出现人为破坏甚至哄抢的情况。例如，2005 年武汉开发区石岭村一个工地挖出 6 座西汉时期古墓，就发生了 4 座惨遭人为破坏、一批珍贵文物被哄抢的事情。

---

① 徐国平、喻海英、孙滨：《武汉市新洲相继发现 12 座古墓》，http://chu.yangtzeu.cn，2002-10-9。

武汉这种类型的地下历史文化资源的挖掘，往往属于抢救性挖掘，由于时间比较短，有很大的被动性，对历史文化资源的挖掘往往不完整，这自然也影响到对历史文化资源价值的认识。之所以存在这种被动性的挖掘，一方面是因为基本建设发展迅猛，规模巨大，另一方面是因为研究人员缺乏，经费有限，此外也有有关部门人员认识不到位的原因。为了避免这种抢救性、被动性地挖掘地下历史文化资源的情形，除了结合国家政策，对基本建设的摊子、规模进行一定的控制之外，更主要的还是增加研究人员、增加经费，增强主动勘察、挖掘意识，提高有关部门人员乃至全社会人员的认识水平，同时还要加强公民的文物保护意识，提高其道德素质水平。

二 失传历史文化资源的挖掘

失传的、失踪的、流失的历史文化资源大部分具有相当大的影响和宝贵的价值，对于这些历史文化资源，应该给予重视。

虽然三国文化是武汉文化旅游的一大品牌，是武汉文化旅游资源中的一个亮点，但是武汉三国文化旅游资源中失传、失踪、流失的历史文化资源到底有多大？可以说是无穷大。三国文化旅游资源的挖掘是一个大有可为的项目，这就需要：第一，对三国时期武汉的文化遗址进行挖掘和整理，因为历史上关于武汉的历史记载并不是详细，这需要三国文化研究工作者进行大量的史籍考察和去伪存真的系统整理工作，如却月城旧址，赤壁之战孙刘联军会合之处旧址，夏口城旧址，黄鹤楼旧址，东吴水师基地、港口及造船厂旧址，鲁肃墓，铁门关，却月城畔的月湖，汉阳蔡甸的大小军山（吴魏交兵，曹军驻扎小军山，吴军驻扎大军山），祭风台，诸葛城，鲁肃点将台，祢衡墓，鹦鹉洲，关王洞，武昌东吴首都，卓刀泉，曹操庙，刘备郊天台，吴主庙，白马洲，关公桥等；第二，对三国文化的精髓，即以军事文化和战争文化为主的尚武文化进行挖掘，这些文化精髓浸润了楚文化，延续两千多年而不衰，其本身就是荆楚文化的重要组成部分，近代的首义文化在某种程度上就是三国文化精髓的再现。

武汉的古城址就是一个值得挖掘的宝贵的历史文化资源。"却月城是武汉地区见于史籍的最早一座城堡"①，却月城是东汉末年建立的，而武汉其他一些古城，如临嶂城、作京城、石阳城以及盘龙城等都存在一系列不解之谜，在此发生的军事战争之精彩更是神秘，它们都是非常值得挖掘的历史文化资源。

武汉的军事堡垒作用大盛于三国两晋南北朝时期，而人们所了解的只是三国历史文化资源。罗贯中的《三国演义》使三国人物故事妇孺皆知，然而西晋、东晋十六国和南北朝时期，武汉区域战争的激烈程度甚至要超过三国时期，由于宣传不够，人们对其知之甚少。刘宋朝廷在东吴始建夏口城的基础上进行城垣的修葺和扩建，这就是古郢州，也是今日武汉所遗留最古老的城垣遗址。萧衍攻克郢城、鲁山之战，历时5个多月，郢城一片凄凉景象，原有十万居民，仅剩二三万人，且"郢城之拒守也，男女口垂十万，闭垒经年，疾疫死者十七八，皆积尸於床下，而生者寝处其上，每屋辄盈满"。② 武汉地区的军事战争异常激烈。"夏口常为兵冲，露骸积骨于黄鹤楼下，秀祭而埋之。"③ 北周大将史宁4万人进攻郢城，郢州刺史孙场仅率不到千人守军，无不以一当百，坚守郢城，"周遣大将史宁率众四万，乘虚奄至，场助防张世贵举外城以应之，所失军民男女三千余口。周军又起土山高梯，日夜攻逼，因风纵火，烧其内城南面五十余楼。时场兵不满千人，乘城据守，场亲自抚巡，行酒赋食，士卒皆为之用命。周人苦攻不能克"。④ 这些众多的历史文化资源如果能够得到充分挖掘，将会成为是精彩绝伦的第二个、第三个"三国文化"。

武汉在三国两晋南北朝、五代十国以及改朝换代时候，那些战火连年的岁月处处是可以挖掘的历史文化资源，武汉悠久的封建镇邑文明更是能够为武汉乃至中国的文化旅游产业提供取之不尽、用之不竭的文化旅游资源，但由于战乱以及漫长的历史，现在所存的只有简单的几句文字记载，

① 皮明庥、欧阳植梁主编《武汉史稿》，中国文史出版社，1992，第99页。
② （唐）姚思廉：《梁书》卷12《韦叡》，中华书局，1973，第221页。
③ （唐）姚思廉：《梁书》卷22《太祖五王》，中华书局，1973，第344页。
④ （唐）姚思廉：《陈书》卷25《孙场》，中华书局，1974，第319～320页。

甚至连只言片语也未曾留下来，大量珍贵的历史文化资源都湮没在了浩瀚的历史大海中了。挖掘这些已经流失甚至失传的隐性的历史文化资源，并开发成现实的历史文化资源可能是一项永远做不完的高难度系统工程，历史文化旅游开发者绝不能望而却步，因为这正是武汉文化旅游产业的资源优势和实现可持续发展的资源保障。可以说，武汉文化旅游产业发展的新的增长点就是把这些隐性的历史文化资源开发成现实的历史文化资源。正如有的学者所说的那样："文化旅游资源越复杂、越含蓄、越有趣味，其容量就越大，反之则小。"①

武汉有些历史文化资源虽然已经不存在了，但是在一些地名上，还是深深地打上了历史文化的印记。地名是城市的细部标识，要亲近一座城市，首先要从地名开始。地名是城市的档案馆，保存着关于家乡的最古老的文化遗产。凡有城市便有地名，地名产生于人类文明的曙光时期。它连接着城市的文化源头，是城市从孕育到生长全过程的历史见证。地名不但记录着城市山川地理等自然元素的历史变迁，也反映着城市功能的变化轨迹。它记录城市风物，也反映乡风民情。地名既是城市的标识，又能向你诉说这座城的沧桑之变。

大自然的鬼斧神工首先勾勒了武汉三镇的基本面貌，而古往今来的武汉人在其中开山筑路，修堤建桥，盖屋建房，才密密匝匝地织出了五彩四溢的街道蛛网，于是才有了一张密集的城市交通图和地名图。地名是城市的纪念册，一个地名，或许附载着一个古老的故事，或许镌刻着一段不凡的历史，或许记录着一个杰出人物，或许蕴含着某种意义。因而，地名成为反映城市品格的特殊信息系统，有着丰富而深刻的文化内涵。武汉有大量地名是富含时代特征的，它们传达出武汉城市功能的历史变化轨迹。例如，在汉末三国两晋时期，产生了大量的城垒、军港和与军事人物有关的地名：偃月垒、夏口城、诸葛城、梁废城、锁穴、铁门关。特别是三国遗址地名多，如曹操庙、刘备郊天台、吴主庙、白马洲、关公桥等，这说明三国英雄人物曾将武昌作为他们施展才华的政治

---

① 张国洪：《中国文化旅游——理论·战略·实践》，南开大学出版社，2001，第124页。

舞台。与关羽有关的卓刀泉、洗马长街、藏马洞、关帝街、磨刀石；与鲁肃有关的鲁山、鲁山城、白马洲、鲁肃湾等；与黄盖有关的黄军浦等。由官署衙门而得的地名多，如察院坡、巡道岭、都司湖、抚院街、都府堤、粮道街、学道村、司门口等，可见武昌在历史上政治军事中心的地位，这充分说明了当时的武汉具有军事城堡的重要功能。以文化设施命名的地名多，如读书院、御书楼、学府街、崇文坊、文昌阁、方言街等。近现代以来大专院校、科研院所大都集中在武昌，而且长久以来都保持着浓郁的文化氛围，不是没有历史渊源的。以王府旧宅命名的地名也多，如王府口、后宰门、楚望台、梳妆台等。可见武汉是一座文化植被十分丰厚的古城。明末清初以后，武汉出现了不少以行业命名的地名，如筷子街、玻璃街、板厂街、打扣巷……说明了当时的城市手工业已经兴起发展。清末民初产生的一些地名还体现了武汉是万商云集之地，如药帮巷（河南药材行）、福建街（福建公所）、宝庆码头（湖南宝庆会馆）、广东巷（广东公所）、安徽街（安徽会馆）等。由此可见当时武汉商业经济生长以及海纳百川、容纳四方的开放性。产生于大革命时代、辛亥革命和抗日战争时期的许多地名，如中山大道、黄兴路、民主路、起义门、首义路、彭刘杨路、张自忠路、陈怀民路、郝梦龄路，等等，有力地证明了武汉在近代以来各个革命时期所处的中心地位。汉口的历史地名中还有许多洋名称，如梅神父路、巴黎路、洋园，等等，它们揭示了这座城市有着曾经辟为租界的伤痛。至于那些富含故事、名人轶事、风物传说的地名就更是宝贵的地方文化遗产了，它们深藏的内涵往往变成了一些"地名之谜"，这就更会引发人们考究的兴趣了。

三　武汉历史文化旅游产品的开发

武汉历史文化旅游产品的开发设计，本质上是一种文化创造，即通过适当的方式唤醒资源所蕴含的无形的文化内涵，并用具体的物化产品表现出来。我们可以将此过程称为文化资源内涵的外化过程。

1. 物化盘龙城等文化资源的文化内涵

历史文化资源文化内涵外化的第一层含义是将历史文化资源的内涵以某种物化产品作为载体体现出来。历史文化资源内涵外化最基本、最原始的含义就是以一种具体的、静态的物化载体体现出来。

从某种意义上来说，盘龙城是最需要物化其内涵的特大历史文化资源。50多年的考古发掘和科学研究工作取得了丰硕成果，为我们揭开了盘龙城神秘面纱的一角，但从某种意义上讲，90%的东西还没有被发掘和发现，还有大量的文物、遗迹仍深埋地下，尤其是对那段历史，尚待进行全面系统的考古发掘和科学研究。对盘龙城遗址地下文物的发掘和研究要继续进行，不能停滞。规划和发掘工作要同时进行，已发掘出的遗迹遗址要做保护性复原，结合旅游开发形成看点、亮点。成立"盘龙城学会"，邀请武汉、湖北乃至全国的历史学家、文物考古专家共同参与盘龙城历史文化的发掘、研究及保护和利用工作。开发和利用都要在保护的前提下进行，要坚持边勘探边规划的原则，勘探工作要走在前面，避免盲目规划。一定要避免因开发和利用而对地下尚未发现、发掘的遗存造成破坏。同时应禁止在盘龙城遗址周边进行房地产开发，尤其在遗址保护区规定的范围内，不能进行任何形式的房地产开发。颁布盘龙城遗址保护法规，制定相关法律切实保护盘龙城遗址。

要使盘龙城真正有生命力，必须靠开发利用，一是要抓紧复原工作，要尽快实施遗址的复原展示。1974年和1976年发掘的两座宫殿基址，是我国最早发现的"前朝后寝"式建筑格局的实物例证，在考古学、历史学、建筑学研究领域有着"举足轻重的教科书"的美誉。二是要尽快建立博物馆。盘龙城遗址出土的数以千计的精美文物，以及通过考古发掘带给我们的浩瀚丰富的远古文化信息，迫切需要有一处专题性的文物陈列馆作为窗口向世人展示。可以建造一个世界性古城遗址保护馆，甚至可将庞贝古城、新疆的楼兰古城复原其中，把盘龙城、卸月城、鲁山城、汉阳城、武昌城及后来的汉口城堡连成一条线，串起来，让人们从这里了解我们这座古城的历史。还可以建造仿古一条街，再现殷商城镇风貌，并将其纳入旅游线路。

"古往今来的有识之士都很看重武汉的山水形胜"①，武汉最突出的自然旅游资源就是山水资源。历史文化资源在物化为历史文化旅游产品的时候，应充分发挥利用周围的自然旅游资源尤其是山水资源的优势，与其他旅游产品联合开发。"自然旅游资源是指自然条件和自然风光，即能使人们产生美感的自然环境和物象的地域组合，包括地貌、水态、气候、动植物等，具有不可移植性、物质实体性、时间变化性等独立特性。"② 自然风景类旅游资源还具有科学性，是人们认识大自然，研究大自然，进行科学考察的理想场所。同时，由于人为因素对大自然的长期作用，往往在风景别致、环境优雅的地方形成深厚的历史性和文化性，打上了深深的人文烙印。黄鹤楼对蛇山的自然风景起到画龙点睛的作用，黄鹤楼周围的自然旅游资源就具有了丰厚的文化内涵。因为旅游活动是一种文化交流活动，人们通过观光、游览、参与、体验，可以得到各种知识和美的享受，从而丰富知识，提高智力水平、增加美感。因此，黄鹤楼文化与蛇山自然旅游资源联合，在突出其自然美的基础上，努力刻画其深厚的文化积淀，采取合理的措施使其文化内涵充分展示在旅游者的眼前，从而增加对游客的吸引力。

武汉湖泊密布，水面宽阔。目前除东湖、月湖、莲花湖、木兰湖等有一定的开发利用外，后湖、东西湖、郎官湖、墨水湖、南湖、紫阳湖、沙湖、水果湖、北湖、严东湖、青菱湖、梁子湖、汤逊湖、鲁湖等旅游开发利用程度低，有的还未开发，武汉湖泊旅游开发应结合其历史文化资源，从湖泊水系整体着眼，根据不同湖泊的水面水质状况、区位条件、人文环境氛围，进行合理的功能分工与整合，实施专项旅游开发，形成各具特色的武汉湖泊旅游。可分别开发为以湖滨度假休闲为主的旅游，以湖光赏景、渔业观光、垂钓为主的修身养性旅游；湖滨体育竞技旅游；以水上快艇冲浪、水上飞机、水上跳伞、花样滑水、水上拔河比赛、手划船比赛、

---

① 王玉德：《武汉的山水文化及其开发构想》，引自张笃勤主编《武汉文化特色与景观设计》，武汉出版社，2003，第279页。

② 张燕：《挖掘旅游资源的科学文化内涵，提高旅游产品的文化品位》，《桂林旅游高等专科学校学报》2002年第1期。

帆船赛、龙舟赛、彩船大游行、水上秋千、游泳比赛、水上热气球等水上娱乐性、参与性、表演性强的湖泊旅游；可利用节庆活动组织或邀请国内外优秀水上运动员参加水上比赛、竞技活动。通过颁发证书、奖金等形式吸引境内外游客。

武汉山丘纵列、岗岭起伏。市区内两列山系，一列从汉阳汤家山、赫山、龟山至武昌紫金山、凤凰山、小龟山、猴山、凤斗山、团山、太渔山、吹笛山、黄家山；另一列从汉阳米粮山、仙戈山、锅顶山、扁担山、凤栖山到武昌蛇山、洪山、洛珈山、南望山、喻家山、磨山、马鞍山、石门峰、宝盖山。另外，市区周边外围还有马龙山、大军山、小军山、神山、铁锦山、公子山、龟尾山、龙泉山、木兰山等①。目前龟山、蛇山、磨山、龙泉山、木兰山旅游开发有一定规模，其他山丘旅游资源基本没有得到开发利用。山水相依，林中藏寺，往往是山丘旅游资源的组合特征。武汉山丘旅游资源的开发，要把历史文化资源与观光旅游、会议旅游、度假旅游、宗教文化、节日庆典、宗教法事活动、庙会旅游联合开发，丰富旅游活动内容，提高旅游行为层次。

2. 推广普及知音文化内涵

历史文化资源文化内涵外化的第二层含义是将历史文化资源的内涵进行推广和普及。文化旅游是一种高层次的旅游，对有些文化旅游资源内涵的理解，还需要旅游者达到一定的文化层次和素养，掌握一定的历史背景知识。因此旅游资源文化内涵的外化就需要将其普及、大众化，这是武汉争取更多客源的必由之路。要使不同文化层次、不同素养以及具有不同民族背景的旅游者能感悟，就要以一种直观可感的形式来展现旅游资源的文化内涵。这样既增强了旅游活动的参与性和知识性，也使各个层次的旅游者都能深刻地感受到其中的文化内涵。

武汉独有的知音文化，是全人类共同的精神瑰宝，对其文化内涵进行推广和普及既是武汉的使命和责任，更是武汉文化旅游产业发展的一次机遇。在评选"武汉十大城市文化名片"活动中，"知音文化"品牌就受到

---

① 参见皮明庥、李权时《武汉通览》，武汉出版社，1988，第80页。

全体市民的热捧，名列第一，为什么？"旅行者一号"携带了一张磁盘唱片，内有古琴曲《高山流水》和中国京剧，并用四种中国语言表达人类的问候。以古琴曲《高山流水》为主色调的知音文化的源头就在汉阳、蔡甸，就在人杰地灵的武汉。知音文化是大武汉的城市之魂，伯牙在马鞍山上鼓琴遇钟子期结为"知音"的故事，千百年来滋养着楚汉儿女的成长，我们的血液里都流淌着诚信、和谐、友善的基因。

武汉知音文化底蕴深厚。汉阳有为纪念伯牙弹琴遇钟子期而建的古琴台。"伯牙抚琴谢知音"的故事，两千多年来不知感动过多少炎黄子孙。"知音"现在已成为中华民族共同追求友情、诚信、和谐的最高理想境界。知音亭、钟期墓、集贤村，古有琴台、今有碑亭，古今文化相呼应。知音文化旅游产品品位高雅，她的开发可以古琴台、集贤村、琴断口、钟期墓、马鞍山、知音湖等地为主线，立伯牙摔琴塑像，按知音典故创文化氛围和意境，建"摔琴谢知音"景区。在汉阳和蔡甸形成以古琴台、钟家村、集贤村、子期墓、琴断口诸景区景点为内涵的知音文化旅游区。同时修建古琴台休闲文化区，依托月湖北岸、汉江之滨的自然风光和文化底蕴，通过改造和建设，使古琴台这一我国著名旅游景点再现活力，使月湖这颗大都市中心的明珠重放异彩，凸显知音文化。

遵循保持文化古迹的原始风貌和注重环境保护的原则，以"高山流水觅知音"的历史佳话为背景，通过环境设计、楚文化历史氛围的衬托和楚国建筑艺术的展示，以及古典音乐的表演，将音乐、交友、茶文化等概念有机地结合起来，把琴台建成一个以"高山流水觅知音"为主线的展示楚文化的主题公园、具有休闲功能的中、高档旅游场所以及青少年爱国主义的教育基地。举办知音文化旅游节、民族乐器音乐会；举办知音十月婚典，在全市征集新婚、金婚和银婚夫妻参与系列活动，入选者将获赠婚庆证书、纪念品，以每年1000对新人参加的话，经济效益和社会影响力将不可估量；邀请国内知名作家、画家、书法家与少年儿童，共赴书画笔会；邀请著名专家学者及各界知名人士，研讨"知音文化与武汉建设"。高山流水曲，自古流到今，打造一个汇集美景、展示悠久历史文化和时代艺术的旅游胜地。作为知音文化的发祥地的武汉，应充分挖掘知音文化的深厚底蕴与内涵，以大力弘扬知音文化所颂扬的理解、友爱、真挚、美好的精神内涵，提升知音文化的核心价值与现实意义，推广普及知音文化，提高武汉文化旅游的文化品位。

知音文化是整个武汉市的优势，它是城市之魂，古琴台已成为知音文化的象征，也是武汉亮丽的人文名片。经历了两千多年的沧桑变迁，知音文化的内涵不断得到丰富和发展。知音文化不仅仅是以琴会友，也包含以文会友，以棋会友，以诗会友，以画会友之意。知音的仁爱友善观念也不仅是友情还包含人类的一切真情。这就是"大知音"概念。"大知音"概念涵盖所有人间真情，使人们体会到一种诚信互助、融洽相处、安居乐业、安定有序、平等友爱、事业有成、心情舒畅的生活氛围，创造一种人间真情与和谐之美，充分体现生活的美好与世间的可爱。

3. 重新定位包装文化内涵

历史文化资源内涵外化的第三层含义是根据目标市场的需求导向，结合旅游资源本身的特点，对旅游资源文化内涵重新进行定位、设计、加工、包装，形成适销对路的文化旅游产品。历史文化资源的内涵需要重新定位和包装，从两个方面来说这是非常必要的。一是从文化旅游产品的生命周期来说需要重新定位和包装。任何一种文化旅游产品都具有衰退期，需要在其衰退期到来之前对其文化内涵重新定位和包装，使其永远处于发展期，永葆生机和活力。二是从旅游形象来说需要重新定位和包装。"旅游目的地形象是人们对旅游目的地总体的、抽象的、概括的认识和评价，是对旅游目的地的历史印象、现实感知和未来信念的一种理性综合"，[①]"旅游形象定位既可以为旅游业塑造持久形象，增强市场竞争力，又可以利用自身特色和优势，增强市场吸引力"。[②] 当旅游目的地已处于衰退期或已发生变化时，需要采取重新定位的方法促使其建立新形象替换原来的形象，从而占据一个全新的市场空间。改变旅游形象的根本途径就是对文化旅游资源的内涵进行重新定位、设计、策划和包装，吸引众多旅游者的

---

① 李晟：《旅游目的地形象营销研究》，武汉大学硕士学位论文，2005。
② 张万雄、向风行：《旅游目的地开发原理与实践——岳阳旅游研究》，中国旅游出版社，2003，第139页。

眼球，形成适销对路的历史文化旅游产品，更好地推广城市历史文化旅游产品。

作为武汉开发最早、规模最大、效益最好的旅游产品之一的黄鹤楼，其文化旅游资源的设计开发，关键是做好品牌延伸。对游客而言，黄鹤楼不但是一个优秀的旅游景点，而且由于它早被人们所感知、所接受、所认同，因此成为武汉市旅游的代表性景观、拳头性产品，起着"龙头"作用。武汉是华中地区的中心，楚文化的精髓云集于此，而黄鹤楼是一个具有约1800多年历史的古建筑，它的建筑价值、文化价值是其竞争力最大的卖点，在国际上的竞争力较强。将黄鹤楼进行空间拓展，全面整合黄鹤楼公园，进行整体规划，将延伸黄鹤楼文化品牌作为武昌休闲游憩活动开发的主题理念。将黄鹤楼文化区的入场口延伸到蛇山以东，大、小东门处，减缓内环线武汉长江大桥段的旅游交通压力。水上游客可以经中华路码头—蛇山东门—爬山至黄鹤楼，沿途丰富游览内容，增加特色民俗展示、旅游购物中心，建设黄鹤楼美食与休闲设施，并使其建筑特色凸显楚文化和诗画意境。此举可延长游客停留时间，使游客由浅入深，逐步感受黄鹤楼的美景。黄鹤与武汉民间文化密切相连，还应加大力度推广其品牌形象，在后续开发中将历代黄鹤楼以合适规模复建，外观上可以使游客建立黄鹤文化的直观印象，内容上建设成为旅游者餐饮休闲之所，理念上成为黄鹤文化的延伸。同时还可以建设黄鹤楼民俗文化园等旅游景点，完善旅游服务功能。在民主路沿线，充分利用已有商业条件，建设传统风貌的商业街建筑，使其成为黄鹤楼主题公园的有机组成部分。

武汉历史文化资源的挖掘与整合要在不断丰富其内涵的基础上，注重以直观、可感、独特的形式和符合时代需求的面貌外显出来，从而使其真正深入到更多的文化旅游者的体验中，彰显武汉文化的特色。

湖北国学的传承

郭齐勇[*]

（武汉大学国学院）

传统文化在今湖北地域的发展较为复杂。必须重视地域文化与多样统一的中华文化的关系、楚文化与中原文化的关系。

夏禹征三苗以后，芈（mǐ）姓，黄帝第八世孙季连之后，是春秋时期的楚国国君贵族的姓氏。楚国先民南迁，住丹、汉水间和汉水下游以西。从今天的考古发现来看，黄陂盘龙城是商早中期的城市遗址，这是当时商人移民在汉东建立的据点。随州叶家山考古表明汉水之阳（北）的六个姬姓国（包括随、曾、鄂等诸侯国）是西周的封国；表明西周时期，周天子移民荆楚，建汉阳诸姬。芈姓楚先民与江汉土著先民融合，形成独具特色的楚民族，建立楚国，不断扩大、发展。楚国超出荆楚范围，一度拥有中国半壁江山。战国后期，白起拔郢，楚国东迁。秦人占领荆楚后设立郡县制，后在统一的汉代文化中，本地文化又保留了自己的特色。宋代以后湖北地区的文化，已是融合了的以儒家为主的宋明道学或理学的文化。因此，不宜太过简单化地说我们只有荆楚文化的传统。当然，楚文化在两湖等地区积淀得厚一些、多一些。从先秦至今，今湖北地区的文化处在多文化融合的长期过程之中，这个地域的古今人物为中华文化的发展做

---

[*] 郭齐勇（1947～），武汉大学国学院院长，国际中国哲学会会长，中国哲学史学会副会长。

出了自己的贡献。

国学包罗致广，以下略述湖北的思想史。

一　先秦：诸子百家大半出于楚

清朝乾嘉年间有一位思想家与诗人，名叫洪亮吉，号北江，常州人。他写过一篇名文，题为《春秋时楚国人文最盛论》，指出："诸子百家，亦大半出于楚。"

房县尹吉甫（公元前 852～前 775 年）是《诗经》的主要采集者，周宣王的重臣，文武双全。他有《崧高》《烝民》等名篇，有重民敬德的思想，咏叹："天生烝民，有物有则，民之秉彝，好是懿德。"烝民即众民。这首诗的意思是说：上天生养了万物，有一类事物就有这类事物的法则；而老百姓秉执的常道，是趋向于美好的道德。这就肯定了人的善性。孔子赞扬这首诗是"知道"之诗。

季梁是春秋早期汉东诸侯随国大夫，活动年代约公元前 700 年前后。在强楚弱随的形势下，为随国的生存发展，季梁在政治、军事上提出了很好的建议，使随国成为"汉东大国"。季梁是中国早期民本思想的代表。他说："夫民，神之主也。是以圣王先成民而后致力于神。"在儒学的前史上，他较早地提出了"道""忠""信"的概念，肯定政治事务中尊重老百姓的意志是第一位的，强调君臣上下各级官吏要有完善的德行，三季农事不扰民，修好五教（父义、母慈、兄友、弟恭、子孝），亲睦亲族，敬祀神祇祇，神祇也会赐福随国。随侯一度听从了季梁的谏言，治理好国内的政治，楚国也就不敢来侵犯了。李白曾誉其为"神农之后，随之大贤"。

楚国君臣有传习《诗》《书》《礼》《乐》《易》的传统。楚庄王（公元前 613～前 591 年在位）曾引用了《诗经》中武王的《颂》与《武》篇，纠正潘党的战争观，指出：武功，是用来禁止强暴、消弭战争、保持强大、巩固功业、安定百姓、和谐大众、丰富财物的。

申叔时是楚庄王时期的大夫。关于如何教育太子，申叔时回答说：教之《春秋》，通过历史教育使太子懂得褒扬善而贬抑恶；教之《世》，用先王的世系教育太子，使之知有德行的人名声显扬，昏庸的人要被废黜，以鼓励或约束他；教之《诗》，使之以先王的美德来励志；教之《礼》，使之知规矩法度；教之《乐》，使之脱离污秽与轻浮；教之《令》，使之懂得百官职事；教之《语》，使之明德，懂得先王以德待民；教之《故志》，使之知历史兴废教训，而有所戒惧；教之《训典》，使之懂得族类的发展，必以道义为指南。由此可见当时楚国教育太子的教材，除楚国的历史读物外，还有来自中原的《春秋》《诗》《书》《礼》《乐》五经。他希望通过读书，通过太子师、贤良的批评指点与辅佐，使太子明施舍以导之忠，明久长以导之信，明度量以导之义，明等级以导之礼，明恭俭以导之孝，明敬戒以导之事，明慈爱以导之仁，文武兼备，赏罚分明，严谨处事。申叔时在这里强调诗礼之教，重视仁德、孝顺、忠诚、信义的价值指引，得到楚庄王的肯定。

开宗立派的楚人，当首推老子。道家的开创者老子的哲学智慧，体大思精，包罗致广，具有现代价值与世界意义。庄子虽是宋人，但他的行踪多在楚境，他那汪洋恣肆的风格和奇妙无穷的思辨，与楚国的文化传统不是没有关系的。庄子也是世界级的哲学家。

儒家的开创者孔子、墨家的开创者墨子都曾经来到楚国从事学术与政治活动。周游列国时，孔子使子路问津（渡口）处，即在今武汉市的新州。儒家八派之一仲良氏之儒的领袖人物——陈良是楚人。他曾到北方留学，是高才生，其学识超过了北方的学者，后来又回到楚国任教。孟子赞扬道："陈良，楚产也，悦周公、孔子之道，北学于中国。北方之学者，未能或之先也。"[1] 据郭沫若考证，陈良是屈原的老师。

观射（yī）父是楚昭王（公元前 515～前 488 年在位）时期的大夫。他在回答楚昭王的提问时，详细解释了《周书》记录的上古社会颛顼"绝地天通"的意义。他主张统一对天上神灵的祭祀，这实际上是为了统一地上的部落、氏族。这是中华先民不断整合、统一过程中的重要的阶段与步骤。观射父的解释，填补了历史的空白，成为中国宗教与哲学思想史

---

[1] （清）焦循：《孟子正义·滕文公上》，中华书局，1987，第 393 页。

的重要史料。

楚国出了一大批文采风流的诗人骚客,屈原、唐勒、景差、宋玉等我国第一代著名的辞赋家,吸取楚国民间歌风,创造了世界文学史上叹为观止的文化高峰——楚辞。屈原也是哲学家,在《天问》这首罕见的奇诗中,他一口气提出了涉及宇宙与生命起源和天人关系的一百七十多个问题。楚国著名辩才黄缭在与名家惠施辩论时,也曾大胆寻求着关于天地所以不坠不堕及日月云雨风雷等自然现象产生、运动、变化的奥秘。

楚国出了一大批才气横溢的政治家,如辅佐秦穆公称霸的百里奚,协助吴王阖闾称雄的伍子胥,辅佐越王勾践卧薪尝胆、重振国威的文种和范蠡。文种(生年不详,卒于公元前 472 年),楚国郢(今湖北江陵)人,楚平王时曾为楚国宛(今河南南阳)令,显示了卓越的从政才能。他与范蠡受楚国的重托,辅佐越王勾践,可谓受任于败军之际,奉命于危难之间,经过"十年生聚,十年教训",成为卓越的战略家,受到越国人民的尊重,也为楚国赢得了荣誉。文种、范蠡有不少哲学思想。

在那诸子蜂起、百家争鸣的时代,楚国涌现了一大批出类拔萃的哲学家、思想家。儒、道、墨、兵、农、法、刑名、纵横等学派的代表人物,确有不少是楚人或者到过楚国。口若悬河的纵横家苏秦、张仪的老师鬼谷子是楚人,他长于养性持身和纵横捭阖之术。"初本黄老而末流迪于刑名"的鹖冠子是楚人,据近人研究,他有"后发制人"的军事思想。主张"贤者与民并耕而食"的农家学派的代表人物许行是楚人。

近几十年来,江汉平原出土了大量的简帛文书,其中反映先秦诸子思想与经子之学的,首推郭店楚简,其次有上博楚简。1993 年发掘的荆门郭店楚墓(墓葬为战国中晚期)出土竹简中,有迄今最早的《老子》文本与孔门七十子的儒书十四篇,成为国际汉学界讨论的热门话题。上博楚简很可能出自湖北,其中有《周易》等。此外,江陵天星观楚简、江陵九店楚墓、荆门包山楚简、云梦睡虎地秦简、江陵张家山汉简等,有很多关于当时民间信仰及官方法律文书的文字。2006 年,湖北的考古专家又在云梦发掘出一批汉简,基本上是法律文书,与睡虎地、张家山的材料相呼应与补充,而且还有《说苑》一类的书。

道家思想是荆楚文化的一大特色。荆楚简帛所出《老子》就有郭店楚简本和马王堆帛书本。竹简《老子》属于选本，抄写于战国中期，是所见最早的本子，与今传本相比，没有"绝仁弃义""绝圣弃智"等与儒家学说相抵牾的内容，偏重于实用，当为楚国的一种传习读本。郭店楚简本《太一生水》和上海博物馆馆藏楚简《恒先》篇，是荆楚传习的十分珍贵的先秦道家佚籍，分别阐述道家的宇宙生成论、虚静思想，也涉及天地起源问题。

我们一定要改变一个先入为主的看法。人们一谈到荆楚文化往往只谈道家文化，以为荆楚文化中不包括儒家文化，或儒家文化在荆楚并不重要。其实，春秋战国时期北方与南方、中原诸国与楚国、儒家与道家在不断融合的过程之中。

儒学早就传入荆楚，一直是荆楚文化重要的内涵。郭店楚简和上海博物馆馆藏楚竹书中的《缁衣》（各一篇）、《性情论》（《性自命出》，各一篇）、《五行》、《唐虞之道》、《忠信之道》、《穷达以时》、《六德》、《成之闻之》、《尊德义》、《子羔》、《民之父母》、《武王践作》等篇估计是孔门七十子后学的作品，不同程度地展现出儒家思想的各个方面。这些文献为楚人所传习。可见，儒家思想早就成为荆楚文化的重要内容，荆楚学人对儒学有相当大的贡献。

二　汉末：荆襄成为全国的学术中心

著名历史学家唐长孺先生曾发表专文讨论过这一问题。[①] 刘表（142～208 年）任荆州刺史期间（196～208 年，共 19 年），黄河流域战乱连连，荆州（治所在襄阳）政局却相对安定，经济发达，中原巨族、学者与老百姓纷纷南下。刘表本儒生，喜好经学，此期间避乱的士人云集于荆襄，学术中心遂由洛阳南移至此。

---

① 唐长孺：《汉末学术中心的南移与荆州学派》，《唐长孺文集》之《山居存稿续编》，中华书局，2011，第 157～170 页。

到底当时有多少士人在荆襄呢？《后汉书》本传说，由关西、充、豫来的学士数以千计，刘表"安慰赈赡，皆得资全"。唐长孺先生说，此时刘表为振兴文化学术事业，做了三件大事。第一，在襄阳建立学校，设置学官。第二，改定《五经》章句。刘表领衔，由一批经学家删去烦琐的不切要的内容，重新编了一部经学教材——《五经章句后定》，便于学生在短时间内通晓经义。像这样五经并举，集合许多儒生共同改定文本，分章断句，是历史上的第一次，为唐初朝廷修纂《五经正义》开了先河。第三，搜集图书。刘表搜集私藏及四方人士携来的书籍，还组织人复写。刘表做的这三件事，在古代是由朝廷做的大事。刘表的学术文化事业所倚重的大学者，有綦毋闿、宋忠、司马徽、颍容等。宋忠（或作宋衷），南阳章陵（今湖北枣阳）人，古文经学家，是编撰《五经章句后定》的具体组织者。他个人的专长是《周易》和扬雄的《太玄》与《法言》。

王粲曾对曹操说："避乱荆州者皆海内之隽杰也。"荆州官学的确聚集了当时著名的学者，特别有益于经学的传承。荆州培养的人才为三国所用，不乏建功立业者。刘表之后，学术中心转到邺下、洛阳。

三　湖北的道教与佛教[①]

湖北省道教文化资源丰富，武汉长春观、十堰武当山、黄陂木兰山，道观林立，信众云集。

长春观位于武昌大东门东北角双峰山南坡，黄鹄（hú）山（蛇山）中部，始建于元代，为丘处机门徒所建，以纪念丘处机在元军南下时"一言止杀"济世救民之功德，人称"江南一大福地"。观内崇奉道教全真派，以其创始人重阳祖师门人丘处机道号"长春子"命名，祭奉长春真人。长春观是我国道教著名十方丛林之一，为道教全真派的道场。

武当山作为道教名山，高道辈出，人杰地灵，享誉中外。据记载，汉代的马明生、阴长生，魏晋南北朝陶弘景、谢允，唐朝姚简、孙思邈、吕

①　本节写作得到孙劲松教授的帮助，特此致谢。

洞宾，五代时陈抟，宋时胡道玄，元时叶希真、刘道明、张守清，明代张三丰均在此修炼，其中张三丰的影响最大。

在道教徒心目中，武当山是"玄武大帝"的信仰中心。玄武大帝，又称为"玄天上帝、真武大帝、玄帝"，根据有关道教典籍记载，玄武大帝是"道"的化身。唐代道士杜光庭在公元901年编《洞天福地岳渎名山记》时，已经将武当山列入道教七十二福地中的第九福地。宋徽宗宣和年间（1119~1125年），武当山大顶之北创建了紫霄宫，开始祭祀玄武，这是武当山上第一座以祭祀玄武为主的宫观。南宋时期，玄武修道武当山的传说已经深入人心，玄武大帝信仰已经非常普遍。元代，武当山的风景、地名开始大量附会为玄武遗迹，元成宗封玄武为"玄天元圣仁威上帝"，明成祖永乐年间，又封为"北极玄天上帝真武之神"，武当山逐渐成为道教玄武大帝信仰的圣地。明代集中建设了大量建筑。1994年12月15日，武当山古建筑群被列入《世界文化遗产名录》。

湖北在中国佛教史上有着独特的地位，具体可以概括为：鄂州译经，襄阳奠基，玉泉立宗，禅起黄梅，武昌转型。

三国时期，东吴黄武三年（224年）印度梵僧维难带着《法句经》来武昌（今鄂州市）传译经文，这是湖北佛教信僧首次见到经文的实证。两晋南北朝时，佛教最盛，东晋著名高僧道安法师带领弟子400多人来到湖北襄阳，倡导僧人以释为姓，传教四方，为中国佛教的传播奠定了制度基础。隋代开皇十三年（593年），中国第一个佛教宗派天台宗的创始人智顗在当阳建立玉泉寺，提出"五时八教"和"一心三观"等天台宗教义，故天台宗虽然以智者大师晚年驻地天台山立名，而实际成熟于湖北。唐武德七年（624年），唐朝著名高僧四祖道信法师，在黄梅创建正觉禅寺，其间他倡导集众传法、农禅双修，其弟子五祖弘忍法师继承和发扬道信法师的禅法，创立"东山法门"，大弘宗风，培养出了禅宗六祖慧能大师，逐渐形成了"天下无寺不禅、天下禅林皆属黄梅东山法门"的局面。民国时期，太虚法师在武昌创办"武昌佛学院"，成为佛教现代转型的开始。

由此可见，湖北佛教在中国佛教史上有着特殊的地位和贡献。在湖北佛教史之中，最有代表性的还是黄梅的禅宗文化，在中国禅宗的祖师之中，四祖、五祖长居黄梅，六祖慧能得法于黄梅，将黄梅东山法门弘扬光大。宋代以后，黄梅还出现过法演、克勤、师戒、宝寿等禅宗大师。

四 宋元明清时期湖北的儒学①

儒学强调内圣修养之学与外王事功之学的结合，把个人道德修养与家国天下的合理发展联系了起来，肯定教化，主张化民成俗。汉代以后，中国社会逐渐成为儒家型的社会，民间事务一般由士绅与民间组织去管理。宋元明清时期流行的学问是以儒学为中心、融会了儒释道三教的宋明道学（或理学）。宋明理学在明代以后直到近代，成为整个东亚的精神文明。

北宋最著名的五位哲学家被称为"五子"（周敦颐、邵雍、张载与二程），其中二程指程颢（1032～1085 年）、程颐（1033～1107 年）兄弟。二程生于且长于湖北黄陂。宋仁宗时期，二程的祖父程遹被任命为黄陂县令，于是举家从河南迁至黄陂。程遹卒于黄陂任上。

湖湘学派的思想宗师胡宏（五峰，1105～1155 年，或 1102～1161 年）的父亲胡安国（1074～1138 年）于北宋哲宗绍圣四年（1097 年）进士及第后，任荆南教授，又从荆南入为太学博士，后又提举湖北、湖南、成都学政。胡安国在湖北任官时，对身份、地位比他低的谢良佐（时任应城知县，1050～1103 年）持后学之礼，人们颇感惊讶。胡安国与程门高弟谢良佐、杨时、游酢等"义兼师友"，倡扬洛学。杨时曾任荆州教授，是安国子胡寅、胡宏兄弟的老师。谢良佐（上蔡先生）是把二程洛学传于南方特别是荆楚的重要人物。谢氏的著名弟子有朱震、朱巽兄弟等人。朱震（1072～1138 年），湖北荆门人。朱震的主要著作为《汉上易传》，以象数为宗，以义理为辅，阐发了他的理学思想。胡安国曾向朝廷推荐朱震，谢上蔡则对朱震称誉胡安国为大雪严冬挺立之松柏。

---

① 本节详见郭齐勇主编《宋明时期湖北的儒学研究》，中国社会科学出版社，2013。

朱熹（1130~1200 年）曾从学于胡宪，与安国父子侄之学有关，而湖湘学与闽学因胡宏朱子之间的文字因缘而相遇，又因张栻与朱子之间的频频交往相互论道而日益密切起来。朱子多次来湖北讲学，与湖北学人有着千丝万缕的联系。

陆九渊（1139~1193 年）晚年出知湖北荆门军，死在任上。陆九渊在荆门既勤政教民，注重事功，使知行合一的心学得到了前所未有的发展，初步践行了心理合一、天人合一的政治理想，是王阳明哲学的先声。陆九渊在荆门"道外无事，事外无道"，把儒家的政治思想落到实处，他有非凡的社会活动才能和管理才能。

宋末元初德安（今安陆）人赵复先生，自号江汉，人称"江汉先生"。安陆沦陷后，赵复被俘，被姚枢发现，劝降，赵拒降，自杀未遂，被接到燕京。赵以所记程朱所著诸经传注，抄录给姚枢。赵复的名声随之在燕京传扬。忽必烈召见赵复，让赵复为伐宋的前导。赵复回答：宋是我的父母国，怎能引他人去攻打自己的父母呢？忽必烈闻之受到感动，不再强迫他做蒙古的官（赵复在元朝终身不仕）。

以中书令行宰相职权的杨惟中听赵复讲理学后，为之折服，遂与姚枢等筹建太极书院与周子（周敦颐）祠，"收集伊洛诸书，载送燕都"，"选取遗书八千余卷，请复讲授其中"。杨惟中还选拔青年才俊接受赵复等儒师的教育。从此，理学得以在北方推广。《元史》本传说："北方知有程朱之学，自复始。"赵复是元代理学的开创者，他的学生许衡、刘因是"元之所以立国者"。元代理学的特色是"和会"朱熹学与陆九渊学，又有实用与大众化的趋向，在学术渊源上则强调返回六经，对明清学术产生了重大影响。

明弘治年间有"嘉鱼二李"，兄长承芳（生卒年不详）、弟弟承箕（1452~1505 年）。李承箕是江门陈献章（白沙）先生的得意弟子，一生与陈献章保持着亦师亦友的关系。李承芳基于儒家传统理想，对现实有更强烈的批判，其中尤其集中在教育制度。他反对科举制度，提出"文章、政事非两途"，并且试图将"尊师"变成整个政治结构的基石，以教育改善、引导政治。

明嘉靖万历年间在朝野活跃并相互纠结的有四位著名学者，都与湖北有关。他们是：何心隐（1517～1579年）、耿定向（1524～1596年）、张居正（1525～1583年）、李贽（1527～1602年）。何、李都曾客居湖北，有早期启蒙精神，神解卓特，惊世骇俗，都是了不起的思想家与哲学烈士。

何心隐曾到孝感、黄安聚徒讲学，传播平民化的泰州学派之真精神。他的著作叫《爨桐集》，如李贽把自己的书取名为《焚书》一样。他从民众的生活哲学的层面发展了儒家的性命之说。他是被湖广巡抚王之垣杀害的，因杖笞死于武昌狱中。黄宗羲说："泰州之后，其人多能以赤手搏龙蛇，传至颜山农、何心隐一派，遂复非名教之所能羁络矣。"

耿定向，号楚侗，又号天台，麻城人，出身贫寒，嘉靖进士，官至户部尚书，为官廉洁。与其弟定理、定力，号称"三耿"。定向笃信王阳明的良知之学，与王门交游，自称是王艮的私淑弟子，晚年有见于心学泛滥，"崇虚躭无"，肆意发挥，又试图提倡程朱理学来诊治心学之流弊，用理学调和心学。他又主张以儒学融会佛学。

张居正，号太岳，江陵人，当了十年内阁首辅，是万历前期实际执政者。他兼综王霸，并用恩威，以商的整肃、强盛，秦的威猛为致治理想，批评礼文过甚而导致的软弱、颓废，批评宋代的弊习。他主张王道与霸道、义与利的统一，肯定《尚书·洪范》为治国的大经大法，重视礼制，主持《大明集礼》的修订。他尊重王阳明，与王门后学交游甚广，重视教育，特别是各级地方学校，但不喜聚众空谈，拉帮结派，后因种种原因导致万历七年下令毁天下私设书院。这是他一生最大的败笔。他反对乃至禁锢民间自由讲学，堵塞了言路，阻碍了思想自由，为当权者镇压知识人铺平了道路。他对宋代的反思是片面的，宋代不杀士人，士大夫与皇帝共治天下，而他却推崇明太祖朱元璋以降的专制主义。

李贽，字卓吾，福建泉州人，54岁辞官后从事著述与讲学，曾居黄安，又迁居麻城龙潭湖芝佛院。湖北是他的第二故乡，其主要著作《焚书》《藏书》，是他客居麻城二十年间写成的，并在生前刊行于世。他的学术堂庑宽广，诸子百家与五教（儒、释、道、耶、回），无所不通，交游甚广，尤其因其先祖的关系，受回教即伊斯兰教的影响较大。万历三十年（1602年），朝廷以"敢倡乱道，惑世诬民"的罪名逮捕了李贽，同年3月他在狱中自尽。李贽与颜山农、何心隐一样，都是"思想犯"。李贽的思想振聋发聩，强调独立思考，"不以孔子之是非为是非"，批判"假道学"。晚年主张"童心说"，强调"童心"即"真心"，批评专制主义的伦理说教。又主张"唯情论"，把"情"抬到本体的地位。他主张冲破礼教的束缚，追求爱情与幸福。他的婚恋观与妇女观，突破了当时的主流社会伦理。他主张"人皆有私"，提出了"正谊即为谋利"的义利观，又尊崇个性，反对奴性，追求平等自由。他的思想影响了明中叶直至近现代的诸多思想家、文学家与艺术家。

嘉万年间大经学家陈士元（1516~1596年），应城人，进士及第后，官滦州知州，颇有佳绩，因才见忌，辞官不仕，闭门著书四十余年。晚明的大经学家郝敬（1558~1639年），京山人，仕途坎坷，在浙江做过知县，在礼、户部做过给事中。47岁挂冠而去，筑园著书，不通宾客。

清初学者胡承诺（1607~1681年），号石庄，竟陵（今天门）人，崇祯举人，入清隐居不仕。胡氏提倡实学，要旨为"崇实""复礼"，他所谓"实学"，一是"事所当为"的价值理性与修身工夫之学，二是经世致用之学。

熊伯龙（1617~1669年），汉阳人，曾做过顺天学政、国子监祭酒、内阁学士兼礼部侍郎，乃清初政学界大人物。他精通字母反切之学，知西洋天文算法，又能译佛经。他的代表作是《无何集》，他批判"天人感应论"，批判仙升、轮回等释、道思想，也批判鬼神与方伎中的世俗迷信，主张"舍虚取实"。

熊赐履（1635~1709年），字敬修，孝感人，康熙年间的理学名臣，曾任刑部、礼部、吏部尚书，东阁大学士。研程朱之学，尊朱子，辟阳明，对康熙帝提倡朱子学有重大影响。熊赐履对于满族政权走向稳定，重建中华民族文化认同，为在清代复兴理学，起了重要的作用。

晚清有万斛泉（1808~1904年）、黄嗣东（1846~1910年）二人。万氏乃武昌府兴国人（兴国在武昌东南，领大冶、通山），大儒，性理学家，一生鄙弃科举，授徒为生。龙启瑞督湖北学政，专门建汉阳崇正书院，聘万斛泉主讲，以后主黄州河东书院、武昌勺庭书院等。尊程朱，践履笃实，一生在书院讲学，以理学造士，名声很大，名学生甚多（如吴县吴大澂等），朝鲜名儒徐相默曾率徒专程拜访。黄嗣东，汉阳人，曾在陕西为官，设书院授徒。他编了一部大型的《道学渊源录》，凡一百卷，传主达千名。

晚近还有王葆心（1868～1944年），罗田人，两湖书院修业，学冠诸生，蜚声江汉。相继被钟祥博通、潜江传经、罗田义川、汉阳晴川等书院聘为院长，后任北京图书馆总纂、湖北国学馆馆长、武昌高等师范学校及武汉大学教授、湖北省通志馆馆长。在经学方面，他从小学考订入手，不着重烦琐的章句，而以贯通群经大义的主旨为主。著有《经学变迁史》一书，书中对历代经学源流条分缕析，极为渊慁。在史学、诗学、文学、方志学方面，著书多种。

张之洞曾任湖北学政、湖广总督，兴办新学，其学术思想在新旧之间。关于张之洞，论者夥矣，兹不赘。

总之，宋代湖北是理学交汇之地，以二程洛学、湖湘学、朱子学与陆学的碰撞为主，第一流学者胡安国、谢良佐、郭雍、朱熹、陆九渊等纷纷来此会讲论学，砥砺品行，本地学者朱震在全国有着很大影响。元代以赵复一人使理学始复兴于北中国，居功甚伟。此期间湖北思想界显得很有底蕴，十分活跃。综观明初至清末的湖北儒学，深知湖北学人与来湖北的学人具有一定的开放性、对话性与务实性。明代湖北儒学复杂，王阳明及其后学（特别是泰州学派）、陈白沙与湛甘泉学俱兴，会通儒释道三教成为趋势。其间，早期启蒙思潮成为一大亮点。明后期与有清一代，学者们重视程朱，重视经学诠释，主张重新"回到孔孟"，强调践行，注重心性实学与修养功夫，是其时代与地域特性使然。由明至清，湖北学者重视讲学与事功，其总的趋向是由虚而返实。

宋至清末，全国的大学者都到过湖北，湖北学人在全国也享有盛誉，湖北理学与经学的特点是有独创性与开放性，讲实学。尤其是在北方少数民族入主中原时，湖北学人赵复、熊赐履为中华文化的认同起了重大的作用。

五　近现代鄂东的学者

鄂东的风流人物，史不绝书。远的如世界著名的药物学家李时珍就曾生于斯，长于斯。明清两代，这里出了 1800 名进士，几乎占鄂省之一半。近现代史上，此地更是人杰辈出。其中有叱咤风云的政治家、军事家，也有闻名全球的学问家、科学家。参加辛亥革命的鄂东志士约百余人，中共早期领导人与解放军高级将领中，鄂东籍竟有数百位之多。近现代鄂东的名流学者很多，仅蕲春县在 20 世纪 70 年代就以教授县闻名全国。近现代影响很大的鄂东学者有黄侃、李四光、熊十力、闻一多、汤用彤、王亚南、冯文炳、胡风、徐复观、胡秋原、叶君健、殷海光等。以下介绍与国学有关的几位。

黄侃（1886~1935 年），字季刚，蕲春人，国学大师，著名语言文字学家，在经学、文学、哲学，特别是音韵学与训诂学方面造诣甚深，创立了我国古文字音韵学的理论体系与学派，即"章黄学派"。黄侃学识渊博，治学严谨，不肯轻易写书，生前说："惟以观天下书未遍，不得妄下雌黄"，"五十岁以前不著书"，结果他死于五十岁。他的《三礼通论》《声类目》等已写定，其他书稿凌乱。他读书破万卷，在书籍的天头地脚写有大量的批注。他曾与宋教仁等一道参加反清革命，在同盟会机关报《民报》上发表系列文章。1911 年为《大江报》写社论《大乱者，救中国之妙药也》，直言造反，鼓荡民气，风传三镇，成为武昌起义的序曲。

熊十力（1885~1968 年），黄冈人，世界级哲学家，现代新儒家中心开启式人物，其代表作是：《新唯识论》《读经示要》《原儒》。他的哲学观点是体与用的不二，有其体就有其用，体和用是贯通在一起的。他认为生命的意义、人生的价值是最重要的。在物欲横流的世界里面，我们如何去寻找人生的真谛、本质与宇宙的本体？他常常讲：我们人和天地万物是相互关联的，其中有一种最高本体的东西，即乾元性体、本心，也就是心性本体，这里面有乾阳清刚之气，有很大的创造力。

闻一多（1899~1946 年），原名闻家骅，出身于浠水县一个书香家庭。他致力于国学经典的整理与研究，对《周易》《诗经》《庄子》《楚辞》下了很大功夫，其成果汇集成为《古典新义》，被郭沫若称为"前无古人，后无来者"。朱自清先生说：闻一多是中国抗战前"唯一的爱国新诗人"，"也是创造诗的新格律的人"，"他创造自己的诗的语言，并且创造自己的散文的语言"。朱先生又高度评价了闻一多在中国神话与中国经典等各方面研究的成就。

汤用彤（1893～1964年），字锡予，祖籍黄梅，是中国著名哲学家、哲学史家、佛教史家，教育家、著名学者，现代中国学术史上会通中西、接通华梵、熔铸古今的国学大师之一。他能同时上中西印三门课：印度佛学、魏晋玄学、欧洲唯理论与经验论哲学。代表作有《汉魏两晋南北朝佛教史》《印度哲学史略》《魏晋玄学论稿》等。

徐复观（1903～1982年），浠水人，是思想家与思想史家。他是勇者型的人物。他的代表作有《先秦人性论史（先秦篇）》《两汉思想史》《中国艺术精神》等。他认为中国文化是由上向下落、由外向内收的"心的文化"，人心是价值之源与生命的导向。

胡秋原（1910～2004年），黄陂人，是当代著名思想家、历史学家。胡先生的代表作《古代中国文化与中国知识分子》，着眼于对传统政治结构中道统与政统相互关系的分析，所强调的是承载道统的士人知识分子对现实政治权力的批导与限制。1988年9月12日，胡秋原先生偕夫人并与长女一道，无视台湾当局的"三不"政策，以祖国统一为己任，回到了阔别四十载的故土大地，成为"两岸破冰第一人"。

近现代湖北学人的特点是：融会中西文化，守住中国文化的根，创造性地弘扬、发展中国文化的优长，守先待后，经世致用。

从近现代鄂东思想家、学者、文化名人的成长史上，我们不难得出三条结论：第一，老传统的根基。他们之中不论出身贫寒还是富裕，都通过家教、私塾等方式受到乡邦人文风教的深刻影响，打下了很好的做人与求学的基础，尤其是在发愤立志的进取心与道德心性的修养方面与人文学的童子功方面，根子很正。这些文人学者，包括科学家在内，都接上了地气，有草根的中国乡土之情怀，终生怀念乡亲与故土，与鄂东固有的人文风教有不解之缘。不忘其初，不忘其本，不改乡音，不忘其所从出，浓浓乡情成为他们全面发展的原动力。第二，文化的开放性与包容性。鄂东文化生态较好，有开放性，因此这些人物除有一定古学的底子外，还在乡邦就开始接受新学，感受到新思想、新文化的冲击力。科学、民主、自由、人权，德先生、赛先生、穆姑娘，成为时代的主流，也成为他们各位一辈子的目标。他们每个人经历都十分坎坷，而能做到动心忍性，择善固执，与他们宽容开放的心态、放达的人生智慧与坚韧不拔的奋斗精神是分不开的。第三，走出鄂东，走出湖北，才成就了这些湖北的科学家、思想家与文人。我们不能不看到，他们中大多数人的轨迹是：少年时代离开鄂东来到武汉，青年时代在武汉读书，进而到北京、上海等大城市求学，或到欧洲、北美、日本留学，然后又回归祖国，仍在大城市从事文化科教事业。所以，我们还是要有清醒的头脑，不要因为强调地域文化而自吹自擂，故步自封。这些人如果不走出去，仍窝在鄂东，绝不会成为"人物"。

晚清至民国时期的湖北国学教育

孙劲松[*]

（武汉大学国学院）

"国学"是一个与"西学"相对应的概念，1902 年夏秋间，流亡日本的梁启超致函黄遵宪，提出创办《国学报》，1906 年，章太炎在日本东京开办国学讲习会（又名"国学振起社"），这是用"国学"代指中国传统学术的较早记载。在"国学"这个概念出现之前，湖广总督张之洞则是最早系统思考中国传统学术与西方学术差异的人，他在主政两湖期间，提出了"中学与西学""旧学与新学"的概念，用"中学、旧学"指代中国传统学术，可以说是"国学"的先声。而其在湖北创办的两湖书院、新式学堂以及民国时期的湖北国学馆代表了湖北国学教育的特色。20 世纪以来，武汉大学积极开展国学教育，是对晚清到民国时期湖北国学教育精神的自然延续。

一　张之洞的"国学（中学）"教育思想

张之洞在武昌主政两湖期间，面对西学东渐的大趋势，一方面以开放

---

[*]　孙劲松（1973～），武汉大学副教授、国学院院长助理，武汉大学黄梅禅文化与荆楚佛学研究中心主任，哲学博士。

的心胸推广西方科学文化教育，一方面又努力弘扬中国传统学术，总结出简略而全面的"中学"教育理念与教育体系，期望在一个不太长的时间内，让学生达到义理、考据、辞章、经世济民并重的教育效果，以保存和延续中华文化。

1. 推行"国学（中学）"教育以达到保国、保教、保种之目的

张之洞在《劝学篇·同心章》指出："吾闻欲救今日之世变者，其说有三：一曰保国家，一曰保圣教，一曰保华种，夫三事一贯而已矣。保国、保教、保种，合为一心，是谓同心。保种必先保教，保教必先保国。种何以存？有智则存，智者教之谓也。教何以行？有力则行，力者兵之谓也。故国不威则教不循，国不盛则种不尊。"《劝学篇》又指出："我孔、孟相传大中至正之圣教，炳然如日月之中天，天理之纯，人伦之至，即远方殊俗亦无有讥议之者。"① 由此可见，"圣教"就是以孔子、孟子为代表的儒家学说。张之洞将以儒家为核心的中国传统文化的保存、延续与保国家、保华种放在同等重要的位置，认为中华民族的种族延续与传统文化的延续是一体两面之事，而这种种族与文化的延续又必须有国家的强盛作为保障，三者互为犄角、互相支撑。

2. "国学（中学）"教育可保留读书种子，并作为学"西学"之根柢

在西学东渐的大趋势下，张之洞指出："专门之书，求博求精，无有底止，能者为之，不必人人为之也，学堂之书，但贵举要切用，有限有程，人人能解，且限定人人必解者也，将来入官用世之人，皆通晓中学大略之人，书种既存，终有萌蘖滋长之日，吾学、吾书庶几其不亡乎。"张之洞在这里又从保存传统文化的读书种子来阐述"中学"教育的重要意义，认为在西学东渐的大趋势下，要培养读书种子，为将来文化复兴、国家强盛奠定人才基础。

《劝学篇·循序》又指出："今欲强中国，存中学，则不得不讲西学。然不先以中学固其根柢，端其识趣，则强者为乱首，弱者为人奴，其祸更烈于不通西学者矣。……孔门之学，博文而约礼，温故而知新，参天而尽

---

① 张之洞：《劝学篇》，中州古籍出版社，1998，第50、167页。

物；孔门之政，尊尊而亲亲，先富而后教，有文而备武，因时而制宜。孔子集千圣，等百王，参天地，赞化育，岂迂陋无用之老儒，如盗跖所讥、墨翟所非者哉？今日学者，必先通经以明我中国先圣先师立教之旨，考史以识我中国历代之治乱、九州之风土，涉猎子、集以通我中国之学术文章，然后择西学之可以补吾阙者用之、西政之可以起吾疾者取之，斯有其益而无其害。"① 这一观点被后来学者总结为"中体西用"之说，以今天的眼光来看，这一说法无疑有其局限性。然其既强调中国传统学术在修身、齐家、治国、平天下中的永恒价值，也强调"不得不讲西学"，则有积极意义。

3. "国学（中学）"之纲要与学习次第

张之洞在任四川学政期间创建尊经书院，在其《尊经书院记》文中指出："凡学之根柢必在经史。读群书之根柢在通经，读史之根柢亦在通经。通经之根柢在通小学，此万古不废之理也。不通小学，其解经皆燕说也。不通经学，其读史不能读表志也。不通经史，其词章之训诂多不安，事实多不审，虽富于词，必俭于理。故凡为士必知经学、小学。"② 张之洞在其所编的《书目答问》一书的附录二《国朝著述诸家姓名略总目》前言之中，系统阐述了小学、经学、史学、理学、词章之学、经世济民之学的关系。他指出："由小学入经学者，其经学可信；由经学入史学者，其史学可信；由经学、史学入理学者，其理学可信；以经学、史学兼词章者，其词章有用；以经学、小学兼经济者，其经济成就远大。"③ 点出了由小学而经学、由经学入史学、理学、词章的学习次第。

《劝学篇·守约》之中指出，晚清之际古代典籍汗牛充栋、西方学术又不得不学，为存续中华文脉，必须提炼出精要的国学教育体系。他提出："十五岁以前，诵《孝经》、四书、五经正文，随文解义，并读史略、天文、地理、歌括、图式诸书，及汉、唐、宋人明白晓畅文字有益于今日行文者。自十五岁始，以左方之法求之，统经、史、诸子、理学、政治、

---

① 张之洞：《劝学篇》，中州古籍出版社，1998，第 90 页。
② 柳诒徵：《中国文化史》下册，中国大百科全书出版社，1988，第 509 页。
③ 张之洞著，范希正补正《书目答问补正》附录，上海古籍出版社，2008，第 258 页。

地理、小学各门，美质五年可通，中材十年可了，若有学堂专师或依此纂成学堂专书，中材亦五年可了。而以其间兼习西文，过此以往，专力讲求时政，广究西法，其有好古研精、不骛功名之上愿为专门之学者。此五年以后，博观深造，任自为之。然百人入学，必有三五人愿为专门者，是为以约存博。"当前，国学还没有在中国内地的基础教育之中普及，我们不能以十五岁以前诵《孝经》、四书、五经、史略的基础来建设国学高等教学体系。必须从四书等基本经典开始学起，在大学四年既要让学生了解国学的核心典籍与整体脉络，又必须让学生学好外语，了解西方文化和现代学术流派，需要更加简约化的课程体系。其学习优异者，可以进入硕博士阶段学习，以专门之学，博观深造，以约存博。

二　两湖书院与新式学堂的国学教育

1. 两湖书院的学科设置中，"中学（国学）"的位置突出

创立两湖书院是湖广总督张之洞任上所办的第一件大事。1889 年 7 月，张之洞刚到湖广总督任上，便视察武汉的经心书院、江汉书院，看到书院破败，部分校舍又被大水冲垮，当即议定重修一座书院。1890 年，在张之洞主持下建起了两湖书院，从湖南、湖北各招收 100 名学生，由各省学政调取保送。另因办学经费得到商界大量认捐，故另设 40 个名额给商人子弟。两湖书院环绕都司湖，坐拥菱湖，"风廊月榭，荷红藻荇，雅擅一城之胜"，院内有一大讲堂（相当于主教学楼），堂前有两书库（相当于图书馆），中间是供祭祀湖南、湖北两省先贤的楚贤祠。张之洞高度重视两湖书院的工作，每逢开学，张之洞就会率官员参加开学仪式，每学期末大考张之洞也亲临主持。在张之洞的关心下，书院的硬件建设达到国内一流水平，其后他又吸引了各方名流来书院任教，组成一支实力强大的师资队伍，并聘请近代著名学者、书法家、原广雅书院院长梁鼎芬为首任院长，继任者有蒯光典、王同愈、黄绍箕等，使书院在短短 12 年里发展迅速，影响极大，以培养经世致用的人才为目的，弘扬国学、接纳西学、培养了很多优秀的人才。辛亥革命领袖黄兴、维新派代表人物唐才常、毛

泽东的朋友章士钊等都曾是两湖书院的学生，使两湖书院成为武汉地区自北宋以来影响最大的书院。

两湖书院的特点是中学、西学兼顾，逐步加大西学的分量，但是传统国学的核心地位并没有减弱。1893年，两湖书院的课程分经学、史学、理学、文学四门，另设算学、经济两门为兼习课。1896年，两湖书院课程分经学、史学、舆地、算学四门，后又增设格致、兵法、体操等课。书院的西学课程虽有增多，但作为国学核心内容的经学、史学地位并无动摇。中国传统儒家经学、中国历史始终是两湖书院的重点课程。

2. 张之洞办新式学堂要求新旧兼学，国学的地位也很重要

在兴办学堂、废除书院以后，张之洞并没有完全转向西学，《劝学篇》指出学堂之法约有五要，第一条就是："新、旧兼学。四书五经、中国史事、政书、地图为旧学，西政、西艺、西史为新学，旧学为体，新学为用，不使偏废。……各省各道各府各州县皆宜有学，京师、省会为大学堂……小学堂习四书，通中国地理，中国史事之大略，算数，绘图，格致之粗浅者。中学堂各事较小学堂加深，而益以习五经，习《通鉴》，习政治之学，习外国语言文字。大学堂又加深，加博焉。"[1] 由此可见，在新式学堂之中，也要贯彻"中学（国学）为本、西学为用"的原则。但是新学堂内，西学、中学一手硬一手软的问题很突出，传统文化一再被轻视。为"保存国粹"，纠正新学堂过分西化的弊病，1905年，张之洞在武昌创办"存古学堂"，以保存古代文化、培养国学师资。1908年江苏省仿照设立。后来清政府颁布《存古堂章程》，要求全国各省都设置存古学堂。这体现出张之洞保国、保教、保种、振兴中华民族的初衷一直未变。

三 湖北国学馆的创设

20世纪20~30年代，北大国学门、清华的国学研究院、燕京大学国学研究所、无锡国专等纷纷成立。1923年，与国内这股国学复兴的风潮

---

[1] 张之洞：《劝学篇》，中州古籍出版社，1998，第121页。

相呼应，湖北国学馆也在武昌高师校内创设，校址在武昌东厂口（蛇山湖北省老图书馆一代）。该馆由湖北督军萧耀南发起创设，聘请两湖书院肄业生、武昌高师教授、方志学家王葆心为馆长，王葆心又延请了黄福、刘凤章、黄侃等人出任国教授，由此形成一支强大的师资力量。

王葆心上任伊始，立即着手制定了一系列管理方案，如《国学馆馆章草案》《湖北国学馆学规课程》等，为国学馆的发展指明了方向。王葆心在《国学馆馆章草案》中指出，湖北国学馆要以"昌明国学、内存国性、外美国风，促文化之进行为宗旨"。从现有文献来看，湖北国学馆涵盖了高等教育的教学、学术研究、社会服务三大职能。

其一，教学。湖北国学馆采用了传统书院与近代大学相结合的教育制度，"馆中有内课生和外课生之分，内课生又分预科和本科。预科两年毕业，本科三年毕业；本科则分经、史、理、文四科；外课生被甄录者，按月应课，以一年为限，次年另行甄录"。1923 年夏秋之交，湖北正式开馆，举行招生考试，有 3000 多人报考，盛况空前，新儒家代表人物徐复观就是这个时候以第一名的成绩考入湖北国学馆。第一届招生考试的总校阅人是黄福，黄侃是阅卷老师，徐复观在《我的教书生活》中记载："参加考试的有三千多人，我的卷子是黄季刚先生看的，他硬要定我为第一名。他在武昌师大和中华大学上课时对学生说：'我们湖北在满清一代，没有一个有大成就的学者，现在发现一位最有希望的青年，并且是我们黄州府人。'当旁人把这些话告诉我的时候，我并不是得到鼓励，而是心里有抱愧又好笑。"①

其二，学术研究。王葆心把国学馆的学术研究责任分为两种：一种是国学馆对于自身的责任，另一种是国学馆对全国的责任。国学馆对自身（指湖北本省）的责任有六项："一、赓成未编竟之本省通志；二、编成前此本省未有之文征、诗征；三、搜聚刊布吾乡先正未传世之遗书遗文；四、兼及外省人有关吾乡文献之著述；五、设储藏图书室，而以吾乡先民著述陈列为其中一部分收入；六、立国学研究会以倡导热心国学之士。"

---

① 徐复观：《徐复观文录选粹》，台湾学生书局，1980，第 304 页。

通过对这六项责任的分析，可以看出国学馆将注意力集中在湖北地域文化，并在此基础上成立国学研究会，对其进行研究。国学馆对全国的责任分为两项："一、编辑教科书暨讲义，以辅助教育界之进行。二、刊发国学杂志及演讲集，以普及国民尊重微言之思想。"王葆心还认为"研究之程途有三种：区国学之科目；定国学之研究；招国学之馆员"。

其三，社会服务。湖北国学馆在正规高等教育之外，又附设了国文讲习班。王葆心在《国学馆附设国文讲习班招生简章》中写道："本馆之设，最要在保存吾国道德……吾国道德宗旨散见群经，微言大义，炳若星日……今则科举废学校兴，然又重艺轻道，好奇者昌言废经……《论》《孟》几束高阁，以致道德堕落，人心凉薄，风俗颓败。"因此，很有必要创办国文讲习班，面向民众传播国学，培植国民道德精神，反映了其具有深重的历史责任感。

四　结语——从湖北国学馆到武汉大学国学院

由于时局混乱，武昌逐渐成为南北军阀争战的中心，1927年，湖北当局忙于军阀战争，经费困难，湖北国学馆被迫停办。"湖北国学馆"的性质应该是湖北省出资、挂牌的省立高等教育机构，教学、学术研究、社会服务各种功能俱全。但国立武昌高师为其提供办学地址，主要教师和负责人也来自该校，亦说明湖北国学馆与武昌高师（后来的武汉大学）有着千丝万缕的联系。武汉大学于2001年开设建国后全国首个国学本科专业，其后又创办了国学硕士、博士专业，2010年成立国学院。从学术精神传承的角度，湖北国学馆似可作为武汉大学国学院前身看待。

文化视野下的"灵秀湖北"

吴成国[*]

（湖北大学历史文化学院）

旅游标识，是旅游目的地整体形象的浓缩和凝练，代表着一个地区的旅游形象。从世界范围来看，一些旅游事业发达的国家，其旅游标识语或打动人心，或别出心裁，如"瑞士——世界的公园""埃及——历史的金库""意大利——一个露天博物馆""英国——伦敦是儿童的乐园""澳大利亚——集地球四角于一角""瑞典——瑞典是奇妙的，即使在冬天""加拿大——越往北，越使你感觉到温暖""葡萄牙——如今的人们都想去葡萄牙，你知道为什么吗？"这些旅游标识语令游客记忆深刻，流连忘返，有力地促进了各自国家旅游事业的发展。近年来，中国大陆如"诗画江南，山水浙江""活力广东""好客山东""美好江苏""晋山晋美"等旅游标识语也享誉海内外，提升了这些省份旅游地的美誉度。

2010年10月，"灵秀湖北"成为湖北旅游标识语。"灵秀湖北"一语，含义隽永，言简意赅，既有对湖北自然山水的赞美，也有人文历史的内涵，可以说是对我省多姿多彩旅游文化资源描述的点睛之笔。

---

* 吴成国（1964~），湖北大学历史文化学院教授、博士生导师，湖北大学荆楚文化研究中心主任，湖北大学高等人文研究院湖北文化发展研究中心主任。

对“灵秀湖北”这一我省旅游标识语做出科学、深入、准确的把握，需要将其置于旅游文化史和荆楚文化史上来考察。

一 “灵秀湖北”旅游标识的诞生及其内涵

为提炼湖北的旅游口号，2009年初，湖北省旅游局开始公开征集旅游形象主题口号、形象标识，共收到旅游形象主题口号5200余条、形象标识320多件。初步选定将“翘楚湖北”作为湖北省旅游形象口号。

2010年8月，湖北省荆楚文化研究会提出建议以“灵秀湖北”或“楚韵湖北”作为湖北省旅游宣传主题口号。10月，经省委省政府领导商定，湖北荆楚文化研究会副会长兼秘书长陈昆满研究员提出的“灵秀湖北”成为湖北旅游形象主题口号。对选择“灵秀湖北”作为我省旅游形象口号的主要理由，陈昆满先生做了如下解释：一、有典籍依据：“灵秀”是成语“钟灵毓秀”意涵的浓缩。《辞海》对“钟灵毓秀”的解释是“谓天地间灵秀之气所聚”，正好代表了我省有山水之美和光辉文化的灵气。二、有荆楚文化的特色：“灵”与“秀”的意解都出自楚国伟大诗人屈原的《楚辞》。如“灵”，引自《楚辞·九歌·东皇太一》“灵偃蹇兮姣服，芳菲菲兮满堂”，以及《楚辞·九歌·湘夫人》“灵之来兮如云”。又如“秀”，则引自《楚辞·大招》“容则秀雅”。楚人崇凤，火凤凰有灵性、很美丽；炎帝神农尝百草、创农耕，“秀”乃是庄稼“禾”之精华。三、有群众基础：俗话常说荆楚大地“人杰地灵、山水秀美”。四、响亮好听：字少意深，朗朗上口，易记。五、展现了我省经济社会发展的最新成就，也表达了我省未来发展的方向和愿景。[①]

随后，湖北省旅游局委托北京中视金桥国际传媒有限公司、武汉现代广告有限公司等专业广告策划公司设计了“灵秀湖北”形象标识（如图1）。2010年11月下旬，湖北省旅游局将形成的方案正式上报省政府审定。12月5日，省旅游局正式发布湖北旅游形象主题口号——“灵秀湖

---

① 武清海主编《荆楚文化与湖北旅游》封底，湖北长江出版集团、湖北人民出版社，2010。

图1

北"和形象标识。

　　按照"灵秀湖北"旅游标识设计者的解释，"灵秀湖北"旅游标识的内涵可以从文字、图案造型、色彩、寓意四个方面来解读。①

　　文字是汉字"灵秀湖北"、汉语拼音"Hubei"和英文口号。"灵秀"是成语"钟灵毓秀"的浓缩，按《辞海》的解释是："谓天地间灵秀之气所聚"，意为天时地利人和的灵气之集大成者，代表了湖北的山水之美和文化灵气。英文口号：Home to wonders，意为以湖北灵动的山水人文之美，带给游客一趟惊喜连连的发现之旅。

　　图案有印章版湖北地图、湖北二字汉语拼音的象形造型。湖北汉语拼音的5个字母的形象各有含义，"H"如楚文化中的虎座鸟架（如图2）；"u"像装满美酒的酒樽；"b"和"e"如同摆好了椅子、茶几，与客人叙谈湖北；"i"则似好客的湖北人恭迎宾客。

　　标识以毛笔的笔刷挥洒出湖北二字的汉语拼音"Hubei"，既有厚重

———————————

　　①　见百度百科"灵秀湖北"，http：//baike. baidu. com/link? url = Kmual – r5LYnJy9KvqvW_。

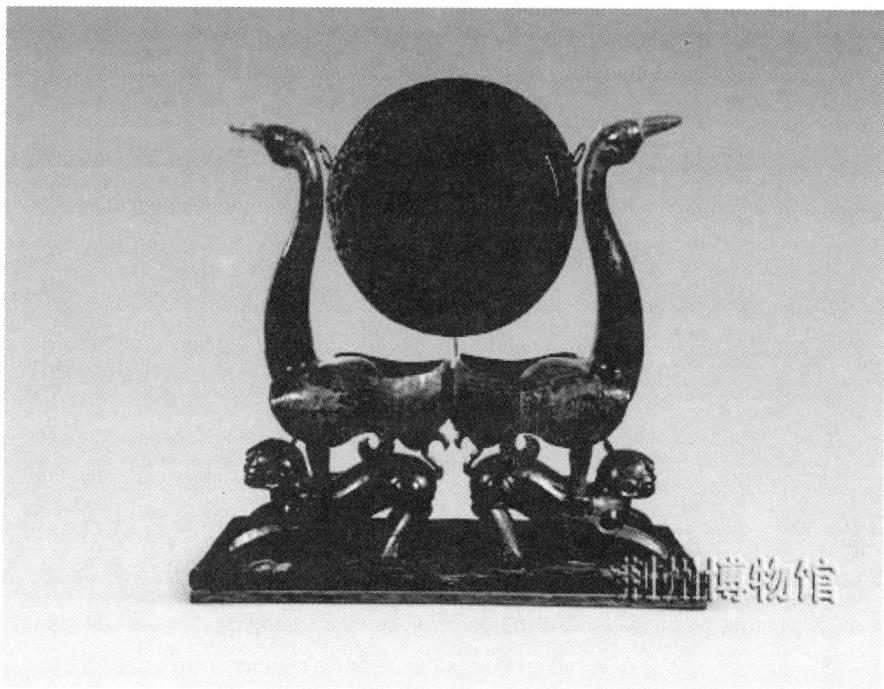

图 2

　　的人文气息，又体现了湖北国际化的一面。镂空"灵秀"二字的湖北地图，巧妙地融入了印章的设计理念，在表现地域版图的同时，又有欢迎五湖四海的游客领略灵秀湖北秀美旅游风光之意。鲁迅先生的手迹传达了湖北的人文特征。

　　色彩有绿、红、蓝、橙四色。四种颜色体现了湖北的内在特质，其中，绿色代表了湖北建设"两型社会"的成就和愿景；蓝色，表现了湖北自由开放的投资、创业和旅游政策环境；红色，象征着湖北人民热情好客；橙色，则表现了湖北在新的历史机遇及高铁时代下旅游业的生机与活力。

　　整个标识下方用毛笔刷出自由、清秀的水纹，着重表现了湖北江河纵横、"千湖之省"的地理特征。标识结构严谨，色彩协调，表现出湖北作为旅游目的地的热情、自由、开放、好客、环保的主题。

　　标识的整体寓意为热情好客的湖北人民等候八方宾客来感受湖北厚重的历史文化和秀美的自然山水。

二　旅游、旅游文化与旅游文化资源

旅游作为一种社会现象和十分普遍的文化现象，远在古时期就已存在。

中国是世界上旅游发生最早的国家之一。"旅游"由"旅"与"游"构成，词义上"旅"与"游"有时是相通的，比如"旅人"就是"游子"，两者可以互用。但在古代典籍里，"旅"与"游"却代表两种不同的旅游形态。

中国古代，"旅"的内涵是指离开家室而外出活动。《广雅·释诂四下》云："旅，客也。"① 《周易》疏云："旅者，客寄之名，羁旅之称。失其本居，而寄他方，谓之为旅。"② 这"失其本居，而寄他方"八个字，可能是世界上最早的关于"旅行"的定义。《辞源》：旅，"寄旅，客处"。③ 离家客处异地统称为"旅"，故而"旅"是旅行、外出，即为了实现某一目的而在空间上从甲地到乙地的行进过程。古代中国，早自《庄子·逍遥游》就有"适百里者，宿舂粮（要准备一宿的粮食）；适千里者，三月聚粮（预备三个月的粮食）"④ 的说法。西晋葛洪《抱朴子·登涉》也强调过入山旅行的凶险："凡为道合药，及避乱隐居者，莫不入山。然不知入山法者，多遇祸害。故谚有之曰：太华之下，白骨狼藉。"⑤ 当然，葛洪所言旅行不过是宗教旅行罢了，为的是入山求仙祈长生，这种宗教旅行却占了古代远行游历的较大比重。

"游"字本作"遊"，从字义上看，是取用脚走之义，因此"游"除了旅行的内涵，还包括自由、消遣、娱乐等意思。《广雅·释诂三上》：

---

① （清）王念孙：《广雅疏证》，中华书局，1983，第134页。
② （宋）魏了翁：《周易要义》，见影印文渊阁本《四库全书》，第18册，台湾商务印书馆，1986，第244页。
③ 商务印书馆编辑部编《辞源》（修订本）第二册，商务印书馆，1980，第1390页。
④ 陈鼓应注译《庄子今注今译》，中华书局，2012，第10页。
⑤ （晋）葛洪：《抱朴子》，上海古籍出版社，1990，第128页。

"游，戏也。"①《吕氏春秋·贵直》注曰："游，乐也。"②《庄子·外物》注曰："游，不系也。"③ 为了与"旅"相区别，不妨把"游"称作"游览"，是外出游览、观光、娱乐，即为达到这些目的所作的旅行。

而"旅游"一词在我国已有 1500 年之久的历史。据谢贵安等学者考证，我国最早把"旅"和"游"二字作为一词连用是在南朝诗人沈约（441～513 年，《宋书》作者）的《悲哉行》一诗中④，该诗曰："旅游媚年春，年春媚游人。"

近代旅游学兴起后，关于"旅游""旅游文化""旅游文化资源"等概念的定义，可谓是众说纷纭，莫衷一是。何谓"旅游"？倒是著名文化学者余秋雨先生在为《中国旅游文化大辞典》所作序言中对"旅游"的界定不乏文化品位而令人服膺："旅游，是自然界对人类的最佳馈赠，是人类对自然界最平和的探询。"⑤ 而"旅游文化"，我则倾向于下列定义：

所谓旅游文化，就是一个民族的共同的文化传统在旅游过程中的特殊表现。它指的是一个民族或一个国家在世世代代的旅游实践过程中所体现出来的本民族或本国家的文化。它包括只有这个民族、这个国家才独有的哲学观念、审美习惯、风俗人情等文化形态。

文化和旅游密不可分，旅游是文化最好的载体，文化是旅游的灵魂。没有文化，旅游景区的生命力是不可能长久的；没有文化资源，地方旅游的发展是索然无味的，而且是没有生命力的。文化资源就是可以用作资源的文化，那么，可以用作旅游的文化资源便是"旅游文化资源"。

---

① （清）王念孙：《广雅疏证》，中华书局，1983，第 78 页。
② （战国）吕不韦：《吕氏春秋》，（汉）高诱注，见影印文渊阁本《四库全书》第 848 册，台湾商务印书馆，1986，第 476 页。
③ （晋）郭象：《庄子注》，见影印文渊阁本《四库全书》第 1056 册，台湾商务印书馆，1986，第 139 页。
④ 谢贵安、华国梁：《旅游文化学》，高等教育出版社，1999，第 4 页。
⑤ 中国旅游文化大辞典编辑委员会：《中国旅游文化大辞典》，江西美术出版社，1994，《序言》第 1 页。

三 "灵秀"解诂

选择"灵秀"一词概括湖北旅游形象的特质，揭示其人文内涵，关键还是认识和把握"灵秀"二字特别是"灵"字的含义。

"灵"，古作"靈"或"霊"。《说文·玉部》："灵，灵巫，以玉事神。从玉，霝声。灵，灵或从巫。"自古以来，注疏家对"灵"字的解释，以下四义值得注意：1. 巫；2. 神；3. 精；4. 美。下面分而述之。

1. "灵"作"巫"解

靈，巫也，楚人名巫为靈子。《楚辞·九歌·东皇太一》："靈偃蹇兮姣服，芳菲菲兮满堂。"王逸注："靈，谓巫也。"洪兴祖补注："言神降而托于巫也。"《广雅·释诂四》："靈，巫也。"王国维《宋元戏曲考·上古至五代之戏剧》云："古之所谓巫，楚人谓之曰靈。"

荆楚文化的巫术文化传统，历来受到学者们的关注。范文澜先生在《中国通史简编》中说："楚国传统文化是巫官文化，民间盛行巫风，祭祀鬼神必用巫歌，《九歌》就是巫师祭神的歌曲。"[1] 饶宗颐先生则说："楚文化一名词，所以能够成立，因为楚可说是南方文化的综合体。它吞并许多小国，'汉阳诸姬，楚实尽之'。吸收北方中原华夏文化，和南方若干地区土著民族独特的崇祀鬼神的巫文化融合、升华，构成楚文化的特色。"[2] 楚人崇巫，楚史专家张正明先生谓为"巫学"："所谓巫学，当然不限于巫术、巫法、巫技、巫风。也就是说，它不全是原始的宗教，其中也荟萃着早期的科学和早期的艺术。"[3]

"灵秀湖北"的提出，正暗合了荆楚地域文化的这一巫术文化传统。

2. "灵"作"神"解

灵，神也。《楚辞·离骚》："字余曰灵均""夫惟灵修之故也"，王逸

---

① 范文澜：《中国通史简编》第1册，人民出版社，1955，第288页。
② 饶宗颐：《道教与楚俗关系新证》，见《饶宗颐史学论著选》，上海古籍出版社，1993，第126页。
③ 张正明：《巫、道、骚与艺术》，见湖北省文联、湖南省文联、中国艺术研究院文艺研究编辑部合编《楚文艺论集》，湖北美术出版社，1991，第2页。

注:"灵,神也。"《诗·大雅·生民》:"不坼不副,无菑无害,以赫厥灵。"郑玄笺:"姜嫄以赫然显著之征,其有神灵审矣!"孔颖达疏:"是天意以此显明其有神灵也。"《史记·封禅书》:"其令郡国县立灵星祠。"张守节《正义》引《汉旧仪》云:"灵者,神也。"

灵,神灵也。《礼记·礼运》:"何谓四灵。"孔颖达疏:"谓之灵者,谓神灵。"《文选·班固〈幽通赋〉》:"承灵训其虚徐兮。"曹大家注:"灵,神灵也。"

灵,神之所在。《楚辞·离骚》:"欲少留此灵琐兮。"王逸注:"灵,神之所在也。"《文选·扬雄〈甘泉赋〉》:"徘徊招摇,灵栖迟兮。"吕向注:"言神灵徘徊而栖迟于此也。"

灵,亦是"天神""地祇"和"云神"。《经籍籑诂·青韵》引《翻译名义五》引《尸子》:"天神曰灵。"《大戴礼记·曾子天圆》:"阴之精气曰灵。"王聘珍解诂:"灵,谓地祇。"而在《楚辞》中,"灵"又专指"云神",《楚辞·九歌·云中君》:"灵皇皇兮既降。"王逸注:"灵,谓云神也。"

"灵"与"秀"都有"异"之含义。神者,奇也;奇者,异也。神作"神奇""神异"解,例证有:《易·系辞上》:"阴阳不测之谓神。"韩康伯注:"神也者,变化之极妙,万物而为言,不可以形喆者也。"《吕氏春秋·博志》:"荆廷尝有神白猨,荆之善射者,莫之能中。"基于此一意义,"灵"亦作"异"解。《文选·祢衡〈鹦鹉赋〉》:"惟西域之灵鸟。"李周翰注曰:"灵,异也。"而"秀"字之"异"的含义,也与"灵"字的这一含义相同。《楚辞·招魂》:"独秀先些。"王逸注:"秀,异也。"再如:《大招》"容则秀雅"王逸注;《文选·孙绰〈游天台山赋〉》"盖山岳之神秀者也"李善注引《广雅》曰;《礼记·礼运》"五行之秀气也"孔颖达疏。

楚人祭祀神灵的对象名目繁多,"灵秀湖北"的提出,"灵"即神灵,又体现出荆楚文化的另一特质。

3. "灵"作"精"解

本来,神即精,精即神。"灵"作"精"解,与作"神"解相关。

《诗·大雅·灵台》："经始灵台。"毛传："神之精明者称灵。"《诗·大雅·灵台序》："灵台，民始附也。"孔颖达疏："灵者，精也，神之精明称灵。"《鹖冠子·近迭》："神灵威明与天合。"陆佃注："神之精明曰灵。"

灵，精诚也。《楚辞·九歌·湘君》"横大江兮扬灵"王逸注。

德之精明曰灵。《庄子·则阳》"是其所以为灵公也"成玄英注引《谥法》。

与"灵"作"精"解相关，"灵"亦作"明"。《楚辞·离骚》"字余曰灵均""夫惟灵修之故也"，清人蒋骥《山带阁注楚辞》注这两个"灵"字："灵，明也。"《左传·隐公三年》："若以大夫之灵。"洪亮吉诂引薛综《东京赋》注："灵，明也。"

4. "灵"作"美"解

灵，美也。《文选·潘岳〈金谷集作诗〉》："灵囿繁石榴。"李周翰注曰："灵，美也。"《文选·何晏〈景福殿赋〉》："浚虞渊之灵沼。"张铣注曰："灵者，美言之。"

"灵"释为"美"，这一意义与"秀"的主要含义相同。

秀，美也。《史记·屈原贾生列传》"闻其秀才"，张守节《正义》引颜云："秀，美也。"相同例证还有：《汉书·贾谊传》"河南守吴公闻其秀材"颜师古注；《文选·张衡〈思玄赋〉》"含嘉秀以为敷"吕延济注；《陆机〈招隐诗〉》"回芳薄秀木"李善注引《广雅》曰；《谢瞻〈于安城答灵运〉》"华宗诞吾秀"李善注引《广雅》曰；《陆机〈演连珠〉》"丘园之秀"吕向注；《潘岳〈杨仲武诔〉》"予以妙年之秀"李周翰注。

秀，华也，美也。《素问·四气调神大论》"夏三月，此谓蕃秀"王冰注。

秀，华美意。《释名·释天》"酉，秀也"王先谦疏证补引王先慎曰。①

---

① 以上关于"灵秀"解读典籍资料出处，参见宗福邦主编《故训汇纂》，商务印书馆，2003，第 2464 ~ 2465、1618 页。

四 基于旅游文化资源的"灵秀湖北"

基于旅游文化资源考察，以鄂西生态文化旅游圈旅游文化资源为例，我们将"灵秀湖北"的旅游文化资源分为"神奇篇""精彩篇"和"秀美篇"。

1. "灵秀湖北"之"神奇篇"

湖北旅游界常言："鄂西圈是一片神奇的土地。"其神奇可用这样6个"地"来概括：远古人类的生息地，楚文化的发祥地，三国文化的富集地，宗教文化的繁盛地，民间文化的沉积地和革命文化的红土地。具体到鄂西圈旅游文化资源何以称为"神奇"，见表1。

表1 鄂西圈旅游文化资源

单位：个

类别 地区	世界文化遗产	生态旅游资源			文化旅游资源				旅游景点		
		国家自然保护区	国家森林公园	国家地质公园	历史文化名城	历史文化名镇	全国重点文物保护单位	国家非物质文化遗产	国家级风景名胜区	4A景点	景区景点
全省	2	10	25	4	5	7	91	59	7	37	443
鄂西	2	9	16	3	4	5	53	39	4	22	291
鄂西所占比例(%)	100	90	64	75	80	71	58	66	57	59	66

"鄂西圈是一片神奇的土地"还表现在神奇的土地有"神"佑。鄂西圈有人文始祖，随州是炎帝神农故里，神农架是神农搭架采药的地方，巴东神农溪是神农漂洗药材的地方；竹山是中华始祖母女娲采石补天的地方；道教名山武当山有道教诸神；随州还有曾国先祖曾侯乙；荆州有楚纪南城遗址、熊家冢楚墓、张居正故居及墓园；宜昌秭归是楚国先贤"屈原故里"，兴山则是"昭君故里"，长阳"武落钟离山"是巴人祖先廪君诞生地；襄阳古隆中是古代"智圣"诸葛孔明隐居地，此外还有"习家池"、羊祜"堕泪碑"、"米公祠"等；与"武圣"关羽相关的有荆州的

关帝庙、当阳的关陵；荆门市有明显陵；恩施州有"容美土司遗址"；洪湖有"瞿家湾"、鹤峰有"满江红烈士纪念园"……

2. "灵秀湖北"之"精彩篇"

鄂西圈也是一片精彩的土地。以宜昌市为例，长江三峡、三峡大坝、清江画廊、柴埠溪、九畹溪、三峡人家、晓峰、后河、车溪、青龙峡、鸣凤山、大老岭、灵龙峡、武落钟离山、屈原故里、昭君故里、当阳关陵、玉泉寺等，各个景点无不令游客旅游后大呼过瘾。再以恩施州为例，恩施大峡谷、腾龙洞、齐岳山、大水井、鱼木寨、水杉王、坪坝营、野三河、梭布亚、彭家寨、仙佛寺、舍米湖摆手堂、屏山、容美土司遗址、燕子坡立谷、满山红纪念园等，精彩的旅游文化资源常使游客流连忘返。

鄂西圈是一片精彩的土地还表现在其世界级旅游文化品牌资源上，见表 2。

表 2　鄂西圈世界级旅游文化品牌资源

名　称	资源评价
三峡大坝	世界最大的水利枢纽工程
长江三峡	人文自然合一的峡谷风光最完美的代言者
神农架	人与自然和谐的家
武当山世界文化遗产	皇家道观典范、太极武术之源
明显陵世界文化遗产	中国最具特色的单体皇陵
曾侯乙墓·编钟	世界音乐第一乐符、人类音乐文化奇迹

3. "灵秀湖北"之"秀美篇"

鄂西圈更是一片秀美的土地。以长江三峡之西陵峡为例，笔者曾在《天造地设——长江流域的大、小三峡》一书中写道：

830 余年前的南宋时代，一次，诗人陆游看到一幅三峡的图画，大惊："这世间会有如此峻峭的山峰吗？非也！非也！此乃画师驰骋想象，笔上生花矣！"不久（乾道六年十月，即公元 1170 年），因赴任夔州通判，陆游入蜀走了一趟三峡。百闻不如一见，他折服了："乃知画非妄，却恨笔未精"（陆游撰《剑南诗稿》卷二《系舟下牢溪游三游洞二十八韵》)。

然而,三峡的美又岂止是山的峻峭?!再来看看当代外国友人对三峡的观感。

20世纪80年代以来,外国元首、政府首脑、政党领袖和友好人士前来中国访问、交流时,到长江三峡观光游览的越来越多。他们惊叹三峡绮丽的自然风光,沉湎于优美的神话故事之中,离开三峡时又总是以火一般的激情、诗一般的语言赞美三峡是"百里画廊"、"人间天堂"。

曾在武汉测绘学院(2000年合并入"武汉大学")工作过的一位德国专家深情地说:"我原以为三峡风光是中国画家们想象出来的东西,如今一看,才知道这里实际上比画家笔下的风景更美!"他的话简直与陆游的诗句惊人地相似。

新加坡前总理李光耀,1980年11月游览三峡,站在西陵峡胜景"仙人桥"升天台上,时任新加坡总理的他感叹道:"这里风光太美了!我宁愿作三峡风景区的工作人员,不愿作新加坡的总理!"

三峡,实在是一个美丽、奇妙而又神秘的地方。秀峰连绵,重峦叠嶂,峭壁对峙,隐天蔽日,烟笼雾锁,峡雨蒙蒙,风韵多姿,气象万千,情趣无限。三峡,这一大自然的杰作,揽尽山、水、泉、洞之美,兼得雄、奇、险、幽之胜,人们誉之为"天然画廊"和"地质博物馆"。①

这段文字中提到的陆游《系舟下牢溪游三游洞二十八韵》诗题里的"下牢溪""三游洞",还有新加坡前总理李光耀先生所游"仙人桥",均在今宜昌西陵峡中。赞美长江三峡西陵峡之秀美的诗文真可谓是不胜枚举,"一代文宗"欧阳修在写给梅尧臣的诗中这样赞叹道:"惟有山川为胜绝,寄人堪作画图夸。"②"寄人堪作画图夸"的不仅只是西陵峡风光,而且还是整个鄂西圈乃至湖北风光的真实写照!

---

① 吴成国:《天造地设——长江流域的大、小三峡》,武汉出版社、中国言实出版社,2006,第2页。

② (宋)欧阳修撰、周必大编《文忠集》卷11《寄梅圣俞》,见影印文渊阁本《四库全书》第1102册,台湾商务印书馆,1986,第94页。

文化与旅游深度融合探究

——以宜昌市为例

张耀武[*]

（三峡旅游职业技术学院）

文化是旅游的内在灵魂，可以增强旅游的品位和吸引力；旅游是文化的重要载体，能够促进文化的广泛传播和繁荣发展。文化与旅游深度融合，发挥文化的灵魂主宰作用，是实现旅游业转型升级的必然要求，也是旅游业发展的一大趋势。文章以宜昌市为例，辨析了文化与旅游的相互关系，分析了文化与旅游融合取得的成绩和存在的不足，解析了文化与旅游深度融合的有效路径。

一 文化与旅游的关系辨析

文化与旅游融合有两重含义：一是文化要素全面融入旅游，进而促进旅游业的转型升级；二是文化产业与旅游产业的融合，二者互融共进，共赢发展。不论哪重含义，旅游业的发展都占据着主导地位，决定着文化与旅游融合的目的和走向。在文化资源与旅游资源富裕的地区，如何推进文化与旅游的深度融合，将独特的资源优势转化为旅游产业发展优势，是亟

---

* 张耀武（1970~），三峡旅游职业技术学院教授，《三峡旅游学刊》主编，宜昌市三峡旅游研究所所长，三峡茶文化研究会常务副会长。

待深入研究的重要课题。

2005 年，曹诗图等曾以宜昌市为例撰文，论述旅游产业和文化产业的互动与整合关系，认为文化对旅游的促进作用有：文化提升旅游资源的品位、文化打造旅游品牌、文化发掘为旅游地注入新的活力、文化带给旅游者较高的审美体验、文化促进旅游业的可持续发展；旅游对文化发展的推动作用为：旅游丰富了文化的内涵、旅游是文化开发的有效载体、旅游促进了文化的经济效益和社会效益的提高、旅游是文化交流与传播的有效形式、旅游促进了民族文化的保护和保存。① 文章结合宜昌市实际情况，比较全面地分析了文化与旅游的关系。随着产业的发展和研究的深入，人们对文化与旅游关系的认识也在不断深化和提高。"文化是旅游的灵魂，旅游是文化的载体。旅游是一种经济活动，更是一种文化活动。"② 旅游业的经济属性与文化属性相互交融，旅游与文化的关系则是相辅相成。这些观念已得到学界和业界的普遍认可，并在社会上广泛传播。

（一）文化是旅游的内在灵魂

文化是旅游业的灵魂和支柱，是旅游业的经济增长点和可持续发展的源泉。

1. 文化是旅游资源魅力的所在

旅游及旅游业所凭借的旅游资源与文化难以分开。从文化与人文旅游资源的关系来看，文化孕育了人文旅游资源，人文旅游资源包含着文化，人文旅游资源的开发与鉴赏，需要进行文化的解读。如宜昌市三游洞摩崖石刻是人文旅游资源，以其丰富而深邃的文化内涵，很早就成为富有吸引力的旅游产品。游人要欣赏、感悟它，规划师、旅游商要开发利用它，必须具备一定的文化素养。从文化与自然旅游资源的关系看，一些自然旅游

---

① 曹诗图、沈中印、刘晗：《论旅游产业和文化产业的互动与整合——以湖北省宜昌市为例》，《特区经济》2005 年第 10 期。

② 刘云山：《文化是旅游的灵魂——在 2010 博鳌国际旅游论坛上的主旨演讲》，《光明日报》2010 年 3 月 24 日，第 3 版。

资源虽然本身不具有文化属性和叠加历史文化色彩，但自然美需要从文化层面来鉴赏，用科学知识来解读，要将自然山水转化为旅游产品，需要通过旅游文化开发来实现。如宜昌市三峡大瀑布（白果树大瀑布），就是宜昌近郊一个幽深峡谷溪流的旅游文化开发，赋予了诸多的自然审美与文化想象。

2. 文化是旅游者追寻的目标

旅游者不会只停留在感官愉悦的观光层面，还有高层次的文化需求，如享受休闲、审美和求知等精神需要。按照马斯洛有关人的需要层次理论，这些属于高层次的文化需求。对异乡情调的城市文明、田园风光、民俗风情满怀好奇、憧憬和期待，是求异心理的典型反映；希望在自然景观中获得美的感受和熏陶，是审美意识的唤醒；期待在大自然中获得灵感，在人类历史文明中获得智慧，是求知、启智需求的体现；投入自然怀抱、参与民俗、忘却烦恼、消除疲劳、强身健体、获得快乐，求得心灵的慰藉，是健身养生的需要。这些目标，从本质上看都是旅游者对文化的追寻，是文化的参与和体现。宜昌车溪民俗风景区，有"梦里老家"之称，民俗文化仿佛使人回到梦幻童年和特殊历史年代。对旅游者而言，旅游消费的实质是文化性消费或消费文化。

3. 文化是旅游业发展的源泉

没有文化的企业是没有灵魂、没有活力、没有前途的企业，最终将被市场无情地淘汰。旅游业是一个综合性很强的产业，而文化则是旅游业发展的生命之源。在市场经济条件下，有文化才有特色，有特色才有生命。独具特色的文化是一个景点、景区、旅游区、旅游城市乃至旅游业发展的生命源泉。秭归是三峡库区移民县，原来老县城所在地归州镇的屈原祠因此迁建到新县城茅坪镇的凤凰山上，新归州镇也建成了峡江建筑特色的移民安居镇，以屈原为纽带，屈原故里的文化风采在这里得以延续、光大，两地分别吸引大量游人前往参观游览，这便是屈原文化的力量。一个文化氛围浓郁、文化底蕴深厚的旅游企业，对内可以凝聚人心，对外可以树立形象，并且具有促进自我更新和发展的机制。

（二）旅游是文化的重要载体

文化也可以依托旅游来传承和光大，旅游是实现文化功能的重要载体。

1. 旅游业发展有利于挖掘文化

在旅游开发中，曾经存在片面强调物态显性旅游资源开发，而轻视人文隐性文化内涵发掘的倾向，这在很大程度上影响了旅游业的快速发展。单纯从经济上对旅游业予以论述，已无法全面准确衡量旅游业的广泛影响，以及这些影响对于产业经济的反作用。因此，对旅游的研究，在经济分析的基础上，采用文化、社会、心理等多学科分析研究的方法逐渐成为学界共识，并且在实际研究中广泛推广开来。总体而言，旅游业发展在经过以促进地方经济增长为主要目标之后，现在开始站在文化这一高地上，力求使旅游业从经济型逐步向文化与经济并重型转变，文化成为旅游业竞相追逐的对象。"问道武当山，养生太极湖"已然是十堰市文化与旅游融合的标志符号，襄阳古隆中，宜昌屈原故里、昭君故里，也都通过旅游的带动而对特定文化进行了深入的发掘，赢得了广大游客的青睐。

2. 旅游业发展有利于丰富文化

旅游业是一个富于创造的行业，它能够促进旅游地文化品位的不断提升、文化内涵的不断丰富。宜昌在20世纪90代以前还是湖北省一个较偏远的普通地区，其旅游主要靠三游洞、西陵峡、葛洲坝，至于屈原故里、昭君故里徒有历史赋予的优越名声，并无多少吸引游客之处。随着三峡工程的建设，宜昌迎来了经济社会发展的巨大机遇，加之旅游业的推动，宜昌确立了世界水电旅游名城的发展定位，经过努力，现已拥有三峡大坝、三峡人家、清江画廊等三家国家5A级风景区，成为中部地市旅游景区的领跑者。三峡大坝旅游区截流纪念园大型情景演出《盛世峡江》，以展示现代文明和长江文化为主题，集中体现了长江文化、三峡文化及中国治水文化的精髓，场景辉煌壮观、大气磅礴，丰富了大坝旅游区的文化内涵。

3. 旅游业发展有利于保护文化

文化遗产是旅游业开发的重要基础和卖点，越是有着悠久历史和自身传统的旅游地越能受到游客的欢迎，并为旅游经营者、为社会带来巨大效益。旅游业的发展可以解决目前文化遗产保护中所面临的资金压力，实现文化遗产保护的市场化运作，以利益机制调动对文化的自觉保护。旅游资源的开发过程，也成为文化的抢救和保护过程。随着社会对文化遗产认识的深入，旅游业也非常重视将文化遗产列入开发计划，予以优先保护。三峡工程蓄水前，国家有关部门在秭归凤凰山建立了地面文物搬迁复建保护点，包括秭归青滩古民居在内的 24 处三峡库区淹没线以下的古建筑整体迁建至此，其中青滩古民居群按原样搬迁、原样复建、整新如旧、以旧复旧的原则复建完成，充分展示了独特的峡江文化特征，古民居得以较好保护。

（三）文化与旅游深度融合的意义

旅游的优势在市场，文化的优势在内涵。文化与旅游融合愈深，旅游业的文化含量愈高，旅游产品附加值愈多，竞争力就愈强。2009 年 8 月文化部、国家旅游局《关于促进文化与旅游结合发展的指导意见》，2011 年 10 月《中共中央关于深化文化体制改革、推动社会主义文化大发展大繁荣若干重大问题的决定》等文件，为加快文化与旅游融合提供了有力支撑，并给旅游业转型升级带来了新契机。

1. 提升旅游产品竞争力

现代旅游是旅游者为了满足文化需要的一种高级消费，旅游者最大的收获在于精神愉悦和美好记忆，体现了旅游的经济性和文化性的统一。旅游产品与其他商品本质上是一致的，都是由价格竞争发展为品质竞争，最后上升为文化竞争。只有充分重视旅游产品的文化性，挖掘其文化内涵，展示其文化特色，提高其文化品位和文化含量，才能吸引旅游者，提升旅游产品的竞争力，促进旅游业的蓬勃发展。从宜昌旅游业发展的实践来看，大多旅游企业都注意到旅游产品的文化内涵，如三峡人家的民俗文化集萃、清江画廊的土家文化、车溪的农耕文化、三峡大坝的水电文化等，都以自身特点吸引着游人，具有一定的比较优势与竞争优势。

2. 塑造旅游品牌形象

由于文化具有地域性、民族性、传承性等特点，拥有自身风格特色和品牌效应，因此很难被模仿和复制。一地的旅游业若不能反映本民族独有的精神内涵，没有自己的地域文化特色，也就失去了强大的吸引力。大凡旅游昌盛之地，莫不以文化取胜。通过文化促进旅游业发展，弘扬地域文化，彰显地区形象，是旅游发展过程中保持自己民族特色、走可持续发展道路的必然要求。宜昌坐拥三峡大坝、葛洲坝、西陵峡以及屈原等世界级的旅游文化资源，水电之都、屈原故里的宏大品牌完全可以成就宜昌旅游的鲜明形象。

3. 提高旅游服务质量

旅游从业人员的文化素质优劣、经营管理水平高低，直接影响旅游者的审美感受和消费心理，以及旅游资源的开发和利用，进而影响到旅游业的发展。未来旅游业的竞争将主要是文化竞争，人们对旅游资源、旅游服务的需求更趋于文化性强、科技性高、参与性好的项目。旅游经营者要达到赢利的目的，就必须提供能充分满足旅游者文化精神享受的高水平服务。在从宜昌城区前往三峡大坝旅游的途中，可观赏西陵峡的一段美景，十年前为人津津乐道的"毛公山"名人附会已一去不返，人们更希望导游讲解对面山的文化历史，如黄牛岩传说、历代名人名篇和足迹，以及山水审美体验。可见，只有加强文化建设，努力提高旅游从业人员的文化素养、经营管理水平和旅游服务质量，才能适应新时期旅游发展的要求。

二　文化与旅游融合的现状分析

近几年来，笔者在开展旅游文化研究、旅游规划评审、旅游校企合作以及旅游专项调研中真切地感到，宜昌在利用丰富的文化资源不断探索旅游发展的新路径、新业态的过程中，文化与旅游融合取得了一定成绩，但也存在一些问题和困惑。

（一）文化与旅游融合的成绩

1. 文化旅游资源得到整理

宜昌历史悠久，人文荟萃，自然与人文景观水乳交融，地域特色鲜明。宜昌文化与旅游界人士对丰富的文化与旅游资源进行了发掘整理，为文化与旅游融合提供了坚实的基础。廪君、屈原、昭君、李白、杜甫、白居易、欧阳修、三苏（苏洵、苏轼、苏辙）、陆游、杨守敬等名人文化，玉泉寺、关陵、黄陵古庙、三游洞摩崖等遗址文化，土家民居吊脚楼、巴楚遗风"打丧鼓"、鬼巫与招魂等民俗文化，中国端午节、下堡坪民间故事、土家族撒叶儿嗬、当阳关陵庙会等非物质遗产文化，远安鹿苑茶、当阳仙人掌茶、峡州碧涧、宜红等历史名茶文化，等等，文化资源异常富集。《文化宜昌》（2013 年）全面介绍了宜昌文化，全书凡八卷，分史述大要、文物巡礼、名人故事、山水名胜、民俗风情、'非遗'采风、当代风流、诗乡电都琴城等，从中可以管窥文化与旅游融合的无限潜力。《宜昌文化志》（2009 年），较全面、准确地记述了 1949～2007 年期间宜昌的文化现象和发展概况。《三峡旅游文化概论》（2003 年）、《长江三峡学概论》（2007 年）、《鄂西生态文化旅游概论》（2010 年）、《鄂西旅游文化》（2011 年）等著作及系列学术论文，对宜昌文化与旅游都做了有益的探索和研究。丰厚的历史文化构成与旅游融合的重要资源，也成为彰显宜昌旅游特色的魅力源泉。

2. 节庆演艺活动丰富多彩

随着旅游业全面融入到国家战略体系，以创建三峡旅游最佳目的地和世界水电旅游名城为目标，宜昌把旅游业作为新兴战略性支柱产业加以培育，并呈现持续、快速、健康发展的良好态势。旅游文化节庆在扩大宜昌城市影响力、拉动相关产业收入等方面表现突出，影响力持续扩大，渐成品牌。如中国长江三峡国际旅游节、秭归屈原文化节（端午文化旅游节）、当阳关公文化旅游节（关公秋祭大典）、兴山昭君文化旅游节、远安嫘祖庙会、枝江安福寺桃花节、长阳清江大型飙歌会、清江画廊纵渡挑战赛、中国宜昌长江钢琴音乐节等，因鲜明的地域特色而产生一定的影响力。一批文化演艺节目与旅游紧密相连，三峡大坝旅游区生态情景剧《盛世峡江》、九畹溪景区水上舞台剧《礼魂》、昭君村古汉文化游览区《昭君还乡》MV、五峰柴埠溪民俗歌舞剧《列牙·毕兹卡》、长阳民俗文化村舞蹈《毕兹卡》、三峡人家风景区系列场景式表演、夷陵区大型原创歌舞诗《三峡·我的家乡》，内容丰富，形式多样，对文化与旅游融合进行了积极探索，彰显了地域文化特色，推动了宜昌旅游产业结构调整和升级。

3. 旅游城市形象日益鲜明

旅游地之间的竞争在某种程度上就是旅游形象的竞争，鲜明独特的形象成为吸引旅游者的关键因素，地方文脉、资源禀赋、区位因素、战略管理等要素是旅游形象定位的基础。近几年来，宜昌市物质文明、精神文明、政治文明、生态文明协调发展，获国家卫生城市、国家环保模范城市、国家园林城市、国家森林城市、全国文明城市等荣誉，还组建了全省唯一独立设置的旅游高等院校——三峡旅游职业技术学院，较好地提升了宜昌的对外形象和影响力，扩大了知名度和竞争力，也营造了文化与旅游融合的良好环境。国家 5A 级旅游景区是旅游资源及旅游发展的一个标杆，宜昌市 5A 级景区 3 家，跨入全国先进行列；旅行社、星级饭店、持证导游、旅游名镇名村、海内外游客等的数量以及旅游总收入稳步增长。旅游服务功能也日臻完善，形成了水陆空立体交通网络，建设了文化游憩、休闲娱乐、旅游购物等配套设施，建成三峡游客中心，推行宜昌三峡旅游景区年卡，丰富了旅游信息官方网站，拍摄了中国首部城市微电影《相约山楂树》，生态旅游与人文旅游品牌并重。2013 年宜昌旅游城市形象宣传片及歌曲《爱上宜昌》MV 推出，宜昌的代表性景区风光尽收眼底，城市风貌、人文风情、民俗民趣等饱览无遗，较好地展现了风光迤逦、多姿多彩的文明之都、旅游名城形象。

（二）文化与旅游融合的不足

1. 融合式核心旅游吸引物不多

旅游是由吸引物驱动的，"旅游吸引物是根据各地资源结构开发出的具有比较优势的旅游产品，它既能反映目的地旅游资源的先天优势，也能揭示旅游者对旅游产品的多样化需求，隐含着旅游者的文化价值选择"。[①]核心旅游吸引物是景区、景点存在和发展的基根，如大坝旅游区的三峡大坝、三峡人家风景区的峡江吊脚楼及民俗表演、车溪风景区的农耕文化展示，都是各自景区的核心旅游吸引物，较好地实现了文化与旅游的融合。但从总体上看，宜昌文化吸引物虽多，但能与旅游成功对接开发的却屈指可数，差异化、主题化开发不够，能够让旅游者真正融入其中的参与性、娱乐性、体验性项目较少，具有广泛市场带动力的产品更少。如佛教圣地玉泉寺，虽然具有大型宗教文化旅游吸引物的潜质，但并未成长为核心旅游吸引物。而为数众多的中小景区更是存在主题不鲜明、缺少核心吸引物支撑的问题，在外地影响不大。宜昌城区的文化旅游吸引物更是匮乏，镇江阁、天然塔、天主教堂等只是小型文化旅游吸引物；缺乏具有较强吸引力的功能性消费文化旅游项目，如文化及饮食购物街区、大型博物馆和图书馆、夜游项目等公众文化旅游吸引物。演艺类旅游吸引物的开发缺乏后劲，如西陵峡口风景名胜区山水实景剧《梦·三峡》已成为历史记忆，只留下演出场地的大量布景和道具。

2. 融合的广度和深度不够

尽管宜昌文化和旅游资源丰富，占有文化与旅游融合的先机，但现实状况并不容乐观，旅游开发总体上还停留在重资源轻内涵的观光旅游和浅层休闲度假上，对旅游资源的文化内涵和文化价值的发掘和创新不够，难以满足游客体验参与、感受独特文化的深层需求。秭归凤凰山上迁建的庞大峡江民居建筑群吸引物，因未及时挖掘丰富文化内涵而显得孤寂和单调；三峡大坝的游客渴望领略水电文化的鲜活魅力，而非单纯游览宏伟的水电建筑工程和聆听枯燥的科学数据，因文化挖掘不充分，造成文化氛围不浓，游客难有回味。在旧城区改造中，一些重要历史街区和遗址未得到应有保护，既看不到古夷陵的影子，也难觅近代开埠通商以来的码头文化，城市历史文脉受到破坏；三游洞、黄陵古庙、关陵等历史文化景区和

---

① 张耀武：《关公文化旅游吸引物的有效开发》，《荆楚学刊》2013 年第 4 期。

文物保护单位周边环境恶化，文化意境丧失；很多非物质文化遗产因缺乏市场的参与研发和有效宣传，传承后继乏人；有些景区主体文化定位模糊，民俗演出雷同（如土家风情表演略显泛滥），多元文化的独特魅力未能得到应有关注；地域特色纪念品较少，对当地历史文化内涵挖掘不够，类型单调，三峡苕酥、脐橙、茶叶等土特产包装缺乏创意；地方特色风味餐饮、文化主题酒店（已出现关公文化主题酒店、动漫主题酒店等）还未诞生精品典型。文化和旅游融合的产业尚未发育成熟，涵盖"吃、住、行、游、购、娱"旅游各要素的完整产业链还未形成。

3. 融合的协调机制不健全

文化与旅游融合也存在体制性障碍。文化旅游资源大多涉及文化、交通、宗教、城管等多个部门和地方管理，文化部门多从文化建设及文化保护的角度思考，对文化产品旅游功能的发挥往往认识不足；旅游部门权限相对较小，相关的资源又隶属于不同部门，很难统筹文化与旅游的融合与发展。文化和旅游部门、市级和县级政府、政府和企业等在文化旅游宣传方面的形象诉求和行动步调不统一，产品营销缺乏系统性，往往分散推向市场，没有达成大型精品共识。如宜昌市旅游与夷陵区旅游的宣传就常常各自为营，缺乏合力叠加效应；各县文化旅游管理体制不一，也导致文化旅游统筹开发力度不够。由于管理体制不顺，难以对文化和旅游资源进行统一挖掘、整理、研究、开发，遂产生条块分割、活力不足、利益冲突等问题。尽管各级党委、政府和部门十分重视文化与旅游的融合，主题调研和倡导性文件相继出台，财政也投入了不少资金，但由于缺乏有效统一的机构来统筹协调，以致项目内涵不够丰富，对本地文化元素的发掘及开发有限，旅游消费增长缓慢。以旅游商品研发为例，既要熟悉地域文化和景区特色，又要有先进的设计理念，尽管宜昌市旅游局也组织了一些旅游商品评比活动，但并未解决当地旅游商品结构单一、缺乏创新和特色的问题。

4. 复合型专业人才不足

旅游业是一个劳动密集型产业，也是一个智力集聚型产业。改革开放以来，我国旅游人才队伍建设为旅游业的发展提供了人才和智力支撑，但也存在着一些深层次的矛盾和问题："一是学科地位与产业地位不相适应，办学体制缺乏创新，培养模式不健全，不能适应旅游与文化融合发展的客观需要；二是旅游教育出现结构性失衡，人才培养与市场需求脱节，缺乏一支既懂文化又懂旅游的专业化人才队伍，高素质管理人才、策划创意人才、导游人才严重缺乏；三是从业人员职业道德和工作作风仍需改进，从业人员的整体形象有待提升；四是企业选人用人机制不健全，不利于优秀人才脱颖而出等等。这些问题和矛盾严重制约了旅游与文化的融合发展，成为制约旅游业科学发展的突出'瓶颈'。"[1] 就宜昌而言，三峡大学、湖北三峡职业技术学院、三峡电力职业学院等均开设有旅游管理专业，三峡旅游职业技术学院更是拥有完备的旅游类专业群，他们每年培养大专以上旅游人才千余人，但优秀毕业生多到发达地区就业；主要的旅游院校为教育系统主管，与旅游行业主管部门间沟通欠畅通，影响了人才培养与行业企业的有效对接；旅游、文化等相关管理部门人员编制不足，专业人员匮乏；人才管理机制不完善，外来人才难引进，现有人才留不住，缺少旅游文化创意人才、经营人才和领军人物，尤其是缺乏既熟悉历史文化，又懂旅游管理的复合型人才；旅游人才培训机制欠健全，没有专门的旅游人才培训机构，旅游从业人员大部分没有接受过正规、专业、系统的上岗培训，专业知识技能传授主要靠以老带新，专业素质总体水平偏低。[2] 文化旅游融合型人才的缺失，直接制约着文化与旅游的深度融合。

三　文化与旅游深度融合的路径解析

目前，我国正处于加快转变经济发展方式的关键时期，文化与旅游融合是实现旅游业转型升级的必由之路。有研究者提出，加快推进文化与旅游深度融合的主要对策有：深化管理体制改革创新，实施重点项目带动战

---

[1] 梁文生：《加强旅游人才队伍建设，为文旅融合提供智力支撑》，《大众日报》2011年10月24日，第10版。

[2] 张耀武、龚永新：《宜昌市旅游人才队伍调查报告——兼谈鄂西生态文化旅游圈建设面临旅游人才不足的挑战与建议》，《重庆三峡学院学报》2010年第5期。

略，打造知名文化旅游品牌，发挥中心城市辐射带动作用，加大国际交流合作力度，培养造就文化旅游领军人物①。对宜昌而言，笔者认为：立足本土、挖掘内涵、拓展领域、创新体制，塑造具有比较优势的旅游形象，是实现文化与旅游深度融合的有效路径。

（一）打造本土旅游文化品牌

以宜昌深厚的人文资源和绮丽的自然资源为基础，重点建设一批文化与旅游融合的核心旅游吸引物，打造较强吸引力、影响力、竞争力的旅游文化品牌。

1. 构建大型文化旅游吸引物

大型旅游吸引物具有综合性、规模性、主导性等特点，一般通过整合文化旅游资源予以集中打造。在宜昌，可以重点建设一个核心旅游度假区（三峡国际旅游度假区），联动打造屈原故里文化旅游区、昭君故里文化旅游区、清江民俗风情体验旅游区、三国文化旅游区等精品旅游板块，形成大型旅游吸引物，彰显宜昌旅游文化形象。

2. 打造节庆演艺精品旅游吸引物

节庆活动类旅游吸引物具有组织规模大、集中程度高、主题鲜明、参与性强等特点，能较好地提升城市知名度。如将中国长江三峡国际旅游节、屈原文化节（端午文化旅游节）按世界级的旅游节庆品牌打造，将关公文化旅游节、昭君文化旅游节、中国宜昌长江钢琴音乐节按国家级的旅游节庆品牌规划。精心打造高品质旅游演艺产品，完善曾获中国文华大奖的《土里巴人》《楚水巴山》等经典剧目，并将演出纳入宜昌旅游线路图；倾力推出一台既反映宜昌文化又符合旅游市场需求的大型民族风情歌舞旅游演艺精品。

3. 建设大众文化旅游吸引物

建设宜昌特色博物馆、会展中心、文化广场、观光平台等城市地标性文化旅游建筑；改造建设滨江公园，使之成为融名人景观与滨江风光为一

---

① 张作荣：《加快推动文化与旅游深度融合》，《人民日报》2011年10月26日，第7版。

体的特色外滩；发展文化主题酒店、购物街区、餐饮等特色消费基地，融传统地域文化与现代时尚元素于一体。

（二）挖掘旅游产品文化内涵

以屈原文化旅游的资源开发与内涵挖掘研究为例，其资源开发现状是：底蕴深厚但旅游应用程度不够、内容丰富但物化形态呈现偏少、资源分布广泛但景点过于分散、潜在品牌宏大但常规产品单薄。发展屈原文化旅游的主要路径有：清查屈原文化旅游资源、建设屈原文化核心旅游吸引物、开发屈原文化旅游衍生商品、规划组合性屈原文化旅游产品。有效挖掘屈原文化旅游内涵可采取：叙述经典的传说故事、构建真实的文化场景、诠释合理的文化价值、体验本土的民俗风情。[①] 找准本地特色文化旅游资源，进行挖掘、改造、包装、升级，把静态的文化资源、分散的文化元素转化为参与性强、消费面广的旅游产品，展示独特的文化魅力。宜昌可重点挖掘以下四个方面旅游产品的文化内涵：

1. 生态文化

大力开展生态资源保护和研究，建立宜昌生态资源数据库和生态博物馆。发掘整理山水神话传说、民间故事等，增强旅游景观的文化魅力。将土家婚嫁、三峡古乐、民歌、峡江号子等独特遗产引入相应景区；开发名山胜水游、科考探险游、民俗风情游等项目，增加游客的文化体验。

2. 工程文化

宜昌是世界水电之都，三峡大坝、葛洲坝等水电工程文化旅游项目举世无双；宜昌曾是"三线"厂矿的集聚地，面向市场外迁后，厂房大多废弃，独特的历史文化使其有着特殊的旅游开发潜质。高科技体验项目、故事和传说等是充实工程文化旅游内涵的良好手段。

3. 历史文化

历史文化是旅游开发的富矿。宜昌历史名人众多，通过文化论坛等形

---

① 张耀武：《屈原文化旅游的资源开发与内涵挖掘研究》，《湖北民族学院学报》（哲学社会科学版）2011年第3期。

式加大对屈原、昭君、关公、杨守敬等名人进行深入研究和推介，使其成为对外表达的文化符号；加强对景区、景点的维护、改造和升级，举办祭拜典礼、文化节、采风等活动；修塑名人雕像，建名人文化墙，用名人命名街道、广场、酒店等；通过学术研讨会、精品旅游线路、主题影视等方式推广和宣传三国文化旅游。

4. 宗教和民俗文化

宗教文化旅游具有迷人魅力，突出宗教特色是不二法门。当阳玉泉寺体验的佛门禅理，远安鸣凤山、长阳中武当的道教养生，圣诞节、开斋节、佛诞日等宗教节日活动，均能增长知识、愉悦身心。许多宗教活动已经民俗化，如腊八节、超度亡魂仪式等。对于各地民俗文化遗产，如长阳南曲、兴山民歌、夷陵丝竹乐、宜都青林寺谜语等民间文化，长阳武落钟离山、远安嫘祖庙的寻根祭祖，地方戏剧、民歌、舞狮耍龙、神坛表演等民俗活动，都可以成为具有地域特色的民间文化旅游项目。

（三）拓展融合式旅游产品领域

树立大文化、大旅游观念，将文化全面渗入旅游业，形成旅游文化产业链，促进资源优势转化为产业优势。

1. 开发旅游文化创意产品

发展文化创意产业，对旅游文化资源进行再创造、再包装，通过文化项目的空间整合和优化，建设具有示范、集聚和辐射功能的文化产业园区。以水电文化、三国文化、名人文化、巴楚文化为重点，开发具有地域特色和民族风情的旅游商品，如三峡土特产品、音像书籍、文化艺术品、民间工艺品等，突出纪念性、艺术性、实用性。宜昌"万生堂"茶叶品牌力求茶、文化、美三者的完美融合，在文化创意方面作了积极探索。

2. 开发旅游文化与科技融合产品

以数字技术、网络技术、信息技术为代表的高新技术已在旅游文化领域得到广泛应用，旅游文化产业与高新技术相互交融、相互促进，成为世界经济发展进程中一道引人注目的景观。坚持旅游文化与科技的融合，增强文化创造活力。福建武夷山《印象大红袍》山水实景演出，会给宜昌很大启发。该演出把悠远厚重的武夷山茶文化内涵通过现代科技手段，并用艺术形式予以再现，借茶说山、说文化、说生活，使之成为可触摸、可感受的精品文化旅游项目。

3. 开发休闲文化旅游产品

结合生态游、避暑游、宗教文化游、体育健身游、自驾游和民族风情游等新兴旅游产品的培育，深入挖掘特色文化资源。如利用宜昌丰富的漂流资源，推出漂流挑战赛、大奖赛或漂流节，着力打造中国漂流之都；加强民间传统项目基地、快乐谷极限运动基地等体育旅游基地建设，壮大休闲旅游产业。

4. 开发旅游文化纪念品

依托宜昌地域资源优势，制定文化旅游纪念品发展规划，形成系列化、品牌化。创意制作符合地方文化特点的旅游工艺品，如屈原、昭君、关公、三峡大坝等系列产品，拓宽旅游品牌产业链。依托重点景区、旅游集散中心、都市旅游休闲购物区，发展主题旅游购物。

（四）创新体制机制

以发展促改革，以改革推发展，形成适应文化与旅游融合的新体制和新机制。

1. 改革产业管理体制

将分散的行政、市场、人力、资本、自然、文化等资源有机整合，建立统一、协调、高效和共促发展的旅游文化产业管理体制，有效解决文化与旅游管理条块分割、职能交叉、权责脱节等突出问题。成立文化与旅游发展综合协调领导小组，解决文化与旅游融合中的重大问题。建立文化与旅游部门协作配合的长效工作机制，对行业发展规划、扶持政策、重点项目、招商引资、宣传推介和人才培养等方面加强统筹，推出系列政策性措施，实现文化与旅游的无缝链接。

2. 创新产业投入机制

实施"政府主导、市场运作、企业主体、社会参与、群众受益、永续利用"的发展战略，鼓励多元化经营与多元化资金投入，聚集社会资源。设立文化旅游融合发展专项基金，为文化旅游融合发展提供有力支持。采取集团化、公司化形式，对文化旅游资源进行优化整合。设立文化旅游产品创意奖和工作突出贡献奖等，调动文化旅游工作者的积极性、创造性，营造文化旅游融合的浓厚氛围。

3. 健全宣传推介机制

构建政企联合、部门合作、上下联动的宣传促销机制，整合旅游宣传促销资源，整体联动开展文化旅游品牌推介和展示，通过资源、客源和市场共享，实现优势叠加，形成多角度、高密度、立体式的宣传推介机制。按照"小活动、多产品、大宣传"思路，精心策划和组织专业性活动，提供丰富的旅游产品和旅游资讯。如通过游乐、采风、笔会、探险、考察、歌咏、论坛、会展等活动，运用广播、影视、演艺、网络、动漫、报纸等传媒，讲述宜昌故事，聚拢人气，集思广益，为宜昌旅游扬名造势。

4. 完善人才培养机制

以市场需求为导向，以产教结合、校企合作为手段，以旅游职业教育集团为载体，整合政府、企业、院校、科研机构力量，政企学研一体化，为旅游和文化深度融合提供人才和智力支撑。充分利用宜昌市院校旅游教育梯级结构特点，培养并留住应用型、复合型和创造型的旅游专门人才；成立"三峡旅游人才培训中心"，搭建旅游人才终身学习平台。加大人才引进和在职人员培训力度，努力培养一支高素质、专业化的文化旅游人才队伍。

四　余论

文化是旅游的资源基根和内在灵魂，具有提升旅游魅力的功能；旅游是文化的重要载体和表现形式，具有活化文化价值的功能。旅游缺乏文化内涵就没有了灵魂，旅游产品就失去了文化品位，就很难有吸引力和生命力。文化与旅游融合，可以产生叠加放大效应，创造更多更大的价值。"充分重视旅游与文化的关系，是发展旅游及旅游业的一个重要的指导思想。"① 当前，我国旅游业正进入转型期和战略提升期，深入挖掘文化内涵，促进文化与旅游深度融合，是实现旅游差异化、品牌化、可持续发展的必然要求。

但从整体上看，我国文化与旅游的融合还处于初级阶段，诸多因素制约着文化与旅游的深度融合和发展。随着社会经济的进一步发展，文化与旅游的关联性、协同性也越来越强，文旅一体化融合发展的趋势也越来越明显，并成为转变经济发展方式、推动产业可持续发展的重要突破口。这就需要旅游业界及其利益相关者具有长远的发展眼光、创新的文化眼光和敏锐的市场眼光，自觉推进文化与旅游在更大范围、更广领域、更高层次上的深度融合。

进行文化与旅游融合发展的个案分析，宜昌一直备受学界关注。2008年，刘开美发表宜昌市"三峡文化与旅游"研究报告，阐述了三峡文化与宜昌旅游的依存关系，分析了二者结合的现状、结合机制和运行模式，并就深化三峡文化与旅游结合、提升宜昌旅游文化品位的问题，提出了大力提高三峡风光的文化底蕴、着力展示三峡工程的文化内涵、努力重塑宜昌古城的文化风采、全力打造宜昌旅游的文化品牌的建议。② 文章厚重有力，受到省市有关部门重视。在文化与旅游融合发展的大背景驱动下，2011年，李军、杨华撰文分析宜昌市文化旅游发展现状和不足，并提出了推动宜昌市文化旅游融合发展、建设鄂西生态文化旅游圈核心城市的若干建议。③ 2013年，刘克梁发表宜昌市文化与旅游业融合发展调查报告，认为该市文化旅游融合发展现状是：资源清查为融合奠定了基础、企业创新为融合探索了路子、节庆演出为融合搭建了平台。存在问题有：文化旅游融合不深，缺乏核心吸引物；文化与旅游融合不广泛，产业链条偏短；文化与旅游复合型人才不足，创意发展不够。提出文化旅游业跨越式融合发展的对策建议：大项目引领，培育文化旅游新品牌；大手笔包装，塑造

---

① 余光远：《旅游与文化》，《瞭望周刊》1986年第14期。
② 刘开美：《展示三峡文化，繁荣宜昌旅游——宜昌市"三峡文化与旅游"研究报告》，《北京学研究文集2008》下册，2008。
③ 李军、杨华：《宜昌市文化旅游发展现状及对策》，《咸宁学院学报》2011年第11期。

文化旅游新形象；大智慧策划，提升文化旅游新高度。[①] 这些研究报告，具有较强的针对性，无疑会对当地文化与旅游的融合发展起到积极的推动作用。

　　宜昌拥有深厚的文化底蕴和丰富的旅游资源，这为文化与旅游的深度融合提供了充盈的素材和广阔的空间。宜昌也不乏世界级的文化旅游资源，如世界最大的水利工程三峡大坝、世界历史文化名人屈原，其文化性、独特性和不可复制性，完全可以打造为宜昌文化与旅游融合发展的亮丽名片。通过分析宜昌文化与旅游融合的现状，总结取得的成绩，发现存在的问题，进而探求文化与旅游深度融合的路径，不仅可以给本地区文化与旅游的深度融合提供理论支撑，还可以为其他地区旅游业的转型升级和文化旅游品牌的培育提供参考和借鉴。

---

① 刘克梁：《文化与旅游业融合发展调查报告——以湖北宜昌市为例》，《中国科技投资》2013年第 4 期。

三国文化与湖北文明构建

夏日新[*]

（湖北省社会科学院历史研究所）

三国是湖北历史上的一个辉煌时期，当时的荆州"北据汉沔，利尽南海，东连吴会，西通巴蜀"[①]，是兵家必争之地。作为荆州核心区域的今湖北地区，在群雄并起的战争年代，无数英雄在这块土地上竞逐风流，到处都留下了风火硝烟后的星星遗迹，以至于后人将它称作"三国文化之乡"。湖北的三国文化大致可归纳为名人文化、军事文化、学术文化、遗迹文化、民间文化等几大类型，丰富的三国文化为构建湖北文明提供了深厚的资源。

一 名人文化

三国历史名人刘表、曹操、刘备、孙权、诸葛亮、关羽等都在湖北留下了足迹。

刘表（142～208 年），字景升，山阳高平（今山东鱼台东北）人，西汉鲁恭王的后代，年轻时参加过太学生运动，被公认为当时的英才豪俊，

---

* 夏日新（1953～），湖北省社会科学院研究员、历史研究所所长、硕士生导师。

① （晋）陈寿：《三国志·蜀书·诸葛亮传》，中华书局，1971，第 912 页。

是"八俊"之一。东汉末年出任荆州刺史。刘表来到荆州时，境内各地太守长令阻兵作乱，强宗大族又聚众自保，各级地方政权瘫痪。东汉荆州刺史的治地先后在武陵汉寿（今湖南常德东北）和江陵（今属湖北），但刘表走到宜城（今属湖北）时，道路就阻塞不通了，刘表依靠当地大族的势力，铲除割据各地的宗族势力，平定境内的叛乱，把州治迁到襄阳，并逐渐控制了荆州八郡，建立了一个南至五岭地区、北到汉水流域、地方数千里、军队十余万的横跨长江中游的地方政权。

刘表之后，曹操也来到荆州。曹操字孟德，沛国谯县（今安徽亳县）人，他的父祖皆为东汉朝廷高官，应是在京城洛阳长大，他一生活动的主要舞台是在北方，但作为一个欲统一华夏的英雄，他在南方的荆州，也留下了自己的足迹。

建安十三年（208年），曹操在统一北方后，亲自率大军南征。南征大军从荆州宛县（今河南南阳市）、叶县（今属河南）进入南阳盆地，直扑襄阳。刘表闻讯，惊惧而死，少子刘琮继位。在荆州大吏胁迫下，刘琮束手投降，曹操兵不血刃地占领了襄阳。当时刘备正率荆州余部向江陵撤退。曹操亲自率五千精兵，一日一夜行三百余里，在当阳长坂追上刘备，刘备大败，近十万人马只有几十人脱走，曹操乘胜攻占了江陵。

曹操在江陵稍作休整后，十一月，亲自率大军沿江东下，向夏口进发。在赤壁（今湖北赤壁市）与孙刘联军相遇。北方诸军不适应南方风土气候，许多士兵患上了疾病，曹军大败。曹操狼狈逃至江陵，诸军死伤过半。赤壁之战，打破了曹操的统一之梦，也成了他终生的耻辱。

如果说曹操只是荆州匆匆的过客，那刘备则是在荆州奠定了自己帝王的基业。刘备，涿郡涿县（今河北涿州）人，虽然是汉中山王后裔，但到他时家业早已衰落，自小与母亲靠贩履织席为生，备尝贫困的滋味。黄巾之乱时，他靠地方豪强的资助，拉起一支队伍，才逐渐在军阀混战中崭露头角。刘备先后投靠各地军阀，虽然地位继续上升，曾任豫州牧、左将军，但都是寄人篱下，直至来到荆州，才改变了自己的命运。

来到荆州后，他四处物色人才，积蓄力量。曹操南征，刘琮投降，反而给刘备一个起死回生的机遇。曹操占领荆州后，接着准备向江东进军。

这迫使割据江东的孙权放弃前嫌，与荆州结盟共同对抗曹操。刘表死后，荆州最有号召力的无疑只有刘备了，于是孙刘结成军事同盟，并在赤壁大败曹军。刘备乘机占据了荆州江南武陵、长沙、桂阳、零陵四郡，并被孙权推举为荆州牧，治油口（后改名公安，今湖北公安东北）。刘备终于第一次有了自己的根据地，为后来进军益州、创立帝业奠定了基础。

随着刘备一起来到荆州的还有后来在中国历史上赫赫有名的"武圣"关羽。关羽，字云长，河东解县（今山西运城）人，东汉末年因避难逃至涿县（今河北涿州），因而结识刘备。黄巾之乱时与张飞一起参加刘备领导的军队，后一直追随刘备。赤壁之战后，刘备占领荆州，任命关羽为襄阳太守，实际上当时襄阳还在曹操手中，刘备以关羽驻守江陵，负责防御北方曹操军队的进攻。建安十七年（212年），刘备入川，关羽留守荆州。刘备夺取益州后，任命关羽全权负责荆州军政事务。建安二十四年（219年），刘备占领汉中。关羽也在荆州发动襄樊战役呼应，亲自率领部队向北进攻樊城，曹操派将军于禁和庞德率军支援。八月间，连日大雨，汉水猛涨，平地水深数丈，曹军营寨皆被水淹。关羽率水军乘船围攻曹军，于禁投降，庞德战死，于禁所率七军数万人全军覆没。魏荆州刺史胡修、南乡太守傅方也投降关羽。北方民众也纷纷起兵响应关羽，关羽兵威传遍中原，曹操吓得与群臣商议要从许昌迁都。

正在关羽为樊城的胜利所陶醉时，孙吴的威胁却悄悄临近。孙权一直想占有荆州，后迫于联合抗曹的压力，不得不与刘备结盟。关羽为了早日结束樊城战役，把留守荆州的精兵都调到襄阳樊城前线，只留下一些老弱守城。吕蒙乘机率兵袭击江陵、公安，关羽的士兵家属都在江陵，听说江陵失守，军心溃散。关羽只好带着部队向西撤退，想借机入蜀。但在麦城（今湖北当阳东南）被孙权军队包围，关羽只好带着养子关平等少数人突围。当逃到临沮（今湖北远安北）时为孙吴将领潘璋俘获。孙权命就地将关羽父子处死，将首级送与曹操，一代名将就这样悲壮地走完了自己的一生。

孙权杀害关羽后，占领了荆州，自此以后一直到三国结束，荆州都是处于吴国的势力范围。孙权最早在这里建立了自己的国都，他为都城所起的名字武昌，也一直沿用到现在。孙权，字仲谋，父亲孙坚，在汉末动乱中投靠袁术，拥兵数万人，后在动乱中为荆州牧刘表部将黄祖杀死。兄孙策继领孙坚余部，创业江东，也为刺客杀死。19 岁的孙权临难受命，继承父兄事业。他在巩固江东根据地后，积极向外扩张，首要的目标就是夺取长江中游的荆州。建安八年（203 年）、十二年（207 年）、十三年（208 年），孙权三次西征荆州大将江夏太守黄祖，并在第三次西征时杀死黄祖，夺取江夏。曹操占据荆州后，派人给孙权送信，扬言要带 80 万人与孙权"会猎于吴"。孙权气愤地说："曹操老贼早就想篡夺汉家天下，自己当皇帝，只是碍着二袁（指袁绍、袁术）、吕布、刘表与我，现在其他人皆已死去，唯我还在。我与老贼势不两立！"于是任命周瑜为左都督、程普为右都督、鲁肃为赞军校尉，率水军三万与刘备会合，共同迎击曹操。在赤壁大败曹军，曹操逃归北方，荆州大部地区都归孙权、刘备占领。

　　孙、刘由共同抗击曹操的需要而结成同盟，但随着形势的发展，孙、刘之间的矛盾也日益尖锐起来。建安十九年（214 年），孙权派兵强行占据荆州江南三郡。建安二十四年（219 年），孙权遂派吕蒙偷袭江陵、公安。孙权从刘备手中夺取荆州后，势力扩大到三峡以东的长江流域广大地区。之后还曾将都城从建业（今江苏南京市）迁到鄂县（今湖北鄂州市），改名武昌，取"因武而昌"之义。吴黄龙元年（229 年），孙权在武昌称帝，蜀汉派使节祝贺，两国约定中分天下，军事上互相支援。随着两国军事同盟的建立，吴国建都武昌的军事意义相对较小，而来自长江下游溯流供给上游的经济负担则十分沉重。同年，孙权将都城迁回建业，一直到嘉平四年（252 年）去世。孙权的一生，虽然主要政治舞台是在建业，但他事业的顶点却是在荆州取得的。而且，由于荆州在一个相当长的时间内出现了社会相对安定、经济有所发展的局面，吸引了大批北方人士移居此地，南北人士相互交融，催生了一批批人才，其中最有名的是诸葛亮。

　　诸葛亮，徐州琅琊郡阳都县（今山东沂南）人，出生于东汉灵帝光和四年（181 年）。东汉末年战乱中，随叔父诸葛玄逃难来到襄阳，当时只有 14 岁。来到荆州不久，叔父就去世了，诸葛亮搬到襄阳城西 20 里的隆中，过着晴耕雨读的生活。诸葛亮在襄阳一共生活了十三年，从 14 岁至 27 岁，正是人生成长最重要阶段的青少年时期，人才荟萃的襄阳，使诸葛亮获得了不少良师益友。可称得上诸葛亮师辈的如庞德公，是襄阳名士。诸葛亮十分尊重庞德公："每至公家，独拜公于床下。"① 庞德公也异常器重年轻的诸葛亮，为他延请名誉，称之为"卧龙"。意思是说他就像一条蛰伏的蛟龙，将来一定会大有作为。

在荆州期间，诸葛亮完成了由一个青年学子向一个优秀战略家转变的过程，荆州所荟萃的大量优秀人才和浓厚的文化氛围，无疑为诸葛亮的成长发挥了重要作用。而荆州作为育才的摇篮，由此走出去的又岂止诸葛亮一人！

二　军事文化

三国历史是各地英雄豪杰逐鹿征战的历史，是从东汉帝国瓦解到重新统一的历史，群雄角逐的军事斗争是三国历史的主线，湖北地区正是各地英雄施展身手的舞台。赤壁之战，奠定了三国鼎立的基础。夷陵之战，最终确立了三国分立的局面。白衣渡江，吕蒙青史留名。晋灭吴之战，天下由分到合。各种大大小小的战争贯穿三国历史的始终，荆楚大地几乎每一块土地上都留下战争的痕迹。

赤壁之战后孙权占领了江北的南郡、江夏；刘备占领了江南的武陵（郡治今湖南常德）、长沙（郡治今湖南长沙）、零陵（郡治今湖南零陵）、桂阳（郡治今湖南郴县）四郡，并被推为荆州牧，驻守江南的油口，改名公安（今湖北公安西北），结束了长期寄人篱下的局面，有了自己的根据地，由此奠定了三国鼎立的基础。

孙权夺取荆州后，孙刘联盟破裂，孙权遣使向曹操称臣。建安二十五年（220 年）正月，曹操病死，曹丕继位为魏王，当年十月，曹丕废掉汉

---

① （晋）陈寿：《三国志·蜀书·庞统传》注引《襄阳记》，中华书局，1971，第 953、954 页。

献帝，改国号为魏，自己当起了皇帝。第二年四月，刘备也在成都称帝，国号汉，史称蜀汉。荆州落入孙权之手，关羽战死，对刘备是一个沉重打击。刘备即位不到一个月，就与臣下商量出兵攻吴，企图重新夺回荆州。虽然蜀汉大臣中许多人认为大举攻吴不是时机，但刘备不听劝告，执意东征。

蜀汉章武元年（221年）六月，刘备留诸葛亮在成都辅佐太子刘禅守国，自己亲率大军沿三峡顺流东下，七月，先后夺取了巫县（今重庆巫山县东北）、秭归（今属湖北），控制了三峡通道。孙吴自占领荆州后，为防止蜀汉报复，把都城迁到鄂县（今湖北鄂州市），改名武昌，实际上把国家的军事重心从长江下游移到了中游。蜀军东下后，孙权任命陆逊为大都督，率五万人抵御蜀军。双方在夷陵爆发大战。

夷陵之战是中国历史上著名的以弱胜强的战例，战争开始时，蜀汉举国而来，兵多势盛。吴国采取先让一步待机破敌的策略，主动实施战略撤退，保存实力。坚守不战，消耗敌人的力量，然后集中优势兵力，出其不意实施火攻，一举取得了战役的胜利。此后，蜀汉再也无力东下。不久，吴蜀两国又恢复了同盟关系，共同对付曹魏，也正是夷陵之战，最终奠定了三国鼎立的局面。

三国鼎立维持的时间并不长，司马氏把持曹魏朝政后，为了树立威信，出兵灭掉了蜀汉。在巩固了自己的地位后，咸熙二年（265年），司马氏自立为帝，改国号为晋，三国鼎立变成了晋吴相峙。晋武帝司马炎即位不久，就着手灭吴的准备，先派重臣羊祜出镇襄阳就是其中的一个重要步骤。泰始五年（269年），羊祜以卫将军的要职出任荆州都督，原来由江北都督所指挥的汉水以东江夏等地的部队也划归羊祜统领，整个部队有八万余人，都督区连绵千里。羊祜到任后积极整治军备，积谷储粮。他出镇时襄阳军粮储备不足百日，而到伐吴战争前夕，已足够十年的供给。到咸宁二年（276年）十月，晋国对吴国的战争准备已基本完成，羊祜向晋武帝上书，请求伐吴。他认为吴国虽有江淮之险，但整体实力不如晋朝，应及时利用晋国的军事优势灭掉吴国，长保天下太平。他制订的军事方略是兵分四路，其中三路出荆州（今湖北地区）：梁、益（今四川、陕西一带）地区的军队沿江东下；荆州地区的军队逼近江陵；豫州（今河南西南一带）地区的军队进攻夏口（在今武汉市）。另一路徐、扬、青、兖（今安徽、山东南部、江苏北部一带）军队则攻逼建业（今江苏南京）。这说明羊祜认为荆州在平吴战役中占据关键地位。

在主战派大臣的极力要求下，晋武帝终于在咸宁五年（279年）十一月，下达了伐吴的命令。伐吴的军事部署，基本是采用羊祜所拟定的计划，分六路出兵。其中上游四路都是以突破吴国荆州的军事防线为目标。即建威将军王戎自豫州向武昌方向进军；平南将军胡奋自荆州向夏口方向进军；镇南大将军杜预自襄阳向江陵方向进军；龙骧将军王濬率领巴蜀之兵，顺江东下，至荆州接受杜预的指挥。在晋平吴之战中，发生在长江中上游地区建平、西陵、乐乡、江陵、武昌等地的战斗，挫败了吴军的士气，弘扬了晋军的兵威，加速了吴军的瓦解。吴国的灭亡，标志着三国时代的结束。

三　学术文化

自汉献帝初平元年（190年）到建安十三年（208年）刘表统治时期，与黄河流域群雄混战的局面相比，荆州出现了一个相对安定的社会，从而吸引了大批北方难民迁徙至荆襄地区，其中包括不少各地的士人。从关西、兖、豫迁到荆州的才士儒生数以千计，刘表积极救助这些落难的知识分子，或延揽他们从事学术研究，或聘请他们从事文化教育事业。刘表在荆州设立的学校，从教的儒士有三百多人，在州学就学的生徒有千余人，使荆州取代洛阳成为全国的学术中心。

刘表时期荆州在中国学术史上有着重要意义的还有当时编撰而成的经学教材《五经章句后定》。刘表集合众多学者之力，对《易》《尚书》《诗》《礼》《春秋》五经进行删繁就简的工作，为学校提供一套简明实用的教本，使生徒能够在短时间内通晓经义。正由于《五经章句后定》是集合各家学者所完成的著作，因此，它也打破了门户之见，广泛地吸纳了各种学术流派的成果。收入《五经章句后定》中的《周易章句》，所依据的就是古文费氏易，这是第一次将古文经学列入了官方教材，对中国经学史乃至学术史产生了深远的影响。①

荆州学派质朴清新的学术风气对后来的学术发展产生了深远的影响。曹操平定荆州后，荆州学者宋忠随之迁到北方，仍然开门授徒。著名学者王肃就曾从宋忠学习，并在宋忠的影响下重新为《太玄》作注。王肃为《尚书》《诗》《论语》《三礼》《左氏》所作的注解以及为其父亲王朗所整理的《易传》，后来都列于学官，在魏晋时期成为占统治地位的学术流派，其中不少学说就受到荆州学派的影响。

东汉末年的社会大乱，是中国文化史上的一次浩劫。董卓之乱时，洛阳官府藏书全部毁于战火，长期绵延不绝的战乱，使民间藏书也毁灭殆尽。蔡邕是东汉末年的大藏书家，曾藏书近万卷，而至兵火之后，无有存者。刘表广泛地访求图书，派人重新抄写，将新抄本送还回去，而将旧版本留下来。从而保存了大量的图书典籍，荆州官府藏书无疑成为当时全国最多的地方。在战乱年代，荆州官私藏书的充实不仅为荆州学术发展奠定了基础，也促进了当时乃至后来我国学术文化的传播。

四　遗迹文化

湖北地处南北、东西交汇的要冲，三国时期，正是魏、蜀、吴三国反复争战之地，当时的官渡、赤壁、夷陵三大战役，就有赤壁、夷陵二大战役发生在今湖北境内。三国时期叱咤风云的英雄人物以这片土地为舞台，演出了惊天动地的壮举。在湖北全境，从南到北，从东到西，到处都留下了三国的遗迹。

长坂坡位于当阳市南郊，地处荆山余脉形成的岗岭地带，自古以来为南北驿道必经之地，也是著名的三国古战场遗址。东汉建安十三年（208年）秋，曹操率50万大军南征，刘备自樊城率十万余众沿沮水南下江陵，

---

① 唐长孺：《汉末学术中心的南移与荆州学派》，载《山居存稿续编》，中华书局，2011，第157~170页。

在当阳长坂坡一带为曹军包围，刘备在混战中丢弃妻子逃命。相传刘备部将赵云（字子龙）单枪匹马，七次杀进重围，救出甘夫人和幼主。从此，赵子龙单骑救主的故事成为千古美谈。明代万历十年（1582 年），当阳地方官在长坂坡前立有"长坂雄风"的石碑，供人凭吊。

著名的三国赤壁之战古战场遗址位于赤壁市西北约 40 公里处的长江南岸，由赤壁山、南屏山、金鸾山组成。赤壁古战场是我国三国著名战役中唯一尚存留原貌的古战场遗址，也是全国重点文物保护单位。

宜昌是一个新兴的工业都市，雄伟的葛洲坝、三峡大坝，使宜昌成为我国长江明珠，成为世人向往的旅游城市。不仅如此，宜昌还有丰富的历史文化资源，三国时期著名的夷陵之战，就发生在这里。夷陵古战场遗址位于今宜昌市猇亭区，这里地势险要，江流湍急，临近长江西陵峡口，历来为兵家必争之地。夷陵之战为这里留下了赵望山、逃出冲、滚钟坡、上马墩、下马槽、将军垴、红血港、古栈道等 10 多处遗迹。现在，这里已开辟成了旅游景点，修复了汉阙门、西塞楼、龙门哨台、酒仙阁等古战场遗址建筑，并仿古修建了刘备大寨、长江栈道垛口、营房寨栏等景区工程。

"诸葛大名垂宇宙，隆中胜迹永清幽"，这是前国家领导人董必武为襄樊隆中风景区撰写的一副对联。隆中风景区坐落在襄樊市西郊，由隆中山、乐山、旗山三山环抱着一块盆地，正如《三国演义》中所描写的那样，"山不高而秀雅，水不深而澄清，地不广而平坦，林不大而茂盛"，如今虽无"猿鹤相亲"，却仍然"松篁交翠"。[①] 东汉末年，14 岁的琅琊阳都（今山东沂南）人诸葛亮随着叔父辗转来到襄阳，先是在荆州学堂上学，叔父去世后，他带着弟弟搬到襄阳城西 20 里的隆中，过着晴耕雨读的生活，一共住了十年。这十年，是诸葛亮知识和才干不断增长的十年，隐居期间，他广泛地阅读各种典籍，尤其是兵家和法家的著作；当时襄阳荟萃了全国各地的精英人才，诸葛亮同他们有广泛的交往，一起切磋学问，砥砺品行。正是在隆中的十年间，诸葛亮成长为一个优秀的战略家，从而才能一鸣惊人，其著名的《隆中对》，为刘备描绘了天下三分的

---

① （元）罗贯中：《三国演义》，人民文学出版社，1973，第 311 页。

蓝图，留下了千古不衰的佳话。

诸葛亮的人生之路，是中国传统士大夫的理想之路，诸葛亮的形象，是无数中国人的人生楷模。历代以来，不知有多少文人墨客风流雅士来此凭吊怀古，留下了许多纪念性建筑。耸立在隆中风景区入口处的石牌坊建于清光绪十九年（1893 年），牌坊正中横额雕有"古隆中"三个大字，两边楹联摘取杜甫《蜀相》诗中的两句："三顾频烦天下计，两朝开济老臣心"，两旁小门上是诸葛亮"淡泊明志，宁静致远"的古训，背面大门上横额是"三代下一人"，指诸葛亮是夏商周三代以来第一人才，两边门柱上刻着"伯仲之间见伊吕，指挥若定失萧曹"的匾对，认为诸葛亮在商代伊尹、周代吕尚之间，超过汉代萧何、曹参，算是对诸葛亮历史地位的概括，也表达了后人对诸葛亮的景仰之情。

民间流传的一句俗话是"关云长大意失荆州"，不过，关云长虽然丢掉了荆州，并不妨碍他成为中国历史上的"圣人"，几乎凡是有华人的地方，就有关帝庙。他被看作中国传统道德的化身，一个凝集了忠义仁勇的道德楷模。而荆州，则是关羽一生生活时间最长的地方，他人生的辉煌和失落都在这里得到充分的体现，一直到现在，还到处都留下了遗迹。

在荆州古城南门有一座关庙，相传其地是关羽镇守荆州时的府邸旧址，明代在这里建有关庙。后年久失修，殿宇毁失殆尽。1987 年在关庙旧址上重建，占地 4500 平方米，有仪门、正殿、陈列馆，雕梁画栋，气势宏伟。荆州关庙与山西解州关祠、湖北当阳关陵、洛阳关陵并列为全国四大关公纪念圣地，每年正月和农历五月十三（关公诞辰），荆州关庙都有大型庙会。

在关羽被害之地漳乡修建了坟墓，后随着历代帝王对关羽的尊崇，墓地规模不断扩大，到明代形成了陵园建筑群，这就是位于今当阳市区约 3 公里的关陵。关陵现在仍然保持着明代建筑风格，在陵园中轴线上，依次排列着神道碑亭、华表、石坊、三圆门、马殿、拜殿、正殿、寝殿等建筑。

荆楚地区的古城址也是三国文化的见证。襄阳，汉代设县，三国时，刘表为荆州牧治此城，曹操平荆州之后，一直为军事重镇。三国末年，晋羊祜、杜预为荆州都督时皆驻此城。古城经历代重修，保存至今，并拥有中国最宽的护城河。樊城，位于汉水北岸，与襄阳城隔水相峙，为南北水陆交汇要冲。刘表为荆州牧时，樊城为荆州防御北方的重镇，刘备曾一度屯据此地。城南依汉水，东、北、西三面筑城。原有城门自西向东为迎汉、朝觐、朝圣、定中、屏襄（即鹿角门）、汇通、迎旭7座城门，现仅存定中和屏襄两座城门洞，供人们凭吊古迹。

荆州三国时期处于南北要冲，为兵家必争之地，南郡治所江陵（即今荆州市区），先后为曹操、孙权、刘备等占据，三国著名将领曹仁、周瑜、关羽等先后驻守在此，三国一系列重大历史事件都发生在这里。三国时，关羽在这里修筑过土城墙，至五代十国时始扩大规模，改建砖城。现城墙是清顺治三年（1646年）依明代城墙旧基重新修建的，全长10.5公里，全城有六座城门，除小东门外，其他城门均为二重门，二门之间有瓮城。城门洞和城门框用条石和城砖砌成圆顶，各门均建有城楼，现皆保存完好，荆州古城是我国南方保存最好的一座古城。

公元221年，吴王孙权自刘备手中夺取了荆州的控制权后，在鄂县建都，改名武昌（今鄂州市），同年修筑武昌城。武昌城北临长江龙蟠矶，南眺南湖，东据虎头山，西依西山，为龙盘虎踞之地。至今，在鄂州市南郊百子畈一带，还保存了一段当年都城的城墙及护城河遗址，夯土城墙长约60米，宽10米，高4米，城墙南的池塘称"濠塘"，是当年护城河的遗迹。武昌旧城是我国仅存的唯一的三国时期都城遗址，具有重要的考古及历史价值。孙权在武昌期间，不仅修筑了吴王城，还修建了武昌宫、安乐宫、礼宾殿、太极殿等大型宫殿建筑。

武昌鱼就得名于吴国建都武昌时。吴国末年，孙皓又一次将都城迁到了武昌，但主要的物资还是靠下游扬州地区提供。庞大的军事上以及日常生活所需物资由下游溯流供给，给百姓造成了沉重的徭役负担，故流传有"宁饮建业水，不食武昌鱼"的民谣。第二年，孙皓又将都城迁回至建业，但武昌鱼的名称却流传开来。20世纪50年代，毛泽东在《水调歌头·游泳》诗词中有"才饮长沙水，又食武昌鱼"的名句，从此武昌鱼享誉全国，家喻户晓。武昌鱼的原产地即在鄂州梁子湖。

在武汉市武昌区市区内，有一条逶迤起伏的小山，形似伏蛇，俗称蛇山。与对岸的龟山隔江相峙，自古为军事要塞，黄鹤楼就矗立在蛇山之巅。它始建于三国吴国时期。公元 221 年，孙权在武昌（今鄂州市）建都，第三年，在夏口（今武昌）筑城，作为都城屏障。城西南角因矶为楼，即黄鹤楼。初为军事需要，建楼用作瞭望。南北统一后，转为江城观景名胜。历代名人如崔颢、李白、孟浩然、白居易、岳飞、范成大、陆游等登楼游玩，并留下传诵千古的名篇。

新中国成立以来，在湖北地区出土了大量三国时期的文物，有各种铁质农具、各种类型的粮食加工具和储备工具，清楚地反映了当时农业生产的发展，造型优美的青铜镜、金银饰品和具有独特风格的青瓷器的大量出现，则反映了手工业的进步。

孙吴建都武昌后，人口急剧膨胀，为满足粮食的供应，吴国十分重视农业生产。黄武五年（226 年），孙权父子亲自受田耕种。牛耕迅速普及，铁质农具也普遍应用于农业生产。这些从出土的农业生产工具、粮食加工工具、粮食储备工具的多样化中可以得到反映，农业生产工具有如铁削、铁锸、铁斧等，还有手持耒形器的劳作俑；粮食加工工具有磨、脚碓、臼，墓葬中出土了形式多样的磨，有单幅的上下磨、平底盘承托的磨、三足鼎形器承托的磨等，这些磨与一直沿用到近代的磨的形制几乎没有多大区别。粮食储备工具有圆筒式仓、囷形仓；墓葬中流行用陶和青瓷制作仓的模型，一般墓中都有一至二件，有的墓中可多达四至五件，反映了当时人对粮食储备的重视和农业生产的发展状况。

墓葬中出土的家禽家畜种类多，鸡、鸭、鸽、鹅、猪、狗、羊、牛、马；还有禽舍、羊舍、牛舍、猪圈等，有的一处墓中出土的家畜模型就有近十件之多，而且有圈栏，有的圈栏与厕所连在一起，说明当时人饲养家畜除了食用以外，还用于积肥沤肥。墓葬中随葬大量的家畜、畜圈模型，反映了家庭饲养业的发达。

荆楚地区湖泊众多，具有十分优越的发展水产养殖和捕捞业的条件，"宁饮建业水，不食武昌鱼"，这首吴国的民谣本身也反映了武昌渔业的发达。出土的文物有庖鱼俑、随葬鱼模型等。

荆楚地区矿藏资源丰富，武昌西边的樊山产铜、铁和银，距武昌仅二十余公里的大冶有丰富的铜铁矿资源，早在西周时就开始开采，历代延绵不断。近年来，在鄂州的泽林、汀祖及西山都发现过古代的冶炼遗址或遗迹。陶弘景《刀剑录》载，吴主孙权黄武五年（226年）采武昌山铜铁，作千口剑、万口刀，各长三尺九寸，刀头方，都是南钢越炭打造而成。考古出土的铜釜上刻有"黄武元年（222）作三千四百卅八枚""武昌官"等铭文，反映了当时冶铸业的兴盛。

孙吴墓葬中出土有大量铜镜，许多带有铭文，证明它的产地就在武昌，有的制镜匠师来自会稽山阴（今浙江绍兴），说明孙吴为了发展冶铸业，从长江下游迁来了技师，带来了先进的工艺技术，从而使武昌发展成了南方的一个铸镜中心。甚至日本古坟中出土的从当时中国输入的所谓"舶载镜"，有的就是出自武昌的产品。

青瓷制造业是东汉末年新兴起的手工业，南方青瓷制造业以会稽地区最为先进。但湖北墓葬中出土的大量青瓷器，风格与会稽地区的明显不同，应是出自古武昌当地或与之毗邻的长江中游地区。出土的典型青瓷器物有碗、盏、罐、虎子、盘口壶、唾壶、水盂、灯、熏、盒、砚、虎形烛座、鸡首罐、盘、盆、勺、耳杯、酒樽、槅，明器有院落、房舍、灶、案、井、人物俑、镇墓俑等。

鄂州出土的金饰片早于长江中下游其他地区，数量众多的金饰片以及其他金银制品，反映了当时武昌金银细工的发达。

文献记载，黄武四年（225年），扶南（今柬埔寨）诸外国献琉璃，黄武五年（226年），大秦（罗马）商人秦论由交趾至武昌见孙权。在鄂州吴墓中发现的琥珀、水晶等饰品就有异域特色，而在西晋早期墓葬中出土有波斯萨珊王朝玻璃碗，这些反映了当时武昌与海外的交流，而大量"直百五铢""太平百钱"等蜀钱和来自长江下游越地的青瓷器物则反映了武昌与蜀国及东吴境内商业往来的盛行。

萨珊玻璃碗出自鄂州西晋早期墓，产自波斯萨珊王朝（226～650年），是我国发现的年代最早并且在长江流域唯一出土的波斯玻璃器皿。它与日本奈良县橿原市新泽千塚126号墓（埋葬年代为公元5世纪后期）

出土的一件波斯萨珊朝的玻璃碗在形状、纹饰和制作工艺上十分相似，两者的原材料成分也几乎完全一致。有学者认为鄂州西晋墓中出土的萨珊碗为孙吴时期通过海路传入，而日本的萨珊玻璃器则是通过中国传入。[1]

佛教在江南地区的传播最早开始于武昌，孙吴建都武昌期间，先后有大月支人支谦、天竺僧人维祇难、竺道炎来到武昌，共译佛经，传播佛教。孙权也在武昌建立佛寺，佛教开始传入到荆州。在鄂州孙吴墓葬中出土的铜镜和青瓷器装饰上，发现的有关佛教的图像，印证了当时佛教的盛行。

五　民间文化

湖北作为三国时期历史人物活动的重要舞台，在民间留下了深厚的文化积淀，既有为附会三国名人而传承的生活习俗、也有因崇拜三国名人而形成的民间信仰，更有为纪念三国名人而传唱的民间曲艺。

在湖北，到处都有与三国文化有关的地名，湖北省县以上政区名同三国有关的如省会武昌，来自孙权建都取"因武而昌"之义；咸宁市的赤壁市，是为纪念赤壁之战发生地而改名；宜昌市的猇亭区，是为纪念夷陵之战主要战役的发生地而建区；宜昌市的点军区，来自关羽在此点视兵马的传说；荆门的掇刀区，相传为关羽掇刀之地而得名；公安，原名油口，因刘备驻此而改名，沿用至今；黄陂，原名黄城镇，以刘表将领黄祖驻此而得名，北齐时改名为黄陂县。

关羽是三国时期的一员武将，以勇猛著称，后来在历史上又发展成与孔子并列的"武圣"，伴随着关羽形象的发展，关羽成了传统文化的一个代表人物，形成了一种以关羽为象征的文化现象。由于关羽长期驻守荆州，在湖北地区到处都留有遗迹，在民间也流传着有许多传说故事，因而在湖北地区六朝时期就形成了因崇拜关羽而形成的民间信仰。唐宋时期，关羽信仰在荆楚一地愈趋流行，宋元以后，关羽从地域神的地位上升至全

[1]　王仲殊：《试论鄂城五里墩西晋出土的波斯萨珊朝玻璃碗为吴时由海路传入》，《考古》1995年第1期。

国信仰的神祇，并为儒佛道三教所接纳，成了中国传统文化的一个集中代表，但荆楚地区仍是关羽信仰最盛行的地区。一直到今天，关公文化仍然以关公戏、关公庙会、关公文化节等表现形式鲜活地存在于荆楚大地上。

湖北拥有众多的地方剧种，如汉剧、楚剧、荆河戏、清戏、小二黄、湖北越调等，在这些地方剧种以及在湖北广泛流行的京剧中，存在大量的以三国故事和传说为题材的剧目。湖北还有许多地方民间曲艺形式，如流行在境内长江沿岸的武汉、沙市、宜昌等城市码头的湖北小曲，流行在鄂西恩施地区的恩施扬琴，流行在鄂西北的襄阳小曲、郧阳曲子，流行在鄂东的文曲，流行在江汉平原的湖北渔鼓、歌腔，流行在武汉及湖北全省的湖北大鼓，鄂东北的铜镲大鼓，鄂西北的襄阳大鼓，鄂西南的满堂音、花鼓，鄂中南的跳三鼓，江陵一带的鼓盆歌，随州周围的打锣鼓，恩施鹤峰的讲书锣鼓等曲艺形式，等等。这些曲艺形式中三国内容的曲目也占有重要的地位。戏曲曲艺植根于民间，表演形式简便、灵活，不拘时间场合，生活气息浓郁，有的是职业艺人卖艺求生、走乡跑镇、登门赶会，有的是群众自娱自乐，田间地头、深宅古庙闲暇消遣。由于三国戏或是群众喜闻乐见的地方剧种、曲艺，或是以发生在荆楚地区耳熟能详的历史故事为题材，群众喜闻乐见，常演不衰。这些艺术形式所承载的三国故事深入人心，成为地方民间文化不可分割的一个部分。而群众也是通过浸润着三国文化的生活习俗、民间信仰、民间戏曲的耳濡目染，才使得三国故事、三国人物一代代口耳相传，形成了浓郁的三国文化氛围，故今日湖北才有"三国文化之乡"之美誉。

在全球化和网络化的时代，文化的影响力空前强大，它渗透到政治、经济的方方面面，在综合国力的竞争中，文化的地位和作用越来越突出。文化的力量，不仅深深地熔铸在民族的生命力、创造力和凝聚力中，而且成为综合国力和国际竞争力的重要组成部分。综合国力就是经济、科技、军事、文化的有机统一。它既包括物质力量如经济、国防、资源，也包括精神力量、科技实力、民族凝聚力、文教实力。文化在整个综合国力中的地位大大提高，文化产业正日益成为重要的产业，文化成为综合国力中的灵魂、动力，是连接综合国力各种要素的关键力量。地域文化是一个区域的精神内核，对一个地域的文化进行系统的探索，弘扬地域文化，对提升人们的素质，培育人们对家乡的自豪感和自信心具有重要的作用。在当代湖北文明的构建中，历史资源既是当代文明的底色，又是在精神文明建设和文化产业发展上挖掘不尽的宝藏。湖北三国文化是在长期的历史过程中逐渐形成、不断发展的地域文化，丰富了荆楚文化的内涵，挖掘弘扬湖北三国地域文化，对构建文明湖北有突出的意义。一个以地域为基础历史形成的文化系统反映了该地区相对独立的文化特色、人文精神。各个历史时期的地域文化既具有特色，又相互影响，相互交流，相互学习，取长补短，为建设当代湖北提供了文化资源。

构建文明湖北，离不开文化湖北的建设，文化湖北就是把文明湖北的理念深化为人们日常自觉的行为方式。地域文化是文明湖北的有机组成部分和思想来源。文化湖北的培育与地域文化的发展相互影响、相互作用，而文明湖北又从地域文化里丰富自己，不断发展壮大。只有发扬地域文化的个性和特色，满足人民群众多样的文化需求，才有湖北文化的繁荣。积极培育和建设具有地方特色的地域文化，使文化湖北具有强烈的感染力，深入人心，才能真正构建一个文明的社会。

三国文化之所以在中国历史上占据独特的地位，与《三国演义》的影响分不开。《三国演义》塑造的人物形象实际上是中国历史上人物形象的浓缩，是中国传统文化的形象载体，在中国民间，具有教科书和样板的意义。而其中尤以诸葛亮、关羽、曹操三人最为突出。诸葛亮被称作千古贤相第一人，关羽被称作千古名将第一人，曹操被称作千古奸臣第一人。一直到今天，这三人在中国可以说老幼皆知，在海内外都有着广泛的影响。诸葛亮是忠贞和智慧的化身，他来到荆州时才十余岁，主要是在襄阳成长起来的，在襄樊地区流传有许多与诸葛亮有关的传说和故事。关羽集节、义、忠、孝、仁、智、信于一身，受到了官方和民众的广泛尊崇。可以说，有华人的地方，就有关公崇拜。关羽对华人有广泛的感召力、凝聚力。当阳的关陵每年都有来自海内外的华人华侨朝拜祭祀。湖北地区是关羽生活时间最长的地方，到处都有他的遗迹，为发展关公文化提供了丰富的载体。

社会主义的核心价值体系中有以爱国主义为核心的民族精神与以改革创新为核心的时代精神。爱国家与爱家乡是分不开的，或者不如说，正是由爱家乡的情感升华为爱国主义的精神，家乡的山山水水，家乡的父老乡亲，正是每个人自幼耳濡目染最初的爱国主义的教科书，从地域文化中发掘的丰富内涵正可以激发每个人对家乡的自豪感，从而增强爱国主义的精神。而改革创新的时代精神正是从深厚的中国文化传统之中孕育出来的，各个地区各个历史时期都有无数英雄志士以改革创新的精神建功立业，激励当代人们在前人的业绩上不断创新，创造更大的辉煌。地域文化是一种凝聚力，它能够塑造一个地区的人文精神，同时，也塑造一个地区的人的精神素质，从而对一个地区的社会经济发展带来巨大的影响。

随着文化与经济的日益融合，特别是文化产业的兴起，文化在社会经济发展中的作用越来越重要。挖掘地域的文化资源，寻找新的经济增长点，提升综合竞争实力，已经成了现实经济发展的迫切需要。文化的优势正日趋转变成经济优势。我们需要开发具有地域文化特色的产品，形成产业优势，创立知名品牌；或利用地域文化的内涵提升城市的文化品位，促进文化与城市建设的结合、与旅游业的结合，促进地方经济文化社会的全面发展。发生在湖北地区的三国故事和至今仍保存的三国民俗，通过不同的形式一直广为流传，使湖北地区在三国文化中占有独特的地位，在海内外产生了广泛的影响。湖北地区三国文化的无形资源，既是培育荆楚人文精神的源头活水，也是发展三国文化旅游最珍贵的宝藏。总之，我们需要通过市场机制实现三国文化旅游资源的整合，提高三国景点的文化内涵和经营管理水平，加快三国景区开发和建设的步伐，把湖北三国文化旅游建设成国内外知名品牌，从而使三国文化在构建文明湖北中发挥更重要的作用。

鄂州市三国文物资源情况及
保护与利用思路

熊寿昌[*]

（湖北省鄂州市博物馆）

鄂州市古称武昌，是湖北省历史文化名城，素以"吴王故都"而名扬天下，境内有闻名国内外的三国"吴王城遗址""庾亮楼"等省级三国六朝文物保护单位，有西山三国人文景区，有市博物馆馆藏三国六朝时期的文物数千件（其中不乏国家一至三级文物珍品数百件；汉三国六朝铜镜与六朝青瓷构成鄂州市博物馆馆藏文物特色），有孙权、孙皓等有影响的三国帝王建（迁）都于此，有三国佛教名士支谦译经传教于此，有六朝名将陶侃、庾亮在此镇守，有佛教名僧慧远创净土宗于此，等等，三国六朝文物与名家在鄂州数量众多、特色鲜明，在全国甚至国外都具有一定的影响力。三国时期是我国历史上的一个特殊时期，而三国历史文化也正是构成鄂州市城市历史特色之所在。目前，社会已进入高速发展时期，保护、利用好文物资源，为社会主义文明建设服务，是我们必须积极探索与研究的问题。

一 鄂州市三国文物资源情况

要全面地看待"三国文物资源"。就鄂州市而言，因三国历史时段与

---

* 熊寿昌（1961~），男，湖北省鄂州市博物馆党支部书记、副研究馆员。

地域的特殊性，不能孤立地看待三国文物，三国历史文化与前朝的东汉和后期的两晋南北朝是有千丝万缕的联系的。在涉及开发利用时，"三国文物"应包括遗址遗迹和馆藏文物。

（一）遗址与遗迹

1. 吴王城遗址。汉末（221年），孙权将其统治中心迁到鄂县，改县名为"武昌"，取了第一个年号为"黄武"。同时大修了武昌城（即"吴王城"，又称"吴大帝城"）。经过勘探，该城呈长方形，东西长1100米，南北宽500米（处于今天鄂州城区武昌大道的左右；武昌大道穿城而过）。① 吴王城有护城河、城门，城内有宫殿群，名曰"安乐宫"，以太极正殿为中心，旁有礼宾等殿，城内城外有大量的房屋建筑与水井或地窖等设施。据专家考证，吴王城遗址是目前我国保存较好的三国六朝古城遗址之一，有较大的历史和科学价值。1992年被公布为省级文物保护单位。

2. 庾亮楼。庾亮楼古称"南楼"，又曾称"庾公楼""玩月楼"。庾亮楼最初是吴王城安乐宫的端门。东晋太尉、征西大将军庾亮镇守武昌时与僚属殷浩、王胡之、王羲之等人在此赏月、咏谈。② 唐代李白也于安史之乱时期来武昌庾亮楼饮酒赋诗。2002年庾亮楼被公布为湖北省文物保护单位。

3. 西山三国人文景区。西山是湖北省重点风景区，西山的人文涉及时间长、范围广。它涉及汉代至近代的诸多人和事，其中三国六朝时期重要的人文遗迹有以下几处。

①孙权遗迹。西山为孙权之行宫、游猎行祭之御坛。孙权游西山时，见其六月无暑气，故修建避暑宫。此外，西山还存有数十处与孙权相关的胜迹，如"即位坛""试剑石""洗剑池""钓台"等。

②陶侃、慧远遗迹。陶侃是吴晋时期名将（大将军，都督六州诸军

---

① 蒋赞初主编《鄂城六朝墓》，科学出版社，2007，第1页。
② （南朝宋）刘义庆：《世说新语·容止》，余嘉锡笺疏，上海古籍出版社，1993，第616页。

事），两晋时曾两度镇守武昌，在西山建有"读书堂"，历史上"禹寸陶分"所指的"陶分"即陶侃珍惜光阴一事。此处曾出土一枚"侃"字印，而"书堂夜雨"则是鄂州古代著名的"八景"之一。慧远是中国佛教史上著名的人物，晋太元年间来武昌，在西山孙权避暑宫故址上修建了西山寺（今称"古灵泉寺"），倡佛教净土法门。

4. 南浦风景名胜区。即今洋澜湖，位于今市区偏南。南浦昔为吴王孙权的苑囿，北岸紧靠吴王城。在南湖东岸的虎头山，传孙权在此因见凤凰，故筑"凤凰台"，招周瑜、鲁肃共商定都大计。① 在南湖西岸有孙权的"南郊坛"，为孙权祈年之所，湖滨昔有"堂棣径""枫香径"等均为苑囿景物。

（二）馆藏三国文物

鄂州博物馆馆藏文物中三国六朝文物占有较大的比重，不少文物在国内尚属少见或不见，有的在国际上也有一定的影响。藏品曾调至国家博物馆，也曾参加国家博物馆、省博物馆在国内外举办的展览。

1. 六朝青瓷器。在鄂州出土的文物中，不同造型、不同形制、不同胎质、不同釉色的青瓷器多达七八千件（套），约占鄂州文物总数的40%，有些文物又为长江中游以外地区所不见或少见。② 例如在西晋墓中出土的一件大型青瓷羊插座，造型生动、气魄雄伟。目前，在南京有同类器物出土，但在造型、气魄诸方面又较此逊色得多。一件西晋时期的蛙盂作盖纽的三兽蹄足青瓷砚，造型精制，形态优美，别具一格。在吴墓中出土的一件青瓷佛像香薰，三僧人结咖跌座，双手合十，是一件用佛像做装饰的文物，是研究早期佛教传播的重要实物资料。此外，在青瓷器中反映佛教题材的还有青瓷佛像洗和青瓷佛像唾壶等。

1967年，在西山南麓"孙将军墓"中出土了一套青瓷院落门楼。门楼上刻有"孙将军门楼也"六字。院落四周碉楼高立，俨然一座戒备森

---

① 清光绪《武昌县志》，台湾成文出版社，1975，第71页。

② 蒋赞初主编《鄂城六朝墓》，科学出版社，2007，第330页。

严的将军府弟。该门楼已调中国国家博物馆。[①] 无独有偶，1991 年，在离孙将军墓东约 30 米处的一座墓中，又出土了一套类似"孙将军院落门楼"的"青瓷仓院"，所不同的是，这座院落除置有房屋外，并设置有四个仓，而在造型与釉色上较之孙将军门楼更胜一筹，堪称六朝青瓷之冠。经考证，此两墓乃是孙权家族侄儿孙邻、侄孙孙述之墓。[②]

此外，如吐舌俑、乐俑、穿山甲、蛙形水注、狮子水注、提梁薰、箕形器、盘口壶、鸡首壶、扁壶、虎子、五联灯、碓、磨、镇墓兽，以及家禽畜圈等，有的造型独特，有的形象逼真，有的釉色晶莹，有的纹饰精美，无一不是六朝青瓷之中的上乘之作。

2. 青铜镜。鄂州馆藏铜镜中最有特色的是三国六朝铜镜。[③] 其一，数量多，在鄂州市这样一个不大的范围内出土铜镜百余面，在全国罕见；其二，品种多，在此期铜镜中，有以"神兽镜"为代表的镜类如"半圆方枚神兽镜""分段式神兽镜""环状乳神兽镜""画文带神兽镜"……；其三，纪年铭文镜多，从东汉至三国，诸多帝王年号在镜上反映出来，其中三国孙吴的帝王年号几乎都有（铭文之多也是此期的一个重要特征）；其四，纹饰丰富，除了动物、几何纹外，人物纹饰也丰富多彩，特别是佛教、道教题材更是为铜镜赋上了当时的思想内容；其五，有的铜镜是与日本出土铜镜一个模子所出。[④] 因此，鄂州被誉为"铜镜之乡"。

3. 其他文物。1977 年在西山南麓的一座古井中，出土了一件带铁环的铜罐，上刻铭文："黄武元年作三千四百卅八枚""武昌""官""王"。说明系孙吴官营手工业作坊的产品，应该是归王姓人所有。一件近 150 厘米长的铁刀，更是全国罕见，有专家推测它也许是孙权的"百炼刀"。这些铜铁产品产量之大也说明了当年武昌铜铁工业的盛况。

---

① 蒋赞初主编《鄂城六朝墓》，科学出版社，2007，第 85 页。该门楼于 1989 年调国家博物馆，在修改后的通史陈列中展出，至 2013 年，同鄂州的"佛像镜"一起仍在柜中展示。
② 熊寿昌：《论鄂城东吴孙将军墓与鄂钢饮料厂一号墓之墓主人身份及其相互关系》，《东南文化》2000 年第 9 期。
③ 湖北省博物馆、鄂州市博物馆：《鄂城汉三国六朝铜镜》，文物出版社，1986。
④ 王仲殊：《吴县、山阴和武昌》，《考古》1985 年第 11 期。

1978 年在鄂城水泥厂一座吴墓中出土的一件漆座嵌石砚，以木胎漆板为座，中嵌长方形石黛板，头端置方形水槽。此砚不但保存完好，而且说明了黛板的用途和银嵌方法，为国内所罕见。

吴墓出土的银唾盂，腹部和肩部均有金丝片平贴组成的流云纹，新颖美观，颇具匠心。

一件保存较好的漆屐，屐底有齿足，深酱色。在吴墓中出土漆质木胎屐，当属罕见。而一套 6 片木牍，上有"广陵史卓再拜，问起居"等墨书，不仅是艺术珍品，也是史料的真实记载。

在西晋墓中出土的一件透明的玻璃器，是我国出土年代较早的波斯玻璃器，较南京的东晋帝陵和王氏大墓中所出土的要早半个世纪左右，是研究古代波斯地区与古武昌的文化交流以及古代玻璃制品等诸多方面的珍贵资料。

在六朝墓中出土的金鸳鸯、金狮子、金青蛙、金俑、金指环、桃形金片、金钉和银镯、银钗、银铃等金银器，既有历史价值，又有艺术价值，是不可多得的文物。

二　保护与利用思路

鄂州市的旅游资源得天独厚，在被称为"一江、三湖、五山"的自然景观中包含有丰富的人文景观和文化资源。我们认为，鄂州市在打文化生态牌发展旅游产业的过程中，应该本着保护与开发并举、规划与建设齐抓的原则，深挖文化内涵，发挥不同历史文化与文物在旅游与文化产业、事业中的作用，不断地将相关产业推向一个又一个层面，创造出一个又一个亮点。

1. 打三国文化牌，拓展文化产业与旅游发展的空间。鄂州，古称武昌，三国东吴孙权曾在此呼风唤雨，留下"吴王城""吴王避暑宫""凤凰台""试剑石""洗剑池""撒花滩""钓台"等十数处文化古迹和丰富的故事、传说，使得三国文化大放异彩。为了保护历史遗迹，开发文化产业，鄂州市应继续把三国文化作为开发重点。

鄂州市曾先后完成了"凤凰广场建设规划""吴王避暑宫、武昌楼建设规划""凤凰台建设规划""三国吴都风光带"一期、二期建设，目前三期建设正在建设之中，这都是在围绕三国文化做文章。2013 年 3 月，吴王城遗址被国务院公布为全国重点文物保护单位，吴王城保护规划方案的编制也将很快启动。这些地方都是利用三国文物古迹为城市社会发展服务的实例，它们也相应地成为市民的休闲场所和中外游客观察鄂州的一个窗口。① 利用历史文化内涵建设起来的避暑宫、武昌楼已接待了大批的中外游客。这些利用三国文化资源不断开发出的旅游项目，提升了鄂州的整体形象，也使鄂州的旅游空间进一步得到拓展。所以，打三国牌、吴都牌在鄂州有着得天独厚的优势。

2. 挖掘陶瓷文化，形成鄂州的旅游特色。鄂州历史上是陶瓷业较发达的地区之一。战国彩陶绚丽多彩，汉三国六朝陶瓷生动活泼，唐五代陶瓷古朴典雅，明清彩瓷异彩纷呈。鄂州市在发展旅游支柱产业中，应不断地有针对性地推出陶瓷展览，接待中外游客。文化部门近年来一方面举办了《六朝青瓷展》《陶瓷精品展》等展览，将展览这一重要的旅游项目纳入旅游产业发展规划中，另一方面又抓住有开发价值的项目，形成特色。梁子岛上的"瓦窑澥古窑址"是唐、五代时期的古窑址，是湖北省首次发现的古窑，其陶瓷器曾赴英伦展出，曾是中国"文物外交"的重要内容之一。这些虽然不是三国时期文物，但是，可利用其影响力，利用六朝青瓷的优势，将六朝青瓷的展示与古窑的保护与梁子岛的生态保护结合起来；将古窑的开发与梁子岛（湖）的旅游规划结合起来，形成一个让游客参观展览、接受教育、学习知识、亲身体验制陶乐趣，而又具有独特风格的文化旅游产业的亮点。

3. 利用鄂州市博物馆的阵地，弘扬青铜文化、丰富文化旅游商品。鄂州市博物馆已经建成，内设《鄂楚文化》《三国文化》《铜镜文化》《民俗文化》《鄂州与名人》《书画艺术》等六大展厅。② 其中《三国文

---

① 所指为仿古建筑，系 20 世纪 90 年代相继建于西山风景区（昔日之孙权苑囿）。

② 鄂州市博物馆于 2013 年 11 月试开放。

化》《铜镜文化》展示的鄂州汉三国六朝的生活用品，在历史界、考古界、美术界均有一定的地位，特别是鄂州的汉三国六朝铜镜更是享誉海内外。博物馆曾举办过的《古铜都文物展》接待过美国、日本、澳大利亚等国家大型旅游访问团，《鄂州古铜镜展》更是接待了国内外无数的旅游团队和零散游客。日本的一些考古教授多次组织由业余考古爱好者组成的团队来鄂州参观铜镜展览。凡是到鄂州的外国游客，首先想到的便是博物馆。而文化部门早已在旅游商品的生产上探索出一条新路来，他们利用馆藏的青铜镜在国内的优势地位，开发出以铜镜为主体的系列青铜器仿制品，其铜镜上开发出的"透光"效果，更是深受游客的喜爱。① 湖北省人民政府办公室还将铜镜的仿制单位作为"湖北省人民政府礼品生产定点单位"，在湖北旅游商品中占有重要地位。今后，这方面还应进一步加大博物馆的展示效果，注重文化产品的开发力度，增加古代生产过程的展示和互动性，形成鄂州特色。

4. 书法艺术，联系中外游客的纽带。鄂州是"湖北省书法艺术之乡"。鄂州市不仅将中国书法这种优秀传统艺术进行弘扬、普及，同时也发挥了书法在旅游产业中的作用。鄂州不仅有气势恢宏的"莲花山万块碑林"，有小巧玲珑的"张裕钊陵园碑廊"，有在中国书法艺术发展史上占有重要地位的名家王羲之驻足鄂州，也有全国重点文物保护单位"唐李阳冰篆书《怡亭铭》摩崖石刻"。② 它们都是联系中外游客的纽带。针对《怡亭铭》石刻的保护与开发，作为三国吴都风光带之中的工程，市政府投入两百余万元资金建成了怡亭仿古罩亭，成为鄂州市沿江的一处重要人文景观。其石刻篆书使很多游客慕名而来，流连忘返。鄂州人、清代书法家、教育家张裕钊，创立了中国书法史上所称的"张体字"，并在清后期传至日本，深受日本书法家喜爱。为开发这一资源，鄂州市无偿划拨土地，与日方先后修建了"张裕钊墓、纪念碑""张裕钊纪念馆"等设施，接待了日方旅游团队及游客300余人。2001年3月，中日双方又在

---

① 系鄂州市博物馆文物复原复制研究所利用光学原理开发出的铜镜铸造工艺品，能依人的意愿反射出文字、图案，在镜面上又不留痕迹。

② 1988年被国务院公布为第三批全国重点文物保护单位。

"张裕钊陵园"内共同建成了"张裕钊陵园书法碑廊"，同时又接待了日方游客 80 余人，建成十余年来，多次接待日本书法界的专家学者，在创造社会效益的同时也创造了较好的经济效益。在此方面，更要注意宣传东晋王羲之当年与庾亮在武昌的活动；宣传"王羲之成名在武昌"这一主题，将鄂州的书法文化向纵深拓展。① 书法碑刻艺术在鄂州旅游产业中的作用也将越来越明显。

5. 利用宗教文化，促进旅游业的繁荣。鄂州市近年来在旅游业的发展中，既注重物质文明建设，也注重精神文明建设，在对有损鄂州形象的非法庙宇进行强行拆除的同时，对已登记作为宗教活动场所的合法寺庙活动进行了正确引导，注重发挥它们在旅游业中的作用。鄂州曾是三国时期佛门名士支谦的译经地，支谦也曾是孙权聘用的"博士"，是太子的老师。② 出土文物上的佛像证明了佛教江南传播始于武昌的道理。位于鄂州市西山风景区的古灵泉寺，是东晋慧远法师在江南建立的第一座佛寺，是佛教净土宗的发祥地，享誉东南亚。鄂州市则把寺庙的开发与整个风景区的开发结合起来，编制了长期的发展规划，正在进行维修改造，以增强寺庙的接待功能。在一定的时候，应继续举办"西山庙会"，把宗教文化、民俗文化、三国佛教文物展示、假日旅游紧紧地结合在一起。位于长江中的观音阁，始建于元代，是历史上的一处宗教场所，如今是鄂州市的一处重要的人文景观，有"万里长江第一阁"之称。2006 年被公布为全国重点文保单位，近来，鄂州市又在如何保护好、开发好这处人文景观上做了大量的文章。2014 年，观音阁维修将正式启动。宗教文化已成为鄂州发展旅游支柱产业中的重要组成部分。

6. 丰富饮食文化，为游客留下无尽的回味。鄂州有"百湖之市"之称，这里阳光充沛、四季分明，大自然赋予了人们丰富的饮食资源。著名的武昌鱼就产自鄂州的梁子湖中。武昌鱼从三国开始就名扬天下。当时的建业人为了抵制吴末帝孙皓迁都武昌，编出"宁饮建业水，不食武昌鱼；

---

① 张天号：《王羲之成名在武昌》，《湖北日报》2005 年 1 月 13 日。

② 任继愈：《中国佛教史》第 1 卷，中国社会科学出版社，1988，第 159 页。

宁还建业死，不止武昌居"的童谣，没想到，这与后来毛泽东的"又食武昌鱼"一起成为绝好的广告词。近年，鄂州市又利用武昌鱼这一品牌，开发出了"豆豉武昌鱼""武昌鱼香肠"，成为远近闻名的抢手货和旅游商品中的佼佼者；梁子岛又开创了"湖水煮湖鱼"的旅游饮食文化项目：一条渔网，一只小船，一口瓦钵，一壶"武昌酒"，这梁子湖上的诱人一幕，令众多的城里人向往。鄂州市还多次举办"鄂菜美食月"之类的活动，请名厨先后在各酒店主理，突出淡水鱼类丰富的菜肴特色。同时又组织专业人员对"鄂州菜"的"看相""吃相""侃相"进行研讨。鄂州市筹办的"武昌鱼文化节""梁子湖捕鱼节"已产生了一定的影响。

三 今后的具体打算与建议

1. 继续推进并基本完成市博物馆搬迁重建工作，把博物馆建成人员素质一流、基础设施一流、文物展示一流、科学研究一流、服务质量一流、产业发展一流，能较好反映鄂州悠久历史和灿烂文化，两个文明齐发展、两个效益双丰收的全省乃至全国一流的中型博物馆；把博物馆建成重点展示三国文化的场所。目前计划新馆建成后推出《三国文物展》《六朝青瓷展》《汉三国六朝铜镜展》《六朝古墓展》等展览。同时还要把博物馆建成文化产业基地和国家 3A 旅游景区。

2. 继续推进并基本完成唐（国保单位怡亭铭摩崖石刻）、元（国保单位观音阁）、明（明清武昌城）三文物点的保护及连片开发工作，将其纳入"三国吴都风光带"，使其成为鄂州又一处高质量、高水准、高品位的文化景观和旅游景区。

3. 继续推进并切实做好三国历史文物复制产品的开发及促销工作，适度扩大经营规模，增加营销品种，改善产品质量，降低生产成本，拓展销售渠道，提高经济效益。

4. 继续推进并努力做好文物的科学研究、开发及宣传，特别是地上重点文保单位和馆藏珍贵文物的研究、开发及宣传工作，使其真正成为繁荣和发展鄂州文博事业、旅游事业及科技事业的有效资源，成为宣传鄂州悠久历史和灿烂文化、提高鄂州知名度的重要载体。

在做好上述工作的同时，建议相关部门：一是要自上而下成立领导机构与开发机构，对具体的开发做好研究、规划、指导工作；二是加大资金倾斜的力度，特别是在文化资源开发利用方面，应有一定的资金投入为前提；三是领导要重视，要真正把资源开发、产业发展摆到与事业同等重要的位置；四是要加强与相关部门的合作，将文物的保护、开发、利用的涵盖范围向相关部门辐射。

湖北禅文化的现实关怀与世界视野

——以黄梅禅文化为中心

郝祥满　刘娟　李时雨[*]

（湖北大学历史文化学院）

美国人比尔·波特在《华夏地理》杂志 2010 年 3 月号中撰文称黄梅禅宗"黄梅天下禅"，而黄梅人更是自信地说自古就有"蕲黄禅宗甲天下，佛家大事问黄梅"之说[①]。发源于黄梅的禅宗"东山法门"何以能够兴于湖北，播向全国，冲出亚洲，走向世界？何以能够千百年来广泛流传而成为天下之禅？

黄梅禅宗东山法门自创立以来，便"关怀现实"，将印度禅学中国化，关注生命和生活，关怀身边世俗大众的生活。从四祖道信开始，禅宗开始中国化，以湖北黄梅为根据地，从黄梅地区起步走向世界。

一　黄梅禅的现实关怀传统与黄梅禅的世界视野

论及中国黄梅禅"现实关怀"的传统，自然要追溯到四祖道信。据《续高僧传》《传法宝纪》等的记载，道信（580~651 年）禅师，俗姓司

---

* 郝祥满（1968~），湖北大学历史文化学院副教授，湖北大学中日社会文化比较研究中心负责人；刘娟，湖北大学中日社会文化比较研究中心研究助手；李时雨，湖北大学历史文化学院硕士研究生。

① 转引自黄夏年主编《生活禅研究2》下，中州古籍出版社，2012，第450页。

马，世居河内（今河南省沁阳县），七岁时师事一僧，十二岁入皖公山依止禅宗三祖僧璨修学十年，隋大业年间（605～617年）正式剃度，先后住吉州寺（在今江西吉安）、庐山大林寺等处。唐武德七年（624年）应请赴江北，在蕲州黄梅县西的双峰山建寺传法，一住便是三十余年，徒众日多，"四方龙象尽受归依"，"诸州学道无远不至"，门下参学者多达五百人，形成国内一大禅学中心。永徽二年（651年），道信安然坐化于双峰山，世寿七十二岁。①

四祖道信在黄梅传禅，有两大重要举措。一是戒、禅并传。《楞伽师资记》说他撰有《菩萨戒法》一本（已佚）。《楞伽经后记》说四祖撰有《禅宗论》，暂时不可考②。道信承达摩一系之传，针对徒众的根机，吸收大乘经论及其他宗派之学，形成了独特的禅法，撰有《入道安心要方便法门》，该文是对禅宗理论的发扬，是后来禅宗思想的源泉。

二是农禅并举，率众耕作自养。《传法宝纪》说他每劝门人："能作三五年，得一口食塞饥疮，即闭门坐。""作"指作务、工作、劳动，即今寺院中所谓"出坡"，主要的工作是耕种以自找道粮、建寺安僧，传戒、作务、坐禅结合，开创了禅宗丛林的基本模式。

禅宗五祖弘忍（601～674年），俗姓周，蕲州黄梅人，七岁时随道信禅师出家受学。《传法宝纪》说弘忍"昼则混迹驱给，夜则坐摄至晓，未尝懈怠，精至累年"，"常勤作役，以礼下人"。所谓"作役"是就体力劳动而言，说明弘忍将日常劳动引入禅法，这是对传统佛教思想的重大改革。他与门徒过着农禅并重的生活、修行方式，神秀师事弘忍，誓心苦节，不舍昼夜，服勤六年，日以樵汲自役，夜则静坐习禅求道。

禅宗六祖慧能更是甘作劳役，曾坠石助力，踏碓舂米，以求其道。据《楞伽师资记》所载，弘忍认为学道应该山居，"栖神幽谷，远离嚣尘，养性山中，长辞俗事。目前无物，心自安宁。从此道树花开，禅林果

---

① 参考杨曾文《黄梅与中国禅宗》、李志夫著《四祖道信在中国佛教史上特殊之贡献》，皆载《黄梅禅研究》上，中州古籍出版社，2012，第3、27页。
② 〔日〕忽滑谷快天：《中国禅学思想史》，上海古籍出版社，1994，第114页。

出"。他几乎一生居山，住双峰山30年，冯茂山又21年。①

可见，黄梅禅宗是区别于都市佛教的山林佛教，基于为山野平民服务的意识，当然，四祖、五祖乃至六祖能够在黄梅等地形成僧团，也与隋唐建国之际宽松的宗教政策有关。唐高宗建寺造塔，祭奠阵亡将士，并进行忏悔，有利于五祖发扬东山法门。

达摩禅及随后的二祖、三祖在行持上，严戒掘土杀生，故早期禅僧托钵乞食，不事农活，也是出于无奈。这种无奈之举也促进了禅宗学会适应社会变革的能力。四祖道信以来禅宗的"医禅""农禅"，这是一种服务意识，一种自律。独善其身的佛教是很难传承下去的，当然佛教也要保持其独立性，过分的世俗化则使佛教偏离出世的宗旨。

现代净慧法师所提倡的"生活禅"，都体现了服务意识、平民思想，有世俗化的精神，这是宗教发展必须面临的问题。不过禅宗的发展要兼顾平民主义与世界主义。

黄梅禅能够广泛流传，其次在于其世界视野，或者说"天下"意识。

何为黄梅禅的"天下"意识？所谓的天下意识就是今天的世界意识。佛法无国界，佛法超越国界。这种"天下意识"起于五祖弘忍，基于人有南北之分，佛法不能有南北之分的理念，他将禅宗衣钵交付慧能，而不是给一直追随自己的神秀，此举使禅宗南传，而为禅宗在全国的弘扬打下了基础。此后在慧能的弟子神会、马祖道一等的推动下，禅宗流传全国。

黄梅东山法门因注重现实关怀，因其为民众提供了方便法门，故能在政治（唐武宗、周世宗毁佛之举）打击之下生存。

今天的黄梅禅属于临济宗，临济宗可以说是禅宗最早输出外国、走向世界并扎根世界的宗教。自南宋末年以降，平安时代以来推崇密教的日本佛教徒纷纷来华，如荣西、圆尔辨圆等，本有意来华寻求天台宗密法，复兴日本走向衰落的密教，结果却遭遇了北宋以来繁荣的禅宗，日僧转而修

① 以上参考杨曾文《黄梅与中国禅宗》，载《黄梅禅研究》上，中州古籍出版社，2012，第4页。

习禅宗，开始主要也是因为看中禅宗当中神秘化的元素。而中国禅僧因禅宗在国内开始走向衰落，加之其他的政治、文化因素，则留心将禅宗东传日本，元明以后，日本开始出现了纯粹禅。

最早传播到日本的临济宗，其宗旨要追溯到圆悟克勤（1063～1135年）法师，圆悟法师在中国、日本的禅宗史上都占有重要地位。论及日本的禅宗思想不能不追溯到圆悟，看重文字的日本禅僧也不能不阅读他的《圆悟佛果禅师语录》等禅宗典籍。因为没有文字，日本人无法理解禅宗，这也是禅宗为何进入12世纪以后才被日本人接受的原因。

圆悟克勤在法演住持黄梅五祖寺期间，曾跟随前往担任首座，协助主持寺务，有时受师委托分座说法。在文字禅方兴未艾的形势下，圆悟克勤还以云门宗雪窦重显的《颂古百则》为基础编撰了《碧岩录》，以其禅思深刻、格调清新和文笔优美而著名。克勤弟子中，对后世影响最大的有大慧宗杲、虎丘绍隆二人。人们因此说："临济法系唯杨岐，法演儿孙遍天下。"[①] 宋元以来，临济、曹洞、黄檗禅三派先后输入日本。

明清以后，尽管输入日本的禅宗开始日本化，却有助于禅宗的国际化。进入近代，在禅宗世界化方面，日本的铃木大拙（1870～1966年）贡献很大。从1893年参加美国芝加哥召开的世界宗教会议起，铃木开始用英文撰写了许多佛学、禅学著作，向欧美推介，使禅宗由汉字文化圈进入英语文化圈，但这使世界性的禅宗打上了日本的烙印，以致国际上许多学者以为禅宗起源于日本。中日禅宗自古认为"茶禅一味"，虽然茶叶很早就由中国输往世界各地，但东方风格的茶道、茶艺，作为一个文化符号的国际化，却是起于日本。

可惜的是，禅宗虽然在海外获得发展，但在本土，近代以来却因战争、贫困和文化的落后而相对衰落了，黄梅五祖寺的大雄宝殿毁于清咸丰四年（1854）的兵灾。到新中国成立前夕，五祖寺仅存十几栋殿堂和部分名胜古迹，"文革"期间再遭破坏，四祖寺只剩几间破房。

---

① 参考杨曾文《黄梅与中国禅宗》，载《黄梅禅研究》上，中州古籍出版社，2012，第9页。

二　黄梅禅宗发展与地域文化之间的关系

纵观历史，黄梅禅文化的发源、成长、发展和复兴，离不开荆楚文化的大环境、大气氛。

湖北黄梅双峰山与安徽潜山天柱山、江西庐山是中国禅学和禅宗的发祥地。鄂东和皖西南、赣北在历史上、文化上联系紧密。

这个三角地带是中国文化的一个中心，特别是在三国两晋南北朝时期，由于处于南北政权的边界，在政治动荡的时候（574 年，后周武帝灭佛杀僧），南北两朝的文人、僧道都可以隐身于这一片优美的山林，或潜心修道，或蓄势待发，因此原因，该地域思想日益活跃，文化得以发展。此后，凡是政治动荡时代，这一地区便能涌现出杰出的人才，这和该地域优美的自然环境、深厚的文化底蕴有关。

黄梅东山法门之所以传播天下，在于它能吸纳天下信众，能和时代联通。

民国初期是中国历史上思想文化活跃的一个重要时期，鄂东地区再次诞生大批人才，并汇集英才。在佛教文化领域也是如此，按照风水理论，这里地灵人杰。

交通方式的变革对近现代佛教的发展产生了很大的影响，特别是公路、铁路等交通手段的运用，使山林佛教与都市佛教紧密联系起来，这就是现代黄梅禅宗复兴的机缘。现代交通工具和信息传递手段拉近了武汉和黄梅的距离，使黄梅作为一个禅宗文化的中心与武汉这个区域政治、文化中心紧密相连。当然，祖庭的复兴还需要黄梅县五祖寺、四祖寺的各位住持、法师以及本地的居士等能够把握机缘。

黄梅把握住了两次机缘，首先是引起了时居武汉的太虚大师对黄梅禅宗的重视。

太虚大师（1889 ~ 1947 年）俗姓吕，名淦森，法名唯心，浙江崇德（今桐乡）人。1904 年出家，1911 年在广州组织僧教育会，住持白云山双溪寺。

　　太虚大师是近现代中国佛教革新运动的主要倡导者，曾经倡导建立"人间佛教"。1922 年在武昌创办武昌佛学院，这是"中国当时最正规、最有影响的佛教高等学府，被誉为'佛教黄埔'，造就了诸多大法师，如法航、法尊、会尊、会觉、观空、净严等高僧大德"[①]。1923 年 4 月，太虚大师在汉口成立宣教讲习所。7 月，与王森甫、史一如等人去庐山主持暑期讲习会，向信众讲授"佛法略释""佛法与科学""佛法与哲学"等，这些举措影响了黄梅地区的禅宗发展，还加强了黄梅和湖北中心城市武汉的联系。太虚大师在汉口、庐山讲习期间请黄季刚、汤用彤、张纯一作佛学演讲。黄季刚就是黄冈地区著名的学者。当月，太虚应黄梅居士黄季蘅的邀请，与超一、严少孚等人到黄梅，在明伦堂讲演三天，此后参访了老祖山、五祖寺、四祖寺等地，撰写了《老祖山》《癸亥七月七日宿于黄梅五祖寺》《东禅寺观六祖坠腰石》《黄梅吟》等诗[②]。

　　太虚在黄梅，曾特别以《黄梅在佛教史上之地位及此后地方人士之责任》为题演讲，对中国禅宗的形成、发展和黄梅在中国佛教史上的地位做了论述，强调禅宗六祖慧能从五祖弘忍受法的意义，他说：惟初祖至五祖，其道犹未能大昌于世，迨六祖受衣钵而后，始衣止不传，法被天下。不独缁流得法者多，而儒生高足亦多有入于禅宗之室者，此乃佛教一时之盛也！考六祖受法之因缘，东禅寺为传法之场。

　　据《太虚大师年谱》记载，太虚大师在湖北的传法活动促进了湖北地区佛教文化的发展，还推动了禅宗世界化的进程。他在汉口、庐山弘法期间，在庐山大林寺发起成立了世界佛教联合会，有意"联合中日佛教徒，以联合进行传布佛教於欧美"。1925 年率佛教代表团出席在日本东京召开的东亚佛教大会，并考察日本佛教。

　　黄梅禅宗第二次把握发展的机缘，是引起了时居武汉的昌明法师以及赵朴初居士对黄梅禅宗祖庭复兴的重视。

　　昌明大师俗姓曹，名志秀，1917 年 9 月出生于湖北宜都县（今枝江

---

① 龚敏：《高僧昌明》，香港文艺出版社，2011，第 85 页。
② 原载《太虚大师全书》第二十编《诗集·潮音草舍诗集》，本文转引自《黄梅禅》2013 年第 1 期。

市）。1936 年出家，后于虚云老和尚处"摩顶受记""且林且禅"。1956年到武汉，"监院护国寺，劳禅不已"①。1962 年任佛协副秘书长。1979年任护国寺方丈。1980 年任武汉市佛协会长。

赵朴初，1907 年生，安徽太湖县人。1953 年后，任中国佛教协会副会长兼秘书长。1980 年后，任中国佛教协会会长、中国佛学院院长、中国藏语系高级佛学院顾问、中国宗教和平委员会主席等。赵朴初的故乡太湖紧邻黄梅，他对黄梅禅宗的历史和现状很熟悉，故对黄梅复兴大业的协助很到位。

"文化大革命"结束、改革开放以后，佛教的发展获得了新的机缘，湖北省和黄梅县都抓住了这次机会。湖北地区对佛教文化发展的重视，地方政府在经济上和政策上的支持，高校林立的武汉市作为一个文化中心的存在，都有利于禅宗祖庭的复兴。相对于国内一些地区"文管所""管理处"之类机关对寺院权益的侵占，黄梅地区的寺院是幸运的。

1981 年，湖北省佛教协会召开工作会议，五祖寺海妙法师利用这次会议唤起各方的注意，也引起了时任湖北省佛教协会会长的昌明方丈对黄梅五祖寺的修复开放情况的关注。在认真听取了海妙法师的报告后，昌明方丈发愿重振东山法门。1982 年 6 月，昌明方丈代表湖北省佛教协会向中国佛教协会和有关部门反映了五祖寺恢复开放的一些问题，次年，国务院批准将黄梅五祖寺列为汉地佛教全国重点寺院。

1985 年，昌明方丈挑选龙树、慧清等七位爱国爱教的优秀僧人接管五祖寺。这七位僧人遵从昌明方丈的"农禅并进"的教诲，每日早晚上殿诵经拜佛，沉寂了十几年的五祖寺又响起了雄浑的钟声。修行之外，他们修路填坑、打桩围墙、布设殿堂、开荒种菜，祖庭开始形成正常的佛教生活。同时，昌明法师多方努力筹措资金，筹建五祖寺大雄宝殿。1988年 12 月 6 日，五祖寺大雄宝殿奠基，五年后竣工。1993 年 10 月 13 日，昌明方丈主持大雄宝殿落成典礼，次日恰逢弘忍大师诞辰 1393 周年纪念，

---

① 昌明：《昌明方丈法偈选》，隆非编注，湖北省内部图书，1997 年印刷，第 255 页。

机遇巧合，因缘殊胜，东山重辉。①

昌明法师为禅宗祖庭的复兴完成了基础工作，昌明法师之后又有本焕法师、净慧法师等，戮力复兴黄梅祖庭，光大祖庭。

净慧法师祖籍湖北新洲，生于1933年，14岁由尼师送至武昌卓刀泉寺出家，法名崇道，号净慧。1951年赴广东乳源云门山大觉禅寺，于虚云老和尚座下受具足戒，成为虚云法师传法弟子。1956年中国佛学院成立，即被虚云长老送入深造，至1963年，在北京中国佛学院学习，从本科读到研究生班，成为新中国第一批佛教研究生。1979年，净慧在国家落实宗教政策后从外地回北京参与中国佛教协会的各项恢复工作，1982年增补为中国佛协理事，1987年当选为中国佛教协会常务理事，1993年当选为中国佛教协会副会长。② 净慧法师为祖庭的复兴贡献巨大。

是黄梅禅寺各位大师以及和大师们交游深厚的居士和学者赵朴初、萧萐父、杨曾文等人的共同努力，使国际上越来越多的人认识到，世界禅宗的祖庭在中国湖北黄梅。

三　黄梅禅当下的现实关怀：净慧法师善用文字般若

中国禅宗主张"教外别传，不立文字"，但禅宗"不离文字"。宋朝以后禅宗的发展及其向世界的传播就因为文字禅的发达。这正如当代亚洲作家的文学作品不翻译成英文就难以影响世界、无法获得诺贝尔文学奖一样。

现代黄梅禅宗，特别是四祖寺，几代住持都重视通过文字传禅，通过"文字禅"的方式，促进了禅宗在湖北、在中国，以及在世界的传扬。故已故四祖寺住持净慧法师在《生活禅钥》的开篇就说：

既然是"教外别传，不立文字"，语言是应当扫除的，那么为什

---

① 参见龚敏《高僧昌明》，香港文艺出版社，2011，第89页。
② 参见《禅》编辑部、《黄梅禅》编辑部编《天心月圆　真照无边——净慧长老追思特刊》，2013年印刷，第5~6页。

么还要讲呢？因为不借助语言文字，要想进入禅就很困难，不得其门而入。所以，六祖大师在《坛经》里有一个解说，所谓不立文字，并非不用文字。六祖大师说："直道不立文字，即此不立两字，亦是文字。"不立文字者，就是不执著文字，但又不能离开文字，还是要用语言文字作标月之指，"因指见月，得月亡指"，这就是语言的功能。[1]

可见文字是一种"方便"，亦即"标月之指"，禅师因文字而方便传导解惑，修禅者、学习者可以通过文字来领悟禅宗思想大意。接着在该书《〈坛经〉中的几个问题》这篇文章中，净慧法师在第三部分"'不立文字'与'不离文字'"中进一步做了阐释：

> 关于"不立文字"的真实含义，六祖大师在《坛经》里面讲得非常清楚，他说："所谓不立文字，并非不用文字。""不立"和"不用"是两回事。"立"就是执著，"立文字"就是执著于文字。叫你因指见月，你不去看月，却要死死地抓住指头不放，这就叫执著于文字。六祖讲："执空之人有谤经，直言不用文字；既云不用文字，人亦不合语言，只此语言，便是文字之相。""直道不立文字，即此不立两字，亦是文字。见人所说，便即谤他言著文字。汝等须知，自迷犹可，又谤佛经，不要谤经，罪障无数。"六祖大师的这两段话，把"不立文字"和"不用文字"这两者的界限划分得很清楚。不用文字是错误的说法，因为离开了语言文字，佛法就没有办法流传，教化就没有办法开展，人与人之间的交往将受到极大的限制。所以说，"不立文字"的正确理解应当是，不离文字，同时又不执著文字。三藏十二部是用文字表达的，整个《坛经》是用文字记载的，离开了文字，我们今天到哪儿去领会佛陀的伟大教诲，到哪去理解禅宗的根本精神？不光是佛经，就是世间的一切知识，我们要掌握它，也不能不

---

[1]　净慧法师著《生活禅钥》，2012 年出版内部资料，第 1 页。

借助语言文字这种方便。

我们不离文字，但是我们要善用文字，不执著于文字。文字是我们进入佛法大海的方便。①

当代黄梅禅师与禅寺是怎样"善用文字"，采取怎样的文字形式向全国，乃至全球、世界宣扬禅宗宗旨的呢？以四祖寺为中心的黄梅禅寺，主要是通过办刊物、著述通俗的禅学著作、筹办国际会议等方式，以文章汇集道友，相互启发，弘扬禅宗文化。

下面先看黄梅诸禅寺为弘扬禅宗而创办的刊物。

尽管受到网络文化的冲击，刊物依然是现在重要的阅读方式和学习方式，禅宗的国际化和在世俗的传扬，首先必须借助刊物的形式。黄梅四祖寺前住持净慧法师做了很好的表率，下面重点介绍一下《正觉》。

《正觉》杂志是四祖寺住持本焕老和尚生前创办的一本不定期的佛教刊物，由四祖寺编辑发行。从 1999 年 12 月创刊到 2003 年 9 月共出了 8 期，大 16 开本，主要刊登四祖寺相关信息及禅学论文，在教内赠阅。

2003 年 9 月，本焕法师功成身退，将四祖寺交净慧法师住持管理。在本焕老和尚的支持下，2004 年《正觉》改版，以大 32 开本的形式定期面世。第一年为季刊，2005 年起为双月刊。《正觉》从创刊到续办改版，历时 14 年，到 2012 年，一共出了 60 期。印行量从开始时的一两千份，到目前的六万余份，全部免费赠阅，读者遍及全国各省、市、自治区。故净慧感叹："《正觉》作为一本山林寺院的刊物，在人力、物力都比较短缺的情况下，感恩大众的扶持关注，勤苦耕耘了十四年，也着实不容易。"②

净慧长老创办并担任过主编的刊物有《法音》（1981 年）、《禅》（1989 年）、《中国禅学》（2002 年）、《正觉》（1999 年创刊，2013 年改版为《黄梅禅》）、《河北佛教》（2005 年）、《一音》（2005 年）、《禅文

---

① 净慧法师著《生活禅钥》，2012 年出版内部资料，第 80~81 页。

② 净慧法师：《从〈正觉〉到〈黄梅禅〉——谈〈正觉〉改版的缘起》，载《黄梅禅》2013 年 2 月第 1 期。

化》（2011年）①。其中，《禅》杂志是"中国大陆第一家专门的禅宗刊物"②。《中国禅学》杂志是法师与学界共同举办的面向专业学者的大型期刊，从2002年6月开始由中华书局出版。为了促进禅学研究，并保证稿源，净慧法师创立"河北禅学研究所"。特别要指出的是《黄梅禅》杂志，凸显黄梅和湖北禅文化的成就，立足黄梅，面向世界。

为了丰富杂志的稿源，净慧法师主持召开国际禅宗学术会议，创办禅宗文化研究机构，并取得了很好的效果，净慧法师曾经这样总结：

> 随着禅文化备受社会大众关怀喜爱，禅文化的传播与弘扬越来越凸显其重要性。2010年10月，由黄梅四祖寺发起召开了首届黄梅禅宗文化高峰论坛，并在四祖寺举办了千僧斋祈福大法会，以中国佛教协会会长传印长老为首的近百位高僧大德、专家学者与会论禅，近两千位僧人前来应供，黄梅禅宗文化研究会同时成立。2011年、2012年禅宗文化高峰论坛连续举行，禅文化研究硕果累累，问禅、学禅、修禅、弘禅的活动风行草偃，顺势而进。正是在这种形势的推动下，黄梅禅宗文化研究会要有一份自己的刊物，就成为理所当然的需求了。当今佛教期刊如林，稿源不足，资金拮据，专业人才短缺，不可能也没有必要另起炉灶再为黄梅禅研究会创办一份刊物，将《正觉》扩版为《黄梅禅》，隶属于黄梅禅宗文化研究会，就成为顺理成章的事情了。③

创办《黄梅禅》等杂志，目的是为禅宗寻找现实的土壤，面向一般大众传教，因此，在黄梅四祖寺编辑、赠阅的佛教书刊，其佛教学术和佛法阐释效果是中国其他寺院无法比的。

---

① 参见《禅》编辑部、《黄梅禅》编辑部编《天心月圆　真照无边——净慧长老追思特刊》，2013年印刷，第127页。

② 《禅》编辑部、《黄梅禅》编辑部编《天心月圆　真照无边——净慧长老追思特刊》，2013年印刷，第11页。

③ 净慧法师：《从〈正觉〉到〈黄梅禅〉——谈〈正觉〉改版的缘起》，载《黄梅禅》2013年2月第1期。

禅宗的国际化和在世俗的传扬，首先要求禅师、法师将其禅学通俗化。所谓的通俗化绝非庸俗化，主要表现在禅学著述的通俗化，让一般民众能够对禅学达到初步的理解。这方面净慧法师做了很好的表率。

1. 净慧法师公开出版的著作：《花都法雨》、《坛经一滴》、《中国佛教与生活禅》、《双峰禅话》、《入禅之门》、《经窗禅韵》、《生活禅钥》、《入禅之门》中英文版、《何处青山不道场》、《心经禅解》、《做人的佛法》、《心经禅解》、《禅在当下》、《生活禅语》、《禅堂夜话》、《入禅之门》越南文版、《生活禅钥》日文版（日本山喜林佛书房，2011）、《禅宗入门》。

2. 内部流通著作：《柏林禅话》、《赵州禅话》英文版、《入禅之门》、《重走佛祖路》、《何处青山不道场》、《禅堂夜话》、《禅堂夜话（二）》、《水月道场》、《处处是道场》、《做人的佛法》、《知恩报恩——〈大乘本生心地观经·报恩品〉讲记》、《〈维摩诘所说经〉浅释》、《〈心经〉禅解》、《双峰山唱和集》、《禅的理论和实践》、《生活中的智慧——〈心经〉导读》、《修习禅定的基本要求》、《佛教的和谐精神》、《家庭是道场》、《能守一 万事毕》、《空花佛事》、《生活禅语》、《守一不移》上下册、《守望良心》。

3. 净慧长老主编、编辑的丛书、文献：《法音文库》、《河北省佛学院教材系列丛书》、《中国灯录全书》20 册、《历代禅林清规集成》8 册、《虚云老和尚全集》9 册、《湖北佛教文化丛书》、《虚云和尚开示录》、《虚云和尚法汇续编》、《禅宗名著选编》、《在家教徒必读经典》、《在家教徒必读经典2》、《禅宗七经》、《不尽禅河灯外灯——〈禅〉十年精华本》、《红尘滚滚话人生——生活禅夏令营演讲精华》[1]。

---

[1] 详细参见《禅》编辑部、《黄梅禅》编辑部编《天心月圆 真照无边——净慧长老追思特刊》，2013 年印刷，第 126 ~ 127 页。

黄梅文字禅不仅借助汉字，还借助外国文字，例如，净慧法师将《生活禅钥》一书翻译成日文出版，翻译者之一的日本郡山女子大学教授何燕生认为，该书是"百年来日本出版的第一部中国当代僧人的专著"①。

以现代技术（影印、光盘版等）印行经藏。在净慧长老的主持下，河北省佛教协会先后出版了《乾隆大藏经》《大正藏》《卍续藏经》《净土藏》《永乐北藏》等多部大藏经，面向全国佛教团体、寺院和学术机构结缘供养，为藏经法宝的流通，贡献巨大，功德无量。

进入 21 世纪，黄梅禅宗及佛教文化在净慧法师的引导下发扬光大，净慧法师指导弟子崇谛法师等在传教方式上进行变革，活用语言文字，利用地方戏——黄梅戏传播禅宗。

在该地区影响很大的黄梅戏剧目《传灯》，就是净慧大师亲自担任总策划，明基法师、崇谛法师担任佛事指导的新剧目②。剧本紧扣历史，结合现代社会人情，扣人心弦。五祖寺的见忍曾以歌曲传唱的方式，宣扬禅宗思想文化。

此外，不能不注意的是黄梅四祖寺的网站、博客、微博、微信等公众信息交流平台的建设。在网络时代需要借助网络这一现代媒体，借助微博等方式传播禅宗。在净慧法师看来，办杂志"在当今时代可与网络电脑相得益彰，优势互补"③，可谓与时俱进。

黄梅禅宗，在这个信息时代，今后如何发扬"文字禅"，是一个必须进一步思考的课题。相信在四祖寺诸位禅师的智慧运作下，定会取得圆满的功德。

四 黄梅禅当下的世界意识：从寺内法会到国际学术会议

在科学日益成为社会思想主导的现代，佛教的发展离不开学术研究的

---

① 〔日〕何燕生：《百年来日本出版的第一部中国当代僧人的专著》，载《黄梅禅》2013 年 2 月第 1 期。

② 参见黄梅禅宗文化研究会、黄梅县黄梅戏研究院合编《禅宗人物黄梅剧：传灯》，湖北省黄梅县黄梅戏剧院宣传册，第 2 页。

③ 净慧法师：《从〈正觉〉到〈黄梅禅〉——谈〈正觉〉改版的缘起》，载《黄梅禅》2013 年 2 月第 1 期。

发掘和支持，广大学者参与佛学研究有利于弘法，故禅宗和禅学的宣讲不能局限于寺院法堂之内，不能局限于寺院法会之中。这一点黄梅县、黄冈市和湖北省的高僧及宗教界的有识之士都认识到了。不仅要吸纳地区的学者参与，还应该吸纳全国各地乃至全世界的学者参与本地区的宗教研究，这样才有利于地区宗教文化的世界化。

当代黄梅禅寺（特别是四祖寺）很注意将禅宗文化国际化，或者说全球化、世界化。这是提升地区文化软实力的工程，也是提升中国文化软实力的一项工程，各个地区的文化软实力提升了，国家文化的软实力也就提升了。这一战略需要将世界各地的学者引进来，还要大胆走出去，并有能力走出去。

为此，时任五祖寺方丈的昌明老和尚，于1993年出任"首届禅宗与中国文化国际学术研讨会筹委会"顾问、名誉主任，亲自邀请海内外学者、高僧大德前来五祖弘忍大师的故乡——黄梅，出席学术研讨会议。

1994年11月11日至15日，黄梅正式召开了"首届禅宗与中国文化国际学术研讨会"，萧萐父致开幕辞，海内外专家和学者，高僧大德共两百多人齐集黄梅，探讨禅宗与中国文化的发展关系，追思五祖弘忍大师在禅宗发展史上的丰功伟绩，会议先后收到学术论文一百多篇，翻译著作12部。这一重大禅宗文化盛会也得到各级领导的关注和支持。

2000年10月21日至23日，本焕老和尚在全面中兴黄梅四祖寺，功德圆满，隆重举行寺院落成、佛像开光盛典之际，发起并举办了"首届祖庭文化网络研讨会"，会议在黄梅召开。研讨会的主题是"四祖寺与禅宗"，来自全国各地的近百位佛学专家参加了会议，提交了53篇论文，许多论文在同类学术领域里具有权威性和前瞻性。禅宗这一具有典型中国思想文化特色的宗派，如何面对21世纪的诸多挑战，在迎接挑战中发挥自身主体意识的作用，不断拓展生存空间，是与会学者关注的主要问题之一。[1]

---

① 参见麻天祥主编《黄梅四祖寺与中国禅宗》，湖北人民出版社，2006，第1页。

这既是一次学术研讨，也是对四祖寺自道信禅师开山建寺 1380 多年以来的一次历史回顾。纵观禅宗的历史，宗风不断演进、方法不断变化。也就是净慧法师在论文结集出版时所总结的：

> 禅宗是活泼泼的法门，不是死板板的法门。在历史上，祖师们不以死法与人；在今天，有志弘扬禅宗的人，同样不能故步自封，要面对新的时节因缘，解粘去缚，开拓禅宗与时俱进的新局面。这本论文集的面世，籍学者们的生花之笔、智慧之眼、赤诚之心，指点丛林，激扬禅道，必将为今日禅宗之发展，提供可资借鉴的思路。①

近年来，四祖寺等禅宗寺院和黄梅县政府、黄冈市、湖北省等有关单位一道，加快了黄梅禅文化世界化的步伐，在吸纳资金（2012 年前约 3 亿多元），发掘、保护和利用禅宗文化资源，对四祖寺、五祖寺、老祖寺、妙乐寺进行重建和修复的基础上，从 2010 年开始，连续主办国际学术会议。

2010 年，四祖寺成功举办了"首届黄梅禅宗文化高峰论坛"和黄梅禅文化旅游节。2011 年，四祖寺成功举办了"中国·湖北第二届黄梅禅宗文化高峰论坛"。除国家宗教局和湖北省各级政府外，来自中国社会科学院、北京大学、南开大学、台湾中华佛学研究所、韩国东国大学等高校、研究机构的 300 多名专家、学者及高僧大德应邀参加高峰论坛。禅宗六大祖庭的方丈、住持共同主持了祈福活动。以"弘扬禅宗文化，促进和谐发展"为主题的禅宗文化论坛，宣扬了黄梅及黄冈地区的文化魅力，使湖北禅宗文化走向全国，走向世界。

2012 年 12 月，四祖寺又出资主办了"第三届黄梅禅宗文化高峰论坛"。为期两天的会议，引来了海内外的专家学者、高僧大德以及各界嘉宾共三百余人。其中参会学者达到 200 人以上，收到论文 152 篇。特别突

---

① 麻天祥主编《黄梅四祖寺与中国禅宗》，湖北人民出版社，2006，序言，第 1 页。

出的是这次会议的国际影响，有日本、韩国、新加坡、美国、俄罗斯、越南等国的学者参加了会议。

2013 年 11 月 1～4 日，由四祖寺出资主办的"中国·湖北第四届黄梅禅宗文化高峰论坛"在湖北省黄梅县禅宗祖庭隆重召开。来自中国社会科学院、北京大学、南开大学、日本东北大学、台湾佛学研究机构、韩国东国大学等的近 200 名专家学者及高僧大德，围绕"传承生活禅、弘扬禅文化"主题，就"黄梅禅与六祖禅""净慧长老与生活禅""禅与廉政""禅宗研究""当代中国佛教"等专题展开广泛深入的学术研讨。会议共收到论文 150 篇。

以上禅宗高峰论坛、国际学术会议都体现了现实关怀的精神，比如第四次论坛设"禅与廉政""当代中国佛教"等专题。

在"引进来"的同时，黄梅禅寺也能大胆"走出去"，在这方面前四祖寺的方丈净慧法师的影响最为显著。根据《黄梅禅》特刊《起衰继绝荷担宗门——净慧长老生平》一文的介绍：

> 在祖师和长老的道德感召之下，每年慕名前来赵州、黄梅，礼祖、参学、访问、观察的各界人士络绎不绝，现在的柏林禅寺和四祖寺已经成为中国大陆对外文化交流的重要窗口。据不完全统计，柏林禅寺和四祖寺平均每年接待海内外各类参访团有三十多个，除内地和港澳台之外，还包括韩国、日本、新加坡、缅甸、尼泊尔、泰国、马来西亚、澳大利亚、德国、法国、英国、奥地利、瑞士、美国、加拿大等四十多个国家。①

在热情接待海内外各界人士来访的同时，净慧长老亦充分利用一切善缘，主动走出国门，把以禅宗为代表的中国佛教的优秀思想和传统传播到国外，不仅推动了黄梅、湖北乃至中国与世界各国人民的友好

---

① 《禅》编辑部、《黄梅禅》编辑部编《天心月圆　真照无边——净慧长老追思特刊》，2013 年印刷，第 13 页。

交往，促进了地区和平稳定，扩大了中国佛教在海外的影响，同时也宣传了党和国家的宗教信仰自由政策。《起衰继绝　荷担宗门——净慧长老生平》一文对净慧国外出访进行了归纳，特别值得一提的有以下几次：

1992 年 9 月 26 日至 10 月 3 日，为纪念"中日友好邦交正常化二十周年"，以长老为代表的河北省佛教协会友好代表团，应日中友好临黄协会之邀请，对日本进行了为期八天的访问。

1994 年 1 月 12 日至 2 月 14 日，受法国潮州会馆和巴黎《欧洲时报》的邀请，长老率中国佛教文化代表团，在法国巴黎举办了"中国佛教文化展"。

1996 年 7 月 26 日，长老应新加坡佛教居士林李木源居士邀请，赴新加坡弘法，在新加坡居士林作《六祖坛经》系列讲座。

2002 年 4 月中旬，在联合国世界人权大会期间，以长老为团长的中国宗教代表团一行，对日内瓦进行了友好访问。

2002 年 10 月 19 日，长老应韩国方面邀请，赴釜山海云禅寺，参加"国际无遮禅大法会"，在法会上，长老作了《提升人性，回归佛性》的讲演。

2005 年 12 月 8 日至 12 月 19 日，长老应新加坡佛教总会、新加坡莲山双林寺惟俨大和尚的邀请，赴新加坡弘法，并主持莲山双林寺建寺以来的首届禅七法会。

2009 年 10 月 23 日，柏林禅寺隆重举行了"临济宗法脉西行传承大典"，长老在问禅寮将临济宗法脉第四十五代法卷传给德国本笃（Benediktushof）禅修中心导师威里吉斯·雅各尔先生（Willigis Jager）。长老为雅各尔先生取法名"常真"，表信偈曰："禅本无方位，天心月一轮。庭前柏树子，不改四时春。"赵州柏林禅寺由是成为德国本笃（Benediktushof）禅修中心的中国祖庭。本笃（Benediktushof）禅修中心是德国最大的禅修中心。长老将临济法脉传给威里吉斯·雅各尔先生，表明中国禅宗正式进入欧洲世界。对于柏林禅寺来说，这是一个具有重要历史意义的弘法事件。①

今后，针对黄梅禅文化的发展，必须充分了解"黄梅禅宗文化世界论坛"的意义，将禅宗文化发扬光大。净慧长老早就意识到僧侣中国际交流和人才培养的重要性，注意学问僧的学术基础和研究潜能，黄梅四祖寺中有许多高学历的学问僧，比如精通多门外语的崇谛法师等，净慧法师还鼓励崇谛法师等到就近的武汉大学攻读博士学位。

五　变革意识与首创精神使黄梅禅天下传

黄梅禅文化的现实关怀反映在在黄梅传禅的高僧们顺应时代变化的改革意识。黄梅禅的开创者四祖道信，在传播禅宗时具有变革意识，而且敢于首创。

道信的首创精神首先体现在借行医传禅上。在传禅的同时行医，通过行医促进弘禅，这既是一种方便，也是一种变革，故道信被封为"大医禅师"。

道信的首创精神其次体现在定居传禅上。四祖道信在双峰山定居，开山讲法，建立僧团，就是对早期禅宗的一大改革。早期禅宗僧侣奉行"头陀行"，不仅特立独行，而且倾向于一线单传，且居无定所，不利于宗教的流传，不利于教化广大民众。

道信一改前代楞伽师头陀游乞、居无定所的作风，建立了规模巨大的寺院，吸引了远近大量徒众集体参学，蔚成一宗之风，人称"东山法门"。据说道信禅师在黄梅定居三十年，聚集僧徒五百余人②。

引导大众共同修行是黄梅禅宗的传统，今天"东山法门"的这一传统又再次得到发扬光大。出身湖北的禅师净慧和尚，通过开创"禅文化夏令营"的方式传播禅宗，让黄梅诸寺成为一个开放的道场，让更多的

---

① 《禅》编辑部、《黄梅禅》编辑部编《天心月圆　真照无边——净慧长老追思特刊》，2013年印刷，第13～14页。
② 麻天祥主编《黄梅四祖寺与中国禅宗》，湖北人民出版社，2006，第12页。

人体验禅，在日常生活中体验禅，这是净慧对黄梅禅传统的发扬光大，他提出的"生活禅"理念给有志参禅的大众一个现实的实践的方便。

净慧和尚曾以"道场"为题，撰写了四部著作：《何处青山不道场》（2006 年出版）、《家庭是道场》、《水月道场》、《处处是道场》，指导大众日常坐禅修道。

"大众认同、大众参与、大众成就、大众分享"，是净慧生活禅的特色，也是生活禅的出发点与落脚点，是净慧根据大众的内心要求提出的，对此净慧法师在其《生活禅钥》中做了解释：

十年浩劫之后近二十年来，我一直在做佛教文化宣传教育方面的工作，比如编杂志。编杂志有局限性，但也有非常有利的一面，做这个工作能够接触到各方面读者的呼声，读者不断地给杂志提出意见和建议，提出他们的想法。在这个工作中，最重要的就是经常思考如何来引导现代人正确地认识佛教。

改革开放以来，关心和研究禅宗的人很多。在书店里，探讨禅的书也比较多。在我的印象里，在公开出版的有关佛教的书籍之中，与禅有关的书占第一位。当然，这其中有"如来禅"，有"祖师禅"，有"文字禅"也有"野狐禅"。社会如此热烈地探讨禅，佛教界自然不能默然。因为在佛教里有个规矩，默然了就是同意了。"默然故，是事如是持。"那就成了人家怎么说，我们就怎么听了。所以也要有反应。但是我感觉到，佛教界的反应是不够的，声音太小太微弱，而且很单调。所以社会上一方面是在把禅推向一个热潮，另一方面在某种程度上也把禅歪曲了。迫于这样一种形势，我从历代祖师的语录、从佛言祖语当中体会到修行不能离开生活，提出了"生活禅"。

"生活禅"这个理念，是在 1991 年提出来的。1993 年在柏林禅寺举办第一届生活禅夏令营的时候，正式推出这样一个理念。当时，我们非常地谨慎，怕这样一个理念提出来遭到教内外人士的反对，那我们就吃不消了。但是由于生活禅这个理念没有违背佛法的精神，没有违背禅宗的精神，恰恰是在这样一个关键问题上体现了佛法的精神，体现了禅的精神，因此能够得到教内外人士的关心重视，也得到了很大的同情和支持。所以生活禅夏令营一直坚持举办，而且影响似乎是一年比一年在扩大。

这就是"生活禅"提出的前因。①

黄梅体验之禅，充分体现了佛教事业以人为本的价值观和方法论，重视实践的作用。黄梅禅文化的"夏令营"便是现实关怀的体现。

为了更好地实践生活禅的理念，深入探索佛教更好地与当代社会相适应的路径，从1993年起，净慧禅师于柏林禅寺常住，每年举办面向社会的"生活禅夏令营"。参加"生活禅夏令营"的营员以青年学生为主，他们在七天的寺院生活中，要参加禅修体验、聆听讲演、出坡劳动、云水行脚等活动。营员们在一种全新的环境之中体味佛法的安详与自在。

"生活禅夏令营"已经成功地举办了十八届，每一位营员从不同角度、不同程度认识佛法的博大精深，挖掘自心中本具的美好与和谐、慈悲与智慧。每届"生活禅夏令营"都有鲜明的主题和内容，常办常新。

"生活禅夏令营"这种模式，得到了社会大众的充分肯定和广泛认同。现在，全国各地争相效仿。②

现在湖北黄梅成为生活禅夏令营的一个大本营。净慧法师很关注年轻人、陶冶青年人，特别是大学生。这是传统文化传承的重要手段。

基于"大众认同、大众参与、大众成就、大众分享"的理念，净慧长老广开山门，接引善信，本着"利益一方，服务一方，和谐一方，教化一方"的宗旨，凡其住持的寺院，均不设门票，法雨普施，善利均沾。2012年7月20日，在第十九届生活禅夏令营开营式上，长老呼吁全国名山大寺取消门票，还寺于民，还慈悲以道场本来。③

---

① 净慧法师：《生活禅钥》，2012年出版内部资料，第140～141页。
② 黄夏年主编《禅文化》第一辑，中州古籍出版社，2011，第595～596页。
③ 参考《禅》编辑部、《黄梅禅》编辑部编《天心月圆　真照无边——净慧长老追思特刊》，2013年印刷，第73页。

　　总之，净慧法师继承并发扬了黄梅禅的现实关怀和世界视野。净慧法师很注意培养现代黄梅禅的世界意识，积极将"生活禅"的理念推向世界。2011 年，净慧法师《生活禅钥》一书日文版出版，2012 年，《入禅之门》一书越南文版出版，他还不顾年迈，多次出国访问，这都是在向世界推介生活禅，弘扬中国佛教文化，显示中国的文化软实力。新的黄梅人、湖北人更应该承担这一伟大的使命。

当代湖北文明建设研究

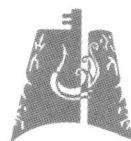

文明湖北建设初探

2012 年，湖北省第十次党代会站在构建战略支点、引领中部跨越的高度，做出了建设"五个湖北"的重大战略部署。如果说湖北省构建战略支点、引领中部跨越需要强大精神力量推动、良好道德素质支撑、文明社会风尚保障，那么，一个区别于富强湖北、创新湖北、法治湖北、幸福湖北而又统摄物质文明、政治文明、精神文明和生态文明的文明湖北的建设，必将为湖北省构建战略支点、引领中部跨越，提供精神、文化、生态支撑，提升精神驱动力。

从国际看，当今世界正处在大发展大变革大调整时期，文化在综合国力竞争中的地位和作用更加凸显，维护国家文化安全任务更加艰巨，增强国家文化软实力、中华文化国际影响力要求更加紧迫。尤其是，当越来越多的西方国家借助其强大的经济实力和军事力量在全球范围内大打文化牌，推广其文化信仰，并导致文化冲突、文化霸权等诸多问题之时，我们更是切身感受到，文化越来越成为民族凝聚力和战斗力的重要源泉，越来越成为综合国力竞争的重要因素[1]。一般来说，文

---

* 戴茂堂（1965~），湖北大学哲学学院院长、教授、博士生导师。
① 江畅等：《我国主流价值文化及其构建研究》，人民出版社，2013，第 329 页。

化与文明往往是一个国家最有显示度的名片。在这张名片上，我们可以找到这个国家最核心的价值理念、最强大的力量源泉、最温暖的精神家园、最高贵的思想元素。并且越是有影响力的国家越注重打造自己的文化与文明，越注重打造自己文化与文明的国家也往往越是有影响力。从一定程度上说，伟大国家的背后一定有一个伟大的文化与文明做支撑。事实上，文化与文明总是构成一个国家发展和进步最深刻、最深沉的动力。一个国家的所有发展和进步归根结底都是文明的发展和文化的进步。

从国内看，全面落实小康社会的宏伟目标，就是让人民既能过上殷实富足的物质生活，又能享有健康丰富的文化生活。共同的理想追求是一个国家、一个民族战胜艰难险阻，挺立于世界民族之林的根本保证。一个国家、一个地区如果理想信念缺失、精神状态滑坡，就会失去凝聚力、战斗力。与经济和科技优势一样，思想文化和精神文明也是优势，甚至更根本[①]，并越来越成为内生性、可持续性的竞争优势和发展优势[②]。这就要求我国在坚持以经济建设为中心的同时，自觉把文化繁荣作为发展的重要内容，继续坚持物质文明和精神文明两手抓，提高国家文化软实力，丰富人民群众精神文化生活，增强人民精神力量，推动社会主义文化大发展大繁荣，兴起社会主义精神文明建设新高潮。党的十八届三中全会通过的《中共中央关于全面深化改革若干重大问题的决定》将"推进文化体制机制创新"作为全面深化改革的重要内容，明确提出深化文化体制改革的基本原则是"坚持社会主义先进文化前进方向、坚持中国特色社会主义文化发展道路、坚持以人民为中心的工作导向"，中心环节是"激发全民族文化创造活力"，工作任务是"完善文化管理体制、健全现代公共文化服务体系、构建现代文化市场体系、提高文化开放水平"。

从省内看，湖北的文化建设不仅不能成为"短板"，反而更应优先

----

① 林季杉等著《哲学不是一般意义上的科学——对一个哲学主流观点的反思》，《哲学研究》2013 年第 10 期。
② 中共湖北省委政策研究室：《论"文明湖北"》，《湖北日报》2012 年 10 月 11 日。

发展。强国先强文化，同样，强省也得先强文化。湖北必须始终把文化建设放在全局工作重要战略地位，千方百计增强文化软实力，积极思考怎样实现从文化大省向文化强省的跃升。只有强大的文化才可以为湖北经济社会发展尤其是为湖北担负起促进中部地区崛起重要战略支点的重任，提供坚强的思想保证、强大的精神动力、有力的舆论支持。湖北必须高度重视运用先进文化引领前进方向、凝聚奋斗力量，团结带领全省人民不断以思想文化新觉醒、理论创造新成果、文化建设新成就推动事业向前发展。湖北走文化强省的道路，既是必然的选择，又是唯一的选择。历史的经验不断证明：什么时候忽视文化建设，即使再努力，经济建设也上不去；什么时候注重文化建设，经济建设往往就拥有了真正的动力并获得持续发展。事实上，各省市发展程度的差异折射出各省市文化与文明水平的高低。一个省市快速发展，往往是因为有一个先进的文化与文明做支撑。一个省市发展乏力，往往是因为被一个陈旧的传统观念所束缚。因此，建设人文素养良好、社会和谐安康的文明湖北，毫无疑问，是省委、省政府审时度势做出的重大战略决策，标志着省委、省政府对文明的认识达到了新高度，在文明的理论创新和实践探索方面走向了成熟。

近年来，湖北经济发展快速，已经进入快车道，迈入全国第一方阵。伴随物质文明程度的提高，湖北人民对精神文化的需求日趋旺盛。湖北全面建成更高水平的小康社会，既要让人民过上殷实富足的物质生活，又要让人民享有健康丰富的文化生活。经济建设对一个地区的发展极其重要。在经济建设相对落后的情况下，强调以经济建设为中心，无可厚非。只是别忘了，文化的观念革新和文明的传承发展才是经济发展的深层动力。湖北在坚持以经济建设为中心的同时，必须自觉地以文化的繁荣和文明的昌盛来推进湖北建成战略支点、走在前列。如果精神上不是高地，文化上不是高地，湖北肩负的"建成支点、走在前列"的重大任务就很难落实，即便一时成了支点、走在前列也未必能够持久。为了构建战略支点、引领中部跨越，湖北不仅要增加投资、增加项目，更要提升精神状态、提升文明程度；不仅要提升硬实力，更要打造软实力；不仅要成为实体的支点，而且要成为文化的支点①。事实证明，在文化的作用日益凸显的当下，社会文明程度越高，经济社会发展质效越好，人民群众对文化生活的需求越能得到满足，幸福感越强。

荆楚文化，博大精深；荆楚大地，人杰地灵。荆楚文明是中华文明的重要组成部分，湖北人民具有崇德向善的优良传统。湖北是文化资源大省，文化丰富多元，历史积淀深厚。从古至今，在荆楚大地形成了炎帝神农文化、楚国历史文化、秦汉三国文化、清江巴土文化、名山古寺文化、长江三峡文化、地方戏曲文化、民间艺术文化、江城武汉文化和现代革命文化。在史前时期，中华始祖之一的炎帝神农使耒耜、种五谷、尝百草，首开农耕文明之先河；战国末期，楚国辞赋家屈原创造了"楚辞"文体，在中国文学史上独树一帜，被世人称为"诗歌之父"；北宋时期，毕昇发明了世界上最早的活字印刷术，是印刷史上的一次伟大革命，是中国古代四大发明之一；在大明朝，李时珍历时27年编成的《本草纲目》，被誉为"东方药物巨典"；抗战时期，爱国志士闻一多用生命诠释了中华气节。改革开放以来，特别是党的十六大以来，湖北大力开展文明城市、文明单位、文明家庭和文明职工等文明创建活动，取得了一批享誉全国的成果②。其中，百步亭社区以令人难以置信的安宁、让人羡慕不已的整洁、使人流连忘返的温馨被评为全国文化先进社区，是荣获首届"中国人居环境范例奖"的唯一社区；吴天祥、罗长姐、汪金权、孙东林等人更是湖北人的道德旗帜。"湖北群星"熠熠生辉，放射出人性与道德的光芒，引领着崇德守信、助人为乐的社会风尚。所有这些都是文明湖北建设的良好气场、优势条件，其中所蕴含的价值理念和精神特质必然构成文明湖北建设的重要养分和精神驱动力。

一方面，文明湖北建设拥有巨大的潜力和良好的基础。另一方面，文明湖北建设也存在着一些制约因素。

首先，作为文明湖北建设主体的大众之精神文化需求质量不高。虽

---

① 中共湖北省委政策研究室：《论"文明湖北"》，《湖北日报》2012年10月11日。
② 戴茂堂、汤波兰：《湖北省文明村镇建设研究》，湖北人民出版社，2012，第15～50页。

然，随着公共文化服务理念的不断普及，服务方式的推陈出新，湖北人民文化需求情况越来越好，但总体上看质量不高。公众文化生活产品供求、文化生活活动开展、文化生活权利表达以及文化生活精神感受等方面的状况，还存在许多问题。很多人的"精神文化需求"就等于"打麻将""打扑克"，甚至求神拜佛、烧香磕头等。调查显示，湖北居民文化需求起点较低，实际文化消费总量偏少、水平偏低、能力偏弱，文化需求满足意识不强，精神文化生活水平还处于初级阶段。2011年，湖北省城镇居民用于健康的文化消费如唱歌、旅游、绘画、书法、品茶、跳舞以及健身的支出为1490元，仅相当于广东的56%、北京的45%，农民文化消费低于全国平均水平0.8个百分点①。

其次，作为文明湖北建设载体的文化市场尚不健全。当前，湖北文化事业虽取得了一定发展，但文化市场的发展仍然滞后于人们精神需求的发展，以图书报刊业、广播影视业、艺术品经营业、网络文化业、文化旅游业等为主的文化市场发展相对落后，和沿海地区及其他发达地区相比，无论是文化在整体经济中的比重还是文化产品的质量都存在较大差距。在湖北省内，发达地区与欠发达地区之间、大中城市与偏远农村之间，文化市场的健全程度、居民的精神生活指数和文化需求满足情况都存在很大落差。在发达地区和大中城市，由于经济发展状况相对较好，文化资源相对集中，不仅有博物馆、艺术馆，而且还有众多的高等院校、文化机构。相比之下，欠发达地区和边远农村，由于经济发展状况相对较差，文化资源明显不足，公众的文化体验往往只意味着电视屏幕和遥控器，缺乏足够的满足公众文化需求的场所和条件，很难找到心仪的文化消费项目。精神文化需求的满足，对于这些人而言，还是一件很奢侈的事情。据国家统计局公布的数据，2011年我国城镇居民的人均精神文化消费为1102元/年，精神文化消费占消费支出的7.3%；而农村居民的人均精神文化消费仅为165元/年，精神文化消费占消费支出的比重仅为3.2%。湖北的情况大致

---

① 湖北省统计局调研组：《湖北省城乡居民文化消费情况调查报告》，《湖北宣传》2013年第10期。

一样。尽管文化惠民工程开始覆盖越来越多的人群，然而，这却掩盖不了湖北文化市场所具有的城乡二元结构模式以及湖北人民精神文化需求没有完全实现"有福同享"的事实。

文明湖北的建设在充分发挥湖北自身优势的同时，也要突破消极因素所带来的制约，清醒地认识当下文明湖北建设的优势与不足，从而进一步明确文明湖北的建设方向和工作重点是"两体"。

首先，必须明确文明湖北建设的"载体"是文化，关键是推进文化大发展大繁荣。随着时代的发展，文化已经成为影响经济、政治及综合实力的重要一极，文化的力量越来越受到重视。建设文明湖北就是要进一步放大文化力量在湖北整体发展中的作用，以文化为牵引力，为湖北的发展提供强大的精神力量和智力支撑。一个地区的公民道德风尚和文明素养境界，标志着一个地区的软实力，决定着一个地区的发展速度和质量。文明湖北的建设要以文化的力量提升湖北人民的人文素养和精神驱动力。为了进一步繁荣文化，提升湖北人民道德风尚和文明素养，既需要大力扶持健康的文化产品，倡导适合广大群众消费水平的有益的文化娱乐活动，建成覆盖广泛的公共文化服务体系。同时，也需要积极培育和完善文化市场，鼓励金融资本、社会资本、文化资源协同创新，推进文化与科技、旅游、教育深度融合，在尊重市场规律的基础上积极构建现代化、规模化、集约化、专业化的文化产业体系，做大做强文化产业集群，以满足湖北人民对文化生活条件和文化消费市场的多元需求。如果说普及公共文化服务可以为公众文化需求的满足提供基本保障，那么发掘建立在个人消费方式基础上的文化市场就成为满足公众多样化的文化需求的重要途径。只有加快文化强省建设步伐，推动文化大发展大繁荣，才能为文明湖北建设创造良好的文化土壤，进而形成有利于湖北经济社会建设和全面改革的舆论力量、价值观念、精神高地和文化环境。

需要说明的是，文化的核心是价值观念，文化的深层结构是核心价值体系。社会主义核心价值体系是社会主义先进文化的精髓。如果说，中国特色社会主义文化是强省之路，那么，中国特色社会主义核心价值体系就是兴省之魂。中国特色社会主义核心价值体系作为"兴省"之政治保证，可以导引湖北经济社会的发展方向；中国特色社会主义核心价值体系作为"兴省"之理论基础，可以凝聚湖北经济社会的价值共识；中国特色社会主义核心价值体系作为"兴省"之思想纽带，可以筑就湖北经济社会发展的精神高地。湖北必须把中国特色社会主义核心价值体系融入全省国民教育、精神文明建设和党的建设全过程，贯穿改革开放和社会主义现代化建设各领域，体现到精神文化产品创作、生产、传播各方面，坚持用社会主义核心价值体系引领社会思潮，抵制庸俗、低俗、媚俗之风，在全省形成统一的指导思想、共同的理想信念、强大的精神力量、基本的道德规范。

其次，必须明确文明湖北建设的"主体"是民众，关键是坚定理想信念、提升精神区位、加强道德修养。文明湖北建设是全体湖北人共享的过程，更是全体湖北人共建的过程。要针对不同人群的潜在文化需求，创造合理需求，培养正当欲望，激发、激活公众的文化需求活力和创造力，驱动隐性和潜在的文化可能，大力提升湖北人的文化消费意愿，尊重每个人的文化权利包括他们文化需求的表达权和公共决策的知情权、参与权等，定向制造相应的文化产品和创新的文化服务。同时，要积极培育文明湖北的建设主体，既要鼓励先进，还要照顾多数，既要树立典型，还要尊重民众，把先进性的要求同广泛性的要求结合起来，充分调动每一位湖北人的巨大热情和创造精神，连接和引导不同觉悟程度的人一起向上，形成凝聚千万人民的强大精神力量。文明并非遥不可及。文明就在你、我、他的平凡与细节当中，它需要每一个人在细节上、在平凡中去守护；文明就在每个人的举手投足之间，它装点了每一个人平凡的生活和简单的心灵。平常百姓的感人行动和感人故事具有一种独特的优势，有着很强的示范性和辐射力，是文明湖北建设的实践品牌和宽广土壤，是文明湖北建设最鲜活、最生动的教材①。文明要从每个人做起、从一点一滴的小事做起，简单平凡的小事做好了就是不平凡，在细节上讲文明就是真文明。人人讲文明，湖北自然就文明。个人文明之小溪，定能汇聚成整个"文明湖北"之大江。

---

① 戴茂堂、汤波兰：《湖北省文明村镇建设研究》，湖北人民出版社，2012，第218页。

敬老风尚与当代湖北文明

陈昆满[*]

（湖北省荆楚文化研究会）

  "文明"一词含义丰富，历来是"仁者见仁、智者见智"，难有十分确定的统一定义。在我国，"文明"一词最早出自《易经》，"见龙在田，天下文明"（易·干·文言）。在现代汉语中，文明一般是指人类社会创造的物质财富和精神财富的总和。从社会学意义上说，"文明"是一种社会进步的状态，与"野蛮"一词相对立。英语中的"文明"（civilization）一词源于拉丁文"civis"，意思是城市的居民，其本质含义为人民生活于城市和社会集团中的能力；引申后的意义是一种先进的社会和文化发展状态，以及达到这一状态的过程。

  英国学者罗斯金指出："文明就是要造就有修养的人。"从这层意义上来说，"文明湖北"可以理解为湖北人民在实现全面小康社会过程中的一种良好的生活方式、价值取向和精神状态。简单地说，就是要把荆楚儿女造就成有修养的人。

  "修养"，《辞海》的解释是："指在政治思想、道德品质和知识技能等方面，经过长期的学习和实践所达到的一定水平。"旧指有涵养的待人

---

 * 陈昆满（1941～），原任湖北省社会科学界联合会党组书记、常务副主席、研究员，《湖北省社会科学》杂志主编，湖北省政协常委、省政协文史和学习委员会副主任。现任湖北省荆楚文化研究会副会长兼秘书长。

处事态度。

文明的湖北人，或者叫"有修养的荆楚儿女"，其要求和表现应该是全方位的。如果要做一个综合评价体系，将会是非常复杂的。"窥一斑而知全豹"，以是否形成"敬老风尚"作为衡量文明的尺度，简单易行，又无争议。

一　对待老年人的态度，在整个社会中具有指标性的意义

首先，老年人群体是社会上的弱势群体。一切人都要经过幼年、少年、青年、壮年、老年五个阶段。幼年、少年时期在家中有父母强有力的监护；青壮年时期有着坚强的自立能力；到了老年时期，自然规律使之身体衰弱，疾病缠身，子女多为谋生所累，即使能够照顾，亦不可能全力以赴。因此，老年人成了社会上的弱势群体，而对弱势群体的态度，是全社会文明程度的根本性试金石。

其次，老年人群体人口数量众多。社会上有许多弱势群体，但老年人这一弱势群体的人数最多。根据《中国老龄事业发展报告（2013）》，截至 2012 年底，我国 60 岁以上老年人口数量已达到 1.94 亿，占总人口的 14.3%，65 岁及以上人口占 9.4%，其中 80 岁以上高龄老年人口达 2273 万人。湖北省的情况大体与全国同步，联合国有一个划分老年社会的标准，就是 60 岁及以上人口占比超过 10%，或 65 岁及以上老年人口数量占比达 7% 就是进入老龄化社会了。据此，我国以及我省已大大超过联合国的划分标准而步入了老龄化社会。

最后，老年人是创造今天社会的工程师。我国正处于一个充满蓬勃生机的发展时期。通过新民主主义革命、社会主义建设和改革开放，我国现在已开始向全面建设小康社会迈进了。今天的幸福生活来之不易。然而一个基本的事实是，今天的幸福是今天的老年人——当年的小伙子们流血流汗换来的。当年参加过革命和保家卫国战争的老战士如今体内仍残留着弹片，当年参加过修路盖厂的老年人如今身上仍有累累伤痕，当年肩挑车推

去交公粮的老农民今天还在为养老发愁。面对这样一群为祖国和人民奉献了毕生精力的老年人，我们唯一要做的事就是向他们表达由衷的敬意，奉上孝心。

总之，人口众多却处于弱势的老年人群体，是对社会做出过贡献的人，他们在有能力的时候把自己的青春年华奉献给了党、国家和人民，新中国的大厦是他们用辛勤的劳动、满腔的热血和生命建造起来的。现在，他们老了，身体差了，同青年人之间可能存在着许多难以交流的"代沟"，但这改变不了他们是今天幸福生活的奠基者这一本质定位。我们应该感激他们，照顾他们，敬重他们。

二 敬老风尚历来是中华的文明衡量尺度

尊老敬老并非今天的新口号，这种传统的典型概括叫作"孝"。中国文化是一种伦理型文化，而"孝"文化是以"孝道"为核心的伦理文化。从实践的角度看，儒家文化认为"孝是美德"，即"百善孝为先"。

"孝"按照经典著作《说文解字》的表述是："善事父母者也，从老者，从子，子承老也。""孝"字最早出现是在公元前11世纪的甲骨文中。那是我们的祖先用来占卜记事而刻写的。当时，"孝"的最初写法是"老"与"考"字。司马迁在《史记·五帝本纪》中说"孝"最早出现在"舜"的传说时代。"舜年二十，以孝闻"，在《尚书》中有"克谐以孝""用孝厥养父母"的记述，《尔雅·释训》中有"善事父母为孝"的解释。事实上，将"孝"的概念特别强调，并将其作为基本的伦理标准是在西周时期。例如，墨子说过，"父子不慈孝，天下之害也。"孟子也说，"老吾老以及人之老，幼吾幼以及人之幼。"尤其是孔子从"养"与"敬"两个方面对孝作了明确的论述。他说，"孝者，是谓能养，至于犬马皆能有养；不敬，何以别乎？"

孝道也是楚文化的精髓之一。楚人从孝，有史为证。上海博物馆藏的竹简《昭王毁室》记载着这样一件事情：楚昭王新宫建成后与大夫饮酒，有一位穿丧服的人"逾庭而入"，说他父母的尸骨就埋在新宫的阶前，现在新宫建成，他就无法祭祀父母，于是昭王当即命令毁掉新建的宫室。由此可见当时的楚国，从王到民都是何等重视孝道。另外，在《吕氏春秋·当务》和《韩非子·五蠹》中都有记载同一个事例。说的是楚国有个人名叫直躬，父亲偷了别人的羊，他向官府举报了犯错的父亲。官府逮其父准备判处死刑，此时直躬又向官府请求愿代父而死。他说，"父窃羊而谒之，不亦信乎？父诛而代之，不亦孝乎？"他很聪明，接着话锋一转又说，"信且孝而诛之，国将有不诛者乎？"这件事很快传到了楚王的耳朵里，他很受感动，于是下令释放了直躬父子。《说苑·立节》记述的申鸣宁愿不为相而在家孝敬父亲的故事更是感人至深。

对于孝道的集中论述当推《孝经》。一般认为《孝经》是孔子的弟子曾子之门人将孔子与曾子的问答整理而成的语录。这是儒家经典著作十三经之一。《孝经》全书共分十八章，其重点是强调"孝"的地位与作用，提出了孝道的标准。《孝经·开明宗义》写道："夫孝，德之本也；教之所由生也。"《孝经·三才》则指出："夫孝，天之经也，地之义也，民之行也。"从此，孝作为一种中国特有的文化传统开始代代相传，对稳定社会起到了重要作用。因此历代统治阶级都大加赞许和倡导。儒学宗师孔子就是将"孝"看成政治行为的第一人。《论语·为政》记道，或谓孔子曰："子奚不为政？"子曰："《书》云：'孝乎？惟孝友于兄弟，施于有政'，是亦为政，奚其为为政？"

到了汉代，汉武帝提出了"以孝治天下"的口号。汉惠帝表彰"孝悌"，吕后"举孝授官"，文帝"置《孝经》博士"。整个汉朝都在用人制度上推行"举孝廉"的做法。

"举孝廉"是汉武帝刘彻采纳董仲舒的意见于元光元年（公元前134年）设立的察举考试的科目。汉武帝下诏各郡国每年察举孝者、廉者各一人。它规定每二十万户每年要推举孝廉一人，由朝廷任命官职。汉代还颁布了一部很重要的法律，叫《孝廉法》，作为选拔官吏的依据。该法规定将是否恪守孝道尊重父母，是否廉洁奉公关爱黎民作为考察官吏的重要标准。这种标准的推行，既起到了劝民从孝，也起到了令官从廉的作用。其实在汉代以前的秦代，官府在劝民从孝的同时，也从严惩治"不孝"

恶行。据出土的《睡虎地秦墓竹简·封诊式》记载：有父控告其子不孝，官府按其所告查办，"将其子断足，迁蜀边县，令终身毋得去迁所论之"。此后的历朝历代都奉行褒奖"孝子"与惩罚"不孝"相结合的规则。

早在汉魏元朝时期就已经有许多以孝子事迹为题材的人物杂传。尽管这些著作大多已遗失，但经过清代学者的搜集整理，至今还可以看到十余家的百余则《孝子传》传文。我国有一个后朝为前朝编史的传统，在正史中，自唐代编纂《晋书》起，历代的史书中都设有《孝友传》《孝义传》或《孝行传》的专栏。根据历朝民间故事由元代郭居敬整理编写的《二十四孝》是流被广、影响最久远的专著。《二十四孝》故事中虽然有些愚昧、迷信的成分，但其宣扬孝道的本意是值得肯定的。

为了表彰孝行，历史上也有以孝子的故事而衍生的地名。最典型的是南朝皇帝刘骏为表扬当地孝子辈出、孝道之昌而命名的"孝昌县"。该县五代时，因避讳而改为"孝感"，其意为孝亲之情感动天地。

尊老的传统道德在饮食文化中也有着突出的体现。先秦时代的《诗经·七月豳风》中就有"为此春酒，以介眉寿""称彼兕觥，万寿无疆"的祝词。在周朝有一种重要风俗习惯叫"乡饮酒礼"，其中就充分显示出长老享受的威仪和受到族人尊敬的程度。《礼记·乡饮酒义》说："六十者坐，五十者立侍，以听政役，所以明养老也。"尊老的伦理道德教化于饮食之间，这是我们祖先的一大发明。《礼记·王制》中对以年龄来规范饮食好坏和仪规待遇，有如下记述："凡养老，有虞氏以燕礼，夏后氏以飨礼，殷人以食礼，周人修而兼用之。五十养于乡，六十养于国，七十养于学，达于诸侯。八十拜君命，一坐再至，瞽亦如之，九十使人受，五十异粮，六十宿肉，七十贰膳，八十常珍，九十饮食不违寝，膳饮从于游可也。"尊老的习惯还表现在帝王对老年臣民的关爱上。如清朝康乾盛世之时，曾举行"千叟宴"。赏宴包括各省在任、休致文武官员世庶等年龄在65岁以上的耆老。其中规模最大的一次是在乾隆五十年（1785年），有3000余名老人入席。

及至近代，毛泽东主席尊老的故事也是在民间广为传颂。1959年毛主席回故乡韶山时，特请家乡老人吃饭。在他向一位70多岁的老人敬酒时，老人说："主席敬酒，岂敢岂敢。"毛主席回答道："敬老尊贤，应该应该。"

三 在文明湖北建设中应当如何树立敬老风尚

对于有着五千年尊老敬老文明传统的中华民族，对于有着荆楚文化精神家园的湖北人民，在今天的社会实践中，从总体上来看是继承弘扬尊老敬老传统的。2012 年 10 月，《武汉晨报》设计过一份 22 道题的孝顺问卷，在长江网、汉网、"新浪湖北"上推出后，引起社会高度关注，有5000 余人参与了调查。从问卷调查结果来看，绝大部分青年人都有一颗孝顺的心，不足的是行孝不太细心。但耳闻目睹，也有一些不孝的事例。曾经有人对于家庭不孝敬老人归纳有几种状态：（一）态度很差，将父母当出气筒、下饭菜；（二）对家中老人的身体生活境况不闻不问；（三）嫌弃年老多病老人；（四）不赡养父母；（五）不照料生病老人；（六）虐待老人；（七）年轻人"挖老""啃老"；（八）打骂老人；（九）更有甚者弑父杀母。① 此种情况虽属少数，但它不仅反映在某些家庭中，而且也反映在一些社会公共生活领域。于是人们常常发出"社会道德滑坡"的感叹。这种感叹不一定是对现实社会的正确评价，但也应引起党、政府和社会大众的关注和重视。

对全社会来说，还有一个客观存在的社会问题。就是社会人口结构的变化，我国人口老龄化超前于现代化，呈现出"未富先老"的社会特征。而家庭的小型化，则出现祖孙间"4 + 2 + 1"的人口家庭结构。老年人面临贫困、疾病、失能、服务不到位、缺乏照料与精神关爱等诸多问题。

以上种种状况都是文明湖北建设中的负能量，应当予以克服与矫正。为此应做好以下几个方面的工作。

（一）落实党的十八大精神，解放思想，大张旗鼓地宣传优秀的孝文化传统。党的十八届三中全会的《决定》中指出："坚持综合治理，强化

---

① 肖波、丁幺明：《孝文化与科学发展观》，武汉出版社，2010，第 290 页。

道德约束，规范社会行为，调节利益关系，协调社会关系，解决社会问题。"而要实现这一目标，必须像省委李鸿忠书记指出的那样，"以思想大解放推进全面深化改革"。①

社会上存在的种种不敬老的现象，有一个根本性的原因，就是长期以来，我们在包括孝文化在内的传统文化的继承和弘扬上存在着"左"的思想和干扰。回顾历史我们知道，自辛亥革命以后我国一批先进的知识分子，高举"民主科学"的旗帜，推行新文化运动，对以伦理为中心的中华传统文化展开了无情的批判。这种批判武器的运用，在"五四运动"时期达到了高潮。这在当时的社会情况下是正确和必要的，因为"矫枉必须过正"。"五四运动"以后，中国共产党成立，先后推动和领导了"大革命""土地革命""抗日战争""解放战争"等一系列反帝反封建的革命运动。在以破坏旧世界为主要目的的革命战争中，已然对传统文化持严厉的批判态度也是可以理解的。当新中国成立以后，人民当家作主当了主人，对传统文化的批判理应回归理性，将因"矫枉"而已经"过正"的状态纠正过来，这才是正确的。但是，我们在较长的时期内，一直错误地判断国内的主要矛盾，因而提出了"以阶级斗争为纲"的指导思想，对中华传统文化几乎持全盘否定的态度，将"孝文化"等中华文脉统统斥为"封资修"的垃圾。谁要是倡导孝道，就是要做"封建主义的孝子贤孙"。十年浩劫中的"破四旧"，对传统文化的遗存进行毁灭性的破坏，尤其是提出要在思想文化领域"对资产阶级实行全面专政"，中华文明处于遭受曲解和阉割的状况。改革开放以后，党做了一系列拨乱反正和正本清源的工作，但长期被披着马克思主义外衣而实质是反马克思主义的"左"的意识形态污染了的社会文化心理，是很难在短时期内清除干净的。因此，今天要在全社会倡导和树立敬老风尚，必须要解放思想，冲破"左"的思想束缚，敢于宣传孝文化的优秀传统。我这样说并非危言耸听。省荆楚文化研究会成立之初，就曾经提出在湖北省内率先开展"评

---

① 黄俊华、张进：《中央宣讲团在鄂举行学习贯彻三中全会精神报告会，李鸿忠作专题辅导——以思想大解放推进全面深化改革》，《湖北日报》2013年11月23日第1版。

新二十四孝子"的活动，但许多人都有这样的疑问："孝子是不是具有封建性的名称？提这个概念是否合适？"

应当承认，传统的孝文化著述中有一些糟粕性的东西。如《二十四孝》中"为母埋儿"的愚孝行为、哭竹生笋中的迷信思想等。但其主流是健康向上的。我们应该在分析鉴定后，去其糟粕取其精华。在经过几十年的"矫枉过正"后，现在应该回归正确才对。因此，在文明湖北的建设过程中，从领导到群众都应该理直气壮地宣传孝文化，在报刊、电视、电台、网站上开设专栏，营造以孝行为为荣的社会氛围，增强广大群众的孝德建设，在全社会形成敬老风尚，让和谐的文明之花遍地开放。

（二）加强党和政府对老年工作的领导，增加老年群体在社会生活中的发言权。《人民日报》内参登载了武汉大学经济与管理学院老年支部的一份建议。① 这个老年党支部在 2004 年曾获中组部、教育部等四个部委的表彰，是全国获得表彰的唯一的基层党支部。该支部建议："在党代会、人代会中应有适当名额离退休人员代表。"并指出："我国现有离休干部100 万左右，各行各业的退休干部与职工数千万个，城乡 60 岁以上的老人 1.6 亿人。这些同志过去在不同岗位上都为革命与建设事业做出了自己应有的贡献。如今都已先后离开工作岗位，虽然党与国家对这个群体比较关心，但也存在不少尚不尽如人意的地方。重要原因之一是他们的合法权益与合理诉求没有自己的代言人，没有规范的渠道与方式向党与国家有关机构及时做出反映，或参与决策。"

该建议说："现在许多老同志强烈要求在党代会与人代会中应有适当名额留给为自己说话的代言人，使这个社会上不断增多的、庞大的弱势群体的正当权益得到切实维护，使党与国家制定的有关老年人的政策得到认真贯彻落实。"该建议认为："根据现有关选举的规定，在党代会、人代会中，不同地区、不同性别、不同民族、不同行业、归国华侨、伤残人、农民工等，都有一定代表名额……。虽然代表中也有极少数 60 岁以上的老同志，但他们并不是作为离退休人员的代表，由于人的地位、职责、身

---

① 郑华：《党代会人代会中应有离退休人员代表》，《人民日报内参》2011 年第 982 期。

份、处境的不同，对同一件事情看问题的方法与处世态度会有差异，他们很难对离退休这个群体的特有诉求有深入了解与体验，这是不可避免的。"

该建议提出："老年群体的特殊要求如何能得到及时合理处理；如何处理在职人员与退休人员之间的利益关系；如何让共享改革发展成果；如何让这部分弱势群体也活得有尊严，有保障；如何正确处理老人内部不同群体之间的利益关系；如何使我国亿万老人安度晚年等，这是党与政府经常面临的一个重要问题，是关系到建设和谐社会的大问题。"

因此该建议呼吁："应对《代表法》做出具体科学准确的解释，应把老年人视作特殊的群体和界别。总之，我们认为在今后的党代会与人代会中，应该有一定合理名额的离退休人员代表，作为上传下达的桥梁，及时沟通老年群体与党及政府的关系，参与有关老年人政策的制定，这是十分必要的，也是广大老年人的共同愿望与要求。这是关系到亿万老人的共同利益的重大问题。建议中共中央与全国人大常委会认真研究。"

占全国人口将近七分之一的老年"人民"在各种民意机构中没有这个群体的代表，那么"党代会""人民代表大会""政治协商会议"肯定是不完善的。

老年人民这个群体既要有发声的渠道，也要有人去加强管理，以便使他们的权利得到切实保障。党和政府应当成立专门的机构来关心和管理这七分之一的人民。现在的"老龄委"只是一个议事协商机构，授权有限；"老干部局"只是对一部分离退休干部履行职责，权力影响范围太小。曾有老同志建议应当成立"老年人工作局"，在不增编制的情况下，可与老干部局或老龄委办公室合署办公，一套班子两块牌子。党和政府加强对老年工作的领导，是对全社会倡导敬老风尚的最好推动。

（三）树立典型，理直气壮地在全省范围内开展评选"孝子"的活动。榜样的力量是无穷的，要在全社会树立敬老风尚离不开"典型引路"。目前，在评选道德模范的时候，虽然也有敬老典型，但终因"势单力薄"，社会影响力有限。在这方面孝感市委市政府的做法是值得推广的。孝感利用在"二十四孝"中有董永、黄香、孟宗三人的优势，大做孝文化文章。市委市政府提出了"建设孝文化名城"的城市定位；从1996年开始在全市范围内每隔几年开展一次评选"孝子"活动；举办内容丰富多彩的"孝文化节"；修建以董永命名的孝文化公园，在各类学校开设孝德文化课程；召开孝文化研讨会；建设"中华敬老园"等，取得了很好的社会效果。如果我省每个县市（州）都像孝感这样下大力气去抓践行孝文化的典型、去抓孝德教育，我省城乡的每个家庭、每个单位、每个地区必将呈现少敬老、老爱幼、其乐融融的文明新风尚。

四　加强人文关怀，加强执法力度，切实落实政策，创新养老机制

加强人文关怀，加强执法力度，切实落实政策，创新养老机制，真正做到使老年人"老有所养、老有所医、老有所为、老有所乐"。在法治社会中，老年人的权益保护，最根本的是要依靠法律。我省于1999年颁布了《湖北省实施〈中华人民共和国老年人权益保障法〉办法》，各地在调解查处各种危害老年人的案件时有了法律依据。现在的问题是这种《老年法》的宣传力度不大，在群众中不够普及，特别是在农村。因此，应该在普法教育过程中，切实加强《老年法》的宣传普及，使之深入人心。心中有了法律，行为就会规范，起码可减少恶性案件的发生。对老年人，不仅要"养"，更要"敬"。几千年前的孔子就指出过，如果对老人只养不敬，就跟动物都没有区别，更有甚者"不养"，那就连动物都不如了。各级信访部门门前，经常可以看到一些老年人的"上访"。当然，个中情况是非常复杂的，但对老年人的上访起码应该更热情地接待和更认真地进行调查处理。特别是对那些参加过历次保家卫国战争的军人，他们当年是"以身许国、以身为民"的战士。解决他们的生活待遇和各种困难，既是解决"养"的问题，更是对他们表达"敬"的问题。再穷也不能"穷了老人"，尤其是不能穷了为祖国和人民流过汗和血的老人。

在我们这个"未富先老"的国度里，如何养老敬老是一个很值得研究的问题。中华民族的传统养老办法是"家庭养老"，但在长期实行计划

生育政策的我国面临着两个青年人要赡养四到八个老人的局面，这光靠家庭养老模式是难以解决的。因此，我们在实行家庭养老的同时应该积极倡导社会养老、个人养老、企业养老和机构养老。在不断创新适合我国国情的养老方式中，让老年群体享受到改革开发的成果和社会进步的荣耀。

五　加强对公务员进行"执政为民"的
宗旨教育，反腐倡廉

加强对公务员进行"执政为民"的宗旨教育，反腐倡廉。将孝文化扩大为对人民群众的敬重。"全心全意为人民服务"是我们共产党人应该永远铭记的宗旨，尤其是执政以后，更要记住是"人民公仆"的身份。旧社会的官吏视民为"子"，常以"父母官"自诩。新中国的公务员尤其是领导干部则应视人民为自己的衣食父母。省委书记李鸿忠最近在"开展第二批党的群众路线教育实践活动"座谈会上有一段精彩的讲话。他说："百姓即是衣食父母，干部就要孝顺。孝顺不在实惠大小，关键在感情。跟父母心贴近是最孝顺的，这是将心比心，以一家看国家。自己就是百姓，就要和老百姓心意相通。做事不在大小，关键在合民意。办事要办到老百姓的心坎上。谋幸福为谁谋，百姓福是我福。"这段话是对中华民族的孝文化传统作了更为深刻的理解。"老吾老以及人之老"，我国自古以来就对孝文化有其社会意义的理解。公务人员一身清廉、洁身自好，是对百姓最好的"孝顺"。贪污腐败、欺压群众是对百姓最大的"不孝"。干部廉洁奉公，敬重人民大众，孝文化才能真正得到传承和弘扬，社会上的敬老风尚才能真正树立起来，"文明湖北"才会真正名副其实。

培育和弘扬湖北人文
精神的路径选择

张　硕　陈绍辉*

（湖北省社会科学院楚文化研究所）

人要有一种精神，才能保持激情与活力。同样，一个国家、一个民族、一个地区也要有一种精神，而且在不同时代要有不同的精神特征，要与时俱进，唯其如此，才能够不断地开拓新局面，开创新事业，才能从一个辉煌走向另一个辉煌。邓小平同志曾经就发展与改革问题语重心长地指出："没有一点'闯'的精神，没有一点'冒'的精神，没有一股气呀、劲呀，就走不出一条好路，走不出一条新路，就干不出新的事业。"

同样，在历史长河中，每个民族、每个国家、每个地区的人民都创造了属于自己的人文精神，并不断传承、弘扬、光大。人文精神综合反映着一个民族、国家或地区人民的心理特征和思想情感，集中体现着该地的文化个性和文明程度，是民族文化宝库中一份极其珍贵的财富，并成为支撑该民族、国家或地区经济社会全面发展的内生资源与动力。

湖北人文精神是湖北人民在长期的共同生活、共同发展的社会基础上形成和发展的，为湖北大多数人所认同和接受的思想品格、价值取向和道德规范，是湖北人民心理特征、文化传统、思想情感的综合反映和本质特

---

* 张硕（1966～），湖北省社科院楚文化研究所所长、研究员；陈绍辉（1973～），湖北省社科院楚文化研究所副研究员。

征，是维系湖北稳定发展的精神纽带和支柱，是推进湖北发展的重要保证。已有研究者指出，在荆楚的历史上，有六种具有地方特色的人文精神维系、影响、推动着湖北的发展。这六种精神是：以荆楚先人为代表的"筚路蓝缕、以启山林"的开拓进取精神；以屈原、王昭君为代表的报国献身精神；以近代工业化先驱张之洞和武汉现代制造业为代表的艰苦创业精神；以辛亥首义革命党人为代表的"敢为天下先"的勇敢革命精神；以鄂豫皖、湘鄂西老区人民为代表的无私奉献精神；以"五四""九八"抗洪英雄为代表的众志成城、顽强拼搏的精神①。

有关研究者凝练总结而提出的湖北人文精神内涵深刻、内容丰富，存在不可分割的内在联系。开拓进取、艰苦创业是湖北人文精神的基础，是湖北人民在历史发展中创造的辉煌物质文明和精神文明，是其为中华民族做出杰出贡献的精神力量；勇敢革命、顽强拼搏是湖北人文精神的鲜明特征，是湖北人与天奋斗、与地奋斗、与人奋斗、战胜特大自然灾害、夺取革命和建设胜利的精神法宝；无私奉献、报国献身是湖北人文精神的精华和脊梁，是湖北人文精神的最高境界，影响着湖北文化和精神的走向。

由荆楚文化孕育而来的湖北人文精神，经过时代性创造、提炼、升华，完全可以成为推动湖北发展和促进中部崛起的精神力量②。

改革开放以来，在历届省委、省政府的有力领导下，湖北的社会主义建设一路高歌猛进，捷报频传，取得了令世人举目的伟大成就，但毋庸讳言的是，在今天，我们的经济发展水平和速度，不仅较东部沿海发达地区有了较大差距，而且还有进一步加大的危险，就是与周边原本基础薄弱、相对落后的省市相比较，也有偏缓和滞后的态势。有鉴于此，中央明确提出我省的发展战略是"建成支点，走在前列"。如何解决当前发展不力问题，尽快实现湖北"建成支点，走在前列"呢？笔者以为，邓小平同志的话有很强的警示作用和现实指导意义。湖北为什么相对落后了？一个重要原因在于，湖北缺乏一种精神，一种既能体现时代特色又有本地特色的

---

① 李子林：《弘扬和培育湖北人文精神》，《政策》2005年第2期。

② 陈文华：《构筑荆楚文化底蕴　弘扬湖北人文精神》，载《荆楚文化与湖北人文精神》，湖北人民出版社，2009，第47页。

催人奋进的湖北人文精神。这种精神的缺失，不仅严重影响甚至毁损了湖北（湖北人）的整体形象，而且还直接阻碍了湖北经济快速健康持续的发展。

近年来，我国不少地方十分重视本地区人文精神的提炼和塑造，如深圳提出"开拓创新，诚信守法，务实高效，团结奉献"，青岛提出"诚信、和谐、博大、卓越"等。当前，湖北处于改革和发展的关键时期，特别需要大力培育和弘扬湖北人文精神，并把凝练、培育人文精神的过程，变成树立敢创敢干、勇创新路新思想的过程。地区人文精神提炼与弘扬的过程，就是该地精神文明不断进步的过程，也是该地文化培育与弘扬的过程。湖北人文精神与湖北文化特色是共同构筑特色鲜明、生机无限的文明湖北的根与灵魂[①]。

因此，我们必须大力培育和弘扬新时期湖北人文精神，以此来增强湖北人的自豪感、使命感、责任感、紧迫感，来开发湖北人的智力，增强人们认知事物的能力，为加快湖北发展、促进中部崛起提供强大的精神动力和思想保证。

一 新时期湖北人文精神的培育方式

人文精神是通过培育和化育而成的内在于主体的精神成果，是经过人文知识的内化与提升而变成主体的意识、思想、情感等生命体验和实践行为。培育新时期湖北人文精神，必须坚持在培育的基础上弘扬，在弘扬的过程中培育。新时期湖北人文精神的培育方式，要着力抓好以下三个关键环节。

1. 直面不足，拓展内容

从求实创新的角度看，湖北文化尽管有自强不息、开拓进取的优秀传统，但表现不一，在现实生活的许多方面仍存在着小富即安、故步自封、

---

① 张硕：《保护城市文化特色，弘扬城市人文精神》，载《荆楚文化与湖北人文精神》，湖北人民出版社，2009，第125页。

享乐消闲的消极意识，更上层楼的胆略魄力不够；就事业的开拓灵气和能力而言，存在着精细有余豪放不足、精明有余高明不足的小家子气，吞吐万象别出机杼的智慧不够；就人自身的价值实现境界提升而言，存在着冷漠戒备粗鄙狭隘的市侩心理，诚信缺失道德滑坡，法治规则意识和文明程度不够；就理想情操责任意识奉献精神而言，存在着重物质享受欲望满足、轻理想追求道德提升的小市民气。所有这些志向短浅、精神缺陷、道德失落现象的存在，都说明我们在精神和心灵上并没有完全做好进入市场经济和现代化的准备。为此，培育新时期湖北人文精神，必须以求实创新精神来主导坚韧质朴精神、重信尚义精神和宽厚包容精神。同时把培育人的主体精神作为弘扬新时期湖北人文精神的核心，把培育人的理想信念和科学创新精神作为弘扬新时期湖北人文精神的重要内容，把重塑人的品格意志和建构人的精神家园作为弘扬新时期湖北人文精神的重要目标。

2. 积极引导，选好类型

作为一种集体精神，湖北人文精神的凝聚和培育，政府要起领导作用，舆论和学界要起主导作用，靠民间自发力量是不可能实现的。省委、省政府要高度重视，加大投入。要充分认识到精神力量的重大作用，要积极组织新闻舆论等宣传力量加大宣传力度，要鼓励高校科研机构加强这方面的研究，选好培育类型。要依据培育新时期湖北人文精神的时代内涵和内容对象，采用政治培育、教育培育、科技培育、语言培育、文化培育、商务培育、健康培育、危机培育、女性培育、学生培育、大众文化培育等方法，传播和弘扬先进的思想意识、高尚的道德观念和良好的风俗习惯，努力形成"求真、务实、诚信、和谐、开放、图强"的与时俱进的新时期湖北人文精神，为构建具有湖北特色的社会主义核心价值体系提供思想和精神支撑。

3. 深入发掘，突出功效

湖北不仅要发掘和总结湖北人文精神的优质资源、先进经验和优秀成果，而且还要结合本省实际，坚持面向现代、面向世界、面向未来，不断创新、吸收中外人文精神中关于人性、人道主义、人的自由和价值、人的自主活动等研究成果，借鉴兄弟省的成功经验，做好借鉴与创新的文章，不断创新、不断丰富发展我们湖北优秀的人文精神，达到熔铸品格意志、重塑主体精神、体现人文关怀、构建精神家园和实现自我超越的目的，为经济社会全面、健康、快速发展提供强大的精神支撑和内在的文化驱动。

4. 与时俱进，不断创新

人文精神也必须不断吸纳新的元素，在发展创新中延续活力。因此，我们在保护和传承优秀人文传统的基础上，又要善于总结新的时代精神，并更好地加以创新，使湖北人文精神充满活力与生机。

二　新时期湖北人文精神的弘扬途径

弘扬和培育具有湖北特色人文精神必须采取切实可行的措施使之落到实处。

1. 在新的历史条件下，弘扬与培养湖北人文精神需要进一步深入研究湖北历史文化资源

培育新时期湖北人文精神必须继续深入挖掘湖北传统文化。现今的湖北地区是当时楚国建立和发展的中心区域。所以，湖北人民对楚文化情有独钟。经过在历史长河中的长期搏击，楚文化的因子已深深地融化在荆楚儿女的心灵里和血液中，创造了特色鲜明、内涵丰富的荆楚文化，成为中华传统文化的重要组成部分。

湖北人既是楚文化的创造者，又是楚文化的受动者，在创造自己的文化并受益于自己文化的同时，又时时处处受着自己文化的制约与影响。这就需要在实现湖北经济腾飞和社会发展的过程中，严肃而审慎地研究湖北文化的二重性，揭示湖北经济社会兴衰成败的深层文化内涵，弘扬积极健康的文化精神，以扬弃的态度对待湖北文化，荡涤消极迂腐的文化污垢，形成推进湖北更快更好发展的强大精神动力。科研单位要在现有科研成果的基础上加大现实关注度，积极进行联合攻关，以整合和发掘湖北精神。

2. 培育新时代湖北人文精神要善于借鉴其他地区的优秀经验，在兼收并蓄的基础上勇于开拓创新

与时俱进是马克思主义的理论品质，也是湖北精神的内在要求。我们要以开放的胸怀，一如既往地秉承"古为今用、洋为中用、去其糟粕、取其精华、推陈出新"的原则，积极吸收中外人文精神中的研究成果，善于借鉴学习兄弟省市人文精神优秀成果，从当今湖北改革建设火热实践中吸取养分，面向现代、面向世界、面向未来，不断创新、不断丰富发展我们湖北优秀的人文精神。

3. 培育新时代湖北人文精神，必须在全社会大力倡导"诚信"意识

社会的可持续发展，需要人们不仅掌握现代科学文化知识，而且要有高尚道德情操的人文精神，这就必然促进个体价值的充分实现和道德人格的真正完善，从而使人得到全面发展。社会的可持续发展以人为本位，追求社会和谐，维护人的尊严，尊重人的价值，重视人的发展潜能，使人的发展与社会发展协调统一。人文精神存在的必要性，在于人性中有追求真、善、美的精神欲望，有弘扬高尚情操和正直人格的道德感，有继往开来的历史感。从湖北目前的情况看尤以树立"诚信"意识特别重要。所谓"诚信"意识，从根本上说是一种求真求善的精神。诚信作为人格的一种责任意识，是每个社会成员都应当具有的道德品质。而在市场经济日益发展的今天，中国最缺乏的道德资源就是诚信。在任何一个社会中，诚信意识的沦丧都意味着是整个社会的一种信用危机。其实，恪守诚信就是既尊重他人利益又维护自身利益，以牺牲信用为代价谋取利益是一种害人害己的不道德行为。讲究诚信既是个人的一种德行，也是文明社会的一种内在品质。一个社会的文明程度越高，这个社会就越讲究信用。全面建设小康社会的一个重要目标，就是要建立人与人之间的诚信关系。在这方面，必须把培育全民的诚信意识，提到弘扬人文精神的高度来认识。

4. 培育新时代湖北人文精神，必须充分发挥教育在其中的重要作用

要抓好大中小学教育、研究生教育、成人教育、青少年教育。各级各类干部培训、党团员培训、职工培训、市民培训必须把培育湖北人文精神作为自己义不容辞的责任贯穿始终，渗透到教育的各个方面。各种群众性精神文明建设活动，如文明城市、文明村镇、文明单位（行业）创建活动都要突出地方人文精神这一内涵，强化地方人文精神这方面的要求。要充分运用各种有意义的纪念活动、节庆活动，寓教于学、寓教于乐。要在各类群众性道德实践活动中，如在青年文明号创建、城乡手牵手、献爱心、送温暖、扶贫帮困、助残、助学活动中提升人们的精神境界，培育人们的人文精神。要通过中国历史，特别是中国近现代史、湖北近现代史的教育，使湖北人民了解湖北发展历程，了解湖北人民为中华民族文明做出的杰出贡献，了解湖北人民英勇奋斗的崇高业绩，激发人们热爱湖北振兴湖北的创造热情和积极性，使湖北人民自觉地把湖北振兴同中华民族复兴联系在一起，使大力培育和弘扬湖北人文精神在新的形势下，获得深厚的土壤与高度的民众自觉。

5. 培育新时代湖北人文精神，还要发挥好媒体、舆论的宣传作用

媒体要成为人文精神的实践者传播者，为培育具有湖北特色的人文精神营造浓烈的氛围，使人们在日常生活中随处感受到湖北人文精神的熏陶。大众媒介作为传播信息的主要渠道，已渗透到社会生活各个方面，对思想、文化的传播影响非常大。媒体关注的对象很容易成为社会热点。在弘扬湖北人文精神方面，媒体应努力提高自身的人文素养，做人文精神的实践者，使媒体从内容到形式上都充满精致和谐、大气开放的人文精神，成为反映湖北人文精神的一个"窗口"，发挥潜移默化的作用。

要抓好舆论宣传，为培育具有湖北特色的人文精神营造浓烈的氛围，使人们在日常生活中随处受到湖北人文精神的感染和熏陶。报刊、广播、电视、互联网等都要发挥好作用，加大宣传力度，使湖北人文精神上屏幕、上头版、上互联网。文学艺术出版要从湖北人民英勇奋斗的历史和现实生活中吸取养分，创造出更多更好的弘扬湖北人文精神的好作品，使人们吸取精神力量。要通过戏剧、电视剧、音乐、舞蹈等各种文艺形式和群众喜闻乐见的文艺作品，在广大人民群众中弘扬湖北人文精神，把湖北人民的意志和力量凝聚起来。要推广弘扬实践湖北人文精神的重大典型，使人们见贤思齐，学有榜样，赶有目标，自觉实践。要加大对黄、赌、毒等精神垃圾的打击力度，净化社会环境，营造良好的社会氛围。

6. 弘扬人文精神，要努力创造良好的创业氛围和环境，在全社会树立创新光荣的价值观

构建和谐湖北、建设创新型湖北，在全社会树立创新光荣的价值观至关重要。一种渗透于民众灵魂深处的创新光荣的价值观，对社会生活发挥着评判功能、凝聚功能、教化功能和定向功能。一是要广泛利用各种宣传教育途径和大众传媒，宣传各条战线的创新业绩和创新创业的典型事迹及典型人物，充分展示创新对我省经济社会发展的重大推动作用，形成对创新价值的认同感，使创新性的劳动和工作为人人所景仰。创业主体应成为媒体报道关注的对象。要宣传本地、外地、国外在湖北的成功创业者，使他们成为时代的明星；要宣传创业者在勇于开拓、艰苦创业中形成的精神和理念，使之成为全社会的精神财富，不能忽视老百姓创业主体的地位，只要在本职岗位上努力工作、做出成绩，都是时代的创业者。湖北要把自己放在中部、放在全国，乃至放在全球这样的区域环境中来审视，才能做到大气开放，湖北的媒体除了要做本地新闻最权威的发布者之外，也要放眼关注区域经济，以更高的视野报道区域经济的发展情况，为湖北的加快发展服务。二是要建立健全支持创新、促进创新的激励机制，强化各行各业创新光荣的价值观，使每个参与创新的人都有使命感、责任感和成就感。三是要以开展有针对性和实效性的各种创新创业活动为载体，让人们在参与创新的实践中培育创新光荣的价值观，将创新同自己的人生目标和价值紧密地联系在一起。四是要努力创作并大力推出更多的体现创新精神的文化产品，用创新之美陶冶人们的精神，给人们以积极进取、奋发图强建设和谐社会的精神力量，推动湖北创新的实践。

7. 要联系实际培育具有时代特征和行业特色的人文精神

积极培育具有地方特色和行业特色的企业精神、企业文化、学校精神、校园文化、行业精神、行业文化，使湖北人文精神在各单位、各行业、各学校、各企业具体化，使广大人民群众用实际行动自觉贯彻具有地方特色的人文精神，同心同德地去实现湖北振兴和发展，实现湖北在中部率先崛起的战略目标，建设湖北美好生活，迎接湖北更加美好的明天。

8. 以多种形式开展创建"人文湖北"的活动

为弘扬和培育新时期湖北人文精神与加快文化大省建设，有必要开展创建"人文湖北"或"文化湖北"活动。为此建议：（1）将"人文湖北"的奋斗目标纳入"文化大省"的建设规划之中，由省委宣传部联合有关部门纳入工作计划，负责组织实施。（2）由省委宣传部牵头，会同省社科院、党校、高校等，组织一次关于"新时期湖北人文精神"的学术研讨会和相关知识竞赛活动，以进一步深化研究和发动群众参与。（3）组织省内新闻媒体，就"新时期湖北人文精神"这一问题开展多种形式的宣传活动，使新时期湖北人文精神深入人心，变为实现两个率先的精神力量。（4）由各地政府部门负责牵头，搞一些人文工程的硬件建设，如图书馆、博物馆、主题公园等，同时注意保护和开发历史人文资源，做出规划，采取相应措施，并逐步加以实施。

论科技创新与湖北"建支走前"

王玉德[*]

（华中师范大学历史文化学院）

2013 年习近平总书记来湖北视察，对湖北的成绩做了充分肯定，同时也为湖北发展提出新的定位：努力把湖北建设成为中部地区崛起的重要战略支点，在转变经济发展方式上走在全国前列。习总书记在湖北的一系列讲话给湖北的发展指出了正确的前进方向，明确了湖北转变经济发展方式的核心是创新。湖北省委紧紧围绕这一新定位，出台了《关于贯彻落实习近平总书记重要讲话精神，加快推进"建成支点、走在前列"的决定》。[①] "建成支点，走在前列"既是对湖北改革发展提出的新的更高要求，也是湖北抢抓重大历史机遇，实现科学发展、跨越式发展的重要选择。湖北在新形势下应当实施科技创新工程，以最强的科技创新意识，最大的科技创新热情，最宽松的科技创新环境，最大的科技创新力度，最突出的科技创新成果，抢占科技创新制高点。湖北有科技创新的悠久历史，湖北有实施科技创新的人才群体，湖北有世人瞩目的科技成就，湖北现有

---

[*] 王玉德（1954～），华中师范大学历史文化学院教授、博士生导师，华中师范大学民间文化研究中心主任、法文化中心副主任、文化管理研究中心主任、湖北科技史学会秘书长。

[①] 详见新华网 2013 年 12 月 7 日《加快"建成支点、走在前列"的进程——访中共湖北省委书记李鸿忠》一文，李鸿忠书记回答记者说："湖北科教人才优势明显，但只是一种潜在优势，并没有充分地转化为现实生产力。这是我们与北京、上海等科教发达地区相比的明显差距，迫切需要我们把创新驱动作为全省发展的核心战略，加快建设'创新强省'。"

许多实施科技创新的多元平台，这些都是有利的条件。全省上下要进一步提高认识，倡导独立的科学精神，创造宽松的科研氛围，重视人才，聚集全社会的一切力量，加强协同配合，从问题入手，切实把"建支走前"与湖北梦、中国梦结合起来，把湖北建设成为世界知名的科技创新重镇![1]

一 湖北的"建支走前"必须依靠科技创新

人类社会早已进入科技的时代，科技是火车头，科技文化日益成为每个国家综合国力的重要组成部分。科技文化是现代文化的核心、基础，科技文化是第一文化。创新是科技文化的灵魂与命脉，科技创新引领着文明进步，科技文化就是一种创新文化。

党和国家十分重视科技创新。《中共中央关于深化文化体制改革、推动社会主义文化大发展大繁荣若干重大问题的决定》深刻揭示了我国现代化建设新的历史发展阶段文化建设的重要历史意义。加强、完善我省科技文化建设，对于我省科学技术发展的文化环境、社会环境改善具有基础意义，将为我省科学技术发展提供社会文化支持与动力。

湖北省的经济发展很快，文化产业已进入新的历史阶段。[2] 加快转变经济发展方式，实现湖北创新驱动的紧迫性进一步凸显。2012 年，湖北省 GDP 为 19651 亿元，位于全国第十。人均 GDP 已超过 5000 美元。湖北现在面临着做大经济总量与提高发展质量的双重任务。从湖北与武汉的实际情况而言，与其他的省市相比，湖北与武汉是有短板的。武汉的劣势主要在于地理区位不如沿海发达地区，经济实力不强；产业结构不匹配；科技实力与成果转化能力不匹配；生态城市建设落后；国际化程度低等。湖北缺煤乏油少气，土地、能源、资源、环境约束日益紧张，劳动力资源供

---

[1] 2013 年下半年，湖北省科协委托华中师大高研院承担一个项目：湖北的科技创新问题。我作为湖北省科技史学会副理事长，承担了其中一部分撰稿任务，该论文就是当时所撰写的稿件，文字上稍做改动。

[2] 胡惠林:《中国文化产业评论》，上海人民出版社，2010，第 14 页。

给也逐步趋紧。这些都已成为湖北经济持续较快发展的瓶颈制约，成为加快转变经济发展方式的倒逼机制。湖北要弥补不足，就要迎难快上，依靠科技创新。湖北只有切实开展科技创新，才可能真正崛起。

二 湖北"建支走前"的科技文化条件

1. 湖北科技创新的悠久历史

湖北是文化底蕴深厚的省份，从传说中的神农尝百草开始，湖北先民就一直具有科技创新的伟大精神，不断涌现科技创新的事迹。

湖北历史上有许多科技创新的典范。如茶圣陆羽撰写《茶经》，药圣李时珍撰写《本草纲目》，就是影响深远的创新。明代嘉靖《罗田县志·物产》记载稻米4大类44个品种，说明人们注重水稻的种类。清代康熙年间，黄冈人陈大章著《诗传名物集览》，对《诗经》的生物做了全面考述，有见解，也有科普作用。清乾隆年间，京山人李元著《蠕范》，这是一部动物学著作，将禽、兽、鳞、介、虫等410余类、数千种动物，按它们的习性分别介绍，试图把握动物的生命规律。书中指出动物也是有生活习惯的，如蜂蚁群集、雁行有序、鸳鸯不离、羊跪食乳。书中还提出一个新鲜的观点，认为动物有逆水逆风的行动现象，"逆则动，动则生"。这说明李元是很注意观察的学者。在古代，湖北曾有两个科技创新的闪烁时期。一个是先秦时期，楚国的科技处于天下领先地位。楚国在青铜矿冶、天文、纺织、建筑等领域都有杰出成就，考古出土的文物令人惊叹。另一个是晚清，张之洞总督湖北，发展工业与教育，科技成果令世界瞩目。[①]

湖北曾经创造过科技的辉煌，有深厚的文化积淀，理应在当代再创科技辉煌。

2. 湖北有实施科技创新的人才群体

湖北地灵人杰，人才辈出。湖北的高校数量居全国第一，在校大学生

---

① 汪建平等：《中国科学技术史纲》，武汉大学出版社，2012，第6页。

的数量也是全国第一，高校教师的人数也处于全国前列。湖北从事科技工作的人数仅次于北京与上海，科技人才齐全，梯队整齐，每年都有大量科技成果出现。

湖北省有许多民间社团，省科协登记的一百多个学会，绝大多数与科技有直接关系，如气象学会、农学会、中医学会、林学会、生物学会，这些学会都聚集了专门的科技人才。如武汉理工大学席龙飞教授领衔的造船史研究团队承担了船史的多项研究，成果很多，得到了全国同行的认同。中国科学院在鄂有大批专家，国家在鄂大企业也有大批科技人员。这些人才都是湖北可以依赖的科技创新人才。[①]

3. 湖北现有实施科技创新的多元平台

科技指基础科学和技术科学。基础科学研究自然界本身的事物及规律，如物理学、化学、生物学、天文学等。技术科学是研究技术运用的，如建筑学、冶金学等。有些学科，如医学、工程力学等，则介于两者之间。湖北有中国科学院的在鄂单位，有国家在鄂的大企业，有众多的科技门类，不论是哪一方面的科技力量都不缺少。特别是在信息产业、水利、农学、地质、测量等方面都有国家级的科研单位，每年承接大量国家级或省部级课题。

湖北承担了国家的许多大型工程，这些工程都需要借助科技创新提高生产力，节约成本。如在桥梁、隧道建设等方面都迫切需要科技创新作为驱动。只有通过科技创新，才能减少成本，掌握核心竞争力，获取最大效益。

湖北有许多大企业，包括世界五百强企业。各个企业在激烈的竞争中迫切需要科技创新，推动企业发展。如汽车工业、冶金工业、光纤工业等，需要开展科技创新的领域很多。

基于以上三点，在实施科技创新方面，湖北既有历史基础，也有现实基础；既有众多的平台，也有众多的需求，发展科技的条件是良好的。与中国其他省份比起来，湖北在科技实力方面具有明显的优势。湖北的

---

① 李云：《实施学会评估的实践与思考》，《科协论坛》2013 年第 10 期。

科技实力强，基础好。全省的宣传战线应当意识到这个优势，加大宣传力度。[①]

三 湖北创新科技的定位与目标

如果湖北不能够利用良好的条件实施科技创新，如果湖北不对自己提出更高要求，如果湖北没有明确的科技发展思路，如果湖北在现代化中不做出突出的贡献，就会有愧于已有条件，辜负时代的重托。如何提升湖北的整体科技创新能力？如何利用科技创新推动湖北的整体实力？如何让湖北为全国的经济文化做出更大贡献？这些都需要梳理思路，明确定位与目标，确定战略内涵。

1. 定位

湖北实施科技创新领先战略，需要有明确的定位。建议把湖北建设成为世界知名的科技创新重镇。目前全球科技中心主要在美国，一部分在英国、德国和日本。我国虽然是发展中国家，但经济实力居世界第二，科技崛起的速度很快，逐渐成为全球的科技大国。可以预期，在全球科技的竞争中，中国必将屹立于世界强国之林，有着举足轻重的地位。

2. 内涵

湖北实施科技创新领先战略的内涵，主要在五个方面。

第一，科技创新是湖北全部工作的重中之重，得到全省人民的共识。

第二，科技创新切实成为湖北经济文化的主体内容，各行各业都重视科技创新。

第三，科技创新实实在在地带动湖北的社会发展，给人民带来实惠。

第四，科技创新成为湖北的突出品牌。湖北成为全国科技创新的高地，成为全球科技创新的重镇，成为引领人类文明进步的桥头堡。

第五，湖北的科技创新不是昙花一现，而是百年战略。它有不竭之源泉，有可以持续发展的前景。

---

① 尹汉宁：《宣传干部一定要强起来》，《湖北宣传》2013年第11期。

3. 目标

湖北实施科技创新领先战略的目标：

第一，科学精神、科技文化深入人心，学科学爱科学蔚然成风，提升全省人民科学素养。将湖北打造成为"科技湖北""创新湖北"。

第二，宣讲科学人物，挖掘科学思想，探索科学方法，科学思维、创新意识全面普及。湖北在科技方面处于全国前列，科技创新成为湖北的品牌。

第三，抢救科技文化遗产，保存工业遗迹，强化现代科技馆功能，加强儿童科学教育。从文化遗产方面、科技传播方面，湖北形成特色。[①]

第四，全面实施湖北科技文化系统建设工程，打造湖北科技文化建设强省的标志性成果。以科技创新造福湖北人民，造福中国。

四 个案：湖北科技史研究与湖北"建支走前"

1. 科技史研究是科技创新的重要组成部分

湖北的科技创新，需要"万马奔腾"，而科技史研究是其中的一匹骏马，理应走在前列。众所周知，史学的最高宗旨，是为现实服务，即经世致用。史学为现实服务，就是要古为今用，洋为中用，书本为实践所用。史学离开了现实，就中断了活水源头。史学不是只研究过去，史学的视野是过去、现在、未来。史学关注社会，这是其崇高职责。关注社会，就要"先天下之忧而忧，后天下之乐而乐"，就要努力解决社会问题，在社会上发出自己的声音，做社会的主人，创造社会，推进社会前进。

今天，我们伟大祖国已经进入改革开放的时代，市场经济改革拉开了序幕，而深化改革的号角已经吹响，这需要我们转变学术思路，加强经世致用的传统。学习与研究历史的人，不能老是关在书斋中空谈学问，而要服务社会、引领社会，要站在思想高地发出史学的声音，提供正能量。我们要研究历史，创造历史，做历史的真正主人！从事科技史研究的学者正

---

① 胡嘉猷等：《荆楚百项非物质文化遗产》，湖北教育出版社，2007，第4页。

可以大有作为！湖北的科技史是湖北科技文化的重要组成部分。湖北科技史的研究，一定要服务于湖北的发展，这是湖北政治、经济、文化建设的需要，也是科技史学科、科技史学会自身发展的必然要求。

然而，湖北科技史研究也存在一些问题。如，由于各种原因，湖北的科技史研究基本没有大的项目。没有经费，没有大型课题，就没有大的学术成果，也就没有全国性的影响。湖北有各种各样的人才，有一支支很好的科技史研究团队，但科技史研究人员各自为政，互不往来，形成不了合力，也没有学术交流。由于没有整合，因此，湖北缺乏对湖北省的地域性科技史的整体研究。当代湖北科技实力居全国第三。但是，对湖北当代著名科学家的研究，对湖北著名科技成果的历史研究等非常薄弱。湖北三峡大坝的历史、湖北转基因水稻的历史、湖北激光技术的历史、湖北纳米材料技术的历史等凝聚了湖北科技人员的创新精神，值得深入细致地研究。事实上，对近现代科技史的研究对提升湖北创新能力意义深远。

对于有着相对强大的科教资源基础的湖北而言，科学技术史的研究与湖北科学技术的整体水平相比较还有明显差距。湖北省自古就有丰富的科学发现和技术发明创造，但这种创新精神缺乏科技史的发掘和弘扬。

2. 湖北科技史研究如何服务于湖北发展

十八届三中全会以来，国家提倡建设小政府、大社会的新型模式，这对于社会上的民间组织是一个前所未有的机会。民间组织借政府职能转变之机，走出蚕壳，直接为社会服务，这已经成为时代的需求与潮流。在这样的新形势下，湖北的科技史学会可以积极投身于社会，为社会服务。湖北省科技史学会要在新时代条件下华丽转身，重建学会的价值体系，调整方向，主动适应社会的需求，想社会所想，急社会所急，为社会谋福。我们认为，湖北省科技史学会在新形势下，应当做好学术研究与社会服务工作。

第一，研究科技史，为科技创新服务。科技是生产力，发展生产力，离不开科技史提供的研究成果。人类已经进入了科技的时代，科技在经济发展与社会进步中起着越来越关键的作用。诚如邓小平同志多次指出的，"科学技术是第一生产力"，离开了科技就不可能实现现代化。中国只有在科技方面领先，才能立足于世界强国之林。[①] 通过研究科技史，为科技创新服务。要研究湖北的科技史家底、科技史资源、科技发明创造的经验教训，湖北从事科技史研究的学者最有发言权！湖北的学者应当打造湖北科技史系列精品，形成有影响力的学术成果。科学技术史或者科技史从字面来说包含科学史、技术史。

应当鼓励开展对各门科技及科技学会的研究。在湖北科协登记的协会有130多个，如机械学会、农学会、水利学会、测绘学会等，在全国有很大的影响。但是，对这些学会缺乏研究，没有会史。科技史的学者可以与这些学会联系，撰写各个学会的会志，写出简史，保存有价值的史料。如，华中科技大学的机械学专业产生过院士群体，如果对这个群体的形成开展研究，有助于在其他学科创建院士群体。

湖北有许多老科学家，有在世的，有不在世的。需要对这些科学家的成长与成就开展研究，为他们树碑立传。这个工作量很大，但很有意义，也非常迫切。以地质与资源为例，晚清的杨守敬注《水经注》，对中国的河流有深入的研究。20世纪的李四光是中国现代地质学的开拓者和中国地质事业的主要奠基人，创建了地质科学的新学说——地质力学。所著《地质力学概论》是一部经典之作。他的地质理论指导了我国石油工业的勘探工作；他在中国发现了第四纪冰期，推翻了国外中国没有第四纪冰期的谬论。陈萌三是我国膏盐矿业的科技先驱，改进了传统的制盐工艺。干铎是林业科学家，他于1942年在四川万县首先发现"水杉"，并加以正式命名。

第二，有针对性地开展研究，为湖北的经济项目服务。湖北科技史的研究者要为本省的经济项目服务。湖北每上一个大项目，我们科技史的学者都应当参与论证。如环境问题、科技竞争力问题、风险问题等，从历史的眼光做出科学判断。例如，湖北要发展核工业，就需要从事科技史的学者搜集世界发达国家的核工业史资料，借鉴外国的先进经验。

---

① 中共中央文献研究室：《毛泽东 邓小平 江泽民论科学发展》，中央文献出版社，2009，第25页。

湖北科技史学会要主动与企业联系，与企业联手，帮助企业在科技上创新。市场经济的运行中，企业是主体，对科技最有需求的也是企业，企业只有创新才能在市场中有竞争力。科技史研究者大多是大学的学者，要做好大学与企业之间的沟通者，承接企业的项目，提供相关案例，为企业做好服务工作。

湖北科技史的学者要参与人才培养。一方面在自己的工作单位开设相关课程，培养本科生、研究生，开展学术研究。另一方面，主动支持其他单位的人才培养，参与教学，或做讲座，各擅其长。

湖北科技史学会要在全省收集科技史研究的信息，如学者名单、从事的研究领域、研究的成果等。建立相关的人才信息库，以备社会需要。不仅要收集在武汉的人才名单，还要收集宜昌、襄阳等县市的名单，力求全面。①

湖北科技史研究要为湖北的社会风气服务。例如，湖北要在医学上树立良好的医风与医德，就需要研究优秀的医学家，树立榜样，让医务工作者学习。从事科技的人，往往具有很强的责任心。如，晚清的杨际泰曾在汉口研究戒毒。②他在汉口研究戒毒配方，拿到造鸦片的配方。他夫人在广济老家用身体实验。夫人临死前给杨际泰留了一块白绫布，上面写道："外洋鸦片泛滥中华、多少父老兄弟因吸食鸦片而误其正业，失其意志，荡尽家财害其身体，目不忍睹……。夫君为此深感忧虑，日夜操劳，为妻虽有此心，惜无能相助……。在你离开家之时，我已买回鸦片大量偷吸，并用你留下的药方，加减交替使用，收效各有不同，点滴体验均已记录在册，以供夫君借鉴。然此时毒已入膏肓，治之晚矣。"杨际泰根据夫人遗留下的亲身体验加上自己收集的资料，编写了一本《劝乡民书》，披露吸食鸦片的后果，请人在广济县到处张贴，并将解毒消瘾药给吸食鸦片者服用，其治疗效果特佳。华中、华南、华东一带病人纷纷前来求方索药，治愈者无以数计，开创了中国治毒戒毒的先河，是反对鸦片战争的一位后方

---

① 卢建昌：《湖北科技精英》，湖北科学技术出版社，2006，第 2 页。
② 杨际泰（1780~1850），字平阶，湖北省武穴市杨家垸人，世代业医。其事迹当代宣传太少，需要加大研究力度，不断弘扬。

英雄，留下了"北有杨际泰，南有林则徐"的口碑。20 世纪 90 年代，有一部关于杨际泰的电视连续剧，曾在中央电视台第 8 频道播放。再比如，撰写《医学家裘法祖传记》，让当代的医生阅读后，个个成为裘法祖的粉丝，不愁湖北的医技、医风不改善。要开展科普宣传。时下，封建迷信抬头，沉渣乱叶泛滥。社会需要科学净化。科技是消解迷信的最好工具。因此，湖北科技史的学者应当多编科普读物，多举办讲座。

湖北省科技史研究还要为生态文明服务。国家的发展，需要绿色产业，要可持续发展。如何控制雾霾，防止污染，减少成本，科技史的学者可以做许多事情。[①] 不过，中国古代的科技与近代工业社会的科技之间还有一条难以逾越的鸿沟，在话语系统、理论知识方面，难以对话，似乎是两个世界的学问。因此，把中国古代科技转换为新科技，还有很大的困难。对于中国当代科技而言，只有寻求一条转化古代科技、合理利用传统科技的道路，才有利于文化的传承与复兴，才有利于推动科学技术全方位的进步。

省政府应当委托各高校成立相应的研究中心，如湖北科技文化旅游中心、科技会展研究中心、科技文化讲坛中心等，承包执行任务，定期汇报，按年度给予资金支持。

五　确保实施湖北科学文化与科技史研究
创新工程的四条建议

为确保实施湖北科学文化与科技史研究创新工程，我提出四条建议。

1. 要进一步提高科技创新的认识

提倡科技创新，这是文化高度自觉自信的表现。党的十七届六中全会提出，要培养高度的文化自觉和文化自信，努力建设社会主义文化强国，这标志着我们党对文化建设的认识达到了一个新高度。文化自觉是指生活在一定文化中的人，对自己的文化有"自知之明"，即明白它的来历、形

---

① 刘作忠主编《从荆州走出的十大院士》，湖北教育出版社，2008，第 254 页。

成过程、特色和发展趋向，从而增强自身文化转型的能力，并获得在新的时代条件下进行文化选择的能力和地位。此外，应具有世界眼光，能够理解别的民族的文化，增强与不同文化之间接触、对话、相处的能力。

提倡科技创新，这是提倡先进文化的表现。先进生产力与先进文化协同共生、相互促进。先进生产力不是从天上掉下来的，先进文化也不是杂草野生的。正如先进生产力需要我们努力创造，先进文化也需要我们精心培育。科学技术是第一生产力，科技文化是科学技术创新的重要社会文化氛围和土壤。为科学技术创新、发展创建健康的科技文化氛围、基础，就代表着先进文化发展方向。湖北科技文化建设不仅需要文化自信、文化自觉，更需要扎扎实实的努力付出。不可否认市场对于某些文化产品起调节、支配作用，但先进文化引导不能靠市场决定，也不能用金钱衡量。我们要把提升我省科技文化软实力建设确立为政府工程，给予特别支持。

提倡科技创新，这是提高国家文化软实力的关键一步。建设社会主义文化强国，必须加强科技文化建设，大力发展科技文化，在全社会广泛弘扬科技文化，着力提高全民族的科技文化素质，让科技文化的理念深深植根于我们的民族文化之中。实现建设文化强省的战略目标，推进湖北由文化大省向文化强省的历史性跨越，加快推进建成支点、走在前列，同样需要加强科技文化建设，大力发展科技文化，广泛弘扬科技文化，努力打造湖北科技文化软实力。湖北作为文化大省，在向文化强省跨越的历史征程中，应努力打造科技文化软实力，以科技文化建设助推文化的发展和繁荣，以科技文化软实力支撑建成支点、走在前列，意义重大而深远。

2. 要强化科技人才战略

2002 年 7 月 5 日，中国科协在发布的《全民科学素质行动计划》（简称"2049"计划）中提出，要在新中国成立 100 周年，即 2049 年，让我国全体公民"人人具备科学素质"。[①] 湖北在科技人才的战略方面要走在全国前面，走在世界的前面。人才是实施科技创新的基本前提，为此我们需要做以下几方面的工作。

---

① 详见中央人民政府门户网 2006 年 3 月 20 日。

一是要大量吸收科技人才，不论其国籍，不论其政见，不论其出身，只要是愿意在湖北从事科技工作的人才，都要以最优惠的条件吸纳与重用。科技创新能力培养漫长且艰辛，直接引来专利成果一般花费巨大，且不容易掌握核心技术。科技创新能力一定要自己培养，要让在湖北工作的科技人才不断发明和创造。

二是要提高全省公民的科技素质，特别是要提高重点人群的科学素养。中国 2006 年颁布的《全民科学素质行动计划纲要 2006～2010～2020》明确指出，四个重点人群是指未成年人、农民、城镇居民、领导干部和公务员。具体办法有：第一，对社区的科技讲座；第二，通过电视、互联网等进行的非正式科学教育（这一点湖北已经做到了全国领先）；第三，领导干部听高科技讲座。

三是树立尊重科技人才的风气。在全省开展倡导科学、学习科学、研究科学、勇于创新的风气。树立标兵，弘扬正能量。

3. 要聚集全社会的一切力量

科技创新，首先是科学工作者的事。任何一个从事科学工作的人，都不应墨守成规，都要勇于创新，要有胆识，有气魄，有追求。

科技创新不仅是科学家的事，而且是全社会的事。从事历史学研究的人要研究科技史，从事哲学研究的人要研究科技哲学，从事文学创作的人要创作科技文学，从事影视传播的人要多拍摄科技纪录片与故事片，从事社会学研究的人要关注科技与社会的关系，从事心理学研究的人要研究科技创新心理。[1]

政府要鼓励科技创新，拿出更多的资金投入到科研项目中。党中央八项规定出台后，各级政府节约了许多资金，能否将其用到科技创新中？

湖北省应当整合全省科技文化研究力量，集中力量办大事。我省科技文化队伍数量庞大，但力量分散，不够集中。仅以湖北省科协为例，湖北省科协现有全省性学会、协会、研究会 130 多个，会员 40 万人，其中具有中高级技术职称者 32 万人；直属基层科协 44 个，其中省属和中央在鄂

---

[1] 湖北省炎黄文化研究会编《传统文化与科学发展》，武汉出版社，2008，第 17 页。

的厂矿科协、科研设计院所科协 28 个，高等院校科协 16 个；市、州、县（市）科协 111 个；市地级学会 500 个，会员 67 万人，其中具有中高级技术职称者 8 万人。这些科技人员都是我省科技文化宣传、普及的主力军。

湖北省专门研究科技文化的队伍主要分散在各高等学校，如华中科技大学的国家大学生人文素质教育基地、武汉理工大学的科学文化研究中心、华中师范大学的科技与社会研究中心，等等。这些基地与研究中心都在从事科技文化的直接研究工作，但各有其研究领域、研究方向，彼此交流、合作机会不多，针对湖北科技文化建设的研究很少，接受湖北省委托的研究项目几乎没有。湖北科技文化研究缺少整体规划、队伍整合，湖北科技文化大省的潜在优势并没有体现出来。

要加强科学文化与人文文化的沟通与同步发展，促进和谐社会建设。湖北要加强实施产学研协同战略。产学研联盟是国家创新理论的一种提法，就是依托科技智力成果，把各种资源组合起来形成科技竞争力的一种模式。产学研合作通常有四种基本模式，每一种模式代表产学研之间不同的互动程度。

4. 要从问题入手

湖北在改革开放以来、特别是近些年来发展惊人。但是，面对深化改革，面对时代要求，湖北需要居安思危。多想问题，多找差距，多加研讨，才可能有明确的科技创新思路。

发展湖北文化从哪里着手？建设富强湖北、创新湖北靠什么文化支持？

创新是事关全局战略的关键性问题。① 科技文化如何全方位带动社会文化的更新？科技文化如何才能成为现代文化的软实力？科技创新是功利主义还是长期战略？科学精神的本质是什么？

党和国家一直提倡构建社会主义核心价值观。社会主义核心价值观与科技创新是什么关系？如何通过科技创新提升全民科技素养和创新能力？如何用科技创新构建社会主义核心价值观？

---

① 傅才武等主编《中国文化创新报告》，社会科学文献出版社，2012，第 8 页。

一方面,我国将"科教兴国"确立为基本国策,"科学技术是第一生产力"正在成为全国人民的普遍共识;另一方面,科学技术哲学界特别是技术哲学界的技术批判理论已经成为学界热潮。我们应当如何认识、理解这两方面的不同意见和呼声呢?

湖北省科技资源在全国领先,但为什么没有很好地转化成现实生产力、创造力?全省的科技资源主要集中在高等院校和科研院所,为什么这种科技资源并没有转化成全民思想文化,导致民众的科技文化素养不尽如人意?

湖北科技资源主要集中在事业单位、国有企业,民间组织与个人有没有科技资源?他们的潜力如何才能被激发?积极性如何调动?如何让这一部分隐形的科技创新活力转化为社会服务?

湖北是全国高等学校、科研院所比较多的省份,发展科学技术、弘扬科技文化、打造科技文化软实力具有坚实的基础。如何建设科技文化,打造科技文化软实力,充分发挥科技文化在振兴湖北、推动湖北由文化大省向文化强省的历史性跨越,进而实现湖北建成支点、走在前列的伟大目标,是值得我们认真研究的新课题。

结　语

人类的历史,本质上是科技的进步史。一部中华历史,就是不断从事科学发明与创造的历史。科学史是历史巨树的主干,是人类物质财富和精神财富的结晶。湖北要超越式发展,要成为我国的中部战略支点,要走在全国的前列,就必须加强全面战略规划,特别是要提倡科技创新,把湖北科技文化软实力建设确立为省级政府工程。科技创新是湖北在新时期发展的突破口,让我们尽快行动起来,在省委省政府的支持下,掀起科技创新的新高潮,以实际行动"建支走前",为实现湖北梦与中国梦而努力奋斗!

文明湖北建构中的人权
文化建设初探

陈焱光*

（湖北大学政法与公共管理学院）

人权文化建设是文明湖北建构的重要内容之一。本文论证了人权文化建设是文明湖北建构的基本内容的逻辑和现实必然性，分析了当前人权文化建设的不足，从人权教育、廉政建设、传统文化的传承和现代转换等方面探析了湖北人权文化建设的基本路径。

一 人权文化建设是文明湖北建构的基本内容

文明往往首先以文化特别是先进的文化为标志而体现出来。文明是指人类所创造的财富的总和，特指精神财富，如文学、艺术、教育、科学等，也指社会发展到较高阶段表现出来的状态。文明是人类审美观念和文化现象在传承、发展、糅合和分化过程中所产生的生活方式、思维方式的总称。文明是人类在认识世界和改造世界的过程中所逐步形成的思想观念以及不断进化的人类本性的具体体现。文明涵盖了人与人、人与社会、人与自然

---

* 陈焱光（1967~），男，湖北浠水人，先后获湖北大学法学学士，武汉大学法学硕士、法学博士学位。现为湖北大学政法与公共管理学院副院长、教授、博士生导师，中国宪法学研究会理事，中国宪法学研究会宪法学教学研究专业委员会委员。

之间的关系。不同社会形态和社会阶段的文明都会在不同程度上和以不同的方式体现为对人的尊重、对人的自由和自主性的承认与追求。近现代以来，文明不断进步为国家对个人有益于自己而无害于他人行为的宽容，也包括不同社会组织和信仰间的互相宽容。特别是近现代以来不断勃兴的人权文化，逐渐成为反映文明程度的重要标杆。它最为妥帖地反映了文明的两大作用：一是追求个人自主和道德完善；二是维护公共利益和公共秩序。

从语源上讲，汉语中"文明"一词有多种含义，经历了不断变化的历程。早期在不同语境中有不同含义。该语词最早出现于《易经》，"见龙在田，天下文明"。在早期的多种含义中，有几种与现代"文明"含义的某些方面接近。如指文德辉耀①，文治教化②，文教昌明③，社会发展水平较高、有文化的状态、合于人道④。今天，"文明"的最通常含义是一种社会进步状态，与"野蛮"一词相对，同时文明与文化有着较紧密的联系，尽管也有区别。文明总是建立在一定的文化之上的。文化指人们的一种存在方式，有文化意味着某种文明，但没有文化并不意味"野蛮"。英文中的文明（civilization）一词源于拉丁文"civis"，意思是城市的居民，其本质含义为人民生活于城市和社会集团中的能力，后来引申为一种先进的社会和文化发展状态，以及到达这一状态的过程。文明涉及的领域十分广泛，包括观念、制度、风俗、民族意识、技术水准、礼仪规范、宗教思想、风俗习惯、科学知识，等等。19 世纪之前西方对文明的定义比较狭隘，采用生产力、科技知识和人道标准来界定文明与落后和野蛮的分野。人类文明历经第一次和第二次世界大战而遭受重创和羞辱，法西斯灭绝人性的极端反文明的罪行，使寻求正义的各国开始在世界视野下思考人类文明的底线标准和坚守路径。因此，"二战"后，通过组建联合国并在这一平台上不断沟通、斗争和协作，最终通过对人权的国际保障和国家的

---

① 如《宋书·律历志上》：是以君子反情以和志，广乐以成教，故能情深而文明，气盛而化神。
② 如前蜀杜光庭《贺黄云表》：柔远俗以文明，慑凶奴以武略。元刘埙《隐居通议·诗歌二》：想见先朝文明之盛，为之慨然。
③ 如汉焦赣《易林·节之颐》：文明之世，销锋铸镝。前蜀贯休《寄怀楚和尚》诗：何得文明代，不为王者师。明高明《琵琶记·高堂称寿》：抱经济之奇才，当文明之盛世。
④ 如郭孝威《福建光复记》：所有俘虏，我军仍以文明对待，拘留数时，即遣归家。

人权保障责任形成了初步共识，使世界文明得以在劫难后继续远航。通过1948 年的《世界人权宣言》、1966 年的国际人权两公约及随后几十年世界主要国家缔结的人权公约，逐步形成了人权保障的国际法体系，形成了人权的普遍性和特殊性相统一的观点，并就人权保障问题定期开展沟通和对话。可以说，"二战"后 60 多年总体上和平的国际环境，使人类的文明跨入了新的时期。这一人类的巨大成就与人权在全世界范围内得到承认、获得较好保障息息相关。有学者甚至认为人权是当今世界的唯一通用话语，人权文化也成为衡量一个国家文明程度的最重要指标。

文明湖北建设顺应了世界不断迈向更高文明进程的潮流。文明建设的内涵和组成部分都十分丰富，涉及领域十分广泛，不仅有器物形态的物质文明，也有科技和思想领域的精神文明，更有政治建构上的制度文明和生产生活环境的生态文明。当下，以人权为着力点的国家与公民间、公民与公民间、公民与社会组织间的关系，构成了当代各方面文明建设的主轴。一切物质文明、精神文明、政治文明和生态文明的建设，归根结底要看公民能否得到国家、社会组织和他人的善待。人权文化意欲寻求一种国家对公民基本权利的尊重和保障，这不仅要求国家摆出一种姿态，做出一种承诺，传播一种观念，更重要的是国家必须有一整套的教育制度和体系、完善的法律法规和保障制度。

"文明"作为人类社会的发展达到的某种进步状态的表述，其演进历程经历了原始文明到农耕文明再到工业文明和信息文明的发展阶段。尽管每个时代的文明内容不同，甚至伴随着某种劫难，但总体上，文明都反映着人类进步的发展方向。特别是在经济全球化和污染同样全球化的今天，关注人类的共同命运和每个个体的生命健康以及以自由为核心的生存状态，无疑构成了文明的内核。自从古希腊哲学家普洛泰戈拉提出"人是万物的尺度"这一著名命题开始，人类的文明就在用不同的方式演绎"人"、塑造"人"和发展"人"。总之，文明的一切都是为了"人"。所以，认识了人权，就解读了文明；实现了充分的人权，就顺理成章造就了一个文明的盛世。

如果说文化建设始终是文明建构的核心内容和不可或缺的方面，文明总是以一定形式的文化为载体体现出来，那么历史画卷所展现出来的是：近现代以来，无论是作为观念层面还是制度层面的文化，都离不开人权文化这一中心内容。而人权文化的精义就在于在充分、平等地尊重每个人的尊严和自由的基础上，最大限度地保障和促进人的全面发展，从而推动社会的全面发展和人类文明的进步。正如马克思在《共产党宣言》中所阐释的：每个人的自由发展是一切人的自由发展的条件。① 从历史的视角看，人权观念和理念的出现及确立，本身就昭示着人类进入到一种新的文明阶段。人权理念是近现代史无前例的伟大创造之一，无论是西方近现代以前的文明——如古代的希腊文明、古代的罗马文明、中世纪的欧洲文明，还是以中国为代表的东亚近现代以前的文明，都不曾出现。因此，人权文化成了近现代文明的重要内容和衡量标准，正如当代阿根廷著名思想家宁诺所言，"无可置疑，人权是我们的文明中最伟大的发明之一。"② 当下，"人权问题已经成为国际社会的主流话语之一"，③ 著名人权学者杜兹纳更是认为，"人权已成为新的帝国的通用语"，④ 对于人权，无论是非营利组织、多国联合大企业，还是单一的国家，都保持着追求轰动效应的宣传。

关于现代文明与人权之间的紧密关系，著名的加拿大当代思想家查尔斯·泰勒进行了深入的研究，在他看来，人权构成了现代文明所赖以建立的道德资源。他指出了与现代人权意识息息相关的"慈爱的要求"："令人感觉到，我们这个时代产生了一些史无前例的东西。正因为这个要求得到承认，我们感觉到，我们的文明取得了一种在素质上的跃升；而所有以往的世代对我们来说都是有点令人震惊的，甚至是野蛮的，因为他们都好像是无动于衷地接受着人为的或很容易避免的苦难和死亡，甚至是残忍、

① 《马克思恩格斯选集》第 1 卷，人民出版社，1995，第 294 页。
② 转引自 Norberto Bobbio, *The Age of Rights*, trans. by Allan Cameron（Cambridge：Polity Press, 1996），p. 64.
③ 王一鸣：《"人权观察"滥用人权领域的话语权》，http：//yn. people. com. cn/news/world/n/2012/0128/c228495 - 16700663 - 1. html.
④ 〔美〕杜兹纳：《人权与帝国：世界主义的政治哲学》，辛亨复译，江苏人民出版社，2010，第 3 页。

酷刑，又甚至让这些行为公开进行并因而感到快慰。……而我们的文明的道德文化中，却就这些方面建立了更高的标准。"① 文明即使以社会整体利益来衡量，也无法忽视个人权利的实现这一前提，正如英国改革家亨利·达格所坚持认为的，"社会的利益得到的最大的促进是以对个人的尊重为前提的。"② 质言之，以社会整体衡量文明进步同样建立在对人权的基本保障之上，如果一个社会或一定行政区域的治理者缺乏必要的人权文化根底，文明是无从谈起的。

文明湖北建设是时代的需要和地方发展目标的高水准定位。随着现代化发展进程的不断加快，文明建设不仅具有鲜明的时代特色，而且正在发生质的飞跃。首先，在建设范围上，城乡一体化和新型城镇化建设步伐不断加快；从行政机关的文明执法到其他各行各业文明服务理念的提升，文明湖北建设的范围极其广阔。其次，在建设类型上，物质文明、精神文明、政治文明和生态文明等四大文明建设并驾齐驱。再次，在建设内涵上，从生产、生活方式到生存方式，文明湖北的建设主体正从个体被动生存到主动创造、积极实现自身价值的转变。有学者总结为："文明湖北的理念是一个以先进文化为引领，以经济社会全面发展为基础，以社会主义核心价值体系为灵魂，以人为本，科学发展，社会和谐，繁荣富强的全省新型发展蓝图。"③ 而这一切的依归便是如何满足人民群众日益增长的各种权利诉求。

综上所述，文明湖北的实质是以人权的充分实现为标志的人的全面发展。人类文明的发展过程就是从"以自然界为中心""以神为中心"向"以人为中心"的演进过程。如果缺失人权精神的滋养，文明就会丧失方向，失去灵魂。文明的发展随着人类对自然和自身的认识，逐步确立了物质文明、精神文明、政治文明和生态文明等多个维度。20世纪中叶以来，有学者提出制度文明的概念，其实质与美国著名哲学家罗尔斯提出的社会

---

① Charles Taylor, *Sources of the Self : The Making of the Modern Identity* (Cambridge, Mass. : Harvard University Press, 1989), pp. 396 – 3977.
② 〔美〕林·亨特著《人权的发明：一部历史》，沈占春译，商务印书馆，2011，第71页。
③ 冯桂林：《文明湖北的科学内涵及其建设路径》，《政策》2012年第9期。

制度正义有异曲同工之妙。事实上，不管如何对文明分类，一切文明的发展"质量"如何，都只能以人权作为基本的度量标准。近代资产阶级革命追求的自由本位，是以人们的政治权利为依归；19世纪末20世纪初社会主义思想的勃兴是对公民平等权保障的探求，此时，在资本主义社会，制度倾向于公民受教育权和工作权的平等，而苏俄社会主义对被剥削劳动者权利的保障更是代表了人类文明的发展方向；第二次世界大战以后，文明再也不局限于各个国家自身的认定标准，通过世界人权宣言和一系列国际公约，各文明社会和国家认同的人权标准正式建立。1948年的《世界人权宣言》的序言也可视为一种完美的回应，宣言指出："鉴于对人类家庭所有成员的固有尊严及其平等的和不移的权利的承认，乃是世界自由、正义与和平的基础，鉴于对人权的无视和侮蔑已发展为野蛮暴行，这些暴行玷污了人类的良心，而一个人人享有言论和信仰自由并免予恐惧和匮乏的世界的来临，已被宣布为普通人民的最高愿望。"序言指出了人类文明的核心和基本目标，就是对人类家庭所有成员的固有尊严及其平等的和不移的权利进行承认和保护，这种保护要求明确主权国家自身的义务范围，同时需要世界共同努力才能确保人类文明不断进步。法西斯势力发动的战争和惨绝人寰的反人类罪恶迫使有正义感和良知的各国人民联合起来，捍卫已有的文明成果，并不断拓新文明的领域和程度。正因为如此，宣言提出，"有必要使人权受法治的保护"，"有必要促进各国间友好关系的发展"，共同"促成较大自由中的社会进步和生活水平的改善"。现代文明的发展迫切需要一种现代理性精神的支撑，这种理性精神非"人权"莫属，一切发展都是以"人权"为依归的发展。

二 人权文化建设的基本路径

（一）发挥湖北教育大省的优势，推进人权教育事业的发展

人权文化的形成首先在于教育，人权教育既是一种人权启蒙，更是一种对人的尊严和价值的尊重的表现。美国著名哲学家罗蒂认为，"人权文

化是一种事实上不可抗拒的事物，推动其在全世界的拓展，并不需要一种有关普遍规则的论证，而是需要一种情感教育。"①

文明首先是人的文明，一个不懂人权、不尊重人权的人，不是一个文明的人。在当代，普遍不知人权、漠视人权的国家很难归入现代文明国家的行列。列宁在谈到如何建设共产主义时曾说过："在一个文盲的国家里是不能建成共产主义社会的。"② 同样道理，在一个公众普遍不知人权为何物的社会里，想要建成高度文明的社会无异于痴人说梦。所以，文明湖北的建构，首先要在人权教育上有所作为。2009 年 4 月国务院新闻办公室发布的《国家人权行动计划（2009~2010 年）》就明确指出，中国将结合普法活动，积极依托现有的义务教育、中等教育、高等教育、职业教育体系和国家机关的培训机构以及广播、电视、报刊、网络等多种媒体，有计划地开展形式多样的人权教育，普及和传播法律知识和人权知识。具体措施包括：（1）在中小学教育中逐步增加法律和人权方面的教学内容。中小学人权教育根据中小学生的年龄特点，采取灵活多样、生动有趣的方式进行。通过丰富多彩的课外实践活动，使学生在亲身体验中接受人权教育，养成健全人格。在教学以及学校管理方面，积极推动教学与学校管理方式的改革，倡导教师与学生之间民主平等、积极互动的关系，鼓励学生参与班级与学校的民主管理，让学生在一种平等、民主关系的体验和实践中，增强民主、法治、人权意识。（2）在高级中学，除了进行一般性的人权观念培育外，要在有关课程中系统开展有关中国宪法"公民的基本权利与义务"教育和国际人权知识的教育。（3）继续鼓励高等院校开展人权理论研究与教育。（4）有重点地开展针对公职人员的人权教育培训，特别是针对公安、检察、司法、行政执法等特定机构和人员的人权教育培训。各执法部门根据自己的工作特点制订人权教育培训计划，加大对人权保护方面的法律法规的宣传教育，推动人权知识教育常态化、经常化、制度化。（5）有计划地开展面向大众的人权教育活动，普及人权知识，提高

---

① 甘绍平：《人权伦理学》，中国发展出版社，2009，第 70 页。
② 《列宁选集》第 4 卷，人民出版社，1995，第 294 页。

全民的人权意识。（6）充分利用广播、电视、报刊、网络等大众传播媒体对公众进行人权知识的普及。（7）开展人权教育方面的国际交流与合作。2012年发布的《国家人权行动计划（2012～2015年）》，进一步重申人权教育，并提出了更高要求，如将人权教育纳入公务员培训计划，强化对公务人员的人权教育培训；支持人权研究机构编写人权培训教材，参与人权培训工作；加强中小学人权教育，将人权知识融入相关课程，纳入学校法制教育，推动中小学依法治校和民主管理，营造尊重人权的教育环境；鼓励高等院校开设人权公选课程和专业课程，支持人权相关学科和专业建设，鼓励开展人权理论研究；鼓励并推动企事业单位普及人权知识，形成尊重和保障人权的企业文化；鼓励新闻媒体传播人权知识，提高全民人权意识，形成全社会重视人权的舆论氛围；发挥国家人权教育与培训基地的作用，到2015年，至少新增5个国家人权教育与培训基地。

当前，我国的人权教育还存在着以下不足：一是学校教育中人权教育内容安排较少；二是地方政府特别是基层政府公职人员的人权知识培训不足，导致在执法过程中侵犯人权的现象屡屡发生。2011年国务院新闻办公室副主任董云虎在国务院新闻办公室第九期人权知识培训班开幕式上曾指出："'保障人权'党政干部有特殊责任。"官员须尽快补上"保障人权"这一课。[①] 人权作为普世价值以及党和中国政府治国理政的一项重要原则，内涵十分丰富。党政干部作为手握权力的特殊群体，无疑负有特殊责任。加强人权知识培训，有利于强化党政干部人权观念。毋庸讳言，在以"阶级斗争为纲"的年代，特别是"文化大革命"期间，包括党政干部在内的国人，人权观念十分淡薄，人权一度被肆意践踏。组织人权知识培训，就会使党政干部认识到"保障人权"的极端重要性。加强人权知识培训，能够促使党政干部避免违反人权的现象发生。时下，少数地方干部侵犯人权的现象时有发生。诸如，为了"维稳"，一些地方干部随意剥夺法律赋予人民群众的信访权，将信访当事人关进"学习班"、送到精神

---

① 侯文学：《官员须尽快补上"保障人权"这一课》，http：//guancha.gmw.cn/2011－08/24/content_ 2526827.htm。

病院；为了征地拆迁，违背民意剥夺公民财产权，甚至随意动用警力，放任开放商采取暴力手段，等等。这些公然侵犯人权的行为不仅凸显了权力的滥用，也显示了人权文化的严重缺失。人权教育刻不容缓。

一般而言，人权教育有两种主要途径：一是国家系统、有组织地对普通公民和负有特定职责的公职人员进行人权教育；二是各级各类社会组织结合自身优势开展人权教育。国家在人权教育体系中不是唯一的却是重要的主体，它能够在人权教育中发挥特殊的作用。它可以提供人权教育的正式制度、为人权教育供给公共物品、提供和引导意识形态、提供保障人权教育的实施机制等。① 社会作为人权教育的主体，是由一系列的社会组织及公民个人构成的。具体而言，一些非政府组织（如环境保护组织）、各种行业协会（如律师协会）等社会组织，在权利保障中有特殊的作用。政府治理包括政治、经济、文化等众多领域，对于某些边缘化的权利，如弱势群体的权利，政府在提供保护时会力有不逮。此时，社会组织所提供的权利救济就凸显了价值。正是由于特殊的权利救济作用，社会组织才在人权教育中获得了人们的信赖。除非政府组织外，作为人权教育主体的社会组织还包括我国政治生活中存在的各民主党派、各人民团体等。这些具有政治性质的社会组织可以通过自身的运作来从事人权的教育。在社会体系中，舆论可以作为一支特殊的力量，从中国的孙志刚案件、刘涌案件等不难看出其在我国人权教育中的作用。公民个人作为人权教育体系中的一分子，尽管其力量微弱，但具体而实在。在这两种途径中，应以国家为主。因为，在人权保障上，国家具有双重性：一方面，国家权力是保障个人权利的最有效工具；另一方面，国家权力又是个人最大和最危险的侵害者。在国家的侵权面前，个人是无能为力的。国家对人权的理念和规范通过自身的传输通道既可以获得公民的认同，具有较大的公信力，也在一定程度上视为向公众做出了承诺。

文明湖北建设中的人权文化教育同样要以政府推进为主，采取一系列措施：一是积极在各级各类学校根据学生的认知和心理特质进行人权的系

---

① 杨春福：《论国家在人权教育中的作用》，《南京社会科学》2005·年第 11 期。

统化教育。文化就是以文化人，人权在长期的历史发展过程中积淀下深厚的人文意蕴和传统。通过对青少年进行教育是培育人权文化的最好途径。二是尽快对湖北省内各级各类党政公职人员进行较系统的人权知识培训，让行使重要社会管理职能的人员知道人权的基本内容和要求，尽快树立尊重和保障人权的意识，这既是 2004 年人权条款入宪后的必然要求，更是依法治国、建设法治国家和法治政府的重要途径。公职人员不知人权、轻视人权是违法侵权的重要原因，是导致干群关系对立和社会不稳的重要原因。

（二）挖掘湖北传统文化中与人权契合的因素，并加以现代化改造

悠久的历史产生了深厚的传统，而传统则塑造着人们的思想和行为。人的理性思维、道德判断、价值观念和理想追求，都是植根于他们所处的文化传统的，似乎并不存在着任何超越和独立于传统的关于理性和道德的绝对的、客观的标准。人权文化的形成和兴盛，不仅需要借鉴和吸收其他国家和民族符合人道、符合社会发展的明文成果，更需要反观自身，反省我们悠久的传统文化，继承和发扬有利于今天人权文化发展的因素和资源。这一培养人权文化的思路在中西方是共通的。

在前现代的西方传统中，存在着若干与现代人权观念相配合甚至是对现代人权观念的兴起有所贡献的元素。如基督教思想中对每一个人与他人平等的价值和尊严的肯定、西方古典文明中在普遍的人性观念和理性观念的基础上建立的"自然法"概念、蕴含于古罗马法中的法定权利的意识和欧洲中世纪具有民主色彩和代议性质的政治组织。同时，也不容否认的是，在前现代的西方传统中，也存在着若干与现代人权观念相违背的元素，如在宗教上的不容忍和对所谓异端分子的迫害、残忍和不人道的惩罚方法、奴隶制度、农奴制度、贵族的特权（违反人人平等的法律原则）、专制君主权力的任意行使乃至君权神授的思想。尽管如此，当人权观念在现代诞生后，生活在西方传统中的人却可以给予这种人权观念正面的评价，并认为它是进步的一种表现；在这一判断过程中，采用的标准或原则仍是西方文化中固有的、传统的，例如基督教教义中的

博爱精神和对所有人的平等尊严和价值的肯定。由此可见，传统是可以逐渐演化的，甚至可以更新自己，但在这个过程中，仍然动用传统中原有的道德和精神资源，从而造就了这个传统中一些原有的、很多时候是相互冲突的元素的重组和新陈代谢。

基于同样的道理和认识规律，中华文化传统中存在一些与现代人权观念相融的、甚至是有利于其发展的元素以及一些与这个观念有矛盾的元素。前者的例子包括儒家思想中的"仁"的基本概念、对于统治者施行"仁政"和"德治"的道德要求、重视统治者征询民意、以民为本、肯定每个人在道德上的自主性和可完善性、相信人性本善和"人皆可为尧舜"（暗含人人能力的平等性）、关于人是万物之灵（近似西方人是万物的尺度的观念）、人在天地之间有特别尊贵的地位等人文思想，以及对"天理、国法、人情"的立体道德世界的认识。当然，中国传统中也存在与现代人权观念大相径庭的元素，如被视为"天子"的皇帝手中的绝对专制权力、官民不平等的"父母官"的思想（家长式的统治、为民做主）、等级分明的社会和伦理关系（权利义务严重不对等）、和谐社会的绝对诉求（忽视个人正当权利、压抑个人的主体性和自主性、追求社会无讼境界而轻视程序正义）、残忍和不人道的惩罚方法、"文字狱"，等等。与西方对待传统一样，中国传统如果继受现代人权观念，也可根据一些传统的价值标准来评定一种在道德上有积极意义的人权因素，并加以发展，如对儒家思想中的仁义之道及它对于每个人的性善、理性、道德自主性和在学识、品格和心灵上趋向成长和完善的可能性的信念的弘扬。发挥儒家重视教育的优势，保障公民接受教育的权利，关注各种弱势群体的权利（儒家的仁爱理念）。事实上，确保人权得到实现的最佳办法，便是培养和扩展人们对自己的民族、文化或社会共同体以外的人的同情心，这一观点与儒家的"天下一家"的"大同"思想不谋而合。总之，传统的中华文化蕴含着丰富的切合当代人权精义文化因子，的确可以做到古为今用。

湖北作为楚文化的发源地和中心区域，从远古到现代一直有着丰富的与人权契合的传统文化因素，对人类文明的发展做出了重要贡献，也为人权文化的勃兴提供了大量有价值的资源。远古时代的以湖北为中心的炎帝神农农耕文明所积淀和传承的"炎帝神农勤廉仁俭文化",对当代人权的普遍保障具有重要意义。如果说国家是人权的最大侵害者的话,那么公职人员的腐败则是人权文化的最大毒瘤。所以,弘扬"炎帝神农勤廉仁俭文化",也是人权文化建设的内容之一。如炎帝神农勤廉仁俭的民本思想和大公精神,是人权文化的应有内容。在湖北悠久的传统中,与现代人权不无契合的还有孝文化,当然,传统的孝文化需要加以现代性改造,以使其契合人权的精神和促进人权的实现。正如诸多学者所指出的,传统的孝文化存在积极和消极两个方面。从人权文化建设的角度,我们完全可以对其积极的方面加以发扬和现代性转换,保留中国孝道中对老人和弱势群体的同情和关爱。从传统孝观念的积极价值看,首先,传统孝观念中的"养亲""敬亲"具有普世价值。① 这一点在我国的《婚姻法》中得到了体现。其次,"亲亲""敬长"观念有利于调整人际关系,创造良好的人权文化环境,在公民生活中形成"老吾老以及人之老,幼吾幼以及人之幼"的良好人权文化氛围。再次,传统孝观念中的"立身扬名"之孝造就了许多忠君爱国的杰出英才,经过适当的现代性转换,有利于培养有公共精神和爱国、勇于担当的公民,符合人权的价值取向和目标追求。当今社会组织形式毫无疑问仍然是以家庭为最基本单位的。只要人类存在,人与人关系中必然包含血缘关系,只要血缘关系存在,家庭或群体中的伦理关系就存在,就会有"孝道"思想存在。至于它的传承及演化,则是随着时代的发展而发展的。但是,一个由家庭血缘关系决定的核心内容——"善事父母"一定会存在。② 特别是当代对老人的物质赡养容易满足、精神赡养普遍缺乏的情况下,养亲、敬亲的孝道无疑有利于老年人的人权保障。

另外,从法律制度层面看,湖北的人权文化资源也十分丰富。中国历史上第一个资产阶级民权宪法草案——1911 年 10 月 16 日由湖北军政府颁布、由宋教仁起草的《中华民国鄂州临时约法》——首开近代中国人

---

① 张玉峰:《传统孝道的批判与继承——关于孝道在中学生德育教育中的几点思考》,http://www.wsxdyzx.cn/sslt/ShowArticle.asp? ArticleID = 65。

② 吴天霞:《传统孝道的传承及演变》,硕士学位论文,陕西师范大学,2008,第 45 页。

权法律文化的先河，具有极其重大而深远的历史意义，开创了中华法治文明的新纪元。约法取美国宪法精华，主张在地方自治的基础上实行联邦制，保障公民权利，确立三权分立原则，对行政、立法、司法三方面的职权作了明确的划分。它首次正式规定人民依法享有民主权利、"自由保有财产"和"自由营业"的权利、选举和被选举的权利等一系列权利。对其历史意义，著名历史学家冯天瑜先生说，历史的细节很难澄清，但史学界对《鄂州约法》的评价是一致的，它是近代中国第一个公布并实施的宪法，是当时行使中央职能的湖北军政府的卓越贡献，在南京临时政府成立前具有国家约法意义。[1] 列宁早就指出，宪法就是一张写着人民权利的纸。[2] 因此，从人权的视角看，约法对人权文化和中华文明的意义更加深远。

以上的几个例子足以说明，文明湖北在建构中可以而且应充分挖掘湖北人权文化的资源，形成有湖北特色的人权文化品牌，从而进一步打造文明湖北品牌。正如有学者指出的，"以人权作为文化自觉和文化改造的工具，通过人权意识的渗透而导引文化的进步。"[3] 在当代中国人身上，中国文化不仅承载着历史延续的要求，而且也承载着新的社会现实的期许和希冀。文化为民所传，更为民所用。而"文化竞争力的一个重要标尺，就是对人权的态度；他决定了文化进步的成败，也决定了文化竞争的结果"，[4] 同样也决定着文明的高度。

（三）加强廉洁文化建设，构筑法治反腐的科学体系，为人权文化和人权保障提供良好的制度环境，为实现文明湖北提供最关键的制度保障

人权文化的培育和生长离不开良好的制度环境。所谓"橘生淮南则

---

① 转引自单冠王《〈鄂州约法〉倡开百年民主之风》，http://www.jcrb.com/zhuanti/szzt/XHGMBNQ/ezyf/。
② 《列宁全集》第12卷，人民出版社，1987，第50页。
③ 甘绍平：《人权伦理学》，中国发展出版社，2009，第37页。
④ 甘绍平：《人权伦理学》，中国发展出版社，2009，第37页。

为橘，生于淮北则为枳"。环境对文化形成具有重要作用。历史经验和规律表明，反腐败总是与保障人权结合在一起的，正如1789年的法国《人和公民的权利宣言》宣示的：不知人权、忽视人权或轻蔑人权是公众不幸和政府腐败的唯一原因。事实上，反对腐败是现代民主社会的最基本要求，因为"腐败不仅破坏法制秩序、瓦解政府权威，而且严重地侵犯公民的各项权利"。① 官员的非法所得，就是公民利益的损失。腐败最直接的后果是导致公民精神上的痛苦和生活上的贫穷，损害了公民的人格尊严，破坏了公平的生产和正常的生活秩序。

当前，反腐败存在较多不足，极大地伤害了公众对政府的信心，损害了政府的公信力。存在的主要问题有：一是反腐败教育重点不突出，当前并未真正把党政各级领导干部、特别是党政"一把手"作为反腐重点。相反，"领导有病，下属吃药"却是较普遍的现象，使最该受教育的人没受到教育，相反，他（她）们总是以教育者的身份出现。二是内容空泛，缺乏针对性。目前反腐败思想道德教育的内容大多缺乏严密性、系统性和科学性，往往泛泛而论，大道理讲得多，深入的剖析少，一般性的号召多，切合实际的少。教育的形式、方法、内容千篇一律，很少注意具体区分不同级别、不同部门、不同行业的不同受教育对象的不同情况和不同特点。其结果是教育过后，一切照旧，教育缺乏震撼力。三是教育的约束力不强。由于在反腐败教育方面没有建立和实行严格、严密的制度，因而不能使之得以保持稳定、连续和长久；在一些领导那里，反腐败教育往往被轻视、抵制或草率应付，教育的约束力被人为消解。四是尚未建立以法治为主导的有机反腐败体系，廉洁文化和人权文化难以有效互通，认识深度不够，推进力度不够。讲反腐败事关党的生死存亡的较多，讲侵害人权的凤毛麟角，这就让人感到反腐败是党的自我清洁行为，难以唤起工农千百万，难以形成全社会的反腐合力和廉洁文化氛围。

基于以上分析，本文认为，文明湖北建设内在涵摄了法治湖北、生态

① 刘春：《腐败的控制与人权保护》，白桂梅主编《法治视野下的人权问题》，北京大学出版社，2003，第25页。

湖北和幸福湖北的各项指标和要求，归根结底是加强湖北人权文化的建设。法治反腐是现当代社会国家治理的必然选择，而"法治的真谛是人权"，① "在法治社会，公民获得了应有的人格尊严和普遍的主体地位，法治的目的在于维护、保障公民的权利，而不是为了便于国家对公民的统治与干涉"。② 那么，这种目标的实现和状态的维持必须有一整套有效的运行机制，特别是权力和权利的行使偏离法治轨道时的救济机制。何为法治？法治究竟包括哪些内容？这些问题自亚里士多德以来就是无数法学家、政治家和思想家不断探索和争论的问题。但是，法治有两点是必须包括的：一是法律的存在，无法律则无法治，当然，有法律未必有法治，但这不是我这里要探讨的问题。二是法律必须得到普遍服从。法律作为调整人们行为的规则，是对社会、国家和个人利益的调整，而各种利益之所以需要调整，乃是因为不同利益之间存在冲突。利益是个人和社会、国家存在的基础和保障，人们的一切活动都可以通过利益来解释。中国古代的人对此就有深刻的认识，所谓"天下熙熙，皆为利来；天下攘攘，皆为利往"。个人、群体和国家都倾向于无止境地追求利益，而法律在很大程度上是遏制这种无止境的贪欲的。因此，法律规则往往就成为利益追求者规避和破坏的对象，如果这种规避和破坏的行为得不到及时的补救，法律实际上也就不存在了。"皮之不存，毛将焉附"，没有法律，必无法治。法治必然要求对法律规则破坏的救济。近代以来，随着宪法的产生，法律实质上就是宪治。宪法确立的权力制约等原则能从根本上保证人类社会实现法治以充分保障人权，而法治的实现必然要求权利救济的有效和充分，特别是公权力对公民权利侵害的救济。因为公权力始终是公民权利的最大威胁，公权力对公民权利的侵害是最难获得救济的侵害，因为相对于公权力而言，公民明显处于弱势，而"权力易使人腐化，绝对权力绝对使人腐化"。③ "通常，廉洁的政治权力不一定能够有效地保护公民的人权，但

---

① 徐显明：《法治的真谛是人权——一种人权史的解释》，《人民法院报》2002 年 9 月 16 日。
② 齐延平著《人权与法治》，山东人民出版社，2003，第 124 页。
③ 〔匈〕安东尼·德·雅赛：《重申自由主义》，陈茅等译，中国社会科学出版社，1997，第 1 页。

是，腐败的政治权力必然侵害和破坏人权。"① "实践证明，在对政府及其官员的行为缺乏规范性约束和监督的地方，往往发生大量的腐败渎职现象，而滥用职权的腐败行为不仅直接瓦解政府的正常功能，同时也直接造成对人权的严重侵害。"② 一切腐化的权力的运作都是对公民权利的侵害，只有制约权力，才能遏制腐败、保护公民权利。权力制约主要有四种模式：一是以权力制约权力，二是以法律制约权力，三是以道德制约权力，四是以权利制约权力。而以权利制约权力是现代宪政的重要方面，是实现人民主权和公民各项人权的最根本保证。但公民权利特别是监督权利的分散性、个体行使时力量的微弱性，再加上制约所需的信息的不对称性，导致公民和公民意愿代表的舆论监督不是乏力，就是被公权力压制、打击或报复，因此，只有公民权利被权力侵害后获得了及时、充分的救济，权力制约才能真正地实现。

法治反腐的核心是通过树立宪法和法律的权威而不是个人的权威，通过严格执法、严格追责和公正司法，真正建立起有权必有责、用权受监督、失职要问责、违法要追究的机制，保证人民赋予的权力始终用来为人民谋利益。在这种状态下，人权文化才能勃兴，文明湖北才能实现。

---

① 白桂梅主编《法治视野下的人权问题》，北京大学出版社，2003，第23页。
② 白桂梅主编《法治视野下的人权问题》，北京大学出版社，2003，第22页。

湖北省村镇政治文明建设现状、问题与对策

赵红梅[*]

（湖北大学政法与公共管理学院）

党的"十六大"报告明确提出："发展社会主义民主政治，建设社会主义政治文明，是全面建设小康社会的重要目标。"[①] 这是我们党第一次明确提出"社会主义政治文明"这一创新的概念，这是对马克思主义理论的重大发展。政治伦理是人类文明中不可或缺的一部分，其实质就是基于人类自我关切的政治权力的正当性反思和社会道义担当。[②] 简单地说，所谓政治伦理，就是人类政治生活的道德进步状态，它表现为人类社会政治进程中取得的合乎伦理的全部成果。建设有中国特色社会主义的政治伦理，就是在中国共产党领导下，在人民当家作主的基础上，依法治国，发展社会主义民主政治。

我国是一个农业大国，农业经济在整个国民经济中占有非常重要的位置，农村地区无论从人口还是从地域面积来看，都占有很大的比例，因此，农村的政治文明建设是我国社会主义政治文明建设的重要组成部分，农村政治文明发展程度的高低，将直接影响到我国社会主义政治文明建设

---

* 赵红梅（1969～），女，湖北大学政法与公共管理学院教授。

① 江泽民：《全面建设小康社会，开创中国特色社会主义事业新局面——在中国共产党第十六次全国代表大会上的报告》，见中国经济网（http://www.ce.cn）。

② 李建群、李武装：《政治伦理及其中国建构》，《理论探讨》2011年第5期。

的整体成效。当今中国已经进入一个崭新时期，基层民主已经实实在在成为社会主义民主政治的基础性工程①。党的十六届五中全会提出了建设社会主义新农村的任务，并将它作为我国"十一五"期间经济社会发展主要目标之一，与此同时，中央提出了新农村建设的"二十字"方针，即"生产发展、生活宽裕、乡风文明、村容整洁、管理民主"。从某种意义上看，新农村建设问题就是农村文明建设问题。农村文明建设是一项系统工程，"生产发展"和"生活宽裕"是要建设物质文明，"乡风文明"和"村容整洁"是要建设精神文明，"管理民主"是要建设政治文明。

为了掌握湖北省村镇政治文明建设与发展状况，我们选取湖北各地农村为点，开展了较大规模的实地调研。通过调研，我们掌握了关于湖北省村镇政治文明建设现状及问题的第一手材料。在此基础上，通过资料分析与理论思考，我们尝试提出一些对策与建议。

一 湖北省村镇政治文明建设现状

1. 村民自治活动稳步推进

自由通过自治来体现，村民自治是村民走向自由的实践课。推进村民自治是发挥农民主体作用、保障农民知情权、决策权、参与权和监督权的重要方面。村民自治向世人展示了中国农民对权利所怀有的虔敬、尊崇和渴望，使我们能够感受蕴含在广大农民朋友身上的民主热情和政治智慧，认识中国农民在民主领域里的创造力。如果说，土地承包和乡镇企业造就了属于农民自己的农民企业家，那么村民自治则造就了属于农民自己的草根政治家。多年来，湖北省农村普遍实行村民自治，广大农民逐步实现了自我教育、自我管理、自我服务。调查显示，村民自治基层体制的建立，村委会选举的程序化、规范化以及村民民主监督工作的逐步加强，使得农村民主政治建设有了实质性的进展，农民的政治参与水平得到极大提高。

湖北宜昌市夷陵区 90% 以上的村做到了发展规划、村务开支、村里

---

① 参见徐勇《"政党下乡"：现代国家对乡土的整合》，《学术月刊》2007 年第 8 期。

决策、计划生育"四公开"，全力打造阳光村务工程。在秭归县杨林桥镇，14 个村成立社区 306 个，互助组 1034 个，社区理事会成员 1028 人，建立了"村委会—社区理事会—互助组—基本农户"这样一种新型农村社区自治组织运行机制。这一模式的推行极大地激发了村民自治的热情，丰富和发展了村民自治的内涵，推动了农村民主政治建设。2003 年，宜昌市远安县被国家民政部授予"全国村民自治模范县"。鄂州市把村民理事会建在村民小组，由村民自愿参与、民主推荐产生，会长与成员由公道正派、德高望重、热心公益的老党员、老干部、老模范组成，较好地发挥了自我管理、自我服务、自我维权的作用。恩施州在新农村建设中强化村民自治功能，加强民主监督，使村级组织的监督管理由过去单纯以党委政府监管为主向群众民主监督和党委政府监管相结合的方式转变，促进了社会主义新农村政治文明建设的健康、协调发展。建立村级事务民主决策管理机制，实现由"干部包办型"向"群众自治型"的转变。各地通过举办"村民论坛""参政日""对话日""说事日"等形式多样的村民自治活动，让村民参与村务大事的决策、管理和监督。随州市曾都区南郊办事处瓜园村采取"两会制"模式：村"两委会"联席会议提出决策议题，村党员大会形成议案，交村民代表大会讨论通过形成决议，然后交"两委会"组织实施。"两会制"模式充分调动了村民参与的积极性和创造性，随州市委在全市农村广泛组织推广。襄阳市南漳县武安镇碑头村村民自创了"逢五说事"制度，形成了"广开言路说事、分门别类理事、集体决策议事、真心为民干事、接受群众评事、落实责任查事"的六大机制。

2. 基层组织建设得到加强

基层组织建设是村镇政治伦理创建的核心。湖北省委、省政府完善了村务民主管理协调小组，明确落实了各成员单位的职责，健全了联络员制度等；湖北省建立了村务民主管理观察员制度，对上访村、难点村和重点问题村，进行重点督查、现场督办。依托这些组织，村民广泛开展了协商议事、自我管理、自我监督等群众性民主自治活动，民主管理运作的规范化、程序化和制度化程度不断提高。湖北省广大村镇普遍制定了村民自治章程、村规民约、村民会议和村民代表会议议事规则、财务管理制度等，形成了规范的文本文件，明确规定村干部的职责、村民的权利和义务，用制度规范村干部和村民行为，保障了农民群众的参与权，村务民主管理长效机制逐步建立。绝大多数村都在村委会的组织和村民的积极参与下，对原来村级规章制度进行修订，建立和完善各项村级规章制度，形成以《村民自治章程》为龙头、村务公开制度为重点、财务管理制度为核心的村级管理规章制度。制度文本内容丰富，涉及面广，对村务公开和民主管理的各项具体活动做出详细规定和说明，操作性强。

在农村实地考察中，我们在众多村委会都看到了"民主生活会制度""民主评议党员制度"等制度化规章条例以及形式各异的村务公开栏，这说明农村党务工作实现了程序化、村务工作实现了透明性。如湖北咸宁市咸安区小泉村，经过全体村民讨论制定的《村民自治章程》，内容有 104 条之多，对村务公开中增加公开的内容、形式、时间和村务公开档案的管理及对公开后群众意见的反馈处理等，都做出了具体规定。各地村镇在学习制度上积极组织党员干部学理论、学管理，在组织制度上，实行民主议事、党内监督制度，在重大决策上坚持集体研究，科学决策，在工作制度上，坚持村务公开、政务公开，充分尊重群众意愿，让群众享有知情权、参与权、管理权和监督权，不搞一刀切，不搞强迫命令。为充分体现群众的主体作用，许多村委会设立了人民调解、治安保卫、公共卫生等下属委员会，积极培育和发展农村服务性、公益性、互助性社会组织，并发挥这些组织在发展生产、提供服务、参与监督和建言献策等方面的作用，做到了村级重要事项如发展规划、集体资产处置、公益事业兴办等必须按照民主程序议定，重要决策必须事先论证，重大项目必须公开招投标，避免了擅自处理和暗箱操作，避免了人情和关系，增加了透明度。建始县火龙村在乡党委政府的领导下，深入开展五好村支部创建活动，自觉开展"基本队伍、基本制度、基本阵地"建设，显著提高了基层组织的民主管理水平：实行村务、党务和村经济发展大事每年 3 次公开制度、每年召开 2 次村民代表和党员大会制度；每年年终，村支委成员必须在支委会上进行述职，开展批评与自我批评，让全体党员进行民主评议，现场对村委会及其班子成员党风廉政情况、为村民办实事、抓发展情况进行评定打分，确定报乡（镇）党委表彰的优秀党务工作者和优秀党员人选；设立村理财小组、监督小组，对村财务进行民主理财和民主监督。钟祥市陈安村探索出的"四六"民主决策法（村务公开六统一、民主决策六步法、民主理财六字章、村民议事六日谈）受到民政部肯定并在湖北省推广。仙桃市村镇建设规划、工程招标投标、资金筹集、财务管理等方面的工作都在村务公开栏定期向群众公布，做到公开、透明、民主，使得群众气顺了、心齐了。松滋市各地把带领群众发展经济、促进农民增收致富的退伍军人、务工回乡青年、毕业返乡大中专学生和致富能手选拔到村委和党委中来，提高村级班子的战斗力。荆门市深入开展了农村党建"三级联创"活动，选拔应届优秀大学毕业生和研究生，充实到乡镇干部队伍，改善基层领导班子和干部队伍结构。在建立健全村民代表会议、村务公开监督小组、民主理财小组的基础上，培育发展了两类农村民间组织。一类是以老年人为主体的社会服务型协会，如维稳协会、关心下一代协会、文体协会等，协助村党支部、村委会负责村里的社会治安、文化宣传等事务，使村干部集中精力抓大事，谋发展。另一类是农村经济合作组织，各地根据实际，发动农民成立各种行业协会，如花卉苗木协会、魔芋协会、蔬菜协会、板栗协会、烟叶协会等，这些协会发挥了引导、协调和合法权益保障等方面的积极作用。

3. 村民政治心理正在成熟

"政治文明是人类社会政治生活的进步状态，是人类在政治实践活动中形成的文明成果。"[1] 政治文明的发展说到底是政治文明主体的发展。具体到农村来说，农村政治主体自身的文明程度直接决定了农村政治文明水平的高低。在调查中，我们发现，村民自治、民主法制等涉及"政治文明"的话题已经成为湖北省农村较为关注的话题。村务公开和民主管理保障了农民群众的知情权和参与权，激发了他们当家作主的热情，增强了他们的民主参与和村务管理能力，使得村民政治心理日益成熟[2]。

---

① 王若素：《试论社会主义政治文明建设》，《湖南社会学科》2003年第5期。
② 戴茂堂、汤波兰：《湖北省文明村镇建设研究》，湖北人民出版社，2012，第115页。

首先，政治心理的成熟体现在村民普遍关心国家大事。调查显示，农民对与自身利益直接相关的国家大事最感兴趣。75.8%的农民关心国家大事，其中最关注国家惠农政策。

其次，政治心理的成熟体现在村民热心参与公共活动。在回答"农民是否应该参与村级公共事务管理"这一问题时，65%的被调查者选择了"这是我的权利"；选择"村里要求参加，不去不合适"和"大家都去，所以我也去"的被调查者分别为19%和16%。这表明大部分农民对村级公共参与有较强的权利意识。只有约35%的农民对政治权利持被动心态和从众心态。绝大多数村民从内心里愿意积极参与村委会选举，而不愿放弃自己的选票或者随意行使自己的选举权。在恩施州的农村调研发现，66%的村民参加过村委会干部选举，并且90%以上的人表示，会把选票投给"人品好，办事公道""有能力"的人，75%的人认为干部与群众之间应是"平等关系"。有的村则充分重视普通村民的意见，通过制度强化普通村民的民意表达和参与，以及村民与村干部之间的沟通。如湖北丹江口市在全市农村建立并推行"村民民主听证制度"；宜昌市点军区村民自创了"议事恳谈会五步法"，村务大事交给村民充分议论。

再次，政治心理的成熟体现在村民对法律有了较高的认同。法律在农民心中成为正义仲裁者。当利益受到侵害时，很多人选择"找法律"，而不愿意"私了"和"忍气吞声"。在湖北省村镇几乎随时随处可以看到宣传法律的标语或广告牌。有的村镇把知法守法作为"十星文明农户"的评选条件。湖北建始县野韭池村还设有"临时法庭""人民调解委员会"和"治保调解室"，基本做到"纠纷不出村就可以解决了"。

最后，政治心理的成熟体现在村民关注并期待村务公开。如宜昌市村务公开率达到了99%。黄冈市有4199个村民委员会，其中运作规范、群众满意的有3401个，占村总数的约81%，所有的村都建立了村务公开监督小组或民主理财小组，其中监督效果较好的有3149个，占村总数的约75%。并且，村务公开的规范化程度较高。在公开形式上，多数村都设立了村务公开栏。武汉市和咸宁市各村普遍建立了会议公开、广播公开、栏目公开；监利县各村做到"橱窗公开、资料公开、开会议事"三结合；

潜江、天门、仙桃等地做到制度上墙，各类规约制度都进行了墙上公布。在公开时间上，大多数村基本做到定时、及时，一般每季度公开一次，财务往来较多的村则是一月一次。在公开内容上，多数村基本能够达到中共中央办公厅有关文件的要求。在公开程序上，多数地方是按照公示前先由村委会提出方案，再由财务公开监督小组和民主理财小组审核，最后由村委会进行公示。恩施创新村务公开模式，切实保障村民的知情权、监督权和参与管理权。从最初以村务公开栏为主的单向型公开模式，转变为以"村务公开日"为主的互动型公开模式，最终发展到"1+4+X"的复合型公开模式，探索出了一种适合山区特点的动态与静态结合、平面与立体互补且灵活多样、实用便利的村务公开模式。"1"就是各村每年抓好至少一个以上的综合性"村务公开日"活动。"4"就是各村每年至少办4期村务公开栏。"X"就是各村除以上内容外，根据自身实际，开展其他形式的村务公开活动。目前，这种村务公开模式已在恩施全州推广。

二　湖北省村镇政治文明建设存在的问题

从调查的总体情况来看，湖北省村镇政治文明建设尤其在农民的民主意识方面取得了一定的成就。当今社会中"民主""权利""平等"等来自西方的政治词汇对大多数湖北人已经不再陌生，即使在相对落后的农村也已不是闻所未闻的名词。并且，农村已经建立起了人民当家作主的基本政治制度，农民已经基本具备了初步的民主法制意识。但是，湖北省村镇政治文明建设依然比较薄弱，问题依然不少。

1. 村务公开和民主管理不到位

尽管村务公开和民主管理已经开始运行并取得显著成效，但不可否认的是，其发展受到各种因素的制约，与制度安排的理想状态还有着相当大的距离。根据调查中掌握的情况，村务公开与民主管理还面临着众多现实的问题和挑战：

其一，村务公开和民主管理的政治实质以及有关政策、法律、法规还没有真正为广大群众所掌握。据调查，湖北武汉、咸宁两市的多数村民对《村委会组织法》《土地管理法》和中共中央办公厅下发的 17 号文件的核心内容基本没有掌握，对"民主选举、民主决策、民主管理、民主监督"和村民的"知情权、决策权、管理权、监督权"不甚清楚。村务公开和民主管理的开展在各省市自治区、各地区之间不平衡。总体而言，经济较发达的村要好于贫困落后的村，"城中村"和城镇周边的村要好于偏远的村，乡镇中心村要好于城乡交界处的村。有的村镇村务公开栏面积很小，各项村务内容和信息无法全面公开。有的村镇甚至没有固定的村务公开栏。有的村镇村务公开和民主管理基本没有内容，流于形式。还有的村民主管理事前、事中不讲程序，整个过程缺少伦理考量，仍然是由少数村干部说了算。有些地方民主管理活动甚至完全变形，缺少道德评估。

其二，民主制度不健全，运行不规范。有的村村民代表会议制度、村务公开监督机制、考核和责任追究制度、档案管理制度等还没有建立，并且对于建立各项制度在伦理原则上没有足够的重视。有的村镇把制度建设仅仅定位于在公开栏上公布几个数字，在墙上挂一些制度框框，成立几个组织机构，实质上工作的程序化、规范化、制度化程度不高，真实性、全面性不够，实效性不强，群众满意度不高。由于制度不健全，运行不规范，农民通过制度手段实现自己的民主权利存在困难。比如从调查情况来看，村民委员会选举过程中容易受到的干扰很多，如受宗族、房头势力的干扰，受基层政府行政意图的干涉，或受到"贿选""欺骗"和"暗箱操作"等不道德手段的冲击。在"民主选举、民主决策、民主管理、民主监督"四项村民自治内容中，有重选举，轻民主决策、管理和监督的现象，并且民主决策、监督和管理无论在制度规定还是实际发展中都与民主选举存在较大差距。

2. 基层干部政治素质偏低

自从实行家庭联产承包责任制后，村集体手里没有了土地等生产资料，党组织领导农村工作失去了原有的抓手和载体，特别是面对村民自治的新形势，一些农村党组织出现了不能领导、不会领导、不敢领导的问题，领导核心地位和战斗堡垒作用不突出，一些党员身份意识淡化，甚至个别党员的政治素质比普通群众还差很多，党员队伍整体素质偏低，党员干部先锋模范作用弱化，骨干带头作用发挥不突出。现实中有些基层党政干部政治素质和政策水平不高，工作作风简单粗暴，违法施政，自觉或不自觉地站在群众对立面，形成并激化矛盾。由于村级组织的职能设置、职责划分不够明确，因此一些村党支部与村委会干部出现争权夺利、推诿扯皮现象。我们就"村干部是否可以信赖"做过调查。通过对村干部从道德觉悟、政治品性、先进思想等多方面进行考察，64.1%的村民对村干部有或多或少的不信任。干群矛盾是新时期农村最为突出的一对矛盾，矛盾的焦点是农民要求干部廉政勤政、依法行政、公道正派、作风民主、求真务实，而部分干部却腐化行为严重、违法行政、以权谋私、弄虚作假。在部分农村，大小事务全凭村委会或村支书说了算，打白条、自批自支现象较为常见，为贪污腐败提供了方便。

3. 村民政治热情不高

很大一部分村民在政治生活中表现出不同程度的漠不关心态度。在村民自治化的进程中，广大村民并没有表现出应有的政治热情。这种政治冷漠现象往往表现为有不少村民不参与任何形式的政治生活，游离于政治生活之外，不问政治、回避政治、盲目跟从。目前农民对国家的宏观政策知晓度与了解度都还较低。仅有34.6%的农民表示会向政府有关部门提出意见和建议，且参与深度欠缺。不同年龄段农民的政治参与度很不平衡。青年人政治参与度低，老年人政治参与度较高。村民对选举权或被选举权往往以"无所谓"的心理消极对待，没有热情。大部分人认为"抹不开面子"，"你让我选你，我就选你"。调研显示，尽管有63.4%的村民参加过村委会干部选举，但仍然有36.6%的人没有参加过村干部选举。在关于"是不是每个村民都会参加村民大会"的调查中，65.6%的人表示"不是"，只有34.4%的人表示"是"。这表明，村民大会名存实亡，形同虚设，没有得到每个村民的热烈响应。这种政治冷漠现象还表现在对法律没有足够的认知和认同，大部分村民对法律的认识和了解只是存在于观念中，一知半解，似懂非懂。当我们询问农民对法律的了解程度时，只有1%的农民声称"很了解"，22.3%的农民认为"基本了解"，58%的农民认为"了解一点"，18.7%的农民认为"完全不了解"。许多村民在遇到问题时不知道用法律来保护自己，来解决问题。法律只是他们心中的空头支票、一纸空文①。

三 推进湖北村镇政治文明建设的对策

建设农村政治文明，基本目标是普遍提高农民的政治伦理意识尤其是政治民主意识，在农村建立起讲政治、讲道德的社会组织制度和管理机制。为此，针对农村政治伦理建设面临的问题，我们可以从观念、组织、制度和技术等各个层面着手加以解决。

1. 以经济建设推动湖北省村镇政治文明建设

落后的物质文明往往制约村民公民意识的生成，制约农村民主政治的推进，然而，不断发展的物质文明却可以有效地推动村民丰富政治生活，确立公民意识。我们知道，公民意识的觉醒是实行民主政治的基础。在这个意义上，可以说，只有推动农村经济的发展，才能从根本上推动农村政治伦理的建立，建成真正"管理民主"的新农村。物质文明和政治伦理是一个互相联系、相互影响的整体，不能片面地强调彼此之间的差异。经济的发展不仅在内容上和政治伦理有重叠之处，更重要的是，它还可以为政治生活提供基本保障。调研显示，在目前的文明村镇建设过程中，很多村镇已经普遍意识到，政治伦理的发展必须依赖经济的发展。"建设新农村，发展要领先"这样随处可见的新农村标语就是这种经济领先意识的最好体现。全国很多村镇都把发展农村经济、增加农民收入作为文明新村建设的突破点来抓。要消除村民的政治参与冷漠症，必须大力发展经济，夯实村民政治参与的物质基础。历史一再证明，没有良好的经济基础，政治伦理不可能得到长足进展和健康发展。在这个意义上，建设新农村，要通过物质文明的进步来促进地区政治伦理的提升，只有这样，农村政治才有条件真正走向伦理，农村干部和村民才有可能真正走向健康、全面发展

① 罗金远等：《伦理学讲座》，人民出版社，2012，第51~53页。

的康庄大道。

2. 以制度建设推动湖北省村镇政治文明建设

解决农村政治伦理建设的关键之一在于建立强有力的纵向权力制衡机制，从制度上制约村委会的权力，使村民代表会议真正行使职权，真正做到"有人管事，有钱办事，有章理事"。否则，村民自治就会蜕变为村委会自治，就会名存实亡。目前有关村务公开和民主管理的规章制度，侧重点在制度的实施主体和组织架构方面，而对实际的操作过程缺乏较为细致的指导。因此，制定《农村村务公开和民主管理制度实施办法》，对村务公开和民主管理中的具体环节和具体问题进行细化，增强村务公开和民主管理制度的可操作性和适用性，让广大村民尽快掌握村务管理的技能，在村务决策、管理和监督中发挥出更大的制度效能。要进一步推进乡镇管理体制综合配套改革，改革乡镇基层政府的结构，合并机构，转变职能，分流人员，从而有效重塑农村地区的治理结构，重组农村基层的政治生活，推进基层民主政治。要审时度势，与时俱进，通过把村代会由"虚"做"实"，实行村代会常设制，构建"党支部领导、村代会作主、村委会办事"的新型的村治机制。

3. 以队伍建设推动湖北省村镇政治文明建设

村干部是最主要的政治管理主体。村干部如果走向文明，村镇政治文明建设就有了榜样的力量。抓好村干部队伍建设，除了拓宽村镇干部选人用人的渠道和范围，推行干部岗位目标责任制，严格考核管理，建立健全村干部政绩档案之外，最主要的是提高农村基层干部政治素质。村干部务必树立正确的权力观、地位观、利益观，做到权为民所用、情为民所系、利为民所谋。干部要时刻把群众的安危冷暖放在心上，真诚倾听群众呼声，真实反映群众意愿，真情关心群众疾苦，着力保障和改善民生，着力解决人民最关心的现实问题，着力化解人民内部矛盾和不和谐因素，多为群众办好事、办实事。总之，要倡导村干部实行人文化的政治管理方式。村干部不能仅仅把目光放在经济效益之上，正如一个国家的管理者不能仅仅把目光放在 GDP 之上一样。村干部不仅要推动经济发展，更要关注人自身的内在发展。

4. 发挥村民在政治文明建设中的主体地位

要确立村民在建设政治文明中的主体地位，尤其要推进基层群众直接参与农村公共事务的决策和管理，将民主监督落实到农村政治生活的方方面面，切实保障村民的知情权、参与权、决策权和监督权，切实推进广大村民规范、有序、健全的政治参与，真正让人民群众实施自我管理、自我教育和自我服务①。要加强村民在政治伦理建设中的主体地位，就必须通过大力发展农村经济、普及村民文化和法律知识、提高村民的民主意识和法制观念等方式来消除村民内心根深蒂固的政治冷漠症，消除影响村民政治参与的人为因素，提高村民的伦理化水平和参政议政能力，增强村民政治参与的整体实力，培育村民的道德自律精神，增强村民的自我教育、自我管理能力，将民主由少数精英把玩的游戏变成最大多数普通农民的现实行动，真正让千百年来被政治边缘化的村民能够走向政治前台，成为政治主体，做到"当家做主"，并最终实现农民从传统到现代政治人的转型②。

---

① 李家莲：《道德的情感之源》，浙江大学出版社，2012，第 322～337 页。
② 中共中央办公厅、国务院办公厅：《关于进一步加强新形势下农村精神文明建设工作的意见》，《人民日报》2011 年 2 月 15 日。

湖北农民文化生活调查研究报告[*]
（数据分析篇）

——以鄂东两县为例

桂　胜　刘　婧　周丽玲　柴　鹏　等[**]

（武汉大学社会学系）

为贯彻落实党的十七届六中全会精神和中宣部开展"走转改"活动的要求，进一步提升理论工作服务大局的能力和水平，为湖北科学发展、跨越式发展，特别是为省委、省政府制定文化惠民政策提供决策参考，我们组织开展了此次"湖北农民文化生活"专题调研。调研的目的在于了解当前农村文化建设所取得的成就和存在的问题，将政府主导的文化建设与农民的文化需求结合起来考察，探索新时期行之有效的农村文化建设之路。

我们通过典型性原则与随机抽样相结合的方法，选取了鄂东两县及

---

* 本课题系湖北省社会科学基金委托项目"湖北农民文化生活调查"（项目编号：2012WT005）。课题组主持人为武汉大学社会学系博士生导师桂胜教授；课题组成员有徐炜、阙祥才、周丽玲、钟祥虎、柴鹏、刘婧、纪再祥、赵冰、莫光辉、汪然、黄彩薇、覃一时、韩冰、宗季沁、黄中林、黎宇等。该调查报告分为数据分析、影响因素及对策两篇。受委托，博士生刘婧、柴鹏等负责调查数据方面的分析研究；博士生周丽玲、钟祥虎等负责农民文化生活影响因素及对策等方面的分析研究。

** 桂胜，男，武汉大学社会学系教授，博士生导师，主要研究方向为中国社会思想与社会发展；刘婧，女，武汉大学社会学系2011级博士生，主要研究方向为中国社会思想与社会发展；周丽玲，女，武汉大学社会学系2011级博士生，湖北大学艺术学院副教授，主要研究方向为民俗学；柴鹏，男，武汉大学社会学系2009级博士生，主要研究方向为中国社会思想与社会发展。

具体的乡镇作为调查对象；在此基础上按照随机原则，选取了具体村庄为抽样框；在村庄则按照各个年龄段、性别、职业等条件抽取不同的调查对象作为我们此次调查的样本。由于篇幅所限，我们省略了对调查地经济社会发展概况以及调研的组织与实施的介绍，重点对调查数据进行分析。

一　样本总体特征

本次研究发放的问卷样本总量为 400 份，剔除无效问卷，有效回收 389 份，有效回收率为 97.25%，符合本次研究的数据分析要求。389 个调查对象中除去缺失值 4，男女性别基本均衡，男女比例为 1.13∶1，其中男性共 205 人，占调查样本的 53.25%；女性共 180 人，占 46.75%，略少于男性，这与我国人口男女性别比大致相同①。

在问卷中年龄是被调查者根据自身实际情况如实填写，在描述样本总体特征时为方便理解，把数据进行重新分组，变成定序层次的变量，暂分为 20 岁及以下的群体，共 3 人，占总样本的 0.77%，21~30 岁的青年共有 13 个，占 3.34%，也就是说 30 岁以下的群体只占总样本量的 4.11%，这也印证了农村青少年外出打工或求学、很少在家中的社会事实。总体来看 41~50 岁的人最多，共有 139 个，占总样本的 35.73%，51~60 岁的人也比较多，占总样本的 24.68%，31~40 岁的人占总样本的 19.02%，60 岁以上的老人共有 64 人，占总样本的 16.45%，这说明了在农村留守老人居多的现实状况，这也与调查过程中我们遇到的实际情况相符，留守老人与留守儿童的问题日渐突出，留守老人的养老问题以及儿童的教育问题应该引起社会各界更多的关注。

调查地的婚姻状况比较简单，除了 3 人未婚，占总数的 0.8% 外，离异、丧偶的也比较少，分别为 1 人、16 人，分别占总数的 0.27%、

---

① 根据 2011 年国家统计局人口数据，男女比例为 1.05∶1，见 http://www.stats.gov.cn/。调研对象男女比例为 1.13∶1，基本符合数据分布规律。

4.24%。调查中我们得知丧偶的 16 人中大部分是老人，丧偶后处于寡居的状态。调查对象绝大部分属于已婚，有 357 人，占总数的 94.69%，这些也反映了湖北省鄂东两县的四个调查地点离婚率较低的现状。

政治面貌一栏有 29 个被访者没有填写，剩下的 360 个人中，有 300 人是群众，占有效样本总数的 83.33%。其次为中共党员，有 54 人，占有效样本总数的 15%。其他政治面貌的有 6 人。我们的调查对象绝大部分为普通农民，所以政治面貌为群众的比例最高，另外我们还选择了一些村干部作为访谈对象，这些村干部大多为党员。

受教育程度是一个重要的自变量，在有效填答的 377 人中，绝大多数为小学或初中文化水平，分别为 126 人、168 人，分别占总数的 33.42%、44.56%。高中、中专文化程度的只有 61 人，占总数的 16.18%，还有 18 人识字不多，这部分人中大多数年龄在 60 岁以上，只会讲方言，这也给我们的调查工作带来一定的困难。另外只有 4 人是大专及以上文化程度，这 4 人可以自主填答问卷，不需要调查员的解释与协助。

家庭毛收入为定比层次的变量，为了方便描述，我们对数据做了进一步分组，把家庭毛收入分为 11 个组，见表 1。其中家庭收入在 20000 ~ 29999 元的居多，共有 83 人，占总数的 21.34%，其次为 10000 元以下的，有 76 人，占总数的 19.54%，家庭毛收入为 30000 多元的人也较多，有 62 人，占总数的 15.94%，家庭毛收入为 50000 ~ 99999 元的有 62 人，家庭收入 100000 万元以上的有 43 人，占总数的 11.05%。在调查中我们发现，被访者对家庭收入这一项普遍比较敏感，一般都会说收入很少之类的话，甚至说自己家庭年收入只有几百元，在我们一再解释并保证不记名后才保守地填写一个数据。另外，还有的被访者填写了几百万、上千万的家庭收入，据我们了解也与具体情况不符合。所以家庭收入这一项的可信度与其他项相比较低，在后面的分析中我们尽量先对数据进行处理。

在填写了家庭收入水平的 380 人中，175 人认为自己处于村里的中层，占总数的 46.05%，其次有 25.26% 的人认为自己家庭的收入水平处于中上层，70 人认为自己处于村里的中下层，认为自己处于绝对的上层或绝对的下层的人都非常少，分别为 7 人和 30 人，各占总数的 1.84% 和 7.89%，这也说明了人们一般对自身的评价都比较温和，很少出现对自己过高或者过低的评价，这也与中国人崇尚"中庸之道"的性格相符。

主要劳动方式在本次调查中有 10 个选项：务农，主要务农兼外出打工，主要外出打工、农忙时务农，外出打工，家庭手工业、副业，乡村（镇）企业工作人员，个体经营，教师，村干部，其他。其中缺失值为 60，剩下的 329 人中，有 185 人主要的劳动方式是务农，也就是说超过一半的被调查者主要的劳动方式是务农；另外约 20% 的人会外出打工，这部分有 65 人；其他劳动方式的人比较少，如乡镇企业工作人员仅 1 人，村干部 10 人，教师 1 人，个体经营 17 人，家庭手工业、副业人员 14 人，这些也比较符合我们调查的初衷，此次调查的主要对象是农民，因此从事农业生产的农民应该是本次调查的主体。

表 1　样本总体特征

类　别	频次（人）	百分比（%）	累计百分比（%）
性别			
男	205	53.25	53.25
女	180	46.75	100
总数	385	100	
年龄			
20 岁及以下	3	0.77	0.77
21～30 岁	13	3.34	4.11
31～40 岁	74	19.02	23.14
41～50 岁	139	35.73	58.87
51～60 岁	96	24.68	83.55
61～70 岁	36	9.25	92.80
71 岁及以上	28	7.2	100
总数	389	100	
婚姻状况			
未婚	3	0.8	0.8
已婚	357	94.69	95.49
离异	1	0.27	95.76
丧偶	16	4.24	100
总数	377	100	

续表

类　别	频次（人）	百分比（%）	累计百分比（%）
政治面貌			
群众	300	83.33	83.33
共产党员	54	15	98.33
其他	6	1.67	100
总数	360	100	
受教育程度			
不识字	18	4.77	4.77
小学	126	33.42	38.2
初中	168	44.56	82.76
高中、中专、技校	61	16.18	98.94
大专及以上	4	1.06	100
总数	377	100	
家庭毛收入			
10000 元以下	76	19.54	19.54
10000～19999 元	47	12.08	31.62
20000～29999 元	83	21.34	52.96
30000～39999 元	62	15.94	68.89
40000～49999 元	16	4.11	73.01
50000～59999 元	21	5.4	78.41
60000～69999 元	21	5.4	83.8
70000～79999 元	4	1.03	84.83
80000～89999 元	8	2.06	86.89
90000～99999 元	8	2.06	88.95
100000 元及以上	43	11.05	100
总数	389	100	
家庭收入水平			
上层	7	1.84	1.84
中上层	96	25.26	27.11
中层	175	46.05	73.16
中下层	70	18.42	91.58
下层	30	7.89	99.47
说不清楚	2	0.53	100
总数	380	100	
主要劳动方式			
务农	185	56.23	56.23
主要务农兼外出打工	39	11.85	68.09

续表

类　别	频次（人）	百分比（%）	累计百分比（%）
主要外出打工、农忙时务农	12	3.65	71.73
外出打工	39	11.85	83.59
家庭手工业、副业	14	4.26	87.84
乡村（镇）企业工作人员	1	0.3	88.15
个体经营	17	5.17	93.31
教师	1	0.3	93.62
村干部	10	3.04	96.66
其他	11	3.34	100
总数	329	100	
N＝385			

　　根据自由填写的从事农业生产的时间，在236位从事农业生产的被调查者中，每年从事农业生产时间为6个月和8个月的都有36人，各占样本量的18.95%，每年从事农业生产时间为3个月和5个月的人也比较多，分别为28人和26人，各占样本量的14.47%和13.68%，务农时间较长或较短的人都比较少，如务农时间为0个月、1个月和2个月的共有12人，累计占样本量的6.31%，务农时间10个月及以上的有28人，占样本量的14.73%。调查表明，农民在一年中约有半年时间用来从事农业生产，一年四季务农的人比较少，这也是现代社会农业转型的一种表现——农民不再像在传统乡土社会中那样被困在土地上，[①] 而是有多种选择，生产方式由纯农业生产向多样化转变，打工成为一项重要的收入方式，在农民的生活中占有重要的地位。

　　对于务农人员生产环节的安排情况（见表2），填写了"耕田、犁田"的276人中，有137人选择"自己劳动"，这部分人占样本总量的49.64%，另外有101人"主要请机械"，占样本总量的36.59%，只有38人"主要请人工"，占总数的13.77%。在填写了"插秧"的266人中，绝大多数都是"自己劳动"，有195人，占总数的73.31%，只有9人选择"主要请机械"，"主要请人工"的有62人，占总数的23.31%。收割

---

　　① 费孝通：《乡土中国》，上海人民出版社，2007，第1页。

上大多数人选择"主要请机械"，有118人，占总数的43.7%，其次为"自己劳动"，比较少的人选择"主要请人工"。田间管理上96.24%的人选择"自己劳动"，只有3.76%的人请机械或人工，这也说明了对于田间管理如施肥、除虫、插秧等琐碎的农活大多数老百姓会选择自己做，这也是中国广大农村农业传统性的表现：农业多属于劳动力集约型，投入大产出少，产品附加值低，只有如耕田、收割等工作量较大的农活会选择请机械或由其他人代劳，这在一定程度上也反映了我国农业有向小型机械化辅助作业发展的趋势，这些生产环节的安排反映了中国农业生产的重大问题，也是今后农业现代化改革的关注点和方向。

表2　务农人员生产环节安排情况

单位：人

	耕田、犁田	插秧	收割	田间管理
主要请机械	101（36.59%）	9（3.38%）	118（43.7%）	1（0.38%）
主要请人工	38（13.77%）	62（23.31%）	38（14.07%）	9（3.38%）
自己劳动	137（49.64%）	195（73.31%）	114（42.22%）	256（96.24%）
总　　数	276（100%）	266（100%）	270（100%）	266（100%）

因为问卷中没有对非务农人员的跳答说明，所以一部分非务农人员填写了承包旱地、水田的亩数，他们会在这四个空格中写0，分别有61人、70人。"实际耕种者"一项分别有49人、63人填写0。而在剩下的正确填写的人中，大多数人填写整数，如承包或实际耕种1亩、2亩、3亩、4亩等，承包旱地、水田1亩的各有39人、26人，分别占总数的13.14%、8.81%，承包旱地、水田2亩的各占18.39%、21.02%，数据显示承包或实际耕种2亩的人比较多，这也说明了调查地土地耕种还是处于家庭承包自主耕种阶段，没有出现或较少出现集中式耕种的情况。

二　物质文化

统计显示（见表3）：家庭拥有1台彩电的有208人，占总数的

53.57%；52.6%的家庭有 1 台空调，共 202 人；74.42%的家庭有 1 台冰箱；57.72%的家庭有 1 台洗衣机；57.26%的家庭有 1 台饮水机；70.54%的家庭有 1 部电话；90.96%的家庭有 1 部以上的手机；67.33%的家庭有 1 台太阳能热水器；63.3%的家庭有 1 辆摩托车。另外摄像机、电脑、家用轿车等对于大多数家庭来说属于"奢侈品"，81.96%的家庭没有摄像机；60.24%的家庭没有计算机；93.06%的家庭没有家用轿车。这说明了彩电、空调、冰箱、洗衣机、饮水机、电话、手机、太阳能热水器、摩托车等都属于家庭中比较常见的日用品，而摄像机、计算机、轿车等因为在农民的实际生活中应用得不是很多，且较其他物品昂贵一些，所以在调查地还没有达到普及的程度。调查表明：昂贵的休闲消费品渐趋在农民现实生活中出现。

表 3　家庭拥有的家电或耐用品情况

类　别	频次（人）	百分比（%）	类　别	频次（人）	百分比（%）
彩电数量（台）			2	79	21.01
0	5	1.29	3	87	23.14
1	208	53.75	4	43	11.44
2	134	34.63	5	11	2.93
3	35	9.04	6	1	0.27
4	5	1.29	9	1	0.27
总数	387	100	总数	376	100
空调数量（台）			摄像机数量（台）		
0	119	30.99	0	259	81.96
1	202	52.6	1	55	17.41
2	42	10.94	2	1	0.32
3	21	5.47	4	1	0.32
总数	384	100	总数	316	100
冰箱数量（台）			计算机数量（台）		
0	86	22.22	0	197	60.24
1	288	74.42	1	111	33.94
2	12	3.1	2	17	5.2
3	1	0.26	3	2	0.61
总数	387	100	总数	327	100

续表

类　别	频次(人)	百分比(%)	类　别	频次(人)	百分比(%)
洗衣机数量(台)			太阳能热水器数量(台)		
0	152	41.19	0	98	27.84
1	213	57.72	1	237	67.33
2	4	1.08	2	14	3.98
总数	369	100	3	3	0.85
饮水机数量(台)			总数	352	100
0	124	32.72	摩托车数量(辆)		
1	217	57.26	0	59	15.69
2	34	8.97	1	238	63.3
3	4	1.06	2	72	19.15
总数	379	100	3	6	1.6
电话数量(部)			4	1	0.27
0	91	24.59	总数	376	100
1	261	70.54	家用轿车数量(辆)		
2	16	4.32	0	295	93.06
3	2	0.54	1	20	6.31
总数	370	100	2	1	0.32
手机数量(部)			4	1	0.32
0	34	9.04	总数	317	100
1	120	31.91			

对于家庭拥有家电或耐用品的数量，我们做进一步的分析，提取两个因子，也就是把以下家电或耐用品分成两种类型：第一类命名为日常用品，在 Stata 程序中用 RCYP 表示，包括彩电、空调、冰箱、洗衣机、饮水机、电话、手机、太阳能热水器、摩托车等九项日常家电；第二类命名为"奢侈品"，在 Stata 程序中用 SCP 表示，主要包括摄像机、计算机、家用轿车等三项。在剔除无效数据之后，首先对日常用品进行赋值，日常用品因子的值为 [0，23] 区间内的数值，如表 4 所示。我们下一步考察家庭毛收入作为自变量与 RCYP 因子以及 SCP 因子之间的关系。

表4 日常用品因子得分

日常用品	频次（人）	百分比（%）	累积百分比（%）
0	1	0.31	0.31
1	2	0.61	0.92
2	9	2.75	3.67
3	8	2.45	6.12
4	11	3.36	9.48
5	28	8.56	18.04
6	31	9.48	27.52
7	36	11.01	38.53
8	30	9.17	47.71
9	31	9.48	57.19
10	23	7.03	64.22
11	23	7.03	71.25
12	20	6.12	77.37
13	20	6.12	83.49
14	25	7.65	91.13
15	7	2.14	93.27
16	7	2.14	95.41
17	3	0.92	96.33
18	4	1.22	97.55
19	5	1.53	99.08
21	2	0.61	99.69
23	1	0.31	100
总数	327	100	

对于家庭收入与日常用品因子之间的关系，我们进行了方差分析（见表5）。从表5可以看出，家庭毛收入为10000元以下的有68个，在日常用品因子上的平均得分是7.2058824；家庭毛收入为10000~19999元的家庭日常用品因子得分为8.3095238；家庭毛收入为20000~29999元的家庭日常用品因子得分为8.0277778；家庭毛收入为30000~39999元的家庭日常用品因子得分为9.6170213；家庭毛收入为40000~49999元的家庭日常用品因子得分为11.733333；另外家庭毛收入为90000~99999元的家庭日常用品因子得分最高，为13.5。总体而言，家庭毛收入越高，日常

因子得分越高。这说明家庭毛收入与日常因子成正相关关系。这与实际生活中的情况正好相符：收入水平高的家庭日常用品的数量皆高于收入水平低的家庭。

表 5　家庭毛收入与日常用品因子之间的关系

家庭毛收入	均值	标准差	频数（人）
10000 元以下	7. 2058824	3. 2486912	68
10000 ~ 19999 元	8. 3095238	3. 5783093	42
20000 ~ 29999 元	8. 0277778	3. 684655	72
30000 ~ 39999 元	9. 6170213	3. 7852873	47
40000 ~ 49999 元	11. 733333	4. 061433	15
50000 ~ 59999 元	12. 470588	2. 8964989	17
60000 ~ 69999 元	10. 47619	4. 3083529	21
70000 ~ 79999 元	11. 75	6. 2915287	4
80000 ~ 89999 元	13	0	1
90000 ~ 99999 元	13. 5	0. 53452248	8
100000 元	11. 65625	4. 4548587	32
总　数	9. 2293578	4. 0819061	327

表 6 中的统计值 P 为 0.0000，明显小于 0.05，证明了日常用品因子在家庭毛收入上的差异非常明显。调查表明：收入不同的家庭里日常用品的数量也不同，收入越高的家庭彩电、空调、冰箱、洗衣机、饮水机、电话、手机、太阳能热水器、摩托车的数量也越多。

表 6　方差分析

来　源	平方和	自由度	均方	F 值	临界值 > F
组间方差	1104. 27803	10	110. 427803	8. 06	0. 0000
组内方差	4327. 52014	316	13. 694684		
总方差	5431. 79817	326	16. 6619576		

Bartlett's test for equal variances：chi2 （9） = 29. 4662　Prob > chi2 = 0. 001. [1]

---

① 经过巴特利特球体检验，值为 29. 4662，P 值为 0. 001，小于 0. 05，说明表 6 方差分析的数据具有显著性，以下皆同。

对于家庭毛收入与日常用品因子之间的相关关系，我们做进一步考察，进行回归分析。如表 7 所示，P 值为 0，小于 0.05，这说明这两者之间呈现线性关系，具体回归方程如表 8 所示，$Y = 7.053456 + 0.5258832X_1$[①]，家庭收入越高，日用品越多，二者呈线性关系。

表 7　回归分析

来源	平方和	自由度	均方	Number of obs = 327
1	847.02896	Prob > F = 0	回归误差平方和	847.02896
残差平方和	4584.7692	325	14.1069822	R-squared = 0.1559
总体平方和	5431.79817	326	16.6619576	Root MSE = 3.7559

表 8　回归方程

单位：%

(Y)RCYP	变量系数	标准误差	t 检验	P > t	[95% Conf.	Interval]
(X)a_6	0.5258832	0.0678668	7.75	0	0.3923696	0.6593968
常数项	7.053456	0.3492749	20.2	0	6.366331	7.740581

我们继续对奢侈品因子进行赋值，奢侈品因子的值在 [0，4] 区间内，如表 9 所示。

表 9　奢侈品因子得分

奢侈品	频次（人）	百分比（%）	累积百分比（%）
0	179	59.47	59.47
1	82	27.24	86.71
2	30	9.97	96.68
3	8	2.66	99.34
4	2	0.66	100
总数	301	100	

[①] 本次研究自变量有性别 a_1，年龄 a_2，婚姻状况 a_3，政治面貌 a_4，受教育程度 a_5，家庭毛收入 a_6，收入层次 a_7，主要劳动方式 a_8。以上设家庭收入为 X_1，日常用品因子为 Y，方程表示二者之间的数量关系。

对家庭收入与奢侈品因子之间的关系进行的方差分析见表10。可以看出家庭毛收入为10000元以下的有67个，在奢侈品因子上的平均得分是0.50746269；家庭收入为10000～19999元的奢侈品因子得分为0.53846154；家庭收入为20000～29999元的奢侈品因子得分为0.50704225；家庭收入为40000～49999元的奢侈品因子得分为0.58333333；家庭收入为60000～69999元的奢侈品因子得分为0.9；另外家庭收入为80000～89999元的家庭奢侈品因子得分最高，为1，因此我们可以认为家庭毛收入越高，奢侈品因子得分越高，但是如表11的统计检验所示，P值为0.0988，明显大于临界值0.05，证明了奢侈品因子在家庭毛收入上的差异不明显，家庭收入与家庭里奢侈品的数量没有明显的相关关系。

表10　家庭毛收入与奢侈品因子之间的关系

家庭毛收入	均值	标准差	频数（人）
10000元以下	.50746269	.72557468	67
10000～19999元	.53846154	.85366559	39
20000～29999元	.50704225	.82588895	71
30000～39999元	.43181818	.7280981	44
40000～49999元	.58333333	.66855792	12
50000～59999元	.71428571	.82542031	14
60000～69999元	.9	.71818485	20
70000～79999元	.5	1	4
80000～89999元	1	0	1
90000～99999元	0	0	4
100000元	1.04	1.2069245	25
总　数	.57807309	.82747665	301

表11　方差分析

来　源	平方和	自由度	均方	F值	临界值＞F
组间方差	10.9009631	10	1.09009631	1.63	0.0988
组内方差	194.514319	290	.670739032		
总方差	205.415282	300	.684717608		

Bartlett's test for equal variances：chi2（8）＝13.8149　Prob＞chi2＝0.008.

对于家庭文化产品拥有量的分析，本次调研中文化产品包括书籍、报纸、杂志、音乐唱片、电影影碟、乐器（比如二胡、笛子等）、体育器材（比如羽毛球、乒乓球桌）等（见表12）。数据显示56.02%的家庭有书籍；35.07%的家庭有报纸；25.27%的家庭有杂志；45.88%的家庭有音乐唱片；48.9%的家庭有电影影碟；9.62%的家庭有乐器；23.35%的家庭有体育器材。这表明除书籍外，其他文化产品在调查地一般家庭中不是很普遍，以上情况从侧面说明了调查地物质文化的贫乏和文化生活的欠缺，这也是农村文化发展的重要关注点。

表 12　文化产品拥有情况

文化产品	频次（人）	百分比（%）	累积百分比（%）
书籍			
否	130	36.41	36.41
是	200	56.02	92.44
缺失值	27	7.56	100
总数	357	100	
报纸			
否	207	56.71	56.71
是	128	35.07	91.78
缺失值	30	8.22	100
总数	365	100	
杂志			
否	244	67.03	67.03
是	92	25.27	92.31
缺失值	28	7.69	100
总数	364	100	
音乐唱片			
否	173	47.53	47.53
是	167	45.88	93.41
缺失值	24	6.59	100
总数	364	100	

续表

文化产品	频次（人）	百分比（%）	累积百分比（%）
电影影碟			
否	167	45.88	45.88
是	178	48.9	94.78
缺失值	19	5.22	100
总数	364	100	
乐器（如二胡、笛子）			
否	297	81.59	81.59
是	35	9.62	91.21
缺失值	32	8.79	100
总数	364	100	
体育器材（如羽毛球、乒乓球桌）			
否	249	68.41	68.41
是	85	23.35	91.76
缺失值	30	8.24	100
总数	364	100	

三　民俗文化

1. 人情送礼

为了方便比较分析，我们把原本自己填答的定比层次的变量转换成定序层次的变量，把用于人情往来的花费分成8组，设定成小于或等于1000元、1001～2000元、2001～3000元、3001～4000元、4001～5000元、5001～6000元、6001～7000元、7000元以上，从图1（白色柱体代表频次分布，灰色柱体代表百分比）可以看出，去年人情往来上的花费最多（超过7000元）的家庭，占总数的27.25%，共106人；人情往来花费为2001～3000元的有74人，占总数的19.02%；而花费为6001～7000元的家庭只有4个，只占总数的1.03%。一般情况下送一次人情会花费200元，有123人，占总数的34.55%。在访谈中我们也了解到一般人送礼都是200元，他们认为200元既不是很多也不少，属于可以拿得出手的数目，因此一般关系都是送200元，但是对于很亲的关系则没有上

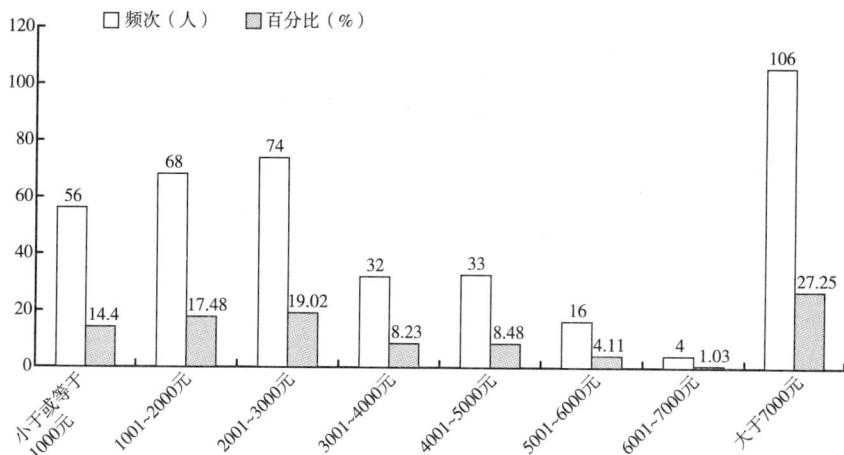

图1　去年人情往来上的花费

限，几百上千都可以，以下访谈材料佐证了这种观点。

（LT—BMH—刘 XX）①

问：送礼一般送多少？

答：送礼人情方面的支出是最大的负担，一般看家庭情况，最少送50 元，一般七八十元，一两百元则比较好看一些，婚丧嫁娶是头等大事，送得多一些，升学则看和主人的关系，一般五六十元，姑姑类的直系亲戚则需要送几百上千元。（被访人：刘 XX，男，55 岁）

家庭里的大事一般都需要办酒席，如 93.24% 的人认为娶媳妇是肯定要办酒席的，这样认为的有 317 人，关于是否请乐队，54.17% 的人认为娶媳妇还是不用请乐队了；95.21% 的人认为老人去世是需要办酒席的，52.54% 的人认为老人去世是需要请乐队的；93.46% 的人认为建房子是需要办酒席的，82.66% 的人认为建房子不需要请乐队；有 288 人认为女儿出嫁是需要办酒席的，占总数的 94.12%，57.97% 的人认为女儿

---

① LT—BMH—刘 XX 表示访谈对象所在县—村—姓，为保护被访者隐私，名称皆做技术处理，以下皆同。

出嫁是不需要办酒席的；另外大多数人认为考学、当兵、老人做寿、小孩子出生过周岁都是需要办酒席的，但是这些都不需要请乐队。对于办酒席需要的花费，回答的范围较广，有的人认为需要多一些，有的人则认为需要少一些，一致意见是看家里的客人有多少，客人多的家庭花费就多一些，甚至100000元的都有，客人少的家庭花费有几百元甚至几十元的。

（HM—KLZ—周 XX）

问：办酒席一般花多少钱？

答：办酒席是看家里面客人的多少定的，这个事情也要看主人的心情了，他如果想要操办隆重一点的话就会花费得多一些，要是只是简单办一下可能就只是亲戚之间吃桌饭，花不了多少钱。（被访人：周 XX，女，42 岁）

调查表明：52%的人认为人情送礼上的负担较重（如图2所示），他们认为送礼的情况较多，如婚丧嫁娶是必须送的，另外孩子升学、过生

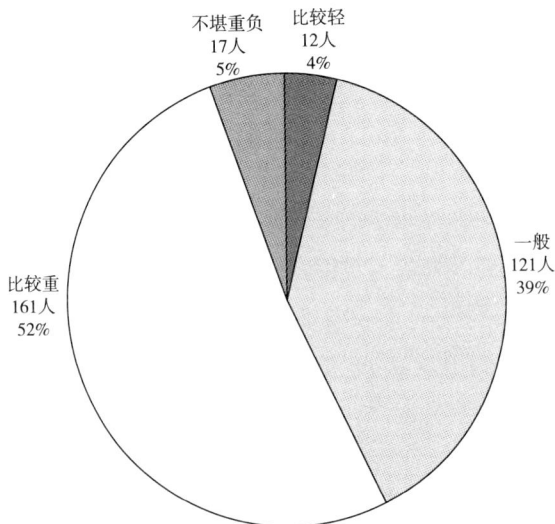

不堪重负
17人
5%

比较轻
12人
4%

一般
121人
39%

比较重
161人
52%

图 2　人情负担轻重

日、当兵等也要送，过节也要送，这些礼节让一些本来生活不是很宽裕的家庭难以负担。

（HM—ZTC—吴XX）

问：你对人情的看法？

答：人情上的礼是有送有还的，这次送给别人了下次自己家里面有事情还不是送回来了的？并且那时候正好也可以抵消办酒席的消耗，这是一种比较好的"集资"方式，应该提倡，并且亲戚就是在这样的你来我往中保持亲近关系的。没有送礼以及人情来往，亲戚之间也没个来往的"油头"（借口之意），那多没意思。（被访人：吴XX，男，47岁）

对于办酒席的地点，如图3显示，85.62%的人认为办酒席一般在家里，这部分有256人，另外有35人认为办酒席一般在餐馆，这部分人占总数的11.71%，这说明了农村地区家庭办宴席一般还是保持传统，在家里自己操办。访谈中我们了解到，村民认为一般只有城里人才会在餐馆办，农民自己家里有那么大的地方可以在家办酒席，另外，在家里办也便宜点儿。

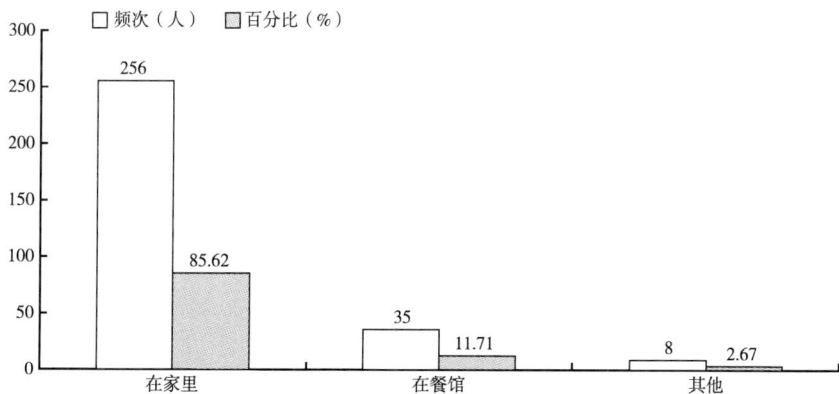

图3　办酒席地点

2. 家族活动

调查数据显示，清明祭祖扫墓活动一直都存在，92.55% 的家庭 20 世纪 80 年代就有这种仪式，96.73% 的家庭 20 世纪 90 年代有这种活动，97.88% 的家庭现在有这种祭祖扫墓仪式，这也说明了清明扫墓一直作为民间习俗保持了很多年，且反映了近年来有普遍化的趋势；同时约 84% 的家庭 30 年来一直有七月半烧纸钱的仪式；春节祭祖的现象也一直很普遍，有 91.69% 的家庭 20 世纪 80 年代有春节祭祖现象，92.35% 的家庭 20 世纪 90 年代进行春节祭祖，91.89% 的家庭现在有这种仪式；修祖坟的家庭 20 世纪 80 年代为 79.11%，20 世纪 90 年代为 80.45%，现在为 82.82%，这说明修祖坟现象随着时代的变迁越来越普遍。给去世的祖先立牌位、修族谱、集资建祠堂或祖屋等与其他活动不一样，这种仪式呈现减少的趋势，如 20 世纪 80 年代有为祖先立牌位这种活动的家庭占 82.4%，20 世纪 90 年代占 81.79%，现在占 80.52%；修族谱的家庭在 20 世纪 80 年代、90 年代以及现在的比例分别为 81.06%、79.07%、78.03%；集资建祠堂的现象最少，57.14% 的人认为在 20 世纪 80 年代没有修建祠堂的活动，58.48% 的人认为 20 世纪 90 年代没有此项活动，58.63% 的人认为现在没有进行修建祠堂的活动。

3. 本村（行政村）在 20 世纪 80 年代、90 年代及现在有过的活动

对于庙会这项活动，53.48% 的人说 20 世纪 80 年代是有的，90 年代这个比例变为 51.54%，现在又变为 52.74%；唱戏这项活动 76.3% 的人认为 20 世纪 80 年代存在，65.77% 的人认为 90 年代村里有唱戏的活动，65.79% 的人认为现在村里还有唱戏活动；春节玩龙灯的活动明显呈现下降的趋势，20 世纪 80 年代比例为 61.13%，90 年代为 52.13%，现在为 44.41%，说明玩龙灯这项活动越来越少；舞狮子也一样呈下降的趋势，20 世纪 80 年代、90 年代、现在的比例依次为 51.51%、41.41%、31.71%；扭秧歌活动没有普及，大多数村没有这项活动；腰鼓队在 20 世纪八九十年代不是很普遍，现在有兴起的可能，数据显示，20 世纪 80 年代 54.09% 的村没有腰鼓队，90 年代有 57.31% 的村没有，而现在超过一半的村有腰鼓队，这个比例为 55.52%；放电影活动呈现出越来越少的趋势，20 世纪 80 年代、90 年代、现在的比例分别为 74.35%、68.95%、64.31%；而跳舞在 20 世纪八九十年代不是很盛行，近几年全国广场舞开始流行，数据也验证了这一点：跳舞这项活动有逐渐升温的趋势。

4. 对"上天堂"等说法的认识

依据表 13，44.12% 的人是相信"善有善报恶有恶报"的，但是多数人还是不相信"人死后上天堂"，这部分有 210 人，占总数的 57.22%；关于"祖先灵魂一直关照后代"这种说法，有 134 人不认同，占总数的 37.02%。总体而言，"善有善报恶有恶报"和"祖先灵魂关照后代"这两种说法，一般人是偏向于认同的，只有"人死后上天堂"之类的说法大多数人不认同，这说明了中国传统的家族观念延伸出来的因果报应观现在还在影响中国人的思维，而"上天堂"这种比较偏向于西方话语体系的说法则不太被人接受。

表 13　对"上天堂"等说法的认识

是否相信以下说法	相信	有点相信	不相信	总数
善有善报恶有恶报	165 人（44.12%）	118 人（31.55%）	101 人（24.35%）	374 人（100%）
人死后上天堂	65 人（17.71%）	92 人（25.07%）	210 人（57.22%）	367 人（100%）
祖先灵魂一直关照他的后代	114 人（31.49%）	114 人（31.49%）	134 人（37.02%）	362 人（100%）

5. 烧香拜佛

烧香频率的统计如图 4 所示。有 148 人认为有事情才会烧香，没事情不会烧香，占总数的 39.68%，另外还有 70 人从来不烧香，占总数的 18.77%，只有 3 个人一两天一次，只占总数的 0.8%。另外，村民一般选择自己去庙里烧香拜佛，初一、十五上供。这说明了中国人在日常生活中的信仰倾向于功利性和周期性。

在宗教信仰的问题上，有 200 人表示从不信教，占总数的 58%，另外有 40% 的人信仰佛教。在访谈中我们了解到有的人并不把自己的烧香拜佛等活动定义为信仰佛教，其实在调查地我们发现，佛教的信仰还是比较盛行的。在下面的访谈中村民特别强调烧香拜佛很正常，试图把这种行为与宗教信仰区别开来（见图 5）。

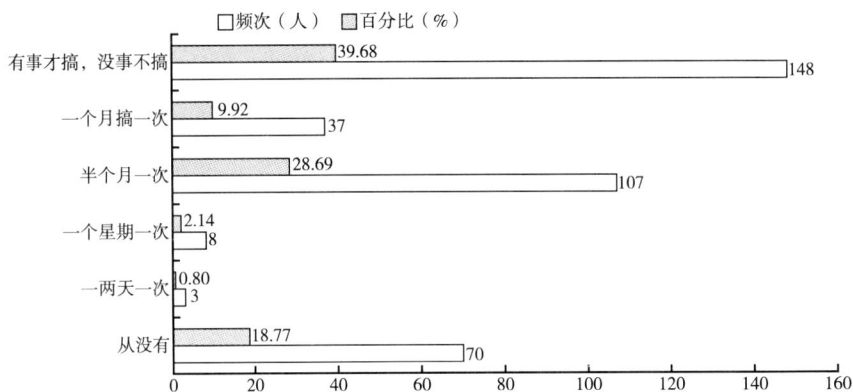

图 4　烧香频率

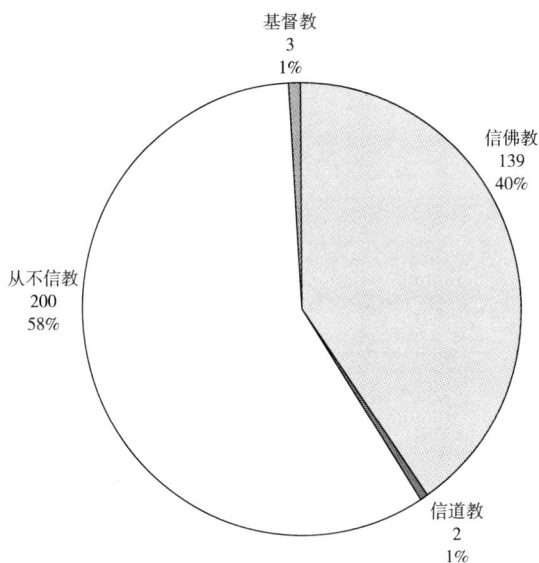

图 5　宗教信仰比例

（HM—WHC—吴 XX）

问：那村里的民间信仰是怎么样的？

答：我们吴河村一般都是信佛，也不说是宗教信仰，但是一般逢年过节都会去庙里烧个香拜一下，这个很正常。

问：那村里的庙是自己修的吗？

答：村里的庙原来就有，后来的时候又翻修过，一般都是大家自愿捐钱来修。（被访人：吴XX，男，39岁）

在调查中我们发现男性一般认为自己不信教，男性只负责外面的事情，这种祈求神灵保佑的事情是女性的专属。但是通过对女性与宗教信仰的相关关系进行分析我们没有发现其中有显著关系，P值为0.5149，明显大于0.05。因此这并不能证明女性更容易信仰宗教。

信仰基督教和道教的人只有两三个，我们推测可能宗教信仰在国内还是比较敏感的，因为很容易与邪教等活动联系在一起，所以大家对宗教信仰比较警惕，都声称当地没有基督教的信仰，但是在走访中我们看到在如此偏僻的农村地区有一间小型的基督教堂，这也说明基督教在中国的传播较快，但同时也处于一种比较尴尬的地位。

6. 农忙之余的活动

此项调查中农忙之余的活动选项有：看电视听广播、和村民闲聊、打麻将打牌、上网、打球等体育运动、吹拉弹唱下棋等娱乐活动、做礼拜祷告等宗教仪式活动、无文化活动、看书看报等。数据显示：80.31%的人农忙之余会看电视听广播；73.42%的人会和村民闲聊；42.52%的会选择打麻将打牌；只有11.02%的人会选择上网；13.12%的人会选择打球等体育活动；10.55%的人会选择吹拉弹唱等娱乐活动；只有1.84%的人会选择做礼拜等宗教活动；没有活动的占5.77%；看书看报的有35.7%。总而言之，一般村民在农闲时会偏向于看电视听广播、闲聊、打麻将、看书看报等活动，其他活动则没有多少人参加。53.98%的人经常和村民在一起闲聊，聊天地点多选择在村民家中，有的也选择在小卖部等场合。村民的活动范围比较狭小，一般都是在村里，这部分人占82.11%，去镇上和县城玩的人比较少，一般只有年轻人会去县城。数据也显示，这些人去镇上或县城一般是逛街，其次是去网吧，去宾馆、KTV、迪吧、舞厅的人非常少，只占总数的1%左右。这也说明了调查地农民局限在村里，没有丰富的文化生活，这也是本次调研关注的重点。

四 文化组织

文化组织指的是一个由价值观、信念、仪式、符号、处事方式等组成的特有的文化形象的组织。在此次调查中文化组织包括对活动场所、组织者、参加成员及成员意愿的考察。调查地点的活动场所、组织者以及参与情况如表14所示，运动、健身类的活动场所是最多的，有223人表示村里有运动、健身场地，一般来说是篮球场、乒乓球台等，村里最少的是网吧，只有25.23%的人表示有网吧。在我们的走访中，一般来说网吧都是在镇上，村里是没有网吧的。访谈对象中表示有网吧的人，一般都住在离镇上不远的地方或者住在镇上。至于组织者，一般都是村民或者村委会，像麻将馆、棋牌室类一般都是村民组织，而像老年人活动中心、健身运动场所之类的公共事业则由政府主办；从参与成员与参与意愿来看情况还不错，48.1%的人经常参加运动健身类活动，51.69%的人表示从不去网吧，其他活动大多数人都是偶尔参加。这也说明了农村公共文化生活比较缺乏，农民还是集中在村里的家中进行活动，对于村庄公共文化生活的投入是以后农村工作和政府公共服务建设的重点。

表14 文化组织情况

活动场所	有此场所	组织者	参与情况
老年人协会	106 人（32.42%）	村委会（70.80%）	偶尔参加（62.14%）
运动、健身场地	223 人（60.11%）	村委会（58.72%）	经常参加（48.1%）
网吧	84 人（25.23%）	村民（81.91%）	从不参加（51.69%）
麻将馆	152 人（45.92%）	村民（90.73%）	偶尔参加（59.86%）
棋牌室	109 人（31.87%）	村民（69.77%）	偶尔参加（45.30%）
民间戏曲组织	112 人（33.94%）	村民（49.54%）	偶尔参加（54.03%）

村民对于如今村里的文化生活状况的直接感受比较平淡，从图6可以看出，136人认为村里文化生活状况"一般"，占总数的38.64%；只有3.69%的人认为"非常差"，也只有10.79%的人认为"很丰富"。在访谈中村民提到：

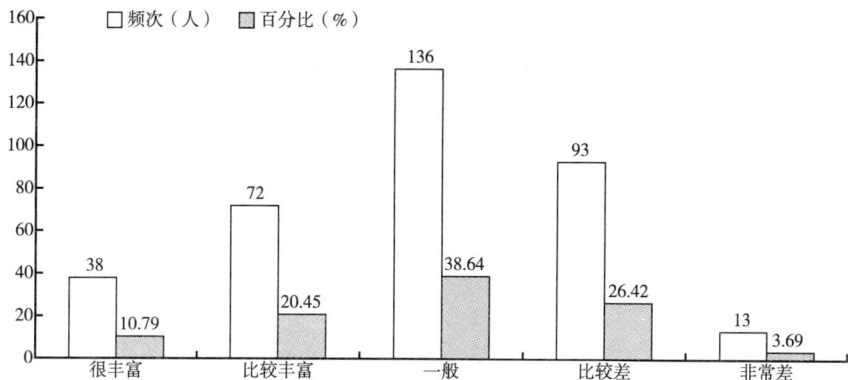

图 6　文化生活状况

文化生活没什么丰不丰富的说法，中国这么几千年还不是这么过来的，平时和其他人聊聊天、打打小牌，就这么过吧。（LT-FSP-ZXX，ZXX，男，46 岁）

村民文化生活还包括政府提供的文化服务，如放电影（74.21%）、农家书屋（38.44%）、文艺辅导培训（41.44%）、文艺演出（38.16%）、送戏（34.67%）、送春联（37.50%）、送文艺节目光盘（19.41%）、送卫星电视接收器（12.01%）。这些文化服务的效果各不相同，在填答了这一项的人中，一般认为放电影效果很好的有 79 人，占总数的 30.74%，42.80% 的人认为放电影效果一般；认为农家书屋的效果很好的占总数的 57.36%；51.01% 的人认为文艺辅导培训效果很好；59.59% 的人认为文艺演出效果很好；送戏、送春联、送光盘、送卫星电视接收器效果都一般。他们认为当前文化建设面临的最大问题是：没有钱投入（66.23%）以及无人组织（40.58%）。

（LT—BMH—李 XX）

问：请问您对所在村文化建设有什么总的看法？

答：当前农村文化建设总的说来就是投资太少。国家应该在农村文化建设上实实在在地进行投入。比如农家书屋，现在是建立起来了，但是里面的书太少，满足不了农民看书的需求。另外，农村电影放映，虽然国家有明确的规定，地方政府也在按照相关的要求进行，但是放的电影没人看。农民需要的不是电影，而是戏曲。我们村农民就喜欢看戏。当然戏曲比电影要贵得多。以现在放电影的资金投入在戏曲上远远不够。放一场电影国家补贴是 200 元，但是演一场戏在 800 元左右。没有国家的支持和投入，依靠本村是难以解决的。（李 XX，男，58 岁，LT 县文化局干事）

另外，数据显示，农民希望政府提供文化活动站（53.14%）①、电影院（28.27%）、有线电视（39.53%）、有线广播（11.78%）、图书室阅报栏（46.60%）、体育场地和器材（53.66%）、老年活动中心（54.71%），这些体现了农民对于文化设施的需求。这成为政府为农民提供社会公共服务的依据。

图 7 显示 96% 的人非常愿意参加文化活动，这部分有 363 人，只有 11 人表示不愿意参加农村文化活动，占总数的 3%，这也反映了农民的呼声，

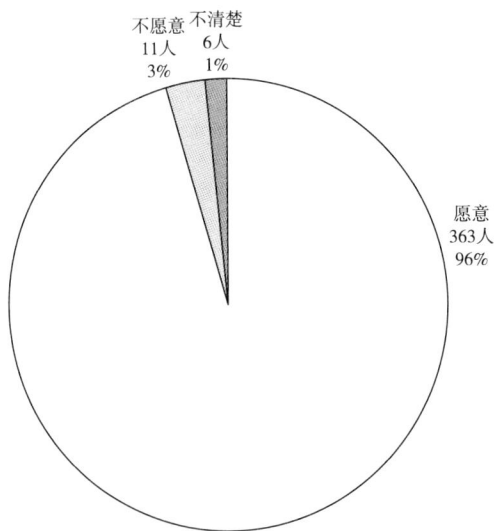

图 7　积极参加文化活动的意愿

---

① 括号中为选择该项的人数占总填答人数的比例。

农民希望村里组织文化活动，他们参与的热情非常高。同时他们认为农村文化建设中政府的组织与支持是最重要的，有 67.19% 的人这样认为，另外有 17.85% 的人认为村民自发组织比较重要，只有 14.7% 的人认为村委会的作用比较重要。

五　娱乐文化

农民平时参与打牌或打麻将之类活动的有 188 人，占总数的 57.2%，回答"不打牌"的有 135 人，占总数的 41.8%。在调查中，很多人发现回答"不打牌"就可以跳答至下一页，考虑到更节省时间和精力，所以尽管他们平时有打牌的习惯，但是故意填写"不打牌"，所以这个数据是值得怀疑的。而填写了平时"打牌"或"打麻将"的 199 人中，大部分人打牌的频率是一个月几次或一周几次，这部分人占总数的 79.4%，打麻将的人频率为一个月几次或一周几次的占 71.43%，这说明了农民打牌或麻将的频率还是很高的。并且一般人打牌都是在家里，其次是麻将馆，很少的人是在镇里或县城打牌或打麻将。打牌或打麻将一般是为了打发时间（见表 15）。

表 15　打牌、打麻将频率

参与频率	频次（人）	百分比（%）	累积百分比（%）
打牌			
每天	4	2.01	2.01
一周一次或几次	66	33.17	35.18
一月几次	88	44.22	79.4
一年几次	41	20.6	100
总数	199	100	
打麻将			
每天	7	3.7	3.7
一周一次或几次	54	28.57	32.28
一月几次	74	39.15	71.43
一年几次	54	28.57	100
总数	189	100	

数据显示，平时打牌输赢钱数呈离散趋势，差别不是很大，如图 8 所示，12.5% 的人打牌输赢在 100 元以上；23.28% 的人打牌输赢为 50~100 元；14.66% 的人打牌输赢为 20~50 元；输赢为 10~20 元的占 19.83%；5~10 元的人占 16.38%；5 元以下的占 13.36%。这说明不同层次的人打牌输赢数目不一样，老人一般打牌输赢数目不大，在 10 元钱以下，而中年人打牌输赢数目大一些，这也与常理相符合，一方面老人经历过苦难的生活，因此生活较节俭，不太敢打牌赌钱，而中青年人经济更宽裕，加上生活理念等方面的差异，打牌输赢数目更大。

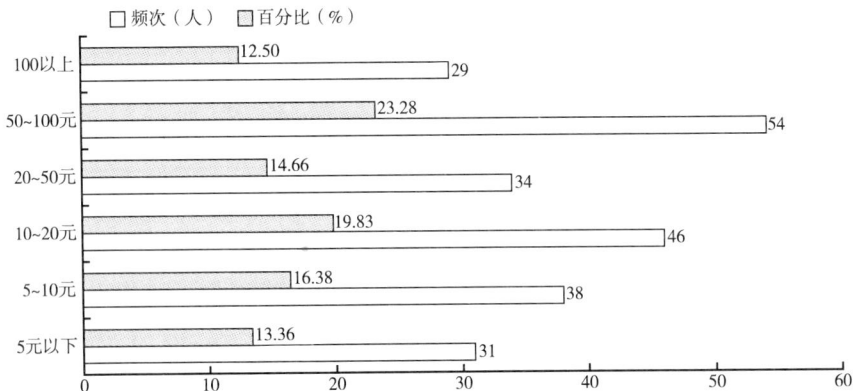

图 8　打牌输赢数目

在 Stata 中对打牌输赢的钱数与样本基本特征之间的关系进行了方差分析，我们发现年龄与打牌输赢的钱数之间关系显著，P 值为 0.0002，明显小于 0.05，而且打牌输赢钱数与家庭毛收入以及收入层次关系也很显著，统计值都为 0.0004，小于 0.05，把这个变量与样本基本特征进行回归分析，P 值为 0.0002，说明年龄、收入等与打牌输赢钱数之间有显著关系，进行回归分析后得出回归方程为 $Y = 5.576834 - 0.40477X1 + 0.088757X2 - 0.15392X3$（见表 16）。①

---

① X_1 表示年龄变量，X_2 表示家庭毛收入变量，X_3 表示收入层次变量，回归方程中 Y 为因变量，X_1、X_2 和 X_3 为自变量。

表 16　回归方程

变量	变量系数	标准误差	t 检验	P > t	［95% Conf.	Interval］
年龄	− 0.40477	0.262688	− 1.54	0.125	− 0.92241	0.112876
家庭毛收入	0.088757	0.096234	0.92	0.357	− 0.10088	0.278393
收入层次	− 0.15392	0.34804	− 0.44	0.659	− 0.83975	0.531919
常数项	5.576834	1.760035	3.17	0.002	2.108573	9.045094

空闲时间的活动有看电视、阅读报刊、读文学或科技类的书、听音乐、健身或参加体育锻炼、上网聊天或打游戏、听广播等。如表 17 所示，63.88% 的人认为空闲时一周看几次电视，访谈中他们表示空闲时几乎天天看电视；37.65% 的人从不阅读报刊；42.59% 的人从不读文学或科技类的书；30.28% 的人从不听音乐；41.27% 的人从不健身或参加体育锻炼；61.43% 的人从不上网聊天或打游戏；45.31% 的人从不听广播。这说明了农民文化生活的缺乏，空闲时一般只是看电视，其他活动一般从事得很少，这与我们访谈中的实际情况比较吻合。

表 17　空闲时活动

单位：人

	一周一次	一周几次	一月一次	一年几次	从不	不知道	总数
看电视	117 (31.54%)	237 (63.88%)	5 (1.35%)	3 (0.81%)	4 (1.08%)	5 (1.35%)	371 (100%)
阅读报刊	71 (21.91%)	67 (20.68%)	33 (10.19%)	25 (7.72%)	122 (37.65%)	6 (1.85%)	324 (100%)
读文学或科技类的书	38 (11.73%)	45 (13.89%)	36 (11.11%)	54 (16.67%)	138 (42.59%)	13 (4.01%)	324 (100%)
听音乐	78 (23.86%)	87 (26.61%)	25 (7.65%)	26 (7.95%)	99 (30.28%)	12 (3.67%)	327 (100%)
健身或参加体育锻炼	63 (18.97%)	64 (19.28%)	34 (10.24%)	21 (6.33%)	137 (41.27%)	13 (3.92%)	332 (100%)
上网聊天、打游戏	39 (13.31%)	24 (8.19%)	13 (4.44%)	15 (5.12%)	180 (61.43%)	22 (7.51%)	293 (100%)
听广播	41 (12.94%)	63 (20.39%)	24 (7.77%)	26 (8.41%)	140 (45.31%)	15 (4.85%)	309 (100%)

六　精神状况

对农民精神状况的调查是我们在调查过程中遇到的难点。大多数农民无法理解幸福、寄托、归属感、空虚等情感内涵，因此在此题目上花费的精力较大（见表17）。数据显示绝大多数人表示对于生活比较满意，占90.42%；83.6%的人不会感到孤独无聊；73.33%的人不会感到心烦，感到幸福和精神好的人分别有292人、300人，67.03%的人有精神寄托，只有16.66%的人精神空虚，大多数人闲暇时候感到充实，占总数的82.44%，这说明了调查地农民的心理状态还是比较健康的，他们的精神状况良好。

表 18　精神状况

单位：人

精神状况	是	否	总数
生活是否满意	349（90.42%）	37（9.59%）	386（100%）
是否感到孤独无聊	62（16.4%）	316（83.6%）	378（100%）
感到心烦	100（26.67%）	275（73.33%）	375（100%）
感到精神好	292（78.29%）	81（21.72%）	373（100%）
感到幸福	300（79.79%）	76（20.21%）	376（100%）
有精神寄托	250（67.03%）	123（32.98%）	373（100%）
精神空虚	61（16.66%）	305（83.33%）	366（100%）
闲暇时间的感觉	空虚62（17.56%）	充实291（82.44%）	353（100%）

关于幸福每个人的定义是不一样的，调研者让调查对象为现在的幸福感打分，幸福感满分是100分。如图9所示：有157人幸福感较强，打分为80~90分，80分以上的占总数的62.69%，只有6.08%的人幸福感得分在60分以下，这说明了大多数人幸福感还是比较强的。访谈中我们发现有的人提出为什么没有0分的选项，最低分都是50分，认为此项设计不合理，这也对我们的假设提出了质疑，为以后的设计方案更贴近农民实际提供了方向。

为了验证不同样本特征的群体幸福感得分的差异，我们进行了方差分析，

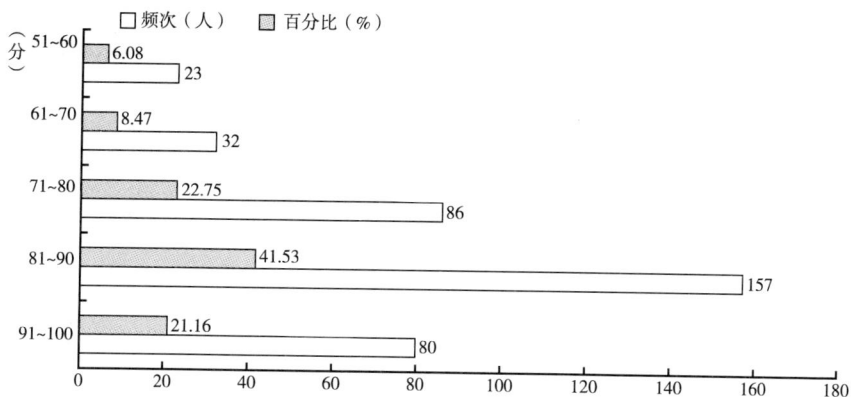

图 9　幸福感分数

得出年龄、婚姻、教育程度、家庭毛收入、家庭收入层次等状况与幸福感之间关系显著，P 值分别为 0.0019、0.0008、0.0203、0.0000、0.0000，小于 0.05。继续进行回归分析，如表 18 所示，统计值为 0，小于 0.05，说明了以上变量与幸福感之间关系显著，回归方程为 $Y = 1.286361 - 0.09069X1 + 0.227481X2 - 0.03814X3 + 0.057954X4 + 0.293185X5$[①]。这也说明了年龄、教育程度与幸福感之间呈负相关关系，年龄越大教育程度越高，幸福感越弱，这也与我们的现实情况相符合，老人因为逐渐从社会角色中解脱出来，失去社会的关注，幸福感会降低，而且教育程度高的人，因为追求的事物要求层次较高，现实生活中不能事事如意，因此幸福感也较低。而婚姻状况越稳定，家庭收入越高，幸福感越强，同时收入层次代表的是社会认同，社会认同度越高，自我会产生积极的暗示，也就会出现较高的幸福感得分（见表 19、表 20）。

"人都是自私的"这种说法有 57.37% 的人基本认同，共有 214 人，也就是说认同这种说法的人占 73.46%，不认同这种说法的人占 26.54%。91.22% 的人认为人是讲诚信的，人的自私是本性，而诚信是社会总体道德规范的基本要求，因此这些数据也较符合社会的一般共识。对于社区的

---

① 回归方程中 Y 为因变量，X_1（年龄）、X_2（婚姻）、X_3（教育程度）、X_4（家庭毛收入）、X_5（家庭收入层次）为自变量。

表 19　回归分析

来　源	平方和	自由度	均方	Number of obs = 347 F（5，341）= 6.7 Prob > F = 0 R-squared = 0.0894 Adj R-squared = 0.0761 Root MSE = 1.0531
回归平方和	37.14811	5	7.42962155	
残差平方和	378.1718	341	1.10900814	
总体平方和	415.3199	346	1.20034649	

表 20　回归方程

幸福感得分	变量系数	标准误差	T 检验	P > t	[95% Conf.	Interval]
年龄	-0.09069	.0476828	-1.90	0.058	-0.18448	0.003103
婚姻	0.227481	.1362779	1.67	0.096	-0.04057	0.495532
教育程度	-0.03814	.0730969	-0.52	0.602	-0.18192	0.105633
家庭毛收入	0.057954	.0202477	2.86	0.004	0.018127	0.09778
家庭收入水平	0.293185	.066455	4.41	0	0.162472	0.423898
常数项	1.286361	.4986789	2.58	0.01	0.305487	2.267235

环境，43%的人是比较满意的，有 118 人认为社会绿化、净化、文化等环境一般，对社区环境不满意的人占总体的 20%。良好的村庄或社区环境是农民幸福感的前提条件，因此改善农民状况应该从基本设施开始，然后才是思想层次、文化层次的改进（见图 10）。

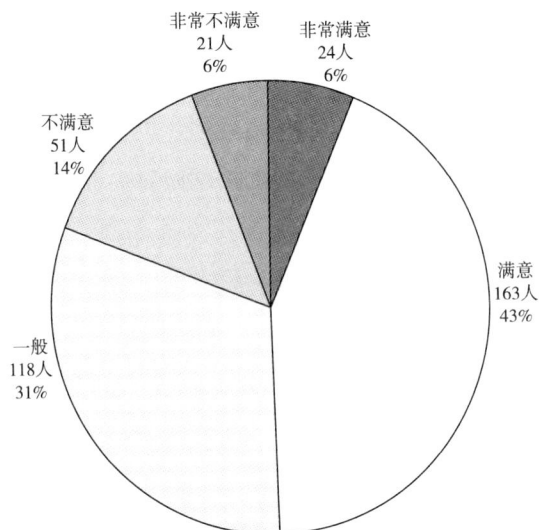

图 10　社区环境满意度

　　大部分农民认为身体好、健康长寿（71.02%）、家庭关系好（69.95%）、邻里和睦（52.85%）、子女成才（52.07%）等条件是有福气、幸福的条件，而且农民的归属感一般都是在家庭中，这部分有 355 人，占总数的 94.68%。因此提高农民的幸福感指数需要从以下几方面入手：改善医疗条件，重视农民的身体健康；健全教育机制，使农民子女成才；构建家庭、家族伦理，维护家庭及社会关系。

湖北农民文化生活调查研究报告[*]
（影响因素及对策篇）

——以鄂东两县为例

桂 胜　周丽玲　刘 婧　钟祥虎 等^{**}

（武汉大学社会学系）

一　鄂东两县农民文化生活的主要影响因素分析

调查地鄂东两县的农民文化生活经过多年的建设，已经有很大的改善，但离美好家园的实现，还任重道远。通过对两县的抽样调查和实证分析，我们认为影响当地农民文化生活的因素有以下几个方面。

（一）认识因素

1. 政府认识

政府在农民文化生活的认识上存在一定程度的偏差，这种偏差主要表

* 本课题系湖北省社会科学基金委托项目"湖北农民文化生活调查"（项目编号：2012WT005）。课题组主持人为武汉大学社会学系博士生导师桂胜教授；课题组成员有徐炜、阙祥才、周丽玲、钟祥虎、柴鹏、刘婧、纪再祥、赵冰、莫光辉、汪然、黄彩薇、覃一时、韩冰、宗季沁、黄中林、黎宇等。该调查报告分为数据分析、影响因素及对策两篇。受委托，博士生刘婧、柴鹏等负责调查数据方面的分析研究工作；博士生周丽玲、钟祥虎等负责农民文化生活影响因素及对策等方面的分析研究。

** 桂胜，男，武汉大学社会学系教授，博士生导师，主要研究方向为中国社会思想与社会发展；周丽玲，女，武汉大学社会学系2011级博士生，湖北大学艺术学院副教授，主要研究方向为民俗学；刘婧，女，武汉大学社会学系2011级博士生，主要研究方向为中国社会思想与社会发展；钟祥虎，男，武汉大学社会学系2009级博士生，湖北第一师范学院历史文化学院副教授，主要研究方向为民俗学。

现在四个方面：一是对公益文化和文化化人作用认识不到位。在我国改革开放的大背景下，在唯 GDP 论的环境中，部分县市和部分领导干部存在着"重经济建设，轻文化发展"的思想，经济与社会未做到两翼齐飞，导致农民物质生活虽然改善了但文化建设相对滞后甚至倒退的局面。特别是上级部门和领导对下级的考核评价主要看重"实体"经济指标，而忽略了或不太重视作为"内涵"的文化的发展情况，没有从战略发展的高度看到农村文化建设的价值并关注农民的文化生活，导致当前农村文化建设动力与执行力不足。

二是上级政府与基层政府在农民文化建设方式上认识不一致。上级政府认为文化惠民是在为基层政府和农民做好事，并且也做了很多事。比如上级为了调动地方政府的积极性，在拨款的同时，要求地方政府就一些文化设施相应地按比例进行资金配套，但基层财力有限，无法配套，结果事与愿违，不了了之。

三是政府在文化建设内容上的认识与农民需求不一致。政府在农村文化建设的过程中，扎扎实实地做过一些实事，推动了农村文化建设的发展，但是效果不尽如人意。很重要的一个原因就是政府的文化建设内容与农民所需要的文化内容不一致，导致农民对农村文化建设不满。比如农村书屋，政府投入很多资金丰富了农村书屋的藏书，但不少地方图书的借阅率不高，书籍资源闲置。再比如电影惠民活动，电影放得多，但由于质量、内容等原因，效果并不好。政府想的和农民想的不对接。农民的生活文化与国家核心价值文化之间未能融通，文化下乡效果不理想。

2. 农民自身的认识

农民自身对文化的重要性、丰富性也认识不足，没有把文化当成生活品质的一部分。即使有经济基础和闲暇时间，多数农民也没有从事比较高雅的文化活动，而仅仅是打打麻将、看看电视。在农民自己看来，文化似乎非常遥远。很多文化活动，比如舞龙灯、舞狮子、打乒乓球、打篮球、下象棋等并非农民生活的必要组成部分，仅仅是生活的一个小小的点缀而已。农民的文化生活比较单一，层面低。

3. 社会认识

社会力量对文化的支持比较薄弱。与经济相比，文化比较"虚"。社会力量调配资源时，在文化上不如在经济上那么直观，效果不如在经济上那么明显。因此在对农民文化生活的关注上，社会支持力量的缺乏成为农民文化生活匮乏的一个重要原因。

（二）经济因素

1. 文化建设经费投入不足，影响农民文化服务的提供

文化经费投入不足主要有以下影响：第一，导致农村文化基础设施建设的滞后。在调查走访中，农民普遍反映政府在农村文化建设上经费投入不足，影响了农民文化活动的开展。据 LT[①] 某村支部书记介绍，按照相关规定，各村应该修建健身场所和篮球场，但是政府经费划拨不到位，影响了村集体对相关资源的合理配置，制约了农村文化基础设施建设工作的开展。

第二，导致农村文化体系的"空壳化"。文化建设经费的不足，使得农村文化运行体制难以为继，沦落为"养人式"的文化运行体制，根本没有能力为农民提供文化服务，导致农村文化体系的"空壳化"，新建的文化站点无法有效地对农村文化进行指导，无法开展正常的文化活动。

第三，导致农村文化人才的流失与匮乏。建设经费的不足，使从事农村文化活动的人才无法在文化活动中获得应有的物质保障，各种待遇得不到落实，无法有效补充农村文化建设人才队伍，人才大量流失，使得农村文化建设失去了重要的力量。

第四，导致外出打工人数的增多，形成打工经济，新农村文化建设缺乏人力资源。享受文化的青壮年人数有限，更遑谈有更多的人创造文化。

2. 农民增收缓慢，文化消费的积极性不高

湖北鄂东地区是以农业为主的区域，既有水田，也有旱地，还有丘陵和山地，经济不发达，发展也不平衡。农民依靠传统农业获得收入的增长是有限的，农民的收入主要依赖外出打工，外出农民不断增多，且农民收

---

① LT 为调研地的缩写，此处做技术处理。

入也不均衡。在增长有限的前提下，农民不太愿意拿出额外的钱来进行文化消费，在很多情况下，他们也无力承担文化消费。比如在鄂东某县，流行本地戏，很多农民也非常喜欢看本地戏，但是请剧团演出，仅靠农民个体是承担不起的。因为通常请一个剧团每场需花费 800 元，连唱三天，加上演员的吃喝住等，没有 5000 元是很难正常运转的。

政府的公共文化服务体系正在建构之中，没有体现出规模效应。在公益事业和文化产业中，地方和基层比较热衷文化产业。

3. 社会支持力量缺位

在国外，社会力量是农村文化投入的重要方面，但是目前在我国，社会力量对文化的支持和投入正处于起步阶段。

（三）人力资源因素

1. 乡村热爱本土文化的人渐少

与现代城市社会相比，农村被看作传统的或者是相对落后的地区，因此农村文化在很大程度上被归到非现代文化之列。人们对农村文化的热爱程度随着社会的发展越来越低，特别是乡村中热爱本土文化的人越来越少，影响了农民文化生活的发展。

2. 老一辈文艺人才高龄化，人才严重青黄不接

调查显示，当前活跃在农村文化领域的人才大多已经高龄化，由于相关待遇难以保障和落实，年轻的文化人才难以进入相关文化岗位工作，更难在农村文化岗位上长期工作，导致农村文化人才严重青黄不接。

3. 外出打工人口增多，享受、创造、传承农村文化的队伍衰弱

农民是农村文化建设与发展的主体，也是农村文化享受的主体。为了增收，湖北省农民群体尤其是青壮年外出打工的比例在不断增加，使得农村文化建设与享受的主体不断地流失，无法形成农村文化建设良性运行与发展的格局。

4. 年轻一代由于升学压力，文化兴趣弱化

农村发展落后于城市，虽然农民或农民子弟进入城市的途径在增多，但是通过升学进入城市是年轻一代的主要途径。在升学压力的影响下，年轻一代对农村文化的兴趣逐渐下降，与老一代相比，年轻一代对本土文化的忧患意识要差很多，当然也就形成不了相应的文化自觉。

5. 农村人口结构的变化导致文化需求的差异性较大

随着农村打工经济的形成与发展，外出打工人口的增多，农村形成以妇女、老人和小孩为主的人口结构，其文化需求的差异比较大。据调查，在农民的闲暇时间，打麻将的主要以 40 岁左右的中年人为主；在送电影下乡活动中，电影的受众主要是儿童；地方戏曲的受众以老人为主体。这种状况说明了不同的年龄段对文化的需求是不一样的，这就决定了农村文化建设必须针对不同年龄人群进行。除了年龄的特质外，性别、文化程度等均对农民文化产生影响，在农民文化的建设和发展中，必须考虑这些人口学特征。

（四）习俗因素

风俗习惯是农村文化建设的重要组成部分，也是农民文化生活的重要组成部分。不同区域的风俗习惯也深刻影响着不同区域农民的文化生活。

1. 佛教文化对农民文化生活影响比较大

由于深受禅宗文化的影响，该区域农民的宗教信仰主要是以佛教为主，其他外来宗教比较少。在佛教的影响下，该区域许多农民信奉佛祖、观音菩萨，供奉佛教神像的庙宇也比较多，特别是观音娘娘庙，每年给观音娘娘过生，形成了观音娘娘庙会。

2. 一方水土养一方人，不同区域农民生活方式的差异导致不同的文化生活特征

在我们调查的某县，因为气候环境的影响，形成了"上乡"和"下乡"在饮食上的不同习惯：经常下雨、洪灾频繁的地方在饮食上禁吃稀饭，而经常干旱的地方在饮食上多以稀饭为主。在宴会座席的安排上，也颇为讲究。

3. 传统习俗潜移默化影响着农民的文化生活，影响着农民的生活禁忌和时间安排

在我们调查的某一地方，在丧葬习俗上，非常讲究"七七"，在人逝世后，每逢"初七""总七"，或请和尚、道士念经，或因"七七"没有遇上"七"的日子而到百家化米。

（五）社会及家庭因素

1. 村民之间的关系对农民文化生活的影响

村民之间是否和睦对农民文化生活的内容存在着影响。村民关系比较和睦的，集体文化活动的开展能够得到农民的积极支持，从而活跃了农民的文化生活。在 F 村，由于村集体经济比较发达，每年村集体组织各种文化体育活动，一方面使村民之间的关系和感情更融洽，另一方面这种融洽的村民关系也反过来推动村集体文化活动的开展。特别是通过"法务前沿"活动的开展，村集体加大了对村民之间矛盾的调解力度，使村庄社会关系更加和谐，为农民文化生活的健康发展提供了良好的社会条件。另外村庄社会关系的发展，对村集体寺庙的兴建起到了促进作用。作为村集体组织的一员，每一个村民个体的行为都会影响到村庄未来的发展，因此在兴建寺庙或祠堂时，他们都承担着不可推卸的责任。同时，在鄂东地区，外出的人员都具有浓厚的乡土情结，特别是在外有所成就的人，更是如此，愿意利用自己的社会资源为家乡的建设服务。

2. 家庭关系影响着农民的文化生活

在走访中我们发现，现在农村自由恋爱已成为常态，由此建立的夫妻关系比较融洽。特别是通婚半径延长，外来媳妇也越来越多，尤其是四川的媳妇，其勤快、持家、孝顺等优点深受 FJM[①] 村民的喜欢，和睦的家庭关系成为农民文化生活的重要动力之一。

3. 社会风气对农民文化生活影响喜忧参半

农民文化生活匮乏，农民在闲暇时，主要的休闲方式就是打麻将。特别是在春节，外出务工人员返乡，打麻将的风气更甚，不利于农民文化生活的健康发展，对下一代的教育也有负面影响。同时，打麻将风气的盛

---

① 具体村名称作技术处理。

行，也制约了其他文化项目的开展，导致其他民俗文化的萎缩，比如玩龙灯、舞狮子等活动逐渐减少。

二 各级组织在农民文化生活建设中角色作用的考察

（一） 县一级政府的角色

县一级政府在文化建设中主要扮演指导、支持和监督三种角色。指导方面包括提出规划、完善制度、研究部署、建立机构、组织实施、把握发展方向、督促检查等。支持方面包括资金支持、组织支持以及人才、人力支持。监督方面包括监督项目实施和资金使用等。在本次调查中，两县相关县级单位都出台了对乡镇、村一级的文化建设工作进行指导的相关政策，比如其中一县开展了"创建文化先进县"和"乡镇文化站建设""农家书屋""文化信息资源共享""农村电影放映"等活动，并从上级争取资金设置"三室一厅"——图书阅览室、科技培训室、办公室和多功能活动厅，村级农家书屋实现了全覆盖。除此之外，县相关领导对农民文化生活状况做过多次调研，充分了解当地的文化建设工程的运行状况、存在问题以及村民的文化生活质量是否得到了提高。并且针对这些存在的问题，在中央精神的指导下，提出了改进意见，比如落实乡镇文化站专干身份，明确文化站性质等。

（二）乡镇一级政府的角色

乡镇一级政府的角色是协调县、村在文化建设事业上的关系，起上传下达的作用。乡镇文化机构因地制宜地指导、参与有当地特色的文化事业，在很大程度上对文化下基层起到了落实和推动作用。以某乡镇综合文化站建设为例，乡镇综合文化站扮演了丰富群众文化生活、加大构建公共文化服务体系的力度、完善公益文化服务职能的角色。乡镇一级政府向上级提出项目建设资金要求，对下进行本乡综合文化站、村文化室、农家书屋的维修改造，既为乡镇提供开展文化艺术活动的公共场所，又为村民提供农产品供求信息的窗口。

（三）村级组织的角色

村委会作为自治组织，是开展基层文化活动和文化建设工作的直接载体。且村民居住分散，村民活动中心在村域范围之内，与周边村联系不便，基层文化活动往往依靠村委会展开。村委会直接面对村民，是农村文化建设事业的直接实施者和最有效的落实者。以 Z 村为例，该村支部村委会历来注重引导村里文化活动的开展，2006 年投资 40 万元建了一个 3000 平方米的文化广场；2007 年组建了 5 支文艺团队，包括妇女腰鼓队、中老年莲厢队、彩扇妇女腰鼓队、太极拳剑队和舞台表演队，共有 260 余人；定期举办大型文娱活动，包括迎接十七大文艺晚会、金秋重阳晚会、三八计生文艺晚会等。此外，该村还适时筹资聘请专业演员、专业文艺老师来村辅导。通过开展村民文化活动，该村增进了村庄内部的和谐，提高了农民的幸福指数，推进了乡风文明。

三 新时期加强农村文化建设、提高农民文化生活的几点对策建议

（一） 提高认识，提高对农民文化生活的重视程度

首先，加强党对农村工作的领导，恢复各级党委农村工作部建制。在思想上要提高认识，防止"一手硬，一手软"现象在农村文化建设中的出现。各级党政机关认识水平的提高，是农民文化获得繁荣与发展的重要前提。各级党政机关必须加强对农民文化的认知，特别是对农村本土文化的认知，从战略上意识到文化对精神文明的构建、对核心价值观的形成、对乡风民风的浸染、对中华民族价值认同的作用，并将农村文化建设纳入党政部门的工作目标考核内容，相关部门要加强农村文化建设情况的监督检查。对按期完成任务的，给予物质和精神奖励；对于没有完成任务的，要给予批评和经济惩罚。

其次，从组织上成立文化大发展、大繁荣领导小组，统筹农民文化生

活事宜，关心农民物质生活的同时，关心农民的精神文化生活，真正做到以人为本。各级组织在实施有关农村的文化建设政策时，要加强实地的调研和走访，弄清农民对文化的真实需求，再科学实施，以推进农村文化建设。

文化发展，首先是文化事业的发展，文化应作为福利向全体民众提供，对公共文化事业、公共文化产品的投入要加大统筹力度，要舍得花钱。

最后，社会力量要积极参与农民文化建设。社会建设是一个全方位的系统建设，农民文化是其重要组成部分。社会力量除了要在经济上有所作为，在农民文化上也要采取各种措施参与、支持，只有农民文化与农村经济共同发展了，社会才能真正实现可持续发展，社会团体和社会组织才能有持续发展的源泉。

形成各个层面的文化自觉，促进主流价值的顶天立地是中国共产党十七大、十八大关于文化建设的根本目的。

（二）加强基础文化设施建设，提升农村文化服务水平

农村文化站及村文化室是基层重要的文化设施和活动阵地，文化场所的建立也是农民文化生活丰富与发展的重要途径。因此必须加强农村文化设施的建设，以提升农村文化的服务水平和能力：

一是多方筹措资金，切实加大对农村文化建设的投入。坚持以政府为主导，在市县财政支出中，安排一定比例的资金发展农村文化基础设施，不断提高用于农村文化建设的资金比例，以满足农村重点文化建设项目的资金需求。同时要切实发挥公共财政的主导作用，进一步加大对农村公益性文化事业的转移支付力度。特别是市县财政每年都要安排一定资金，资助各地建设农家书屋、村级文化活动中心等农村文化设施。各地财政要安排并逐步提高文化事业和文化产业发展引导资金，出台使用和管理办法。以乡镇为依托，各乡镇要创造条件建设集图书阅览、广播影视、宣传教育、文艺演出、科技推广、科普培训、体育和青少年校外活动于一体的综合文化站。以村为重点，提供有效支持，发展县、乡、村文化设施。采取

市场化运作、多渠道筹措的方式，争取上级拨一点、财政拿一点、社会筹一点、乡镇挤一点、群众凑一点等办法，解决农村文化事业资金投入不足的问题，防止农村文化"自养"现象的出现。

二是整合资源，加强对原有文化基础设施的改造和利用。原有的文化设施也是农民文化生活的重要场所和阵地。要充分发挥原有农村中小学图书室、电子阅览室、篮球场、乒乓球场等场所的作用和功能，向附近农民群众开放；同时更新和充实现有的小广场、礼堂、戏台、堂屋等文化场所的设施，以满足农民的多样化需求。

三是调动各方力量，大力推进农村文化设施建设。政府应积极支持社会组织、机构、个人参与农村有线电视"村村通"、文化信息资源共享、农村书屋、农村电影放映、文化大篷车等公益性文化事业建设，充分发挥社会资本在农村文化设施建设中的作用，特别是要鼓励各类资本投资农村文化产业项目。降低准入门槛，积极开展农村文化领域的招商引资，促进金融资本与农村文化资源对接。同时，建立全省群众文艺流动演出服务网，由文化厅局牵头，整合省市群众文艺节目资源。争取把高质量的文艺节目和文化产品送到乡镇村屯、送到千家万户。

四是农村书屋开放的时间要增加，乡、镇图书馆（室）服务的半径要缩短，电影下乡的影片质量要提高，影片的内容要贴近农民的需要。

加强公共文化基础建设，实现城乡文化均等化、区域文化平衡化。政府积极引导，开展健康有益的文化活动，从整体上提高农村文化设施建设的速度和水平，在数量和质量上满足农村群众日益增长的文化消费需求，使城市和农村文化事业同步发展。

（三）培育人才队伍，推动农村文化建设可持续发展

文化人才是农村文化发展与繁荣的关键，当前要推动农村文化建设的可持续发展，必须培育人才队伍。

首先是农村文化管理人才的培育。农村文化建设是一项系统工程，对农村文化工作的管理必不可少。因此要积极吸引文化管理人才到农村文化管理工作岗位，同时鼓励、吸收和培养高校毕业生到农村基层从事文化管

理工作，并为他们的成长和成才创造条件，以提升农村文化管理水平。

其次是农村文化专业人才的指导与培训。专业人才是新农村文化建设之本，通过培训、进修、学习，建设一支素质高、结构优、具有发展潜力、充满热情的专业人才队伍。可以从以下几个方面入手：第一，切实关心、帮助和解决农村文化工作人员在工作、生活中的实际困难，免除其后顾之忧，调动他们的工作积极性。第二，加强农村兼职文化队伍的教育培训，及时发现和培养一批农民文化骨干，引导民间艺人、文化能人等农民文化工作者立足农村，深入生活，创作出更多倡导美好生活、讴歌新农村建设的文化产品，鼓励他们在活跃农村文化生活、传承发展民族民间文化方面发挥作用，形成一股有活力的文化力量。第三，乡村选派在岗文化从业人员通过"社来社去"的培养形式，加强乡土人才队伍的建设。

最后是农村文化经营人才队伍的培育。农村文化建设不可能脱离市场独自运行，必须与市场相衔接。特别是具有浓厚的乡土气息、地方特色的民俗文化必须通过市场化的经营和运作而得到开发和宣传，以保证民俗文化的传承和发展。政府在农村文化人才队伍的建设上，必须制定政策，鼓励和稳定农村文化经营人才，促进其工作的积极开展。积极地开辟各种渠道，为各种文化经营人才的交流和沟通搭建平台，扶持农村文化产业的发展，为农村文化事业的繁荣和发展保驾护航。

培养新一代受众的乡土文化认同感、民族文化价值认同感、国家主流价值认同情结。

（四）探索农村文化建设机制，改善农民文化生活环境

加强各级领导对公益文化的重视，形成政府主导、社会各方力量积极参与的文化建设体制。

第一，完善农村文化投入机制。农村文化的建设与发展不是一朝一夕的事情，必须建立稳定的农村文化投入体系。发挥政府投资引导的作用，在政府财政支出中，以法律的形式确定农村文化投入的比例，确保农村文化投入的稳定性。同时政府应充分利用各类财政工具，鼓励农村新兴文化产业的培育，鼓励有实力的企业、团体依法组建相应的文化投资公司，介

入农村文化市场，并支持有条件的文化企业发行企业债券和短期融资债券，为完善农民文化生活积极发展融资平台，为农村文化的长远发展提供资金支持，从而促进农村文化建设。

第二，完善农村文化宣传机制。发挥宣传部门对农村文化生活建设的指导作用。这就要求，一方面，充分发挥农村广播、电视台等媒体的作用，提高农村文化专题片的质量，加大农村文化专题片与系列节目的播放密度。另一方面，要充分发挥文艺汇演的宣传作用，将反映农村农民文化的节目嵌入舞台表演中，特别倡导地方领导者带头表演地方文艺节目。

第三，建立相关的农村文化网站，反映农村农民文化风貌。通过各种宣传途径和宣传手段来扩大农村文化的影响力，完善农民文化生活。

第四，完善农村文化人才准入机制与退出机制。农村文化工作岗位实施聘任制，实行竞争上岗。同时，在用人体制上进行创新，对乡土艺人要不拘一格地聘用，吸引相关人才进入农村文化建设领域。充分挖掘本地文化资源，扶持民间文化团体，发展和丰富农民文化，走市场化道路。加强对从事农村文化工作的政府工作人员进行考核，对不符合条件和要求的工作人员，予以调整，保证农村文化人才的良性流动。

第五，完善农村文化的反哺机制。鼓励城市对农村文化的反哺、地方精英对农村文化的反哺，积极引导民营企业家等社会组织和力量捐助农村文化基础设施建设，同时政府在政策上积极支持社会组织参与农村公益性文化活动。

第六，完善政府购买社会服务机制。探究并运用政府购买社会服务机制，让专业的人做专业的事，让合适的机构做合适的事，调动各方面的积极性和正能量，提高文化服务水平和服务质量，丰富农民文化生活的内容。

民意靠引领，民智靠开启，民众认同感靠惠爱，民众满意度靠优质服务。在实地调查中，我们深感农民文化建设任务在新时期任重道远，需要引起全社会的广泛重视。

湖北人的道德形象

周海春　曹　爽[*]

（湖北大学高等人文研究院暨哲学学院）

　　湖北人的文化形象是湖北人民在长期的共同生活、共同发展的社会基础上形成和发展的，为湖北大多数人所认同和接受的思想品格、价值取向和道德规范，是湖北人民心理特征、文化传统、思想情感的综合反映，其中道德形象处于文化形象的核心地位。

　　湖北省是中部崛起的中坚力量，发展的前景甚为光明。但是，经济的发展往往受到政治、文化、道德等多种因素的影响。长期以来，人们只要一提起湖北人，就会联想到"天上九头鸟，地上湖北佬"！这多半是形容湖北人狡黠、斗狠、好窝里斗。这种道德形象无疑在较大程度上影响了湖北人与其他地区的人的交往，也限制了湖北省的发展。

　　从社会整体来看，对一定区域人群的道德和文化形象的把握直接关系一个地区的经济、政治与文化发展，关系一定区域的社会进步。对湖北人的道德素质特征、状况的分析无疑对促进湖北省的综合发展具有重要意义。

　　本报告使用的原始素材包括四个部分：100 份访谈材料；714 份调查

---

　　* 周海春（1970~），湖北大学高等人文研究院暨哲学学院教授，湖北大学中国文化发展研究中心主任，湖北大学国学研究所所长，《中国文化发展论坛》主编；曹爽，撰稿时为湖北大学哲学学院硕士研究生。

问卷；一定的网络资源（主要是网民的看法）；① 社会上层人物在公开场合发表的言论和文章。湖北人道德素质调查问卷 714 份，其中黄石市下陆区 51 份；丹江口市区金三角广场 49 份；狮子岩度假村及周围 32 份；建始县花坪乡 195 份；黄石市西塞区 36 份；三官殿办事处蔡湾村五组 23 份；丹江口市老广场 23 份；武汉乔口区 43 中学的学生和家长 127 份；黄冈地区 178 份。② 被调查者包括学生、教师、公务员、个体户、工人、农民。所调查的对象基本能够反映湖北人道德素质的状况，具有一定的代表性。在访谈的对象中，生活在武汉地区的人占多数，这自然影响了数据的普遍性。不过参照调查问卷的部分数据，这些关于自我形象的表述还是有着较强的普遍意义的。

对湖北人道德形象的认知，绝大多数的人都选择了通过省份比较、地区比较和城乡比较等来说明自己对湖北人的评价和印象。总体上看，湖北人的道德形象是中等的，如熊师傅（个体户，曾经是军人，在医院工作过，现经商）认为湖北人的道德素质不高；龙师傅（团结村房屋出租户，工人，50 多岁）认为湖北人整体的道德素质一般；一位在武汉打工的黄陂人认为湖北人的道德素质还可以。其他访谈对象的表述与此大同小异。

一 省份道德区位的"中部"现象

我们的调查主要从两方面来展开：一方面是湖北人与其他省份的人相比所具备的优点，即湖北人道德品质的优点；另一方面是湖北人与其他省份的人相比的不足之处，即湖北人道德品质的缺点。通过对湖北人自己和其他省份的人进行比较得出的结论进行分析，能够较好地把握湖北人的道德品质。

熊师傅认为湖北人比沿海地区尤其是浙江要差，比西部某些地区要强，没有落后少数民族地区的人纯朴。恩施州建始县官店镇摩峰村姓朱和

---

① 因网页内容更新较大，相关网民观点的网址在此不一一列出。
② 相关调研数据可以参考 http：//zx. hubu. edu. cn/ddwm/news. asp？ link_ id =511。

姓梅的两位中年人认为，从地域的角度看，湖北人的整体道德还算好，比贵州要好些，道德修养和道德素质比沿海要低些。一位网民说："我一直认为湖北人是最典型的中国人，而最典型的湖北人则属江汉平原一带。说到湖北人，不知道怎么形容，或许湖北人最大的性格是没有性格。他没有东北人那么豪爽；没有湖南人那么好勇；没有北京人那么油滑；没有广东人那么开放；没有四川人那样热情。"一位网民说湖北人"没有河南人踏实敢干，没有湖南人有创意图新，没有江苏人懂得抓机会，没有重庆人吃苦耐劳，有的就是小商人的小器与奸吝"。

通过调查，我们还发现一个令人深思的问题：当被问及湖北人和其他省份的人相比最突出的道德品质是什么时，选择"说不清"的占30.7%。在一些乡村地区，如狮子岩度假村及周边，选择"说不清"的占29.1%。在一些城区，如丹江口金三角广场，选择"说不清"的为37.2%，黄石市下陆区选择"说不清"的为59.2%。甚至在高校，如湖北大学，选择"说不清"的高达53%。这说明湖北人缺乏明显的道德形象特征。

二 省内各阶层、城乡间、区域间的道德形象差异

1. 各阶层道德形象差异

分析湖北人对不同社会阶层人的道德素质的印象和评价，有助于把握教育、经济等因素对道德素质的影响，有助于有针对性地开展工作。

对此我们设计了如下问题：您觉得在湖北省的范围内，哪些人的道德素质较高（可多选）？提供了8个选项：农民、教师、医生、工人、商人、干部、自由职业者、其他。

在收到的817份问卷中，有效问卷678份，有效率达到83%。在给出的答案中，选择"农民"的占15.3%，选择"教师"与"医生"的占67.7%，选择"工人"的占9.0%，选择"商人"与"自由职业者"的占4.4%，选择"干部"的占2.5%。

在被调查者眼中道德素质较高的三个阶层为：教师、医生、农民。其中选择教师与医生的占67.7%，反映了人们对这两个阶层道德素质的普

遍认可。在少数民族地区与乡镇地区对这两个阶层道德素质的认同更高。恩施州建始县花坪乡选择"医生"与"教师"的占 72.3%，三官殿办事处蔡湾村五组占 55.0%，狮子岩度假村及周围占 58.6%。

湖北农民有较好的道德形象，特别是在乡镇地区，如：恩施州建始县花坪乡选择"农民"的占 15.1%，三官殿办事处蔡湾村五组选择"农民"的占 20%，狮子岩度假村及周围选择"农民"的占 34.5%，基本都高于全省的平均水平。这个结果与农民珍视自己的道德形象有一定的关联，同时也反映了经济发展水平与道德素质之间的落差。

对干部的道德素质的认同是最低的。就全省平均水平来看，选择"干部"的只占 2.5%，可以说对干部道德素质的评价是相当低的。丹江口市金三角广场选择"干部"的占 2.6%；黄石市下陆区选择"干部"的占 2%；黄冈地区选择"干部"的占 6.4%；建始县花坪乡选择"干部"的只占 2.4%；乔口区 43 中学的学生和家长选择"干部"的占 6.5%。从这些统计数据可以看到对干部的道德素质的认同低是具有普遍性的，这应该引起政府的重视。当一个个体成为政府公务人员后，他必须超越个人的身份，更广泛地承担相应的行政角色所赋予的责任。一些干部以权谋私，忽略了作为一名行政人员的责任。在访谈中我们发现有很多受访者抱怨官员的不作为行为与利己行为。官员的道德形象的重塑势在必行。

2. 城乡道德形象落差

城市与乡村相比较，人口较多，经济、教育、科技等水平也更高，这是否意味着城市人的道德素质一定比乡村人的道德素质更高呢？我们所问的问题为：您觉得城里人的道德素质比农村人高吗？在全部的 817 份问卷中，我们收到了有效问卷 742 份，有效率为 90.8%。其中，选择"高"的为 23.2%，"不高"的为 32.7%，"差不多"的为 27%，"说不清"的为 17.1%。只有 23.2% 的少数人认为城里人的道德素质高于乡村人。认为城里人的道德素质并不高于乡村人的为 32.7%，再加上 27% 的人认为差不多，这说明在湖北人心目中，城市人的道德素质并不比乡村人高。这再次说明了教育、经济水平的发达与道德素质的提高并不是线性的正比关系。例如，在教育程度较高的湖北大学，认为城里人的道德素质高于乡村人的为 14.6%，相反，认为城里人的道德素质并不高于乡村人的为 36.9%，两者的差距非常明显。湖北大学退休教师汤老师、冯老师和保姆万女士认为湖北农村道德素质总体上看要好些，武汉市差些，有"黄赌毒"。这说明需要探讨道德素质形成和提升的特殊规律，并按道德发展的自身规律来开展工作。

另外，通过调查我们发现，在乡村人的心目中，他们自身的道德素质要比城市人的道德素质高得多，比如在统计中，三官殿办事处蔡湾村五组认为城里人的道德素质并不高于乡村人的为 57.1%，而认为城里人的道德素质高于乡村人的仅为 19%；又比如狮子岩度假村及周围认为城里人的道德素质并不高于乡村人的为 56.3%，而认为城里人的道德素质高于乡村人的仅为 18.8%。之所以形成这种反差，除了农民维护自身道德形象的因素外，很重要的一点就是人际关系。在城市中，生活节奏快，流动人口多，人与人之间越来越疏离，难以形成亲密的人际关系。相反，人与人之间更多的是一种紧张的关系，很多人抱着"害人之心不可有，防人之心不可无"的态度，公德意识发展得不够充分。而在乡村，因为流动人口少，人们祖祖辈辈生活在一起，人与人之间建立了较为稳定和亲密的人际关系，在广大农村依然保留了相对质朴、善良的民风。这也是在乡村人的心目中，他们的道德素质要比城市人的道德素质高得多的重要原因。在城市逐步形成稳定、友善的人际关系，这是提高城市道德素质的重要方面。城市要在家庭伦理、邻里伦理、社会公德等方面更有作为，才能提升自身的道德形象。

3. 省内不同地区的道德形象差异

湖北大学退休教师汤老师、冯老师以及保姆万女士认为黄陂、新洲人比武汉市区的人要好些，黄陂、新洲人守信用，团结，热爱家乡。河南籍的两位广告业务员认为湖北地区道德素质差异较大。这说明提高湖北人的道德素质、改善湖北人的道德形象要因地制宜。

首先，我们对被调查者所在地的社会风气进行了调查。社会风气是社会在一个阶段内所呈现的习尚、风貌，是风俗习惯、文化传统、行为模式、道德观念以及时尚等要素的总和。道德素质是其中的关键因素，道德观念决定人的行为模式，并产生特定的社会风气。对社会风气进行考察，可以直接反映当地的道德素质水平。

我们的问题是：您如何评价您所在地的社会风气？在全部的817份问卷中，我们收到了有效问卷757份，有效率为92.7%。在给出的四个选项中，选择"较好"的为29.5%，"一般"的为59.3%，"很差"的为8.3%，"说不清"的为2.9%。可以看到，多数人选择了"一般"，这说明了绝大多数人对当地的社会风气是不满意的。令人深思的是在许多人看来风气较好的学校也有很高的不满意度。比如在湖北大学校内的调查中，选择"一般"的为52.9%，"很差"的为11.8%，"较好"的为31.4%；在武汉乔口区43中学的调查中，选择"一般"的为77%，"很差"的为9.5%，"较好"的为11.1%。这些数据显示了被调查者普遍对当地社会风气持不满的态度，这也从侧面反映了人们对当地社会风气的期待。

三　湖北人正面和负面道德形象

1. 正面道德形象

在被问及"湖北人和其他省份的人相比最突出的道德品质是（可多选）"这一问题时，选择"爱国"与"团结"的为16.2%，选择"勤奋、吃苦耐劳、守信"的为53.1%，选择"说不清"的为30.7%。多数人认为湖北人与其他省份的人相比最突出的道德品质是勤奋、吃苦耐劳、守信。另外，还有16.2%的人认为湖北人突出的道德品质是爱国与团结。勤奋、吃苦耐劳、爱国与团结都是湖北省宝贵的道德财富。

一位在武汉打工的黄陂人认为湖北人的道德素质还可以，仗义、直爽、爱打抱不平。湖北大学退休教师汤老师、冯老师和保姆万女士认为湖北人的道德素质还可以，有优秀的道德模范，如湖北利川大坎村陈立德孝敬有病的母亲，采药治病，照顾母亲30多年。汤老师把这种精神概括为："爱心""孝道""善良""和谐""自立""自强"。河南的两位广告业务员认为湖北人服务意识与行业有关。龙师傅认为湖北人的优点是懂得人情世故。一个本科生认为湖北人的优点是热情、尊老爱幼、好客、心细、节约、勤劳、待人大方。50岁左右的一个工人认为湖北人的优点是比较同情弱者，每年都能涌现出一些乐善好施的典型。一个网民认为湖北人比较自信："湖北人不喜欢让别人感到他们羡慕别人，这是对自己能力的自我信任吧！"

李子林在《弘扬和培育湖北特色的人文精神》中说："在湖北的历史上，有六种具有地方特色的人文精神维系影响推动着湖北的发展。这六种精神是：以荆楚先人为代表的'筚路蓝缕、以启山林'的开拓进取精神；以屈原、王昭君为代表的报国献身精神；以近代工业化先驱张之洞和武汉现代制造业为代表的艰苦创业精神；以辛亥首义革命党人为代表的'敢为天下先'的勇敢革命精神；以鄂豫皖、湘鄂西老区人民为代表的无私奉献精神；以'五四'、'九八'抗洪英雄为代表的众志成城、顽强拼搏的精神。"①

2. 负面道德形象

在问及"湖北人和其他省份的人相比最突出的道德品质是（可多选）"这个问题时，选择"不团结"和"爱打小报告"的为17.1%，选择"固执、自以为是、自私、麻木、缺乏真情实感、贪图享受"的为59.8%，选择"要面子"的为30.7%。可以看到，大多数湖北人都认为道德品质的不足主要表现为固执、自以为是、自私、麻木、缺乏真情实感和贪图享受。有网民说"湖北人冷漠、自私，整天钩心斗角，喜欢攻击别人，总是顽固地把别人当傻瓜"，"湖北人自私、小器，自以为聪明，整天算计别人，还拉帮结伙整别人"。我们可以将这几点归纳为自私自利，正因为如此，湖北人才表现为以自我为中心、自以为是、虚伪以及贪图享受。

湖北人爱面子、不团结、爱打小报告这几项品质是比较突出的，选择"要面子"的为30.7%，选择"不团结"和"爱打小报告"的为17.1%。熊师傅认为不讲信誉也是湖北人的特点。比如熊师傅就遇到过没有借条就

---

① 李子林：《弘扬和培育湖北特色的人文精神》，http://www.cnhubei.com/200407/ca512337.htm，2004年7月15日。

否认债务的情况。熊师傅认为形式主义也是湖北人的道德文化表现之一。尤其是政府搞虚的东西多，工作流于形式。古清生在《嗓门大的武汉男人》说："初到武汉，跟武汉男人待在一起，便会感觉到武汉男人无比的豁达与幽默，无比敬佩，久了则不行，发现武汉男人像木兰山的木鱼——光是嘴壳子响。""武汉男人就是欠点实在，你永远跟他隔着一层毛玻璃。"①

有网民说："湖北人不团结这一点我赞同，湖北的同事没有团结一说。"也有网民把湖北人概括为"江湖"的：湖北人把人情结成了一张超级大网。一些网民希望湖北人"多一些双赢意识，少一些算计"，"多一些规则意识，少一些江湖义气"，"多一些脚踏实地，少一些眼高手低"。一个理科本科生说湖北人喜欢"窝里斗"。一个大学教师说：湖北人合作意识不强，缺乏团结精神，各自为政，怕别人得到好处的心理严重，甚至损人不利己。湖北要崛起，湖北人首先要树立共赢的观念。

湖北人聪明，但如果聪明用错了地方就成了缺点。一个湖北人说："虽然我自己是湖北人，但是我还是承认很多湖北人的确狭隘，小器，自作聪明，把无知当作资本。若要获得他人尊重，还需从自我做起。"一个在武汉读书的外省大学生说："太精明会让湖北人失去更重要的东西。"他在武汉感触最深的是："湖北人对小事情看得过重，放不开，对大事却畏畏缩缩，总是怕失去，怕失败，最后只能对当初的大好时机后悔了。""湖北人是既聪明又精明。湖北人的精明可以总结为'有小聪明，但缺乏大智慧'。""湖北的上下弥漫着不思进取，贪图享乐，投机取巧，急功近利，目光短浅，实实在在做事被称作'苕'，挖空心思投机取巧被赞为'精'。"熊召政在《从"快打酒慢打油"看湖北人的特性》中说："精明是好事，但精明到针尖削铁的地步，便让人害怕。"② 林怡君在《聪慧九头鸟　狡黠机智湖北佬》中说："有人用'狡黠的机智'来区分湖北人的

---

① 古清生：《嗓门大的武汉男人》，http://www.360doc.com/content/13/1119/16/137012_330529386.shtml，2013年1月19日。

② 熊召政：《从"快打酒慢打油"看湖北人的特性》，http://www.cnhubei.com/200406/ca499218.htm，2004年5月13日。

'聪明'与其他省人的不同。比如说，广东人如果想要骗你钱，一开始就骗，中途不会再有什么变化。举例一个杯子原本是 5 块钱，但广东人一开始想骗你就卖 10 块钱，但湖北人是一开始用 8 块钱卖给你，让你觉得比较便宜而与他成交，然后中途趁你不注意时搞点小动作，换一个只值 4 块钱的破杯子给你。或许就是这种小动作，让人觉得湖北人难缠、奸诈。"①有人说："历史兴衰练就权谋性格，九省通衢造就经商意识。""若论个人，湖北人很聪明，但这种聪明更多是'心计多，心眼多'；若论整体，太精则容易互相扯皮，因小失大，干不成大事，聪明反被聪明误。"

创新意识不足也是湖北人的道德和文化特征之一。一位网民说："善于创新，往往也意味着善变，不会守成，'九头鸟'虽然聪明，但经常是小聪小慧，没有大目标，即便有天赋的创新意识和市场感，但企业总是做不大、做不强。所以说，若想和湖北人做可长可久的生意，需要小心他们经常见异思迁。"

公交车、出租车是重要的公共生活空间，建设好这两个公共生活空间具有十分重要的意义。如航海学院的毕业生对出租车、公交车的服务不是很满意。"出租车居然不能直通武汉三镇，出租车居然在下午 4 点至 5 点之间全部停运以便交接班……武汉只是武汉女人过小日子的武汉啊？还有很多外地人、做生意的人以及出差的人啊！我亲眼见到好多出差的人提前 1 小时坐出租车居然误点了。弄得他们对武汉印象极差。"河南的两位广告业务员说湖北人喜欢我行我素，谁也管不了谁，建议司机如果看到公交车上有人吸烟，能够说一下。他们认为自己在跑业务的过程中发现司机较少管吸烟的人，他们认为司机有责任管一下。有被访者说，湖北人公德不好，比如上下公共汽车不排队，两个人为了抢座位而对骂，在公共汽车上吸烟和吃早饭在武汉较为普遍。湖北大学退休教师汤老师、冯老师和保姆万女士说，湖北人公德相当差，在公共汽车上没有人给老年人让座位。江汉区委办公室、武汉 12 中受访者说湖北人道德素质不够好，尤其武汉市，

---

① 林怡君：《聪慧九头鸟　狡黠机智湖北佬》，http://www.cnhubei.com/200501/ca659331.htm，2004 年 10 月 21 日。

文明礼仪很差，公交行业更是如此。武汉的一个江苏来的打工者认为公交车报站名声音太小，人声嘈杂，听不清楚。

江汉区委办公室的一位职员和武汉 12 中一位英语教师认为市民服务意识差，公德意识差，在公共场所大声喧哗，说话不文明，态度不好，不讲道理；武汉人小器、自私、不爱学习、不上进；武汉人文化素质低，文化底蕴不好，江浙人更讲公德，如"说话要轻声细语，做事要通情达理"这样的标语经常出现在南京街头。而武汉缺少这样的提高公民公德的标语。很多人都说湖北人语言不好，谈吐带脏字。还有就是乱吐，乱扔垃圾，留不住人才。龙师傅认为湖北人公德较差，比如乱吐、乱扔垃圾、随处吸烟比较普遍。湖北大学退休教师汤老师、冯老师和保姆万女士认为湖北"没有人见义勇为，大家都很害怕报复"。一个清洁工人认为湖北人在公共场所赤膊多，偷盗现象多。一位 60 岁的工人认为社会公德不算好，如碰到一点小事情，喜欢围观起哄，但遇到该伸张正义的时候，又胆小怕事，不敢出面。一位文科硕士认为湖北人用语不文明，待人不礼貌，爱围观。一个本科生说湖北人喜欢坑害外地人。一位 50 岁左右的工人说武汉随意损坏公物现象比较严重。

恩施州建始县官店镇摩峰村姓朱和姓梅的两位中年人说："湖北人的服务意识一般，要具体而言，相对于浙江、广东，湖北人的服务意识差些。广东、浙江为了钱而服务意识很强。湖北人很少一心一意只为钱，所以服务意识差些，有时显得高傲，觉得自己不必求人。"湖北大学退休教师汤老师、冯老师和保姆万女士说："湖北人服务意识不算好，当然有好的，不过好的少，还有一部分根本不是服务意识，而是讲'钱'。包括教育在内，有把学生当商品的现象。"

到底哪些行业或者哪些因素影响了湖北人对湖北服务水平的评价呢？一位江苏来的打工者认为武汉服务不够耐心，不细心介绍，希望多说普通话。在武汉打工的一位黄陂人认为旅游服务业的服务质量不好。一位 60 岁的工人认为"民不告，官不究"，政府服务意识不强。一位宿舍管理员认为政府只是重视大马路，对于小路、小巷子缺乏管理。一个被访谈者说，国家机关工作人员的服务态度非常差，但个人、私人服务业态度较好。也有人认为服务意识比以前好，医院、学校、公交行业服务意识都有所提高。一位受访者说："服务意识淡薄，水平低下，对待顾客冷淡。比如超市服务员，不熟悉货物摆放的地方，不能及时准备回答顾客的询问，当顾客询问质量、价格时，不能回答，动作迟缓。"

一个50多岁的工厂技术人员认为："各行业人员的服务意识和质量都有待加强和规范，要注重窗口形象，行业内要进行培训。都要有"人人为我，我为人人"的思想。整体道德素质提高了，社会才能更加和谐；改善湖北人的形象，经济才能更快发展。"

湖北人关于以上自我道德评价说明湖北人具有一定的道德反思能力，如何把民众的共识变为现实的道德行动，需要媒体和政府力量的有效引导。

3. 好和坏的"双刃"

在调查和访谈中我们还发现，在关于湖北人的道德素质和道德形象的描述中，往往不同的人对同一种品质给出了不同的评价。比如有的人说湖北人聪明，有的人说聪明但缺乏大智慧、目光短浅、自大，等等。同一种品质稍微偏向某个方面就表现出一种负面的形象，偏向另一个方面就表现为一种正面的形象。这说明改善湖北人的道德形象是一个系统工程，离开对湖北人整体道德素质和道德形象的分析是无法简单地说哪一种素质是好的或者是坏的。黄进在《襄樊人应从余醉中醒来》中说："襄樊人有句口头禅：比上不足，比下有余。这也是襄樊人思想的真实写照。""自认为'比上不足，比下有余'，于是便沉迷于古城情结、自我陶醉。""自认为'比上不足，比下有余'，于是便故步自封、敝帚自珍，城门意识严重。""自认为'比上不足，比下有余'，于是便思维定格、眼光滞后。""事小而不做，利微而无为。"[①]

道德素质和道德形象如此，文化形象也不例外。王晓清在《码头文化与学术沙漠》中说："可以毫不夸张地说，长江、汉水交合汇聚的武

---

① 黄进：《襄樊人应从余醉中醒来》，http://www.cnhubei.com/200501/ca659330.htm，2004年4月28日。

汉，只是一个典型的'文化码头'，而经由这一'文化码头'冲积而形成了一片时有时无、时隐时现、可有可无的'学术沙滩'。"① 优点与不足往往就是一个事物的两个方面，常常是并生的，需要一定的伦理视野来鉴别。

四 改善道德形象的渴望

1. 湖北人道德状况整体上是良好的

在被问及"您如何评价湖北人的道德状况"这一问题时，选择"太差"的为 5.4%，"比较差"的为 19.6%，"一般"的为 40.2%，"比较好"的为 26.6%，"很好"的为 5.3%，"其他"的为 2.9%。通过调查，我们可以发现，湖北人对目前社会的道德状况并不满意，40.2% 的人认为现在的道德状况一般，还有很大的提升空间。选择"比较好"的为 26.6%，"很好"的为 5.3%，说明湖北省道德建设取得了一定的成绩。但是，仍然有 5.4% 的人选择"太差"，19.6% 人选择"比较差"。这说明道德建设离人们的心理预期还是有一定的距离的。这就要求政府在今后的工作中加强道德文明建设，尽快提高社会的道德水平，这既符合广大人民群众的根本利益，也是建设文明湖北的内在要求。

2. 湖北人道德状况整体上是进步的

当问及"您觉得您所在地的道德水平跟以前相比是"这一问题时，选择"提高"的为 43.9%，"下降"的为 27.4%，"差不多"的为 23.7%，"说不清"的为 5.1%。通过调查我们发现，多数人还是认为当地的道德水平与以前相比的确是进步了。但是，我们也要看到存在不少问题，如选择"下降"的为 27.4%，"差不多"的为 23.7%，这说明了至少有 51.1% 的人并不认为现在与过去相比他们所在地的道德水平有所提高。

---

① 王晓清：《码头文化与学术沙漠》，http://www.cnhubei.com/200411/ca606145.htm，2004 年 11 月 11 日。

3. 湖北人普遍希望提高自身的道德素质

为了了解湖北人对提高自身道德素质的期望，我们在访谈中考察了湖北人关于道德发展和经济发展关系的认知，并希望通过对这种认知的考察了解湖北人对提高自身道德素质和道德与文化形象的期望。熊师傅认为经济发展和道德发展是互为因果的关系，经济发展之后，道德素质应该高一些，为了赚钱而没有了道德约束会给民族、国家带来不利的后果。龙师傅认为经济发展和道德发展的关系是：经济越发达，人的道德素质越高。龙师傅认为道德形象和经济发展的关系是：湖北人的公共形象对外地人投资入驻湖北影响很大。两位河南籍年轻人认为道德素质不高，发展就会受到阻碍，素质高的人做同样一件事情比素质低的人要做得更好。恩施州建始县官店镇摩峰村姓朱和姓梅的两位中年人认为，对于一个地区而言，经济发展速度与道德素质没有必然关系，经济发展需要有经济头脑，与道德关系并不大，"个人希望湖北人能树立一个好形象，因为一个好形象很重要。这样找工作都方便些。例如工厂招工时，如果老板对湖北人印象好，湖北人就好找工作"。

李子林在《弘扬和培育湖北特色的人文精神》中说："大力弘扬和培育湖北人文精神，对于加快湖北发展、促进中部崛起提供精神动力和思想保证，对于实现全面建设小康社会的奋斗目标都具有十分重要的意义。"[①]一个江苏来的打工者认为目前湖北人的道德素质和湖北的经济发展不协调、不匹配，希望湖北人表现出文明、热情、主动、真诚、积极、善于团结合作的道德与文化形象。

---

① 李子林：《弘扬和培育湖北特色的人文精神》，http://www.cnhubei.com/200407/ca512337.htm，2004 年 7 月 15 日。

湖北道德群星现象的文化思考

张　敏*

（湖北大学荆楚文化研究中心）

近年来，湖北省先后涌现出桂希恩，吴天祥，荆州"10·24"舍己救人英雄群体，"信义兄弟"孙水林、孙东林，"小处方医生"王争艳，"大别山师魂"汪金权，"志愿者楷模"赵小亭，"轮椅天使"董明，"英雄父子"王天喜、王盼，"孤岛医生"江志国，武汉"鞠妈"易勤等一大批有着全国性影响的道德楷模，从而呈现群星争辉的现象。此外，自2007年开始，中宣部、中央文明办、解放军总政治部、全国总工会、共青团中央、全国妇联等6部门，每两年一届组织开展全国道德模范评选表彰活动，每届表彰50位左右的全国道德模范。至今已经评选表彰了四届全国道德模范，其中在第一届和第三届表彰活动中，湖北成为入选全国道德模范人数最多的省份，引起了社会广泛关注。①

湖北道德群星现象的出现绝非偶然，其必然源自坚实的文化根基及社会认同。从历史文化层面来看，湖北是中华民族和中华文化的发祥地之一，光辉灿烂的荆楚文化享誉国内外。自古以来，荆楚大地英杰辈出，对

---

　* 张敏（1975～），湖北大学历史文化学院副教授，湖北大学荆楚文化研究中心副主任，硕士生导师。
　① 蒋南平：《道德群星耀荆楚——湖北省道德模范情况新闻发布》，荆楚文明网，http://www.hbwmw.gov.cn/zyyl/201109/t1837256.html。

湖北人道德观念的形成与道德实践起着示范作用；而无数优秀的文学作品如春风化雨，滋润和提升了湖北人的精神品质；千百年盛行的节日礼俗已然成为道德教育的方式。在这些文化因素的熏染下，荆楚文化形成了忠诚爱国、知荣明礼、敬业奉献、疾恶如仇、见义勇为、乐善好施的底色。

一　荆楚先贤对湖北人道德观念的形成与道德实践起着示范作用

自古以来，荆楚地区英杰辈出，既涌现了一流的政治家、军事家、文学家、艺术家、科学家，也不乏助人为乐、见义勇为、诚实守信、敬业奉献、孝老爱亲的道德楷模。

1. 百折不回，豪侠之风

筚路蓝缕、以启山林的楚人先民，自古就形成见义勇为、百折不回的豪侠之风。如献璞玉的卞和，如渡伍子胥的渔父，如沉江的屈原。他们为理想而生，为心中之义而奋发拼搏。

楚人卞和本是琢玉能手，在襄阳荆山里得璞玉。他自信这是天下最好的一块玉，因此决定把这块玉献给楚王。可是两代楚王都不相信他，卞和因此被斩断了双脚。但不管经历多少坎坷和痛苦，卞和决不改变自己的信念。楚武王死，文王即位，卞和抱着璞玉在楚山下痛哭了三天三夜。文王得知派人问之，卞和回答说："吾非悲刖也，悲夫宝玉而题之以石，贞士而名之以诳，此吾所以悲也。"① 正是他以生命的坚持才最终使和氏璧名扬天下。

伍子胥的家族被楚平王所灭，他只身逃出昭关，"独身步走，几不得脱。追者在后。至江，江上有一渔父乘船，知伍胥之急，乃渡伍胥。伍胥既渡，解其剑曰：'此剑直百金，以与父。'父曰：'楚国之法，得伍胥者赐粟五万石，爵执珪，岂徒百金剑邪！'不受"。② 不仅如此，民间传说渔

---

① （清）王先慎：《韩非子集解》，中华书局，1998，第95页。
② （西汉）司马迁：《史记》卷66《伍子胥列传》，中华书局，1959，第2173页。

父后来还把船划到江中心自沉，以绝伍子胥的疑心。伍子胥看到后大哭，说是他害了渔翁。

屈原正道直行、忠诚爱国的事迹更是名扬千古。他写过"虽九死其犹未悔""路漫漫其修远兮，吾将上下而求索"的诗句。正如茅盾文学奖获得者熊召政先生所指出的那样："楚人的这一份执着，薪火传承，一代又一代。这种血液，这种生命的印记，是无法改变的。"①

2. 一诺千金，信义无价

一诺千金的典故出自《史记》卷100《季布列传》。其文曰："季布者，楚人也。为气任侠，有名于楚……楚人谚曰'得黄金百，不如得季布一诺。'"②

一诺千金不仅是一种实在的作风，更是一种郑重地对待世界的精神。诚挚，严谨，光明磊落，一言既出、驷马难追，体现着荆楚先民正气的光彩。

3. 尊老养老，孝亲爱亲

孝文化是中华文化传统最主要的内容之一，著称于世界。孝有两种形态：狭义的孝是赡养父母，即父母年老后，身体衰弱不能劳动，子女要主动奉养父母，使他们得以安度晚年；广义的孝指奉献社会，即做一切事情要合乎道德规范，能受到人们的称赞，使父母在精神上获得安慰和满足。实际上这样的孝涉及子女的整个行为。简言之，孝道的基本内容包括尊老、敬老、养老、送老，不外乎"敬爱父母，返思祖先"。从动机来看，孝是一种敬本心理；从效果看，孝又是一种管理手段，它将礼法的外在约束与仁义的内在自觉相统一，为正心、修身、齐家、治国、平天下的目的服务。而在荆楚文化史上，尊老养老、孝亲爱亲的佳话层出不穷，在传统"二十四孝"的故事中占据三席。

黄香是"二十四孝"中"黄香温席"故事的主角，字文强（一作文疆），江夏安陆（今湖北云梦）人，是我国东汉时期的文化名人。《后汉

---

① 熊召政：《楚人的文化精神——在北京大学的演讲》，《作家》2007年第1期。

② （西汉）司马迁：《史记》卷100《季布列传》，中华书局，1959，跋，第2725、2731页。

书》卷80上《文苑列传》记载，黄香年幼之时即知事亲之理，每当夏日炎热之时，则扇父母帷帐，令枕清凉，蚊蚋远避，以待亲之安寝；至于冬日严寒，则以身暖其亲之衾，以待亲之暖卧。黄香9岁时母亲不幸去世，他"思慕憔悴，殆不免丧，乡人称其至孝"。于是名播京师，号曰"天下无双，江夏黄香"。① 黄香长成以后潜心学习儒家经典，精心钻研道德学术，担任过郎中、尚书令和魏郡太守等官职。

孟宗是"二十四孝"中"孟宗哭竹"故事的主角，此事最早见于《三国志·吴书·孙皓传》裴注，其文曰："孟母嗜笋，冬节将至，时笋尚未生，宗入林哀叹，而笋为之出，得以供母，皆以为至孝之所致感。"孟宗的母亲也是一位深明大义的女性，同书记载，当孟宗"除为盐池司马。自能结网，手以捕鱼，作鲊寄母，母因以还之，曰：'汝为鱼官，而以鲊寄我，非避嫌也。'"② 正是在这样一位伟大母亲的抚育下，孟宗才能承志立身，建功立业。

董永是"二十四孝"中"卖身葬父"故事的主角。此事最早载于西汉刘向的《孝子传》，此后三国曹植的《灵芝篇》和东晋干宝的《搜神记》也都有相关记载。干宝的记载因主题突出、情节完整而得到广泛流传，成为两千多年来故事嬗变和文学移植的母本。董永原是千乘（今山东博兴县）人，少年丧母，因避兵乱随父迁居湖北安陆，在荆楚地区长大。之后董永卖身葬父、行孝感天动地的事迹发生在今湖北孝感。南朝刘宋孝建元年（454年），因此地"孝子昌盛"，遂置县名"孝昌"。后唐同光二年（924年），庄宗李存勖因孝昌县名之"昌"字犯了其祖父名讳，遂根据董永卖身葬父、黄香扇衾温被和孟宗哭竹生笋等孝子感天动地的故事，改孝昌县为孝感县。

孝文化奠定了中华民族传统伦理道德的基础，包含了许多宝贵的精华内容，对于促进家庭的和睦、促进乡里的和谐、维护社会的稳定起着十分重要的作用。荆楚文化尊老养老、孝亲爱亲的精神一脉相传，当代孝女刘

---

① （南朝宋）范晔：《后汉书》卷80上《文苑列传》，中华书局，1965，第2613、2614页。
② （西晋）陈寿：《三国志》卷48《吴书·孙皓传》，中华书局，1971，第1169页。

芳艳、黄来女、谭之平、罗长姐，孝子刘培、刘洋兄弟等，受其感召，为杰出代表。

二　优秀文学作品滋润和提升湖北人的精神品质

在各个历史时期，湖北都产生了一批讲述道德修养的文学作品，或在作品中渗透、反映道德内容。另外，各种规约乡风民俗的"乡规民约"，各种教诫学生的"学规""学则"，广为流传的各种"官箴""医箴"等箴铭之作，为人们所诵读鉴赏的诗词歌赋，以及戏剧说唱、故事小说、雕像、壁画、碑帖、门楹、匾额、堂联、条幅、字画、俚俗谣谚，构成了浓重的道德环境氛围，这显然有利于湖北道德群星现象的形成。

1. 关注现实，坚持理想

《离骚》与《庄子》是楚文学浪漫主义的最高代表，其丰富华美的艺术语言、奇谲瑰丽的艺术境界、动人心魄的艺术激情，充分展现出楚人长于想象的艺术品格，因而形成了不同于北方风格的南方文学流派。

屈原的《楚辞》所展现出的楚文化灵动、奔放、热烈、绚丽多姿，这一独特艺术品格也是屈原"路漫漫其修远兮，吾将上下而求索"的理想主义人格的完美承载。《天问》是中国最伟大的浪漫主义诗人屈原的代表作《楚辞》中的一篇，全诗 373 句、1560 字，自始至终完全以问句构成，一口气对天、对地、对自然、对社会、对历史、对人生提出 173 个问题，令人不禁深思人与自然、人与社会、人与自我的关系。

唐代文学以诗歌的成就最高。清朝乾隆年间编辑的《全唐诗》凡 900卷，收集了 2300 多位诗人的 48900 余首作品。在诗风大兴的背景下，唐代荆楚涌现了不少著名的诗人，其中以田园诗人孟浩然最为知名。

孟浩然（689~740 年），本名浩，字浩然，襄州襄阳（今湖北襄樊）人，世称"孟襄阳"，以写田园山水诗为主，他与另一位山水田园诗人王维合称为"王孟"。孟浩然生于盛唐，早年有用世之志，但政治上困顿失意，以隐士终身。他是个洁身自好的人，不乐于趋承逢迎，其耿介不随的性格和清白高尚的情操，为同时代的人和后世所倾慕。李白称赞他"红颜弃轩冕，白首卧松云"，又说："高山安可仰，徒此揖清芬。"（《赠孟浩然》）。王士源在《孟浩然集序》里，说他"骨貌淑清，风神散朗；救患释纷，以立义表；灌蔬艺竹，以全高尚"。王维曾画他的像于郢州亭子里，题曰"浩然亭"。后人因尊崇他，不愿直呼其名，改作"孟亭"，成为当地的名胜古迹。可见他在古代诗人中的盛名。王维、李白、王昌龄都是他的好友，杜甫等人也与他关系甚好。

晚唐著名文学家、湖北襄阳人皮日休继承了白居易新乐府的传统，其创作的散文和辞赋大多借古讽今，抒写愤慨。《三羞诗》三写人民遭旱蝗之灾而流离饥饿之苦，《正乐府》的《卒妻怨》《橡媪叹》《贪官怨》《农夫谣》《哀陇民》写人民种种遭遇之苦，具体而生动地反映了当时天灾人祸不断以及作者同情人民、抨击暴政的态度。

明朝，以公安"三袁"为代表的公安派将张扬个性自由的文化心态突出地表现在审美追求中，形成了"独抒性灵""宁今宁俗"的美学理论；以钟惺、谭元春为代表的竟陵派兼取"灵""厚"，则是立足性灵自由而兼取复古复雅的一种大胆尝试。

2. 劝人为善，引导风气

关于劝善文学，鲁迅先生在《中国小说史略》中指出："凡此流著作……意在叙勇侠之士，游行村市，安良除暴，为国立功……大旨在揄扬勇侠，赞美粗豪，然又必不背于忠义。"他还指出："然当时于此等书，则以为善人必获福极，恶人总有祸临，邪者定遭凶殃，正者终逢吉庇，报应分明，昭彰不爽，使读者有拍案称快之乐，无废书长叹之时。"①

在湖北流传的劝善文学的作品甚多，内容颇为庞杂，其上乘之作常常联系到民族矛盾、忠奸斗争，如《杨家将》《说岳全传》《隋唐演义》《粉妆楼全传》《三侠五义》《儿女英雄传》等。此外，也有一些湖北籍的作家创作出劝善文学作品。

耿定向（1524～1596年），字在伦，湖广黄安人。他是明代著名的理

---

① 鲁迅：《中国小说史略》，上海古籍出版社，1998，第195、204 页。

学家，在醉心理学的同时，也进行了大量的文学创作。其中《先进遗风》记述了许多嘉言懿行，希望达到"以救时弊"的效果。如书中记载了明代爱国英雄于谦被害抄家时，除御赐盔甲袍带之外，别无他物，之后他的政敌陈汝言亦被抄家，则赃秽如山积，明英宗以二者作比，石亨等均很惭愧；又叙述了陈敬宗为祭酒，大宦官王振慕其名，命周忱转致求见之意，陈敬宗坚辞不收，也不往见，故此担任祭酒十八年得不到升迁却甘之如饴。作者记此类事，与"王学"所倡将传统道德化为人们自觉行为的"致良知"之心学，的确是一脉相传。

大约与耿定向生活在一个时代的王同轨（1524~1596 年）创作了《耳谈》与《类增》。其中有许多抨击时世，揭露官场黑暗的主题，如在《武骑尉金三》《进士郭公》《沈万三》《鳌异》等作品中，作者以鲜明的态度，采用多种手法对现实给予揭露与抨击。而《某孝廉》《王玉英》《某郡丞姬》《杨闷儿》等作品，都无一例外地塑造了生动美好而又个性鲜明的女性形象，表现女子奇才、向往婚姻自由的主题。《耳谈》与《类增》中还有一些揭露佛道虚妄害人的主题，笔调诙谐而又简练，具有很强的说服力。

3. 寓教于乐，雅俗共赏

单纯的道德说教，事倍功半。而将美德用戏剧艺术的形式进行包装，让观众从一个个具有鲜明性格的人物、一个个独立成章的趣味故事、一种轻松的喜剧氛围中，明辨是非忠奸、领悟思想真谛，则可收事半功倍的效果。

以汉剧为例。这是主要流传于湖北地区的地方戏曲剧种，其声腔以西皮、二黄为主，兼有歌腔、昆曲、杂腔、小调等曲调，高亢激越，爽朗流畅。汉剧传统剧目有 660 余个，多是历史演义故事和民间传说，如《英雄志》《祭风台》《李密降唐》等，以《宇宙锋》等剧的演出最为人称赏。在《宇宙锋》中，秦代权臣赵高陷害女婿匡扶一家，其女赵艳容被迫归家。秦二世见赵女貌美，欲立为嫔妃。赵艳容得哑乳娘帮助，以装疯蒙蔽赵高和胡亥，保全自身的清白。全剧真实地刻画了赵艳容被迫装疯的难言之隐和悲愤、辛酸的心情。女主人公通过装疯，用异端的手段打破了传统的所谓"忠""孝"之道，以此对抗昏庸无道的君主和没有慈善之心的父亲，体现了人间的真、善、美。千百年来，无数演员演绎着戏里人生，激励着人间大众。

三　荆楚节日礼俗中的道德教化意蕴具有示范作用

节日习俗作为特定的文化现象，在个人社会化的过程中对个人的成长及人格的塑造具有重要影响。节日习俗具有潜移默化的作用，不仅可以使人们认识和了解自己民族的文化和历史，而且可以培养人的社会道德情操，传播传统美德，还可以使人产生强烈的民族认同感和凝聚力。换言之，节日习俗不仅对群体选择的行为方式予以肯定，使其成为群体成员统一的行为模式，规范并制约着他们的行动，而且还维系着群体或民族的文化心理，使群体成员从该文化环境中得到熏陶和教化，形成相同或相近的思维方式和价值理念。因此，节日习俗是人们认同自己族群的主要标志之一，更是同一文化心理的重要表现之一。

节日礼俗是荆楚文化中的重要组成部分，也是文化身份的主要表现形式和精神家园。它们不仅凝聚着荆楚文化的精神和感情，而且已经深深地内化为湖北民众的道德意识和行为习惯。下文以端午节和七夕节为例进行论述。

1. 端午竞渡，食粽思贤

端午节的民俗活动围绕才华横溢、遗世独立的楚国大夫屈原而展开，传播至华夏各地，对于激励人们热爱自己的国家和民族，对于培养民族团结精神起到了十分积极的作用。

到东汉时期，荆楚地区的人已经将五月五日端午节与屈原联系在一起。《初学记》卷4引《风俗通》："五月五日以五彩丝系臂者，辟兵及鬼，令人不病温（瘟）。又曰亦因屈原。"① 又云："屈原以是日死投汨罗，

---

① （唐）徐坚：《初学记》卷四，中华书局，1962，第74页。

人伤其死，所以并将舟楫以拯之，今之竞渡，是其遗迹。"① 其节日活动主要是悬挂艾草、赛龙舟、投粽子等。当然，关于端午节的由来，还有数种不同的说法，但随着历史的推移，逐渐以纪念屈原说为主。

屈原在汉朝开始被神化，晋人王嘉在《拾遗记》中记载道："怀王好近奸雄，群贤逃越。屈原以忠见斥，隐于沅湘，披蓁如草，混同禽兽，不交世务，采柏实以合桂膏，用养心神；被王逼逐，乃赴清冷之水。楚人思慕，谓之'水仙'，其神游于天河，精灵时降湘浦。楚人为之立祠，汉末犹在。"② 纪念历史英雄人物的文化内涵与五月五日节日的成功结合使端午节的文化内涵成功实现了升华。它不再单单是先民对原始自然神的崇拜，不再是对各种疾病、瘟疫的盲目恐惧，而是将具有人文气息的历史人物赋予其中，表达了人们对屈原精神品格的认同与褒扬。

龙舟竞渡是端午节最具标志性的活动。龙舟的起源与汉水流域的送魂丧俗有关。送魂丧俗起源于万物有灵、灵魂不灭的原始崇拜，楚人有灵魂回归的信仰。在其宇宙观中，水天相接之处就是最接近天堂的地方。龙舟送魂，可以将灵魂送入天堂安息，故又将龙舟称为载魂之舟。最早见于文献记载的端午龙舟竞渡风俗出现于汉水下游地区。南朝时期宗懔《荆楚岁时记》详细记述了作者家乡所在地端午节的诸多风俗，其中就有飞舟竞渡："五月五日，竞渡，俗为屈原投汨罗日……一自为水军，一自为水马。州将及士人悉临水而观之。"③ 竞渡活动需要有宽阔、平缓的水道。此外，农历五月又正值稻田用水之际，如果当地没有完备的水利设施，那么既无法提供竞渡活动所需要的水量，也无法使人们产生参加竞渡活动的愉悦心情。而汉水下游地区具备上述水文和社会条件，因此成为端午龙舟竞渡风俗的起源地也就十分自然了。

2. 纤云弄巧，飞星传恨

七夕节是汉族重要的节日之一，起源于中国古代的天体日月星辰崇拜，七夕节亦称"乞子节""乞巧节""乞爱节"等。七夕节的活动内容

---

① （东汉）应劭著，王利器校《风俗通义校注》，中华书局，1981，第95页。
② （晋）王嘉：《拾遗记》卷十，《景印文渊阁四库全书》第1042册，台湾商务印书馆，1983。
③ （南朝）宗懔：《荆楚岁时记》，岳麓书社，1986，第36页。

丰富多彩，"乞巧"成为最普遍、最具特色的民俗活动，表达了女子追求幸福生活的美好愿望。多数学者认为，七夕原本与牛郎织女神话无关，但因牛郎织女的故事不仅哀婉感人，而且表达了鲜明爱憎的思想倾向，易为群众接受，加之在流传过程中又和"天帝""王母"等神话人物发生瓜葛，成为神话与传说的杂糅，最终与七夕节固定在一起。[①]

记载七夕节风俗的文献主要有西汉刘安《淮南子》、东汉崔寔《四民月令》、应劭《风俗通义》、《汉武帝内传》、晋葛洪《西京杂记》、晋周处《风土记》、《汉武故事》、梁吴均《续齐谐记》、梁宗懔《荆楚岁时记》等。七夕节民俗活动可分为曝衣晒书、制药养生、升仙访道、穿针乞巧、乞子、宴游、登高等七类。其中，穿针乞巧、拜祀牵牛织女二星是最重要的风俗。

近年来，梁中效、杜汉华等先生提出七夕节及其习俗最早起源于汉水流域的观点，并认为唐宋以后，在牛郎、织女文化遍及全国的背景下，汉水流域仍保持着有关牛郎、织女的原始性地域文化特色。[②] 这些研究成果不仅有助于我们认识荆楚文化对于汉族文化形成的作用，也有助于理解节日礼俗对于荆楚人民道德观点与价值倾向的重大影响。

总而言之，传统美德在湖北大地代代相传，蓬勃生长。荆楚先贤、优秀文学作品和节日礼俗体现出的道德文化根基，犹如灿烂的星辰，在历史长河中熠熠生辉，是荆楚文化的主流方向。社会主义现代化建设不仅需要良好的制度设计和法制保障，也需要社会主义核心价值观的建设以及伦理道德的支撑。文化的历史延续和基因传承，离不开道德传统美德，荆楚文化中的道德教化意蕴始终是湖北道德群星现象的精神文化源泉。

---

① 杨琳：《七夕节的起源》，《学术集林》卷十五，上海远东出版社，1999，第 342～372 页。
② 杜汉华、杜睿杰：《汉水七夕文化考》，《襄樊职业技术学院学报》2011 年第 1 期；梁中效：《汉水流域的牛郎织女文化》，《陕西理工学院学报》（社会科学版）2013 年第 1 期。

"汉骂"小议

张晓纪[*]

（湖北省社科联荆楚文化研究中心）

"汉骂"主要是指武汉方言中的骂人之辞，是武汉人情绪宣泄的方式之一。自古即有"詈言一失香，千古闻臭词""詈言不见血，杀人何纷纷"的说法，说明骂人的话在任何时候都是不受欢迎的，而且杀伤力巨大。既然是"骂"就会使用不文明的词语，加上用武汉方言说出来就带有"汉腔"。"汉骂"也是武汉人不文明的标签，只有"汉骂"少一点，文明才能多一点。

一 "汉骂"充斥在武汉人的日常生活中

2012年1月25日晚，新浪网上出现一条措辞激烈的微博。短短24小时内，这条微博被转发数千次。微博的作者叫张恩源。他称：当天，在天河机场转机时，听到一个孩子竟然对父母飙出一句刺耳的"汉骂"，而孩子的父母不仅未对其批评教育，还在那儿"傻乐"。有感于此，张恩源说武汉为"最大的农村土鳖城市"。此举引起全体武汉网民的讨伐，并在网络上迅速发酵升温。随即"汉骂"一词高频率出现在媒体上，引发全社

---

* 张晓纪（1983 ~），湖北省社科联荆楚文化研究中心助理研究员。

会的大讨论。

在武汉人的独特生活习俗中，"汉骂"有时候是一部分人互相开玩笑的一种方式，武汉人自己可以相互理解，甚至有些人会觉得比较亲热。江汉大学语言研究所所长王立认为，"汉骂"其实是"武汉人宣泄情绪，甚至是表达彼此亲密关系的一种口语"。湖北省作协主席、著名作家方方以自己的家庭为例，无论是自己的父母还是兄长，包括她自己，都不会用说脏话的方式来表示亲切或热情。用辱骂的方式促进城市文明，这跟"以暴制暴"没什么区别。对不了解武汉文化的外地人而言，初次听到这些粗口，必定会产生心理上的不快和交流上的抵触，进而引起误会甚至械斗等暴力事件。

因此对别人表示尊重，尽可能不要用这些粗口或"汉骂"，把"汉骂"等粗鄙语言从武汉人的日常生活中彻底地剔除出去。现实中，"脏乱差"的确使武汉形象蒙上一层"灰尘"。"汉骂"是本土的一种粗俗文化基因，也属于"脏"的一部分。各个城市里也有着代表这个城市特色的粗俗语言，绝对不只是武汉一个地方独家享有。一个城市若能直面自己的弱处，用宽宏气量和大度对待各方恶评就是文明进步的标志。让大武汉，不仅"大"在城市，更"大"在气量、度量上，开放的武汉更要向全国全世界文明城市看齐，拂去"脏乱差"这些"灰尘"，让城市更美好。

二　武汉方言中的"汉骂"与"汉敬"

我们为什么不用"汉敬"① 代替"汉骂"？当我们弯腰捡起一片纸屑放入垃圾桶中，当我们排着队有秩序地上下车，当我们在公共场合用轻言细语代替大声喧哗……我们就已经在践行"文明湖北"了。武汉方言中

---

① "汉敬"，是武汉话中的谦敬语，即礼貌性词语和句子，与"汉骂"对立，包括对人的敬称，如"您家、拐子"，对己的谦称如"小弟、晚辈"，以及一些礼貌和谐的问候、欢迎和答谢性语句，如"吃了冇、稀客、劳慰您家"等。关于"汉敬"的六大类型，参见周建民、周筱娟《武汉方言中"汉敬"、汉骂"与武汉城市文明和文化软实力》，《江汉大学学报》（人文科学版）2012年第12期。

有许多敬语，比如，一般都会尊称对方为"您家"，相当于北京人的"您"。不同的是，武汉话的"您家"还可用于第三人称，比如"他您家"，相当于"他老人家"。同样，一句话说完，也总要带一个"您家"，作为结尾的语气表示尊敬，也相当于北京人的"您哪"。① 据周建民先生考证，"汉敬"使用有 6 种类型，对对方的敬称、对自己的谦称、表示欢迎问候的词句、表示求助答谢的词句、表示致歉的词句、表示关切的词句。②

城市的文明涵养在城市的细节里，城市的细节是由每一位市民来精心编织的。不积跬步无以至千里，没有细节美，何来大美？"汉骂"、随地吐痰、公共交通上吃食、吸烟、不守交通规则等，看似生活中的小事，但对个人形象、组织形象、城市形象而言，却是大事。说文明话、做文明事，对我们每个人来说，都是并不算难的小美之事，当千千万万个小美之事聚合到一起，就会凝结成宏大的城市文明。

每个城市都是由无数个体组成的。每个个体的言行，无论好坏，都会对一个城市的整体形象和社会风气产生影响。武汉"信义兄弟"孙水林、孙东林"新年不欠旧年账，今生不欠来生债"的诺言和用生命接力兑付民工工钱的行动，深深打动了全中国人的心，让武汉的诚信形象熠熠生辉；而此次一个孩童飙出的一句"汉骂"，则让武汉人的形象蒙羞。这种反差启示我们：唯有每个人都提升文明素养，在公共生活中多一些良言善举，才能彰显城市良好形象，才能优化人文环境和树立良好的社会风尚。

方言是一种文化，理应得到保护与传承。在外地人面前说普通话是一种尊重，在同乡、亲友之间说方言是一种亲切，是一种情感。粗话之恶习理应被舍弃，而方言之传承更需要当地人与新移民尽己一份薄力。如果一座城市没有方言，那还有何特色可言？那方土地上的人与其他任何一地的人又有什么区别？《礼记·王制》记载："广谷大川异制，民生其间异俗。"再如俗语说，十里不同风，百里不同俗。这都说明一地民风、民

---

① 易中天：《婊子养的——武汉人什么娘都敢骂》，《民间文化》2000 年 9 月 15 日。

② 周建民、周筱娟：《武汉方言中"汉敬"、"汉骂"与武汉城市文明和文化软实力》，《江汉大学学报》（人文科学版）2012 年第 12 期。

俗、方言都是一地的特色。华中师范大学教授刘守华认为，如果说北京人的性格是"宽"，上海人的性格是"精"的话，那么，武汉人的性格特征就是"通"。这种通达的性格显得非常宽容、豪爽、热心肠、直脾气。武汉人的豪爽性格和他们的热干面一样，干脆利落，不掺假。这种直爽的性格反映在方言上，体现出独特的汉味。"地道的方言是地方文化的反映，表达的是地域特点和地方性格。武汉话特别能显示武汉人的热心快肠和急性子。"著名评书艺术家何祚欢这样说。

当然，我们在肯定武汉方言豪爽、热辣、幽默的风格时，必须正视方言的一些不雅内容，这些不雅方言与文明湖北的要求相悖。在信息化时代，社会交汇融合，人员迁徙流动，开放的武汉要有兼收并蓄、勇于革新的气魄。武汉本土文化要做文明湖北的好榜样，就必须与时俱进，去粗取精，传承文明，服务社会。语言行为是城市的窗口与名片，也彰显了城市的性格与品位。武汉要创建全国文明城市，建设中部中心城市，就必须摒弃粗俗语言和一些不文明的行为。

民间粗俗口语等不文明言行之所以得以流行，与不同社会成员的群体结构有着十分密切的关系。据调查，民间粗俗口语的流行，在蓝领群体中占75%，在白领群体中占20%，在金领群体中占5%，以蓝领群体占比最高。从年龄结构看，粗俗口语的流行则主要集中在25～45岁群体，共占60.4%，其中，25岁以下的占12.5%，26～45岁的占24.4%，45岁以上的占23.5%。从学历结构看，高中（中专）以下的占80%，大专、本科占18%，研究生占2%，呈现出学历越低，其粗俗口语流行人员占比也越多的分布曲线。① 此外，从工龄看，还具有工龄短的占比少、工龄长的占比高等特点。

三　建设"文明湖北"，杜绝"汉骂"

我们在反思"汉骂"的同时积极倡导采用"汉敬"文明用语，我们

---

① 《言谈举止间处处要文明——根绝"汉骂"文化对策探析》，《湖北日报》2012年2月6日。

在看到"汉骂"一些不好的方面的同时更要注重我们方言中敬语的使用。有关部门应组织专家学者、市民围绕文明用语展开讨论，引导大众远离低俗，提升大众的道德判断力，在全社会营造文明用语的好氛围。近年来，武汉市民文明素质的提升有目共睹，但不文明的东西和文明的东西并存，也是不争的事实。社会各界要进行正面引导，用社会主义核心价值体系教育人，引导人，不断提高市民素质，建设"文明湖北"。

（一）加大宣传力度，引导市民克服"汉骂"陋习

充分运用新闻媒体，包括报纸、网络、广播、电视以及公共交通上的移动电视等宣传文明用语，倡导市民做文明有礼的武汉人。积极宣传武汉市悠久的历史文化，独特的区位优势，增强市民的自豪感和责任感。在公共场所树立标牌标语宣传文明用语，如"文明，从我做起，从不起眼的细微之处做起""武汉是我家，文明靠大家""文明是城市之魂，美德是立身之本""文明湖北""做文明有礼的武汉人"等，这些宣传标语随处可见，充分体现建设"文明湖北"的信心。文明和谐标语能起到警示作用，对于文明社会的建设起到良好的带动和宣传作用。

（二）提高市民素质，丰富市民生活，规范公务用语和窗口行业服务用语

市民素质的提高对于"汉骂"的消亡是个直接的催化剂，但这是一个循序渐进的过程。全社会要提供足够的文娱活动场所，大力开展丰富的市民文化活动，提高市民的文化修养。大武汉的建设离不开市民素质的提高，武汉建设需要市民的共同参与和奉献，逐步增强市民的责任感，引起市民对自身行为的反省，对自我素质的追求，主动改变一些陋习。武汉要成为国际化大都市，公务用语和窗口行业的服务用语在对外开放中具有举足轻重的作用，也为武汉城市品格的塑造起到窗口和示范效应。

（三）抓好家庭、学校教育，倡导文明用语

号召在家庭教育中杜绝"汉骂"，家长以身作则，做好榜样。同时积

极抓好大学、中小学和幼儿园的文明教育，推广使用普通话，说方言要使用敬语。据武汉市统计局统计，目前武汉高等院校已发展到 85 所，在校大学生和研究生已达到 118.33 万人，占全国在校大学生和研究生总数 2473.1 万人的 4.78%，不仅在全国 15 个副省级大城市中名列第一，而且还超过了北京、上海、天津、重庆四个直辖市暨国家中心城市，超过了美国纽约、英国伦敦、俄罗斯莫斯科、法国巴黎、德国柏林、日本东京等知名国际大城市，位居全国全球大城市中第一名。[①] 100 多万的在校大学生是受高等教育者，倡导他们使用普通话和"汉敬"必定对"文明湖北"建设起到很好的带动作用。另外，无论是大学老师、中小学还是幼儿园老师都应该使用文明用语，杜绝"汉骂"。使用普通话一般也就避免了"汉骂"，但也要提倡使用礼貌语言，不能用普通话骂人，更不能通过"绕弯子"的"汉普"使用"汉骂"。

要让"汉骂"等不文明行为从我们的生活中逐渐消失，必须坚持破立并重，力戒"打码头"、好勇斗狠、"窝里斗"的消极文化，弘扬开放、包容、创新的时代精神，推动传统武汉码头文化向现代大码头文化——国际大都市文化的优化转型。武汉方言作为承载历史文化的载体，应去芜存菁，要融合传统文化和现代文化，以更高的文化品位来塑造市民品格，塑造城市性格。

其实很多学者认为在今天的教育世界中，普通话日渐普及，映衬了城市文明不断前进的大背景。"不担心汉骂，倒担心武汉的娃娃们越来越不会说武汉话。"这也从一个侧面反映了"汉骂"对今天的年轻一代影响趋弱，这似乎让很多人松了一口气。但是难得的方言特色也在逐步削弱直至消失。我们希望在吸收和传承本地方言的前提下，去其糟粕，使得"汉骂"能逐步消失在文明社会中。

近日，在《武汉 2049》专题研讨会上，省委常委、武汉市委书记阮成发描绘他心中的"武汉 2049"。"那时的武汉，文化魅力彰显。汉派文化与各国文化交相辉映、相得益彰。人们既能沉醉于楚风汉韵、京腔汉

---

① 《武汉在校大学生数量全球城市第一，委员吁教育强市》，中国新闻网，2013 年 1 月 5 日。

调、'汉秀'演艺，又能欣赏到美国百老汇音乐、俄罗斯芭蕾舞、意大利时装等异国文化精粹；既能品尝到热干面的香、鸭脖子的辣、藕汤的鲜，又能享受法式大餐、英国威士忌、日本料理等异国美食。书店、剧场、美术馆、博物馆、艺术馆遍布全城，处处流淌着人文的气息。"① 正如冯天瑜教授所言，武汉是"知音之城、高山流水之城、楚骚屈赋之城、中西文化交汇之城"。从珞珈山的樱花到东湖的牡丹、桂子山的桂花，从汉口江滩到黄鹤楼、楚河汉街，这些都吸引了各地的游客来领略欣赏武汉之美，这里有长江汉水、白云黄鹤，不只有"汉骂"。

省第十次党代会号召，建设文明湖北要"从自身做起、从现在做起、从细节做起"，"努力做一个爱国守法、崇德守信的湖北人，做一个和善开明、务实敬业的湖北人，做一个敢为人先、追求卓越的湖北人，做一个语言文明、举止优雅的湖北人"。②

"敢为人先，追求卓越"更是作为武汉精神被写进党代会，使武汉精神成为建设文明武汉的灵魂和动力。相信武汉人在建设"文明湖北"的道路上定能体现这种"敢为人先，追求卓越"的城市精神，传承汉派文化，使文明成为未来武汉最美最好的城市形象。她的美、雅是独具一格的，是属于长江文明的一部分，我们要充分运用这些文化资源为"文明湖北"做贡献。

---

① 《阮成发畅想武汉 2049》，《湖北日报》2013 年 11 月 29 日。
② 阮成发：《在中国共产党武汉市第十二次代表大会上的报告》，《长江日报》2011 年 12 月 29 日。

图书在版编目（CIP）数据

湖北文化发展论坛. 2013/吴成国主编. —北京：社会
科学文献出版社，2014.4
ISBN 978 - 7 - 5097 - 5836 - 6

Ⅰ.①湖…　Ⅱ.①吴…　Ⅲ.①文化产业 - 研究 - 湖北省
Ⅳ.①G127.63

中国版本图书馆 CIP 数据核字（2014）第 059776 号

湖北文化发展论坛（2013）

主　　编/吴成国
副主编/张　敏

出 版 人/谢寿光
出 版 者/社会科学文献出版社
地　　址/北京市西城区北三环中路甲 29 号院 3 号楼华龙大厦
邮政编码/100029

责任部门/社会政法分社（010）59367156　　责任编辑/张建中　周　琼
电子信箱/shekebu@ ssap. cn　　　　　　　责任校对/徐兵臣
项目统筹/王　绯　周　琼　　　　　　　　责任印制/岳　阳
经　　销/社会科学文献出版社市场营销中心（010）59367081　59367089
读者服务/读者服务中心（010）59367028

印　　装/三河市尚艺印装有限公司
开　　本/787mm×1092mm　1/16　　　　　印　　张/23.25
版　　次/2014 年 4 月第 1 版　　　　　　　字　　数/350 千字
印　　次/2014 年 4 月第 1 次印刷
书　　号/ISBN 978 - 7 - 5097 - 5836 - 6
定　　价/88.00 元